全国普通高等学校人文社会科学重点研究基地
北京师范大学史学理论与史学史研究中心　主办
中文社会科学引文索引（CSSCI）来源集刊

史学理论与史学史学刊

JOURNAL OF HISTORICAL THEORY AND HISTORIOGRAPHY

2022年上卷(总第26卷)

杨共乐　主编

社会科学文献出版社
SOCIAL SCIENCES ACADEMIC PRESS (CHINA)

卷首语

杨共乐

2022年是《史学理论与史学史学刊》与读者见面的第二十个年头。二十载光阴，《学刊》见证了一代又一代青年学者在史学园地中的茁壮成长，也幸得老一辈学者以深厚的学养为史学理论与史学史学科撑起绮霞烂漫的天空。在此，我们对史学界同仁们多年来的鼎力支持表示诚挚感谢！也要特别感谢创刊人瞿林东先生，感谢他数十年如一日的辛勤付出，为本学科同仁开辟这片研究与交流的园地。本卷设立“中国古代史学研究”“中国近现代史学研究”“外国史学研究”“西方史学理论研究动态”“他山之石”“当代史学评论”“会议综述”栏目，刊载论文22篇。以下对本卷文章做一简介。

“中国古代史学研究”栏目刊文七篇。周文玖《论中国史学的垂范精神》从史家以史明志的著述目的、以史立言的治学旨趣、以史立德的职业操守三个维度论述中国史学的垂范精神，认为垂范精神将史家外化的社会志向和内在的品德修养融为一体，体现了中国史学的高洁气质和崇高追求，决定了中国史学具有经邦济世、激扬正气、陶冶情操、启迪智慧的功用，以及旨趣高远、气象宏大的特色。作者发表此文，表达对易宁教授逝世四周年的纪念。屈畅《〈南齐书〉体例新探》分析《南齐书》体例的特色，总结作者萧子显在史书体例上用功颇深的原因，对南朝史学相关研究有所补充。王记录《经学与黄宗羲的史书编纂观》认为，黄宗羲在史书编纂中坚持正统论、重视《儒林传》、坚持“宗旨论”等做法受经学影响，在明末清初特殊的历史与学术背景下，体现了鲜明的时代特色。才、学、识“三长”自刘知幾之后逐渐成为衡量史家的标准，王嘉川《清代对史才三长论的运用与探讨》认为“史才三长论”在清代更加深入人心，将三长由作史者素养扩及其他领域学者素养，进而成为通论人才标准的代名词。章学诚在“三长”之外补以“史德”概念，使史家修养论更加完善。清代的史学研究和修史活动是本栏目重点关注的问题。秦艳君《钦定〈明史〉的初检视：清人的〈明史〉研究》认为四库馆臣对殿本《明史》的全面订正，纠正了《明史》中存在的很多问题，但也使统治者的文化控制较先前更甚。随着政治思想、社会环境的变化，史家对《明史》的批评与考证渐次深入，部分揭露了因清朝统治者隐讳而歪曲和抹杀明代历史的现象。李金华、乔治忠《幕府史学活动与清初学术文化发展》和刘骏勃《清代特开史馆与相关机构的工作往来——以续文献通考馆和三通馆为例》两篇文章分别聚焦幕府、特开史馆两种修史机构，前者认为幕府是官方与私家开展学术合作的平台，指出其在编纂方志、撰修明史、整理古籍文献等方面对清初学术发展产生的推动作用；后者认为，续文献通考馆和三通馆作为乾隆朝特开史馆中的典型代表，除直接遵照高宗皇帝的各种指示外，还同诸多机构有工作往来。正是在各相关机构的密切配合下，续文献通考馆和三通馆的纂修工作才得以顺利完成。

“中国近现代史学研究”栏目刊发三篇文章。吉辰《政治宣传与历史书写：论晚清“帝党”“后党”概念的起源》从史源学角度对“帝党”与“后党”这一对晚清政治史研究中常被使用的概念进行了考辨与界定，认为它们是维新派在戊戌政变后的政治斗争中提出的，并被分别赋予革新与守旧的脸谱化形象，分别与“新党（康党）”“旧党”等同，以适应维新派的宣传需要。这样的概念和形象广为流传，并被后来的历史学者赋予了更广泛的含义，深刻影响了晚清政治史的书写。殷飞飞《陈啸江与“现代史学”运动》指出，陈啸江的史学建树体现了“现代史学”运动的学术性与现实性的辩证统一，是中国史学现代转型的重要反映。陈澄《冲击与回应下的马克思主义史家历史教学活动——以抗战时期的广西地区为中心》对抗战时期马克思主义史家群体在广西地区的任教动机、就任途径和教学生态进行探析，进而得出马克思主义史家的历史教学兼具现实性与学术性的结论。

“外国史学研究”栏目所刊论文主题多元、内涵丰富。张弩《阿里安笔下的亚历山大形象》通过分析阿里安塑造的亚历山大的英雄、国王和将军三种形象，认为其目的在于树立文学、道德与事业的典范，以此提高亚历山大以及作者本人的历史地位。这些形象体现了作者的个人经历、罗马帝国的社会现实与希腊的文化传统，是阿里安求真与求善思想相结合的产物。莫凡《奥罗修斯的战争观——以〈反异教徒历史七书〉为研究中心》指出奥罗修斯在著作中利用世俗史料述评战争，但又采取和古典史家全然不同的新视角，重新定义战争在不同时期的性质。他将历史上发生的战争分为基督教时代之前与基督教时代两个阶段，意在彰显上帝在所有战争中的决定性意义，证明基督教在战争中发挥的积极作用，实现为基督教辩护的写作意图。

罗马帝国衰亡问题一直颇受学界关注，相关研究范式也在不断转变。孙振民《罗马帝国衰亡问题研究：兴起、嬗变与趋向》着重讨论这一问题，认为研究范式的转变，隐含的是对“罗马帝国”概念的不同界定，相应的研究对象和解释框架也大异其趣。

陈素娟《〈圣伯丁年代记〉浅探——兼论加洛林年代记的特点》指出《圣伯丁年代记》兼具教会著史与私家著史的双重性质，反映了加洛林时期年代记作者著史意识的凸显，其写作受到加洛林王朝的政治局势和政治斗争的影响，体现出宗教服务于世俗政治的功用。

“西方中心观”的研究模式长期存在于中西方学者的史学实践中。蒋成浩、黄继刚《〈在中国发现历史〉中的洞见与遮蔽——评柯文的史学方法论》在前人研究的基础上更进一步，揭示了长期以来“西方中心观”逐渐以“理性”的外衣隐藏于美国学者的中国近代史研究中。柯文为矫正“西方中心观”而提出“中国中心观”，并建构起行之有效的操演方式，为美国的中国近代史研究开拓出新的局面。王作成、赵少峰《J. W. 戴维森与太平洋岛屿史研究》则论述了太平洋岛屿史的开创者戴维森的研究方法和史学成就，充分肯定他对太平洋岛屿史的专业化发展做出的突出贡献，并指出其局限性。

“西方史学理论研究动态”栏目刊登的李理、刘洋《2020－2021西方史学理论研究年度盘点——以〈历史与理论〉〈重思历史〉〈历史哲学杂志〉为中心》，是对冉博文、董立河《2019年西方史学理论研究年度盘点——以〈历史与理论〉〈重思历史〉〈历史哲学杂志〉为中心》（载《史学理论与史学史学刊》2020年下卷）的接续，仍是以三份西方最著名的史学理论专业刊物为考察中心，分析2020年、2021年西方国家史学理论界所关注的问题及主要观点，并做出自己的评论。

设立“它山之石”栏目，意在了解国外有关专门史的理论探讨和反思，以资借鉴。日本奈良本辰也的《文化史学的形成与意义——日本战后关于文化史学的反思》和美国米丽·鲁宾的《如今，什么是文化史?》是两篇有影响的文化史论文，着重讨论文化史的基本理论问题，现将它们译成中文，以飨国内读者。

“当代史学评论”栏目安排的是陈俊达、武文君的《多民族史学的新突破——读〈中国古代史学批评史〉第五卷〈中国古代多民族发展和史学批评（辽夏金元时期）〉》，评论对象为瞿林东先生主编的七卷本《中国古代史学批评史》中的第五卷，从体系结构、特色、资料考订等几个方面发表见解。

“学术会议综述”栏目刊文两篇。2021 年是北京师范大学历史学院教授、著名历史学家何兹全先生诞辰 110 周年。历史学院召开了“纪念何兹全先生诞辰 110 周年暨中国传统经济及其转型学术研讨会”以缅怀何兹全先生为人、治学的高尚情怀和卓越学术贡献。该会议述要记述了会议情况。张昭军教授的《中国文化史学的历史与理论》出版后受到学界关注和好评，为此，史学理论与史学史研究中心组织学术研讨会讨论之。此次研讨会综述反映了历史学院诸位教授在会上发表的学术见解、学术动态，可为文化史研究者同仁提供有益的学术参考。

2022 年是北京师范大学建校 120 周年。历史学是北京师范大学最早建设的学科之一，一大批享誉海内外的历史学者在这里留下了耕耘的身影，他们与北师大共同见证了百廿风雨、峥嵘岁月，留下了丰硕的学术成果。本卷出版之日，恰是北京师范大学百廿年校庆纪念之时。我们愿将本卷作为一份薄礼，奉献于学校校庆，祝我们的学校以及我们的历史学科蒸蒸日上，不断创造新的辉煌！

目录

·中国古代史学研究·

·中国近现代史学研究·

·外国史学研究·

·西方史学理论研究动态·

·他山之石·

·当代史学评论·

·会议综述·

CONTENTS

Ancient Chinese Historiography

Modern Chinese Historiography

Foreign Historiography

Research Trends of Western Historiography

Penetrating Advice from Others

Contemporary Historiography Review

Summary on Symposium

中国古代史学研究

论中国史学的垂范精神*

周文玖
（北京师范大学历史学院，北京　100875）

摘　要：垂范精神体现了中国史学的高洁气质和崇高追求，是中国历代史家独立人格在学术上的反映，表现为史家以史明志的著述目的、以史立言的治学旨趣、以史立德的职业操守。孔子修《春秋》，司马迁撰《史记》，刘知幾著《史通》，章学诚著《文史通义》，龚自珍写作《尊史》，魏源编著《海国图志》等，都非常典型地体现了这种精神。垂范精神将史家外化的社会志向和内在的品德修养融为一体，决定了中国史学具有经邦济世、激扬正气、陶冶情操、启迪智慧的功用和旨趣高远、气象宏大的特色。

关键词：垂范精神　明志　立言　立德

中国史学垂范精神是中国历代史家独立人格在史学中的反映，表现为史家以史明志的著述目的、以史立言的治学旨趣、以史立德的职业操守。古人云：立德、立功、立言为人生之三不朽。史家纂修史著，不仅记载历史上立德、立功、立言之杰出人物，而且把自己对此三个方面的认识融入历史的记述之中，以垂范后世。

* 本文写作时曾与易宁教授反复交流，得易宁教授启发、教益良多。谨以此文纪念易宁教授逝世四周年。本文系教育部人文社会科学重点研究基地重大项目“中国近代史学与中华民族精神研究”（19JJD77005）阶段性成果。

一 以史明志

（一）救乱世，明王道，复礼义

孔子修《春秋》，开史家以史明志之先河。关于孔子的史学家地位，梁启超说："历史学者假如要开会馆找祖师，或者可用孔子。"[①] 孔子生活在社会大动荡的春秋时代。他认为，这个时代礼崩乐坏，邪说暴行并起，社会秩序混乱。孔子修《春秋》的目的，就是要通过述史来彰显王者之道，辨明人事之纪，明是非，辨善恶，以恢复正常的社会秩序。《春秋》寄托了孔子的治世理念和政治志向。

孔子政治理念的核心就是尊礼义。他认为，治国理政、立身做人，都应遵从礼义伦常。齐景公向他请教治国问题，他说了八个字："君君，臣臣，父父，子子。"[②]《春秋》以礼义作为评判史事的标准，并有其特定书法。例如，吴国和楚国的国君自称为"王"，《春秋》则称之为"子"。按照周礼规定，唯有周天子可称王，孔子称他们为"子"，是贬斥他们的违礼行为。《春秋·僖公二十八年》说："天王狩于河阳。"[③] 意思是周襄王在河阳（今河南省孟县西三十五里）打猎。然而实际情况是，晋文公在城濮之战后，成为一代霸主。他在河阳会盟诸侯，并召周天子前往。孔子认为晋文公"以臣召君"，不符合君臣名分，有违礼制，不可以作为榜样，所以隐史事真相而说"天王狩于河阳"。对于违背礼制、不合礼义的行为，《春秋》皆加以贬斥。《春秋》"隐公四年"载有"卫州吁弑其君完"事，"桓公二年"载有"宋督弑其君与夷及其大夫孔父"事。州吁、华督分别是卫国、宋国的大臣，他们杀死了自己的国君。按《春秋》书法，臣杀君、子杀父，都是大逆不道的行为，故用"弑"字以示贬斥。《春秋》书法蕴含了孔子深刻的政治理念。

孔子修《春秋》，寓褒善贬恶于历史叙述之中，以表明尊王道复礼义治乱世的远大政治志向。孔子的以史明志之举，颇受后世学者的赞誉。孟

---

① 梁启超：《中国历史研究法补编》，《饮冰室合集》专集之九十九，中华书局，1989，第156页。

② 《论语·颜渊》，杨伯峻译注《论语译注》，中华书局，1980，第128页。

③ 《春秋左传正义》，《十三经注疏》（下），上海古籍出版社，1997，第1824页。

子说："孔子成《春秋》而乱臣贼子惧。"[①] 壶遂说："孔子之时，上无明君，下不得任用，故作《春秋》，垂空文以断礼义，当一王之法。"[②]

（二）辨天人，通古今，立史家之言

司马迁撰《史记》，"欲以究天人之际，通古今之变，成一家之言"[③]。辨天人、通古今，立史家之言，是司马迁的著史志向。在中国古代史学史上，史学真正成为"家"，成为一门独立的学问，可谓自司马迁始。

司马迁在辨天人、通古今方面，均表述了自己的认识。在"究天人之际"方面，他谈人事而不避天，然而认识天人关系的立足点则在人事上，天的神性意义已经淡化。司马迁分析夏殷周三代历史演变的原因，常谓之天命使然，但他所说的天命蕴含了对德治与民心关系的认识，即所谓"天视自我民视，天听自我民听"[④]。君主只有施行德治，得民心，才能得到天命，否则就会失去天命。秦汉之际，项羽与刘邦争夺天下，"五年卒亡其国，身死东城"。项羽临死前悲叹："天亡我，非用兵之罪也。"[⑤] 司马迁对项羽败亡的看法则不同。他说，项羽亡秦之后，权倾天下，然而他背弃约定，放弃关中要地，思念楚地，放逐义帝而自立为王。他以自己武力强大、战功显赫而妄自尊大，任凭自己的才智性情行事而不从历史中汲取经验教训，临死还把自己失败的原因归于天意，这就很荒谬了。在"通古今之变"方面，司马迁或从王朝更替或从历史阶段变化方面，阐述了古今之间的联系，表述了历史发展连续性的观点。司马迁重视从古今之变中寻求天下成败兴坏之理，提出了"物盛而衰，固其变也"[⑥]"承敝易变，使人不倦"[⑦]"居今之世，志古之道，所以自镜也，未必尽同"[⑧] 等深刻的见解。他还意识到人类求富之情与人类礼义之理互为联系，并且对统治者德治与百姓求富欲望之间的关系做了具体的论述。在历史编纂方面，司马迁也有重大的创获。他融会本纪、世家、列传、书、表五体于一书，撰成中国历史上第一部纪传体通史巨著《史记》。

---

① 《孟子·滕文公下》，杨伯峻译注《孟子译注》，中华书局，1960，第155页。

② 司马迁：《史记》卷130《太史公自序》，中华书局，1982，第3299页。

③ 班固：《汉书》卷62《司马迁传》，中华书局，1962，第2735页。

④ 《尚书·泰誓》，《十三经注疏》（上），上海古籍出版社，1997，第181页。

⑤ 司马迁：《史记》卷7《项羽本纪》，第339页。

⑥ 司马迁：《史记》卷30《平准书》，第1420页。

⑦ 司马迁：《史记》卷8《高祖本纪》，第394页。

⑧ 司马迁：《史记》卷18《高祖功臣侯者年表》，第878页。

司马迁著史明志，立史家之言，其所撰《史记》无论在历史编纂方面抑或在史学思想方面，对中国史学的发展都产生了深远的影响。

（三）“师夷长技以制夷”

在晚清时期，民族危机加剧，史学家对民族和国家的命运极为关切，他们纷纷著书立说，大力宣扬“救亡图存”“强国富民”的爱国精神，魏源是其中代表性人物之一。魏源，原名远达，字默深，湖南邵阳人。他曾任江苏兴化县知事、高邮知州，政绩受到时人赞誉。由于晚清时期政治黑暗，魏源在仕途难有大的作为，所以他著书立说以明其远大志向。魏源的著作很多，其中《海国图志》一书最能反映他的志向和爱国精神。

清朝自开国以来执行闭关锁国的政策，对中国以外的世界懵然无知。鸦片战争爆发时，道光皇帝连英国在哪里都不知道，一再发出令人啼笑皆非的谕旨：“该国地方周围几许？所属国共有若干？其最为强大不受该国统属者共有若干？又英吉利至回疆各部有无旱路可通？平素有无往来？”[①]“该女主年甫二十二岁，何以推为一国之主？有无匹配，其夫何名何处人，在该国现居何职？”[②] 在被迫签订丧权辱国的条约后，清朝统治者仍自我麻醉，继续做“天朝上国”的美梦。然而，一些有识之士已经认识到局势的严重性。他们认为，清朝的腐败以及国人对外国的无知是鸦片战争惨败的重要原因，他们大声疾呼要了解外国的情况。在此背景下，魏源撰写了《海国图志》。《海国图志》是在林则徐组织编译的《四洲志》的基础上编写的。魏源与林则徐是好朋友，林则徐把《四洲志》等资料交给魏源，嘱咐他继续修撰。魏源不负所托，于 1842 年冬完成《海国图志》五十卷。1847 年扩充为六十卷，1857 年又扩充为一百卷。

魏源撰写《海国图志》，是“为以夷攻夷而作，为以夷款夷而作，为师夷长技以制夷而作”。[③] 针对封建顽固派竭力反对西方科学技术，把西方先进科学技术视为“淫巧之为，荡人心志”的观点，魏源坚定地予以驳斥。他说：“有用之物，即奇技而非淫巧。今西洋器械，借风力、水力、火力，夺造化，通神明，无非竭耳目心思之力，以前民用。因其所长而用之，即因其所长而制之。风气日开，智慧日出，方见东海之民，犹西海之

① 魏源：《海国图志》卷 53《大西洋》，岳麓书社，2011，第 1484 页。

② 齐思和等整理《筹办夷务始末》（道光朝）卷 46，中华书局，1964，第 1752~1753 页。

③ 魏源：《海国图志·原叙》，第 2 页。

民。”① 魏源所谓“师夷长技以制夷”，就是要学习西方先进科学技术，使国家强大起来。国家富强了，中国才能与列强并驾齐驱，而不受欺侮。《海国图志》中的《筹海篇》，提出了对付外国侵略的一整套策略，包括议守、议战、议款。《海国图志》还重点介绍了外国地理和历史，目的在于使国人了解世界。《海国图志》增补到一百卷时，魏源对西方的重视，从洋船洋炮、工商业，又扩大到对西方政治制度的介绍。他赞扬美国的民主政体，称赞联邦制的瑞士为“西土桃花源”。

如果说林则徐是中国近代史上放眼看世界的第一人，那么魏源则是提出向西方学习的第一人。他较为全面地介绍和评述了世界诸多国家的情况，把国人对世界的认知提高到一个新的水平。他的历史撰述，表明他胸怀救亡图存、强国富民、振兴中华民族的远大志向。他所提出的“师夷长技以制夷”，反映了这位具有强烈民族自尊心的史学家正站在时代的前列，回答时代所提出的迫切问题。

二 以史立言

（一）《春秋》开修史立言之先河

在中国史学史上，孔子修《春秋》，开史家以史立言之先河。孔子说：“我欲载之空言，不如见之于行事之深切著明也。”② 意思是空言义理，不如对具体的人和事做出褒贬评论更为深刻鲜明。孔子意识到史家立言，对于实现自己人生价值的意义。他说：“君子病没世而名不称焉。吾道不行矣，吾何以自见于后世哉？”③ 在孔子看来，君子死后而名声不被人称述，是引以为恨的事。

孔子修《春秋》所立之言，首先就是“正名”。孔子认为，“名不正”是社会动乱的原因，所以他为“正名”而不遗余力。他的学生子路曾问他：“卫国待子而为政，子将奚先？”孔子说：“必也正名乎！”子路对之不解，甚至嘲笑他迂腐。孔子郑重地回答道：“名不正，则言不顺；言不顺，则事不成；事不成，则礼乐不兴；礼乐不兴，则刑罚不中；刑罚不中，则

① 魏源：《海国图志》卷2《筹海篇三》，第39页。
② 司马迁：《史记》卷130《太史公自序》，第3297页。
③ 司马迁：《史记》卷47《孔子世家》，第1943页。

民无所错手足。”① 在孔子看来，只有“正名”，才能根治社会的混乱。

孔子“正名”的目的，是强调周代礼义在社会生活中的重要性，所以“正名”与“复礼义”是有密切关系的。孔子指出，君、臣、父、子，各有其名分，各有其职责和义务，名分不同，职责和义务也不同。“夫不通礼义之旨，至于君不君，臣不臣，父不父，子不子。夫君不君则犯，臣不臣则诛，父不父则无道，子不子则不孝。”② 在孔子看来，君臣父子都按自己的名分来做事，才符合礼义，社会才能井然有序。《春秋》就是要通过叙述历史，以具体的史事来讲明这个道理。司马迁深通《春秋》大义。他说：“有国者不可以不知《春秋》。”“为人臣者不可以不知《春秋》。”“为人君父而不通于《春秋》之义者，必蒙首恶之名。为人臣子而不通于《春秋》之义者，必陷篡弑之诛，死罪之名。”③《春秋》所立之言，对于古代中国政治思想的发展产生了极为深远的影响。

孔子修《春秋》褒善贬恶，彰显礼义，为社会治理立言，表现出一位伟大思想家和史学家的高度社会责任感。

（二）刘知幾为史学立言

中国史学至唐代，已有很大的发展。唐置史馆修史，开史学之新局面。不过，史馆修史虽多有成就，但也产生很多问题。唐代著名史学家刘知幾，就批评了史馆修史之弊端。刘知幾，唐彭城（今江苏徐州）人，唐高宗时举进士而入仕，任左史、著作郎等职，曾在史馆修史二十余年。他熟稔历代史著，对当朝官修与私修史著也深有体察。他“伤当时载笔之士，其义不纯。思欲辨其指归，殚其体统”④，于是退而私撰《史通》，对史学进行总结性的论述。

《史通》凡二十卷，分内外篇。内篇阐述史书体裁、体例、史料采集、文字表述和撰史原则。外篇论述史官制度、正史源流，杂评史家、史著得失，并略申对历史的见解。《史通》“虽以史为主，而余波所及，上穷天道，下掞人伦，总括万殊，包吞千有”⑤，内容极其丰富。刘知幾同时代的

① 《论语·子路》，杨伯峻译注《论语译注》，第 134 页。

② 司马迁：《史记》卷 130《太史公自序》，第 3298 页。

③ 司马迁：《史记》卷 130《太史公自序》，第 3298 页。

④ 刘知幾：《史通·自叙》，浦起龙通释，王煦华整理《史通通释》，上海古籍出版社，2009，第 271 页。

⑤ 刘知幾：《史通·自叙》，浦起龙通释，王煦华整理《史通通释》，第 271 页。

著名学者徐坚评价《史通》说："居史职者，宜置此书于座右。"①

刘知幾与礼部尚书郑惟忠的对话，被誉为影响波及千年的名对，凝聚了刘知幾史学理论的精华。郑惟忠问刘知幾："自古已来，文士多而史才少，何也?"刘知幾回答说，史才必须具备三个专长，世间缺少这样的人，所以史才少。三个专长指的是才、学、识。如果有学而无才，就如家有良田百顷，黄金满籍，而让一愚蠢之人去经营，终究不能使家产增多。如果有才而无学，就像木匠石工，虽巧如鲁班，而家里没有木材斧斤，终究不能建成宫殿房屋。而且史才还要有"识"，即要有求真的精神、正直的品德、善恶必书的胆量，使骄横的君主、害人的臣子知道惧怕，这样，就如为虎添翼，好得无可复加，无人能比。倘若不是这样的人才，不可忝居撰史之位。不过，自远古以来，三个专长都具备的人是很少的。② 刘知幾的"史才三长"论，反映出他把史家修养问题提到了自觉的理论认识的高度。

刘知幾对史学惩恶劝善的功能，也做了深入的论述。他认为史学的劝诫功能无论对于个人还是对于国家，都是很重要的："史之为用，其利甚博，乃生人之急务，为国家之要道。"③ 他褒扬直书，反对曲笔，认为直笔产生实录，曲笔制造"诬书"，倡言"良史以实录直书为贵"④。刘知幾所谓直书与曲笔，是历史撰述中的两种对立原则。直书与曲笔的对立，决定了史学的价值和命运。刘知幾深知在现实社会中史家直书之难，"欲求实录，不亦难乎"，而"史之不直，代有其书"。刘知幾还注意到"直书"与"名教"的关系问题。他指出："史氏有事涉君亲，必言多隐讳，虽直道不足，而名教存焉。"⑤ 刘知幾认为，"激扬名教"，彰显儒家的纲常伦理，是历史撰述之要务。不过，"激扬名教"并不意味着可以任意歪曲史事。刘知幾把古代史家对求真与致用关系的认识提升到理论的高度，深刻地揭示了"直笔"与"名教"之间所存在的相互依存和制约关系。

刘知幾对史馆修史的弊端做了尖锐的批评：一是集体编修效率低下，编修人员过多，人浮于事；二是史官很难接触档案材料，政府对史馆馆臣管制太多；三是史馆馆臣是朝廷人员，他们往往不敢如实直书；四是监修太多，标准不统一，撰述质量参差不齐；五是一些馆臣视其职务为闲职，

① 刘昫：《旧唐书》卷 102《刘子玄传》，中华书局，1975，第 3171 页。
② 刘昫：《旧唐书》卷 102《刘子玄传》，中华书局，1975，第 3173 页。
③ 刘知幾：《史通·史官建置》，浦起龙《史通通释》，第 281 页。
④ 刘知幾：《史通·惑经》，浦起龙通释，王煦华整理《史通通释》，第 381 页。
⑤ 刘知幾：《史通·曲笔》，浦起龙通释，王煦华整理《史通通释》，第 183 页。

整日消磨时光，徒延岁月。他把这些意见写给监修国史的宰相萧至忠，请求辞去史馆之职。萧至忠见信后，非常惭愧，难以答复，但惜其才，故不许解史任。[①]

刘知幾《史通》总揽此前历代之史，对修史机制、史著编纂方法以及史学思想，做了具有批判性的总结。如果说司马迁的《史记》是立史家之言，刘知幾的《史通》则是立史学之言。《史通》的问世，标志着中国史学理论进入一个新的发展阶段。

（三）龚自珍为社会变革立言

嘉道年间，清朝由盛转衰，社会痼疾频发，危机四起，民生不宁。生活在这一时期的龚自珍，以“良史之忧忧天下”的精神，为社会变革立言。龚自珍，浙江仁和（今杭州）人，晚清著名的经学家兼史学家。他青年时期就关心国事，撰成著名文章《明良论》，揭露封建帝王昏庸愚昧，不知天下形势；士大夫“未尝道政事”，“未尝各陈设施、谈利弊”，君臣上下皆昏昏然。他强调“尊史”，倡导治史必为致用，治史必通古今究利病，成为清朝复兴经世之学的先驱。他有一首诗云：“河汾房杜有人疑，名位千秋处士卑。一事平生无齮龁，但开风气不为师。”[②] 最后一句可谓他的人生写照。

龚自珍对史学与社会的关系有深刻的认识。他指出，“史”关乎国家和民族的大事：“灭人之国，必先去其史；隳人之枋，败人之纲纪，必先去其史；绝人之材，湮塞人之教，必先去其史；夷人之祖宗，必先去其史。”[③]“史”与国家兴亡、民族盛衰、文化荣枯、人格善恶，都有重大关系。史家之责，不仅在于记事和褒贬，而且要有自己的心志和识见。对历史，既要做到“善入”，即对自己民族的历史和文化如数家珍，又要做到“善出”，即把所掌握的历史和文化知识，尽善尽美地表述出来。

龚自珍强调治史对社会变革的重要性。他指出，史家要“入乎道”，从史中究明世变之道，“出乎史，入乎道，欲知大道，必先为史”。[④] 龚自珍积极倡导社会变革。他说，自古以来，法没有不改的，社会弊病没有不是累积起来的，社会无时不在变化，社会风气无时不在变迁。“一祖之法

① 刘知幾：《史通·忤时》，浦起龙通释，王煦华整理《史通通释》，第553~558页。
② 《龚自珍全集》，王佩诤校，上海古籍出版社，1975，第519页。
③ 龚自珍：《古史钩沉论二》，《龚自珍全集》，第22页。
④ 龚自珍：《尊史》，《龚自珍全集》，第81页。

无不弊，千夫之议无不靡，与其赠来者以劲改革，孰若自改革?”① 社会的发展，都是在不断改革中演进的。他关注社会现实，在海防和建设方面积极建言献策。对于英国殖民者的鸦片走私和侵略野心，他极为忧虑。他的朋友林则徐奉命到广东禁烟，他写了《送钦差大臣侯官林公序》，主张以严厉措施禁烟，整修武备，守卫海口，希望林则徐坚定意志，毫不动摇，完成禁烟重任。他著有《西域置行省议》，谈西北边疆问题，建议于西域设置行省，实行移民、屯田，注意开发边疆。这个建议在四十年后终于为清政府采纳。

龚自珍以“良史之忧忧天下”的情怀，预感到社会乃至国家民族之危机。他期待风雷将起，快降人才而创造新的历史。他的诗“九州生气恃风雷，万马齐喑究可哀！我劝天公重抖擞，不拘一格降人才”②，与他的史学评论交相辉映，成为妇孺皆知的名句。龚自珍为社会变革立言，开启一代学术新风。

三　以史立德

（一）“书法不隐”

先秦时期，“书法不隐”是史家高尚史德的表现。《左传》记载了春秋中期晋国太史董狐，以及齐国太史和南史氏的事迹。他们秉持“书法不隐”而记事的高尚史德，为历代史家所颂扬。

据《左传·宣公二年》记载，当时晋国的统治者是著名的晋文公的孙子晋灵公。大夫赵盾辅佐他。晋灵公治国无德，赵盾屡次进谏，晋灵公不仅不听，还试图杀害赵盾。赵盾被迫逃亡，还未越过国境，晋灵公就被赵盾族弟赵穿在桃园杀死了。听到这个消息，赵盾返回了国都。晋国太史董狐记载此事，说“赵盾弑其君”③，并在朝堂上宣布。赵盾对此颇感委屈。董狐说，你是正卿（执政大臣），逃亡而没有出国境，回来不惩罚凶手，杀死君主的人不是你还会是谁呢？董狐认为赵盾的行为有违礼制，所以要承担杀君的罪名。孔子对此事发表了一番评论：“董狐，古之良史也，书

---

① 龚自珍：《乙丙之际箸议第七》，《龚自珍全集》，第 6 页。

② 《龚自珍全集》，第 521 页。

③ 《左传·宣公二年》，《十三经注疏》（下），第 1867 页。

法不隐。赵宣子，古之良大夫也，为法受恶。”① 董狐记事，秉持史家之书法，尊周礼“正名分”之大义，所以孔子称其为“古之良史”。古代史家真正做到“书法不隐”，是需要胆识和牺牲精神的。《左传·襄公二十五年》所载齐国太史、南史氏的故事，就是明证。当时齐国的国君是齐庄公，把持朝政的则是权臣崔杼。他派人杀害了齐庄公并取而代之，把所有权力集于己身。齐国太史不畏权势，不惧刀俎，将“崔杼弑其君”写在了简册上。崔杼杀了这个太史，他的弟弟又写，又被杀，下一个弟弟继续写，还被杀。第四个弟弟仍然这样写。崔杼终于害怕了，不敢再杀了。南史氏听说太史兄弟被杀光了，冒死执简前往，中途听说这件事被记下来了，才返回去。② 先秦史家所秉持的“书法不隐”原则，既包括对史事的如实记载，也包括对史事是非的评价。董狐维护史家之书法没有受到伤害，齐国太史维护史家的书法则牺牲了生命。他们作为“良史”，都坚持了“书法不隐”的原则。“书法不隐”反映了史家崇高的精神境界。

先秦史官类似的事迹还有很多。《韩诗外传》记载：“赵简子有臣曰周舍，立于门下三日三夜。简子使问之，曰：‘子欲见寡人何事？’周舍对曰：‘愿为谔谔之臣，墨笔操牍，从君之后，司君之过而书之，日有记也，月有成也，岁有效也。’”③ 可见，书法不隐在先秦时期已成为一种强大的道德力量，史官们自觉地遵守它，用生命捍卫它。好的政治家尊重它，坏的政治家不敢侵犯它。“书法不隐”是中国古代史学的优良传统，后来史家所褒扬的“直书”概念就是在此基础上发展而来的。

（二）宁为兰摧玉折，不作瓦砾长存

唐代史家刘知幾继承且发展了先秦史学“书法不隐”的传统，提出了“直书”概念。以“直书”彰显史德，反映了史家对史德认识的深化。

刘知幾《史通》有《直书》篇。在《直书》篇中，刘知幾盛赞魏晋以来不畏强权、秉笔直书的良史。他所举良史有韦昭、崔浩等。韦昭为三国时期吴国的太史令，著有《吴书》三十卷。他坚持直书，不向权贵低头。当时吴国的掌权者是孙权的孙子孙皓。此人专横，干预修史。孙皓的父亲孙和，是孙权的长子，原立为太子，后因事被废为长沙王。孙皓登上

① 《左传·宣公二年》，《十三经注疏》（下），第 1867 页。
② 《左传·襄公二十五年》，《十三经注疏》（下），第 1984 页。
③ 韩婴撰，许维遹校释《韩诗外传集释》，中华书局，2005，第 247~248 页。

帝位后，追尊其父为文皇帝，要求将之写入本纪。韦昭认为孙和未登帝位，宜写入传，并坚持自己正确的意见，为此得罪孙皓，被孙皓所杀。崔浩是北魏时期的著作郎。他奉皇帝之命撰《国书》三十卷。著作令史闵湛、郗标为了讨好崔浩，请求将《国书》刻石立于路旁，以显示其直笔。崔浩赞成。这为崔浩带来了杀身之祸。因《国书》对北魏祖先国破家亡之事的记载毫无隐晦，遭到北魏贵族大臣的嫉恨，他们群起对崔浩进行攻击和陷害，最后崔浩被杀。崔氏以及崔氏姻戚范阳卢氏、太原郭氏、河东柳氏也尽被灭族，死者一百二十八人。这就是历史上有名的崔浩国史案。

刘知幾《史通》另有《曲笔》篇。他写此篇与《直书》篇相比较，为的是更加彰显史家直书之高尚。刘知幾痛斥曲笔的史家是“记言之奸贼，载笔之凶人，虽肆诸市朝，投畀豺虎可也”。[①] 三国时期魏国的王沈，与阮籍等一起撰写了《魏书》，多为时讳而善叙事。此书现已亡佚，但在刘知幾的时代尚存。刘知幾批评此书“滥述贬甄之诏”。更主要的是，王沈作为魏国秘书监，受到曹髦的信任，曹髦谋攻司马昭，将秘密告诉他，他却立即向司马昭告密。曹髦被杀后，王沈得到赏赐，被封为安平侯。还有十六国时期后燕的董统，他撰写《燕史》三十卷，包括本纪和王公功臣列传，对后燕史事的记载极尽谄媚之能事。他上言慕容垂说，“臣闻陛下之奇有六焉，厥初之奇，金光耀室”，[②] 力劝慕容垂即皇帝位，其为学为人之卑劣，深为刘知幾所鄙视，斥责他“持谄媚以偷荣”。[③]

刘知幾认为，直书是史家高尚品德的表现，是史家人生价值的体现，史家要有“宁为兰摧玉折，不作瓦砾长存”[④] 的精神。韦昭、崔浩无所顾忌，奋笔直书，为信史而舍身，其高尚史德一直为人们所称颂，比起王沈撰《魏书》靠歪曲历史而窃获高官显位，董统撰《燕史》以巴结权贵而盗取荣华富贵，拿九霄之上与九泉之下来比喻他们，都不足以判别高下。

从先秦时期的“书法不隐”到刘知幾的“直书”，反映了史家对史德认识的不断深化。刘知幾所谓“直书”，并不仅仅是对个别史家的评价，还具有普遍性的意义。他提出的“直书”，是对千余年来传统史学实录思想的理论总结，是对史家人生价值的自觉反思。“霜雪交下，始见贞松之

① 刘知幾：《史通·曲笔》，浦起龙通释，王煦华整理《史通通释》，第183页。
② 徐坚等：《初学记》卷27《宝器部》，中华书局，1962，第646页。
③ 刘知幾：《史通·直书》，浦起龙通释，王煦华整理《史通通释》，第180页。
④ 刘知幾：《史通·直书》，浦起龙通释，王煦华整理《史通通释》，第180页。

操；国家丧乱，方验忠臣之节。”① 秉笔直书，方显史家的贞松之操；于国家丧乱之时，方能验证史家的忠臣气节。

（三）以史立德的理论深化

章学诚的史学理论，达到中国传统史学理论的顶峰。对史德的论述，是章学诚史学理论的重要内容。章学诚，字实斋，浙江会稽（今绍兴）人，生活在乾隆嘉庆时代。这一时期，学风崇尚朴学，考据学极为发达。章学诚在性情上落落寡合，中进士时已经三十八岁。他一生未做官，以为幕府修史、为地方政府修志、在书院教书为业，生活清苦。但他善于独立思考，不随风沉浮。他对中国史学的利病得失进行了总结，著有名世之作《文史通义》。

章学诚的《文史通义》在刘知幾“史才三长”论的基础上，提出了“史德”概念，把以史立德的传统思想发展到新的阶段。他说，才、学、识三者，得一不易，三者兼具则更难，千古以来文士众多而良史少见，就是这个缘故。刘知幾提出“史才三长”论，是很有道理的。史书中最可贵的是史义，它呈现出来的是事实，它的载体是文辞。没有史识便无法断定历史的是非曲直，表达正确的历史见解；没有史才便无法写出优美的文辞；没有史学便无法熟悉和提炼丰富的史事。不过，章学诚认为，刘知幾的“史才三长”论还没有把史学的道理说得完满。史识不是一般文士的见识，具备史识必须知道史德。何为史德？史德就是著书者的心术。②

在章学诚看来，不辨心术无以论史德，不知史德就谈不上史识。章学诚的“史德即心术”论，内涵丰富，归纳起来有三个要点。第一，著史者要有宽广的视野、崇高的志向。章学诚对司马迁“究天人之际，通古今之变，成一家之言”的《史记》十分称道，认为是“千古之至文”③。第二，他要求史家应意识到主观与客观的区别，谨慎地处理历史客观事实与史家主观情感的复杂关系，尽量尊重客观事实，如实地反映客观事实，不能把自己的主观意图、个人情感带进历史撰述之中。第三，君子之心，贵平日有所养。撰史者要有“君子之心”。君子之心在于气平、情正，做到这一点，就要平日加强自我修养。与“史德”相映，章学诚又论述了“文德”。

① 刘知幾：《史通·曲笔》，浦起龙通释，王煦华整理《史通通释》，第185页。

② 章学诚：《文史通义·史德》，叶瑛校注《文史通义校注》，中华书局，1994，第219页。

③ 章学诚：《文史通义·史德》，叶瑛校注《文史通义校注》，第222页。

“文德”既是“史德”的表现，又是“史德”的延伸。“文德”的要求是临文主敬、论古必恕。[①] 章学诚认为，道德修养是成为一个良史的必备条件。章学诚的“史德即心术”论，把史家的品德修养与对历史之真的认识统一起来，达到中国传统史学理论的最高峰。

以史明志、以史立言、以史立德是史学垂范精神在实践中的体现。垂范精神决定了中国史学具有经邦济世、激扬正气、陶冶情操、启迪智慧的功用，决定了中国史学旨趣高远、气象宏大的特色。

① 章学诚：《文史通义·文德》，叶瑛校注《文史通义校注》，第278~279页。

《南齐书》体例新探

屈　畅

（北京师范大学历史学院，北京　100875）

摘　要：《南齐书》的体例带有作者萧子显鲜明的个人特色。在断限上，它标准明确，入传人物经过了精心拣择。在编次上，萧子显为尊显其父，也为讥刺萧鸾弑君篡位之事，在继承前代史书体例的基础上对编次做了调整。在叙事方法上，萧子显发挥类例思想，善用类叙法、带叙法整齐体例。他在史书体例上用功颇深的原因，一是为先人避讳，二是阐发自己的历史思想。

关键词：《南齐书》　体例　历史编纂　萧子显　类例思想

《南齐书》是二十四史之一，也是现存传世最早的南齐史，记载自齐高帝萧道成创业至和帝萧宝融禅位中间数十年史事。作者萧子显（489～537）①，字景阳，是梁代史学家、文学家，也是萧道成之孙、南齐皇室，这种身份在二十四史的作者中独一无二。一方面，萧子显的身世决定了他在修撰史书时主观性较强，另一方面，南朝史学的蓬勃发展为《南齐书》的创作提供了史料支撑和体例参考，因此，《南齐书》的编纂既有继承和发扬前人优点的一面，又呈现区别于其他史书的特征。

关于《南齐书》的体例，自唐代以来不乏论者。刘知幾在《史通》中对萧子显《南齐书》（时称《齐书》）的体例多有赞赏。② 明清时期，明

---

① 见点校本《南齐书》修订前言（中华书局，2019）。据校勘记，另有一说萧子显生于487年，享年五十一。另有学者认为萧子显生于486年，卒于535年。详见韩杰、苑鑫《六朝史学考述九则》，《历史文献研究》2019年第2期。

② 见《书志》《论赞》《序例》《断限》《编次》等篇。（唐）刘知幾撰，（清）浦起龙通释《史通通释》，上海古籍出版社，2009。

人朱明镐的《史纠》，清代赵翼的《廿二史劄记》、王鸣盛的《十七史商榷》等对《南齐书》的体例给予了一定的关注。需要特别说明的是，为《南齐书》补序的宋人曾巩认为萧子显并非良史，“子显之于斯文，喜自驰骋，其更改破析、刻雕藻缋之变尤多，而其文益下，岂夫材固不可以强而有邪!”① 这也常被后人引用，以证明《南齐书》价值有限。但曾巩写《南齐书目录序》的目的主要是阐发其个人的史学理想，尤为后人所知的是“良史”的四个标准：“其明必足以周万事之理，其道必足以适天下之用，其智必足以通难知之意，其文必足以发难显之情。”② 曾巩认为自司马迁以降，史学家每况愈下，无一人能达到此标准，这显然失之偏颇。“曾巩所说的‘圣贤之高致’的那种境界，在史学上是不曾有过的；他既然能够提出这样的思想，他就应当从‘圣贤’的笼罩下走出来，做一个脚踏实地的史家。这是曾巩的史学批评与史学实践存在着的不相协调的地方。”③ 因此，今人对于曾巩的史学批评应当理性看待，不能因此将《南齐书》的史学价值一笔抹杀。

近代以来的学者对《南齐书》的体例尚缺乏比较系统的探讨，他们或着力于文学、校勘学等方面④，或止于书目解题。⑤ 史学角度的研究专著仅有王淑娴的《萧子显与〈南齐书〉研究》，该书详述萧子显及其家族世系和政治斗争，在此基础上总结《南齐书》中萧子显的撰史方法和史学思想。其中“《南齐书》的撰述情形”“《南齐书》的特殊之处与历代相关评价”两节

① （宋）曾巩撰，陈杏珍、晁继周点校《曾巩集》卷 11《南齐书目录序》，中华书局，1984，第 188 页。

② （宋）曾巩撰，陈杏珍、晁继周点校《曾巩集》，第 187 页。

③ 瞿林东：《中国古代史学批评纵横》（增订本），重庆出版社，2016，第 256 页。

④ 民国时期对《南齐书》几乎没有系统性的研究。今人之成果，校勘学方面，有朱季海的《南齐书校议》（中华书局，1984），丁福林又在增补朱氏著作的基础上作《南齐书校议》（中华书局，2010）。文学方面，有张亚军的《南朝四史与南朝文学研究》（中国社会科学出版社，2007）、李少雍的《略论六朝正史的文学特色》（《文学遗产》1998 年第 3 期）、孙黎明的《南齐书研究》（华中科技大学硕士学位论文，2012）等。篇幅所限，其他不再列举。

⑤ 其中最具代表性的是柴德赓的《史籍举要》（北京出版社，2002）。白寿彝主编，瞿林东所著《中国史学史》第三卷（上海人民出版社，2006）、谢保成的《增订中国史学史》（商务印书馆，2016）在前辈学人的基础上论述得更为详尽。后者对《南齐书》编纂始末及编纂特点进行了比较详细的评述，指出《南齐书》“编次失检”是由于萧子显欲尊其父，但也肯定了其叙事简洁的优点和史论的价值，兼及一些校勘问题。陈其泰主编，张峰所著《中国历史编纂学史》第三卷（国家图书馆出版社，2018）第二章“魏晋南北朝时期史学名著的继出”对《南齐书》的体例有所涉及，但篇幅较短，属于介绍性质。

涉及对《南齐书》体例的探讨，但不甚深入，一些结论仍有待商榷。[①]

本文在总结前人研究成果的基础上，力求探析《南齐书》不同于其他正史的特点，并阐明萧子显对《南齐书》的体例进行创新的意图。以下从断限[②]、编次与叙事方法等方面尝试论之。

一 “定其折中”：断限标准及其抵牾

南齐国祚极短，仅有二十四年，许多传主历仕多朝，导致史书断限困难极大。在纪传体断代史范围内讨论断限问题，主要涉及两个方面：一是帝纪始于何人，二是选何人入传。

据统计，自《后汉书》至《南史》《北史》十三部正史中[③]，只有四部史书的本纪始于被追尊的皇帝，即《三国志·魏书·武帝纪》《晋书·宣帝纪》《北齐书·神武纪》《周书·文帝纪》，《魏书》和《北史》设有“序纪”追记北魏先祖，正式的帝纪始于《道武帝纪》，应算作特殊情况。[④] 南朝四史则全部以开国皇帝的本纪作为起始。是否为被追尊的皇帝立本纪，与该人在前朝处于何等地位相关。如《史通·本纪》所言：“曹武虽曰人臣，实同王者，以未登帝位，国不建元。陈《志》权假汉年，编作《魏纪》，亦犹《两汉书》首列秦、莽之正朔也。后来作者，宜准于斯。”[⑤] 而萧道成之父萧承之虽被追谥为宣皇帝，在刘宋时却远未达到“虽曰人臣，实同王者”的地位。萧子显并未在《南齐书》中为其曾祖父立本纪，仅将萧承之的生平以小传的形式记载于《高帝纪》开头部分，尊称“皇考”。学者指出，这种情况在“《南齐书》以前正史皆无，此似为子显体例上所独创者”。[⑥]

萧承之卒于刘宋，但成于齐永明年间的《宋书》不仅未立萧承之的列

① 详见王淑娴《萧子显与〈南齐书〉研究》，花木兰文化出版社，2013。

② “断限”一词在本朝史与前朝史中的意义有所区别，在本朝史中，断限指何时废止前朝纪年；在前朝史中，断限指皇朝史的撰写自哪一个皇帝始，并以帝纪为经纬选择在那一时段活动的传主入史。本文讨论的主要是前朝史意义上的断限，特此说明。

③ 这十三部正史分别是《后汉书》、《三国志》、《晋书》（唐修）、《宋书》、《南齐书》、《梁书》、《陈书》、《魏书》、《北齐书》、《周书》、《隋书》、《南史》、《北史》。

④ 此说参考王强《断限·正统·禅让：汉末至唐初正史编纂几个问题的研究》（北京师范大学博士学位论文，2013）。

⑤ （唐）刘知幾撰，（清）浦起龙通释《史通通释》，第29页。

⑥ 王淑娴：《萧子显与〈南齐书〉研究》，第95页。

传，正文当中对刘宋时尚为臣子的南齐皇帝也言多称“讳”或“萧讳”，使得“宣皇帝”萧承之、齐武帝萧赜等人的事迹混乱、史实不明。这固然与《宋书》成书仓促，在统一称谓上不够严谨有关，也体现了南朝皇权对史学的干预。南齐时成书的其他刘宋史在创作上亦有颇多掣肘。如齐武帝时，刘祥“撰《宋书》，讥斥禅代，尚书令王俭密以启闻，上衔而不问”。[①]之后，刘祥屡屡因言获罪，不得善终。在这种环境下，南齐皇室早年的事迹很难明了，因此有必要在《南齐书》中对萧承之作一介绍，将其小传加入《高帝纪》，使萧承之的生平更加清晰，同时又不破坏前代纪传体正史所形成的体例，这样的处理甚为恰当。

在列传方面，萧子显的立传标准大致有二：一是传主在南齐担任职务，二是传主卒于南齐。同时，萧子显对沈约《宋书》或刘宋的国史[②]有参考。如王玄谟卒于刘宋，王玄载卒于萧齐，故《宋书》无王玄载传，《南齐书》无王玄谟传，而传王玄谟二子及王玄载弟王玄邈。刘知幾称赞道：“夫能明彼断限，定其折中，历选自古，唯萧子显近诸。”[③]

但《南齐书》所载人物存在一些例外，综而论之，主要有以下两个方面。

一是补前史漏载。褚伯玉卒于齐高帝建元元年（479），在南齐无甚事迹，也不曾担任官职。《宋书·隐逸传》将此人一笔带过，并未详述，《南齐书·高逸传》却将之收录，当是补《宋书》之遗漏。同样，《良政传》当中的虞愿是典型的刘宋遗老，“尝事宋明帝，齐初宋神主迁汝阴庙，愿拜辞流涕”。[④] 虞愿死于南齐立国当年，应当将其看作刘宋时人。但萧子显详细记录了虞愿的生平，几乎皆为刘宋时事。明人朱明镐在《史纠》中批评道：“《宋书》宜录而不录，此沈隐侯之失也；《齐书》不必录而代《宋书》录之，此萧景阳之失也。”[⑤] 萧子显此举虽然有断限不明之嫌，但一来保存了人物事迹，二来能以虞愿清廉反衬宋明帝荒淫，侧面证明刘宋气数当尽。这说明萧子显虽然有清晰的断限标准，但并未囿于其中，能够灵活

① （梁）萧子显：《南齐书》卷36《刘祥传》，中华书局，2019，第712页。

② 《宋书·恩倖传》：“先是元嘉中，使著作郎何承天草创国史。世祖初，又使奉朝请山谦之、南台御史苏宝生踵成之。六年，又以爰领著作郎，使终其业。爰虽因前作，而专为一家之书。”自刘知幾以来，学者普遍认为，沈约《宋书》是在徐爰所作国史的基础上修纂而成，或至少参考了刘宋时期的国史。

③ （唐）刘知幾撰，（清）浦起龙通释《史通通释》卷4《断限》，第91页。

④ （梁）萧子显：《南齐书》卷53《良政传》，第1011页。

⑤ （明）朱明镐：《史纠》卷2，《景印文渊阁四库全书》第688册，台湾商务印书馆，1986，第470页。

处理一些特殊情况。

二是受主观因素影响。一方面，萧子显出身南齐皇室，自然时时处处留意褒美其先祖。《张瓌传》中详述张瓌之父张永之事，而张永已为《宋书》所传。关于张永的晚年，《南史》载曰："未之镇，遇桂阳王休范作乱，永率所领屯白下。休范至新亭，前锋攻南掖门，永遣人觇贼，既反，唱言台城陷，永众溃，弃军还。以旧臣不加罪，止免官削爵。以愧发病卒。"① 与《宋书》区别不大。《南齐书》所载却是："初，永拒桂阳贼于白下，溃散，阮佃夫等欲加罪，太祖固申明之，瓌由此感恩自结。"② 仿佛张永得以保全性命的原因是萧道成的求情而非其本人旧日的功绩，颂扬萧道成之意十分明显。传主张瓌卒于梁，但其在梁代的职务均为加官，并无实权，因此也被记载在《南齐书》中。

另一方面，梁武帝萧衍亦出身南齐宗室，因此，记载萧衍一支的宗室人物成为萧子显面临的敏感问题。以裴叔业和萧懿二人为例。裴叔业在萧宝卷在位期间叛逃北魏并卒于斯，《魏书》为其立传，其后人也主要生活于北魏，但萧子显仍在《南齐书》中立《裴叔业传》，与同样背叛南齐朝廷的崔慧景、张欣泰同传，并在论赞中表示"叔业外叛，淮肥失险"③，言其叛乱对南齐局势造成的重大影响。但在南齐担任豫州刺史等重要职务，且参与平定裴叔业叛乱的萧懿并不见载于《南齐书》。萧懿不仅为南齐臣子，亦卒于南齐，萧子显却不为其立传，学者指出，这是由于"萧子显并不将死于齐东昏侯之手的萧懿作为南齐东昏侯的臣子看待，而是将萧懿看作萧梁皇室的重要人物——长沙宣武王；既然萧懿的身份是萧梁的宗室，那么其事迹当由萧梁的国史来记载，而不是由《南齐书》来记载"。④ 萧懿是梁武帝萧衍的同胞兄弟，由于其身份特殊，《南齐书》并未给其立传，姚氏父子修《梁书》时，将其认定为南齐人，亦未立传，直到《南史》萧懿才得以单独成传。

此外，《南齐书》的志书断限明确，多从齐高帝建元元年开始，但为了强调萧氏代宋的正当性，不免出现上溯。如《天文志》虽言"今所记三辰七曜之变，起建元讫于隆昌，以续宋史"⑤，却在开头不厌其烦地记叙了

---

① （唐）李延寿：《南史》卷31《张裕附子张永传》，中华书局，2011，第806页。

② （梁）萧子显：《南齐书》卷24《张瓌传》，第505页。

③ （梁）萧子显：《南齐书》卷51，第977页。

④ 王强：《论纪传体史书的人物断代：以萧懿为例》，《史学理论研究》2017年第1期。

⑤ （梁）萧子显：《南齐书》卷12《天文志上》，第224页。

大段刘宋时期星象异常的内容，以说明“太祖革命受终，膺集期运”。[①] 又如《五行志》：“宋泰豫元年，京师祇洹寺皂荚树枯死。升明末，忽更生花叶。《京房易传》曰：‘树枯冬生，不出二年，国丧，君子亡。’其占同。宋氏禅位。”[②] 其意一也。

总而言之，萧子显在史书断限上安排得当，也不回避传主在刘宋一朝的活动。其疏失处大多是刻意为之，既为回护南齐代宋，也为逢迎萧梁代齐，有悖实录精神，但实为无奈之举。

二 “编次失检”：萧嶷本传的上升及宗王传的下沉

在《南齐书》中，萧子显将《豫章文献王传》置于列传第三，仅次于《皇后传》和《文惠太子传》，将记载萧道成诸子的《高帝十二王传》置于列传第十六，却将记载萧道成兄长及其后人的《宗室传》置于列传第二十六，编次似不合理。此举历来为人诟病，清人赵翼有言：

> 乃以临川等为高祖十二王，编在三十五卷，而豫章则另为一卷，编在二十二卷，与文惠太子相次，以见豫章之不同诸子。此则苟欲尊其父，而于义无当也。又《宗室传》，衡阳王道度、始安王道生，皆高帝兄也，自应编在高、武诸子之前。乃高帝子在三十五卷，武帝子在四十卷，而道度等反在四十五卷，此亦编次之失检也。[③]

在此我们需要讨论两个问题：一是萧子显将《豫章文献王传》置于列传第三是否合理，二是其他宗王的传记是否存在编次不当。

首先，对于将萧嶷本传提前，有学者解释道：“萧子显之编次立意自不相同，文惠太子传在前，本是君臣之定分，即帝王（本纪）→皇后（传）→太子（传）→大臣（传）之序列分明，而诸王亦臣，至于大臣功高，自以萧嶷为第一，故列‘臣传’第一。”[④] 此说应是。但在撰述史书

① （梁）萧子显：《南齐书》卷12《天文志上》，第223页。

② （梁）萧子显：《南齐书》卷19《五行志》，第411页。

③ （清）赵翼撰，王树民校证《廿二史劄记校证》卷9“齐书书法用意处”条，中华书局，2013，第199页。

④ 陈金城：《史臣与儿臣角色的摆荡——论萧子显〈南齐书〉的修撰立场》，中国历史学会史学集刊，2009，第365~404页。

时，一般情况下会强调传主的宗室身份而非大臣，如前文所述，萧子显未将萧懿作为南齐臣子便是一明证。萧子显将其父传记提至第三，情感上说得通，但将萧嶷与萧道成诸子分开立传的做法并不合理。参照前人的做法，这又涉及另一个问题：萧子显为何不效法《汉书》，将高帝诸王整体提前，置于功臣传之前？

那么不妨观察一下自班固到萧子显，史书的编次规律是否发生了变化。在纪传体皇朝史当中，"'宗王传'往往起到区分时代断限，提挈一代人物的作用"①，如《汉书》将《高五王传》置于《萧何曹参传》之前，置于陈胜、项籍等"开国群雄传"② 之后。但不同史家对"宗王/宗室传"位置的处理是有区别的。"开国群雄传"的设立与此密切相关。此处选成书于唐及以前的，记录两汉至南朝史事的纪传体皇朝史进行比较。

表 1

书名	宗王传是否位于诸臣传前	是否设立"开国群雄传"	帝纪之始是否为追尊	该朝取代前朝的方式
汉书	是	是	否	暴力推翻
后汉书	是	是	否	暴力推翻
三国志（魏）	是	是	是	前朝禅让
九家旧晋书	未知	否	是	前朝禅让
晋书（唐修）	否	否	是	前朝禅让
宋书	否	否	否	前朝禅让
南齐书	否	否	否	前朝禅让
梁书	否	否	否	前朝禅让
陈书	否	否	否	前朝禅让

注：《汉书·高五王传》之前可以看作汉初"开国群雄传"。陈胜、项籍以下诸人构成秦末楚汉相争的历史主体，并非汉臣。详见曲柄睿《〈汉书〉列传编纂研究》，《学灯》第 2 辑，上海古籍出版社，2017，第 106 页。

① 曲柄睿：《〈三国志〉列传编纂的内在理路》，收录于武汉大学中国三至九世纪研究所编《魏晋南北朝隋唐史资料》第36辑，上海古籍出版社，2017，第 33 页。

② 此说法引自徐冲《中古时代的历史书写与皇帝权力起源》（上海古籍出版社，2012），用以代指与前朝的末代国君和本朝的创业之主都存在敌对关系，但对历史又有一定影响的人物，如陈胜之于西汉，吕布之于曹魏。本文不着重讨论"国史"书写的问题，仅借用此说法，特此说明。

不难发现，皇朝建立的方式对“开国群雄传”的设立是有影响的。就这一点而言，《三国志》有些特别。刘知幾曾对陈寿在《三国志·魏书》中设“开国群雄传”进行批评。

> 夫汉之有董卓，犹秦之有赵高，昔车令之诛，既不列于《汉史》，何太师之毙，遂独刊于《魏书》乎？兼复臧洪、陶谦、刘虞、孙瓒生于季末，自相吞噬。其于曹氏也，非唯理异犬牙，固亦事同风马；汉典所具，而魏册仍编，岂非流宕忘归，迷而不悟者也？[①]

陈寿在《三国志》中设立“开国群雄传”，固然有保存史料的作用，但更重要的原因在于，通过“开国群雄传”勾勒汉末乱象，有利于突出曹操的功业，使魏文帝受禅显得正当合理。正如吕思勉所说：“董卓与汉末群雄，虽若与魏武无涉，然魏武为勘定汉乱之人，略此诸人，即汉末之乱象不明，魏武之功业，亦不能睹其全矣。”[②] 东汉末年自有其历史环境的特殊性，应与魏晋南北朝作出区分。司马氏夺取曹魏政权时，实际上并没有发生东汉末年那样长时间、大规模的混乱，而是“在天下接近一统，或南方局面稳定后受禅”。[③] 史家在为司马懿作帝纪时只能强调其在曹魏位高权重，却并无力抗群雄之功，因此，实无设立“开国群雄传”的必要。成书于两晋南朝的诸家《晋书》今亡佚甚多，根据辑本来看，应同样未设“开国群雄传”。

但当时可能仍存在对这一问题的讨论，尤其是各朝代建立的过程存在区别，如东晋末年称帝之桓玄，徐爰在纂修刘宋国史时上书曰：“其伪玄篡窃，同于新莽，虽灵武克殄，自详之晋录。”[④] 孝武帝刘骏批复道：“项籍、圣公，编录二汉，前史已有成例。桓玄传宜在宋典，余如爰议。”[⑤] 那么刘宋时期的国史是存在“开国群雄传”的，到沈约著《宋书》时却删去了这一部分。徐冲认为：“这说明当年原本属于异见的徐爰关于‘开国群

---

① （唐）刘知幾撰，（清）浦起龙通释《史通通释》卷4《断限》，第89页。

② （唐）刘知幾撰，（清）浦起龙通释，吕思勉批注，李永圻、张耕华导读整理《史通》卷4《断限》批注，上海古籍出版社，2008，第70页。

③ 周一良：《魏晋南北朝史札记》，中华书局，2015，第262页。

④ （梁）沈约：《宋书》卷94《恩幸传》，中华书局，2019，第2535页。

⑤ （梁）沈约：《宋书》卷94《恩幸传》，第2536页。

雄传’的主张，至此已经成为了南朝后期统治群体的共识。”[①] 但笔者持保留意见。原因在于史家在修撰国史与前朝史时面临的政治环境是不同的。国史是指当代人在当朝所修的当朝史，对采撰、称谓等体例问题的处理必然慎之又慎，在记载历史事实的基础上凸显本朝功业。但沈约修《宋书》时已属齐世，属于当代人在王朝更替后所修前朝史。萧齐代宋与刘宋代晋的方式虽然都属禅让，但与萧道成对立的沈攸之忠于刘宋，也并非割据政权的首领，因此必然被写入《宋书》诸臣传。南齐所立国史条例中是否包括“开国群雄传”，已不可考。推之当无，沈约《宋书》也是受此影响。萧子显的《南齐书》在体例上对《宋书》多有因袭，加之齐、梁、陈受禅之方式较为接近，故“开国群雄传”的消失逐渐成为纂修南朝史之史家共识，使其一度消失于纪传体皇朝史中，直到刘昫修《旧唐书》时才重新出现。

综上所述，各部正史中的宗王传起到类似分隔符的作用，当存在“开国群雄传”时，宗王传标志“开国群雄传”的结束和诸臣传的开始，其对于史书结构的意义或大于内容。“开国群雄传”作为列传的第一部分消失，宗王传自然下沉到了诸臣传之后。照此传统，《南齐书》列传前半部分的理想编次顺序应该是皇后、太子→高帝诸臣→宗王→武帝诸臣。萧子显不欲打破成规将宗王传提前，又欲尊显其父，只得将萧嶷作为诸臣第一列于褚渊、王俭之前，仅次于皇后、太子。

这又涉及另一个问题，即宗王传首篇应当记载开国皇帝诸子还是诸兄弟。在《汉书》当中，连接“开国群雄传”与诸臣传的是记载高祖刘邦诸子的《高五王传》，在《三国志》当中则是《诸夏侯曹传》，之后的《后汉书》和《宋书》也都将开国皇帝诸兄弟的传记作为宗王传首篇。但到了《南齐书》，萧道成的兄长萧道度、萧道生二人被编次于列传第二十六，“位置尤为乱极，不如《南史》为顺”。[②] 此篇断限，上至萧道度，下至东昏侯萧宝卷的堂兄弟萧宝晊等人，而位于此篇之前的两位传主是卒于萧宝卷一朝的徐孝嗣和沈文季。如此看来，此位置如传萧鸾之兄弟则为得宜。

有学者认为萧子显将《宗室传》下移是因为“传主个人在历史上的意义与重要性方为其编次的主要依据。在编撰宗室传与帝子传时，长幼亲疏

---

① 徐冲：《中古时代的历史书写与皇帝权力起源》，第 97 页。

② （清）王鸣盛撰，黄曙辉点校《十七史商榷》卷 62“文惠太子有失德”条，上海古籍出版社，2013，第 801 页。

关系格外重要……依其亲疏关系，《宗室传》当在明七王前；但在政治上的实际作用又远不如高、武诸子，故萧子显将之列于武帝诸子传后”。[①] 但这一说法经不住推敲，原因有二。第一，自《汉书》以来的纪传体断代史，不管国祚长短，其列传人物大致是按照登用时间编次的，《汉书》没有将《荆燕吴传》和《楚元王传》合为宗室传也是因为刘邦诸兄弟在历史舞台上活跃的时间始于秦末。[②] 萧道成的两位兄长均卒于刘宋，因此，萧子显并未花费过多笔墨记载二人的生平，而是采用了对萧承之传记的处理方式，将萧道度、萧道生以小传的形式置于《宗室传》中。如此一来，该篇主体人物就成了萧鸾的侄子萧遥光等人，故将《宗室传》置于武帝十七王与明帝七王之间是比较合理的。《南齐书》体例齐整，《宗室传》内部亦严守宋齐断限，不会因远近亲疏问题更改前史成例。第二，此举与明帝萧鸾得位不正亦有一定关系。萧道生在南齐地位十分尴尬，他既是齐高帝之兄又是齐明帝之父，萧鸾作为萧道生之子，本非齐高帝一系嫡出，却弑君自立，且大肆屠戮高、武子孙，连萧子显本人都一度命悬一线。若将萧道度传于宗王之首，就意味着萧道生也要同传，萧子显显然不欲如此行事。但作为前朝宗室，萧子显要为尊者讳，因此并未以个人立场谴责萧鸾的残暴，而是将萧鸾屠戮同宗之事尽录于《南齐书》，同时通过调整史书编次来表达自己的贬斥之意。

三 “类叙法最善”：以类例思想整齐体例

类例思想在中国古代史学中有着悠久的历史。刘知幾在总结唐以前典籍时说：“昔《尚书》记言，《春秋》记事，以日月为远近，年世为前后，用使阅之者雁行鱼贯，皎然可寻。至马迁始错综成篇，区分类聚。班固踵武，仍加祖述。”[③] 马、班之后，类例思想在史学实践中持续发展，使得纪传体皇朝史的体例不断完善。《南齐书》的体例整齐精赡，很大程度上得益于萧子显对类例思想的贯彻，这在书中体现为两个方面：一是类叙法与带叙法使用的规范化，二是采用了恰当的合传标准。

---

① 王淑娴：《萧子显与〈南齐书〉研究》，第 104 页。

② 此说参考曲柄睿《〈汉书〉列传编纂研究》，《学灯》第 2 辑，第 99~124 页。

③ （唐）刘知幾撰，（清）浦起龙通释《史通通释》卷 4《编次》，第 94 页。

从文学角度研究《南齐书》者，多将类叙法与带叙法[①]的使用作为《南齐书》的艺术特色。从史学角度来看，类叙法与带叙法是叙事方法，尽可能多而简地在有限的篇幅内囊括一代历史人物才是最终目的。对于二者的起源，清代学者赵翼认为，类叙法始于《汉书》而带叙法始于《宋书》。[②] 本文无意对这一说法的准确性进行考辨，但可以确定的是，类叙法和带叙法在萧子显创作《南齐书》之前已经应用于其他纪传体皇朝史，而萧子显将之进一步规范，取得了较为突出的成就。

首先，在《南齐书》当中，类叙法与附传区别明显。附传一般是将传主之子侄、族人的完整传记置于本传之后，如《褚渊传》后附其弟褚澄传，《萧赤斧传》后附其子萧颖胄传。这些人物传记首尾相顾，能够独立成篇，同时避免了重复记录其父兄等人的事迹，使得传记逻辑清晰、文字简练。但有些人物只是在某一方面与传主存在相似性，并无长篇大论的必要，更宜采用类叙法记述。褚澄擅医术，萧子显便在其传后类叙徐嗣，列举其医术高超的种种表现，并称赞其"事验甚多，过于澄矣"。[③] 再如《陆慧晓传》后类叙顾宪之，是由于两人出身同郡，又都清高耿直。《南齐书》中亦有类叙多人的情况。虞玩之与王俭及同郡人孔禬不睦，故萧子显在虞玩之本传中记王俭事而在其后叙孔禬事。又由于孔禬、何宪二人均与王俭交好，萧子显亦将何宪及其子的事迹置于《虞玩之传》之后。同时，这几人并未出现在《王俭传》当中，使得王俭本传少有枝蔓。其他例证此处不再列举。

《南齐书》的类传是类叙法使用最为娴熟的部分。萧子显不再满足于仅仅"以类相从"，而是在类传内部增加了次一级的叙事结构。《文学传》立十位传主，类叙七位；《孝义传》立十九位传主，类叙十五位。赵翼的《廿二史劄记》"齐书类叙法最善"条称赞："《孝义传》用类叙法，尤为得法。"[④] 其中《韩灵敏传》载其事嫂如母，其嫂守节不嫁，以下类叙八位经历相似的女性，十分简洁明晰。类叙法的使用使卷帙不大的《南齐书》

---

① 此处对类叙法与带叙法的区别作一说明。类叙法所记之人普遍与传主存在共性，带叙法则是生平与传主有关之人。区分此二者之关键，在于判断所叙内容是否与传主事迹相独立（参见朱露川《从类叙法到带叙法之论——关于中国古代史书叙事一项方法论的考察》，《人文杂志》2020 年第 10 期）。

② 参见赵翼撰，王树民校证《廿二史劄记校证》卷 9"宋齐书带叙法""齐书类叙法最善"两条。

③ （梁）萧子显：《南齐书》卷 23《褚渊附褚澄传》，第 483 页。

④ （清）赵翼撰，王树民校证《廿二史劄记校证》卷 9，第 200 页。

尽可能多地记载了人物，且详略得当。

其次，《南齐书》的带叙法做到了最大限度为史书内容服务。带叙法的自觉使用自《宋书》开始。“正史《宋书》中的叙述体例与编年体有相似之处，其背后是中古时期纪传与编年两体在体裁发展上的相互影响过程。”[①] 编年体与纪传体从来不是泾渭分明、互不影响的，具有带叙性质的叙事手法更早出现在编年体当中。“编年体有一个很大的困难，就是无年月可考的事，即使是很重要的事，也无法写在书内……《前汉纪》《后汉纪》用类举记事的办法，把典章制度和一些人的传记都写了进去。”[②] 如《汉纪》记文帝皇后窦氏封后时，在事件与诏书之间带叙其早年事迹及亲属。

> 三月，立皇太子母窦氏为皇后。初，孝惠时出宫人以赐诸王各五人，窦姬家在清河，赂主者吏，愿至赵。吏误置代伍中，窦姬泣啼而行。既至代，幸于主，生景帝。而代皇后及其四子皆先亡，故窦姬为皇后。兄长君；弟广国，字少君，家于长安。绛侯等曰：“吾属命乃悬于此两人。为选贤人，令与居止。”由此皆为退让君子。[③]

《后汉纪》在《前汉纪》的基础上更进一步，“荀悦有时也类举多事，但主要是类举一两事。袁宏总是把时代约略相近的同类人物连续地写出来好几个”。[④] 应该说，沈约是首先将带叙法应用于纪传体皇朝史的史学家，但带叙法的传统由来已久。《南齐书》的带叙法则更进一步。如姚道和曾经帮助沈攸之对抗萧道成，后被萧道成处死。其事为张敬儿告发，故萧子显将其事迹附入《张敬儿传》中。寥寥数语，交代了姚道和的家世、官职、性格、事迹，并对其作出评价，简洁凝练，并且没有影响张敬儿本传的叙事节奏。

> 道和字敬邕，羌主姚兴孙也。父万寿，伪镇东大将军，降宋武帝，卒于散骑侍郎。道和出身为孝武安北行佐，有世名，颇读书史。

---

① 聂溦萌：《南朝纪传体官修史中的编年体痕迹——从〈廿二史劄记〉“宋齐书带叙法”条说起》，《版本目录学研究》第7辑，2017年1月刊。

② 白寿彝主编《中国通史·导论卷》，上海人民出版社，2013，第245页。

③（汉）荀悦撰，张烈点校《两汉纪》（上），《汉纪·孝文皇帝纪》，中华书局，2002，第94页。

④ 白寿彝：《陈寿、袁宏和范晔》，《北京师范大学学报》1964年第1期。

> 常诳人云："祖天子，父天子，身经作皇太子。"元徽中为游击将军，随太祖新亭破桂阳贼有功，为抚军司马，出为司州，疑怯无断，故及于诛。[①]

除此之外，还有在《文惠太子传》中带叙的范柏年等，其模式与姚道和之小传类似，故不赘述。

值得注意的是，萧子显对带叙法的使用，有时是为其主观意志服务的。其中最明显的莫过于荀丕生平所放的位置问题。在此，需要将《南齐书》与《南史》文本作一比较。荀丕的生平在两书中均为带叙，但插入点不同。《南齐书》选择了《王秀之传》，全文如下。

> 丕，颍川人。豫章王嶷为荆州时，丕献书令减损奢丽，豫章王优教酬答。尚书令王俭当世，丕又与俭书曰："足下建高世之名而不显高世之迹，将何以书于齐史哉?"至是南郡纲纪启随王子隆请罪丕，丕上书自申。[②]

其中记载了荀丕与萧嶷的交集，但未提及荀丕死因。就《南齐书》文本观之，读者唯一能了解到的就是荀丕的耿直个性。《南史》对荀丕的事迹进行了增补，并将之移入萧嶷本传："是时武帝奢侈……嶷后房亦千余人。颍川荀丕献书于嶷，极言其失，嶷咨嗟良久，为书答之，又为之减遣。"[③]"（丕）又上书极谏武帝，言甚直，帝不悦，丕竟于荆州狱赐死。徐孝嗣闻其死，曰：'丕纵有罪，亦不应杀，数千年后，其如竹帛何！'"[④]荀丕因何事招来杀身之祸，《南史》并未明言。根据徐孝嗣的说法，当是罪不至死。

根据《南史》的记载，可得两个信息，其一，萧嶷并非完人，亦受当时奢侈之风的影响；其二，《南史》萧嶷本传载其"衣服制度，动皆陈启，事无专制，务从减省，并不见许"。[⑤]"不见许"彰显萧赜对萧嶷的重视，是否还有其他目的，并不可知。萧嶷轻易接受了荀丕对其"奢侈"的批

① （梁）萧子显：《南齐书》卷25《张敬儿传》，第527页。
② （梁）萧子显：《南齐书》卷46《王秀之传》，第887页。
③ （唐）李延寿：《南史》卷42《齐高帝诸子传上》，第1063页。
④ （唐）李延寿：《南史》，第1064页。
⑤ （唐）李延寿：《南史》，第1062页。

评，也许触怒了萧赜，是荀丕招来杀身之祸的原因之一。但这些内容都被萧子显有意回避，反而导致了一种吊诡的结果，使《南齐书》体例虽精，却事迹不明。

在合传方面，由于南齐立国时间过短，无法将人物的登用或生卒时间作为合传标准，按照萧子显的断限方式，大部分传主也很难以家族为单位立传。如刘善明与刘怀珍为族兄弟，但二人并未合传，因刘善明"少与崔祖思友善"①，故萧子显将此二人同传，并载刘善明遗崔祖思之书信，可见在合传人物的选择上，萧子显是经过了深思熟虑的。学者指出，《南齐书》在立传时"士庶并重，根据其功绩、品行、影响、才能、成就等决定是否入传记述"。② 总体来说，合传标准亦遵循了"以类相从"的思想，主要有以下四种。

第一，遭遇类似。萧子显常在论赞中阐述合传原因。王鸣盛指出，"凡多人作传，只论一人，《南齐书》与《宋书》同"。③ 但萧子显在《王敬则陈显达传》"史臣曰"中鲜明地指出，"王、陈拔迹奋飞，则建元、永明之运；身极鼎将，则建武、永元之朝……干戈既用，诚沦犯上之迹"④，两人人生轨迹类似，故合于一传。同样，还有"烹犬藏弓，同归异绪"⑤的垣崇祖、张敬儿；曾为功臣却因政局变化背叛萧齐的裴叔业、崔慧景、张欣泰等。

第二，品格类似。如有名士风流、长者之风的王僧虔、张绪；事母至孝、宽厚谦退而为世人所称的江敩、何昌宇、谢抃、王思远等。

第三，出身类似。王琨、张岱、褚炫、何戢、王延之、阮韬六人合传，六人官职、品性各异，褚炫为吏部尚书，张岱为吴郡太守；王琨节俭吝啬，何戢家富性侈，唯王延之与阮韬"俱宋领军刘湛外甥，并有早誉"。⑥ 但相同点是，六人均出身士族，曾历世家清选之官（黄门郎、秘书郎等）。再如到㧑、刘悛、虞悰、胡谐之四人均非士族出身，但都生在巨富之家，故萧子显将他们合传。

第四，传主经历有所交集。除上文所举刘善明、崔祖思外，《谢超宗

① （梁）萧子显：《南齐书》卷28《刘善明传》，第586页。

② 李小树主编《秦汉魏晋南北朝史学史稿》，中国人民大学出版社，2007，第188页。

③ （清）王鸣盛撰，黄曙辉点校《十七史商榷》卷62"刘瓛陆澄传论"条，第808页。

④ （梁）萧子显：《南齐书》卷26，第551页。

⑤ （梁）萧子显：《南齐书》卷25，第529页。

⑥ （梁）萧子显：《南齐书》卷32《王延之传》，第647页。

刘祥传》亦是此类。两人皆因言获罪于齐武帝，但萧子显选取此二人合传，是由于萧赜曾以谢超宗事为例斥责刘祥，令其反省自己的言行。如此可将传主生平进行对照。

萧子显采取以上合传标准，固然有沿袭《后汉书》等前史传统的原因，但最重要的是对论赞写作、阐发个人思想的考量。以褚渊、王俭为例，二人都是刘宋时期的重臣，协助萧道成夺取天下，也因历仕两朝为时人所讥。萧子显将此二人合传，并在史论中指出，“贵仕素资，皆由门庆，平流进取，坐至公卿，则知殉国之感无因，保家之念宜切。市朝亟革，宠贵方来，陵阙虽殊，顾眄如一”。[①] 萧子显在本传中对此二人态度较为客观，但在史论中揭示了南朝世家大族为自家利益而对政权禅代麻木不仁、只求自保的现状。虽然这番论断是为褚渊开脱，但能对时势作出这样的总结已属难得。这种灵活的处理方式与《南史》的“家谱式”合传相比，有着明显的优势。王鸣盛曾言：

> 即如褚渊、王俭两人，齐朝佐命，实宋之至戚，读史者读至齐事，未有不急欲观此二人之传也，乃王俭则附《王昙首传》，褚渊则附《褚裕之传》，分散其事，使读者茫然不测津涯，其实迁移有何难事，如此作史，无理取闹而已。又齐人本少，王融、谢朓，文学之士致显位而死于非命，此天然合传，《南齐书》搭配最为得宜者。[②]

通观《南齐书》文本，不难发现萧子显在吸收前史对合传人物处理方法的基础上进行了谨慎考量，通过有限的体量尽可能清晰有序地反映南齐史事，其论赞也颇有见地，在南朝乃至中国古代史学当中占有一席之地是当之无愧的。

四　结语

《史通·序例》中说：“夫史之有例，犹国之有法。”[③] 强调史书义例的重要性。在历史长河当中，不管是昙花一现还是国祚绵长的皇朝，为它

---

① （梁）萧子显：《南齐书》卷 23，第 489 页。

② （清）王鸣盛撰，黄曙辉点校《十七史商榷》卷 59“以家为限断不以代为限断”条，第 731 页。

③ （唐）刘知幾撰，（清）浦起龙通释《史通通释》卷 4《序例》，第 81 页。

们建立史书编纂的义例都是重要且困难的任务。刘知幾说道："……若沈《宋》之志序，萧《齐》之序录，虽皆以序为名，其实例也。必定其臧否，征其善恶，干宝、范晔，理切而多功，邓粲、道鸾，词烦而寡要，子显虽文伤蹇踬，而义甚优长。斯一二家，皆序例之美者。"[①] 遗憾的是，虽然刘知幾对萧子显的序录有较高评价，但《南齐书》在流传的过程中多有脱讹，序录亡佚已久，只能从字里行间窥得作者的一些撰述旨趣。

萧子显在创作《南齐书》时既能在政权更迭频繁的时代选择合适的传主进行编排，又能使史书体例为其阐发对人物和史事的看法服务。类例思想贯穿全书，使得全书体例整齐规范，是萧子显对纪传体史书的一大贡献。这固然受时代和其个人素养的影响，但不可否认，为先人讳饰也间接导致了萧子显在史例的创制上用功颇深。一者，萧道成身为人臣，却篡夺刘宋政权。二者，萧道成、萧赜两朝，南齐皇室之间暗流涌动，而萧子显之父萧嶷亦身在其中，萧子显既是后人，又是史家，不可避免要面对如何最大限度地在记载历史事实的同时抬高先人的形象的问题。三者，萧鸾篡位后屠戮宗室，连篡夺南齐政权的梁武帝萧衍都曾说："建武屠灭卿门，致卿兄弟涂炭。我起义兵，非惟自雪门耻，亦是为卿兄弟报仇。"[②] 复杂的宗室关系导致的政权更替，使得《南齐书》的撰写难上加难。因此，《南齐书》中出现了许多"破例"的现象，如《高帝纪》前出现了萧道成之父的小传，《豫章文献王传》提前而《宗室传》推后，等等，但这些情况在《南齐书》全书中能够做到逻辑自洽，体例圆融，可见萧子显对史书编纂有其独到见解。

① （唐）刘知幾撰，（清）浦起龙通释《史通通释》卷4《序例》，第82页。
② （唐）姚思廉：《梁书》卷35《萧子恪传》，中华书局，2020，第564页。

经学与黄宗羲的史书编纂观

王记录
（河南师范大学历史文化学院，河南新乡　453007）

摘　要：黄宗羲一生尊经重史，其史书编纂观深受经学影响。他坚持正统论，把“明夷夏之防”当作史书编纂首先要考虑的问题，猛烈批判了《晋书》《新五代史》《宋史》《元史》等书写篡逆政权和少数民族历史的作史之法。他立足宋、元、明学术发展的实际，反对在学术上尊“道学”而贬“儒林”，剖析历代正史设立《儒林传》的意蕴，驳斥《明史》设立《理学传》的作史之法。他跳出“道统论”，在学术史编纂中坚持“宗旨论”，以“一本万殊”之观念，打破学术定于一尊，在《明儒学案》中展现学术发展的多样化和多元化。在明末清初特殊的历史与学术背景下，黄宗羲的史书编纂观有着鲜明的时代特色。

关键词：黄宗羲　经学　史书编纂

黄宗羲一生，出入经史，撰写了大量具有颇高学术价值和思想价值的史学著作，如讨论制度优劣的《留书》《明夷待访录》《破邪论》等；梳理学术发展的《明儒学案》《宋元学案》等；记述晚明历史的《行朝录》《弘光实录钞》《思旧录》《海外恸哭记》等。这些著作或论政，或存史，或总结学术，均寄托了黄宗羲丰富的经世致用的思想。也就是在诸多史书的编纂过程中，黄宗羲形成了自己的史书编纂观，而这种史书编纂观，又明显与他的经学见解紧密相关，打上了明显的经学的烙印。

一 “严夷夏之防”：正统论及其对前代史书编纂的批评

中国古代正统论与史学的关系至为密切，无论是史书编纂的实践，还是史学理论的探讨，都随处可见正统论的影子。陈寿著《三国志》，引起后世对魏、蜀正统的争议；南北朝时期，南朝修史骂北朝为“索虏”，北朝修史骂南朝为“岛夷”，互相贬低；元代修宋、辽、金三史，也在三朝何为正统问题上多有争论。至于历代史家从不同角度对正统问题的理论阐述，更是在在有之，所谓“中国史学观念，表现于史学史之上，以‘正统’之论点，历代讨论，最为热烈”。[①]

从表面上看，中国古代史家对“正统论”的讨论，往往是以讨论史书编纂体例的形式展开的。但是，从中国古代政治文化的悠久传统来看，“正统论”所关注的核心问题，乃是王朝受命改制是否顺天应人，也即获得政治权力并进行统治的新王朝是否具有合理性、正当性与合法性，“正统理论之精髓，在于阐释如何始可以承统，又如何方可为之‘正’之真理”。[②] 黄宗羲高举“正统”，在《留书》中运用正统理论批评前代史书编纂，体现的就是这样一种“承统得正”的思想观念。当然，由于明清之际华夷矛盾比较尖锐，他的正统论又与“夷夏之辨”纠缠在一起，史书编纂是否“明夷夏之防”成了他考量史书优劣的重要标准。

唐代官修《晋书》，除本纪、列传、志之外，还继承《东观汉记》“载记”的体例，设立载记 30 卷，专门记载各族统治者在北方所建立的“十六国”史事。宋代欧阳修编纂《新五代史》，除本纪、列传、考（志）外，还继承《史记》“世家”的体例，设立“世家”10 卷，记十国史事。对于《晋书》和《新五代史》这样的体例变通，当今史家均有正面评价，瞿林东认为《晋书》设立“载记”，超越了南北朝时期南北史家相互贬抑的作史方法，“创造性地以其记十六国君臣事迹、国之兴废……不再渲染华夷之辨……反映了隋唐统一后‘天下一家’的思想”。[③] 仓修良认为《新五代史》改变《旧五代史》“以五代为正，十国为伪”的叙述方式，

① 饶宗颐：《中国史学上之正统论》，上海远东出版社，1996，第 1 页。

② 饶宗颐：《中国史学上之正统论》，第 76 页。

③ 瞿林东：《中国史学史纲》，北京出版社，2005，第 302 页。

不再把十国看成五代的附属，“把五代以外的十国列为《世家》，以保持其独立性。这样的处理方法，从编纂学上看，自然比薛史（即薛居正《旧五代史》）优越得多”。[①] 可见，《晋书》设立“载记”以记少数民族政权史事，《新五代史》设立“世家”以叙十国兴亡，都是历史编纂学上的进步。

但是，身处明末清初的黄宗羲并不这样认为。他从正统论的角度出发，对《晋书》和《新五代史》的作史之法进行了严厉批评：“夫纪者犹言乎统云尔。《晋书》变例载记，同一四夷也，守其疆土者则传之，入乱中国者则纪之，后之夷狄，其谁不欲入乱中国乎？五代之君，其地狭，其祚促，与十国无以异也。守其疆土者则世家之，与于篡弑者则帝之，后之盗贼，其谁不欲与于篡弑乎？”[②] 在黄宗羲看来，“本纪”就是“正统”，列入“本纪”的帝王就代表了华夏“正统”的传衍。《晋书》设立“载记”以记“入乱中国”的十六国君主，叙事与本纪没有什么不同，这等于承认了他们的正统地位，而那些抵抗十六国的晋臣却只能入列传，实际上是鼓励后世的“夷狄”乱华。五代十国时期，无论是后梁、后唐之五代，还是吴、楚之十国，均国小地狭，国祚短促，而且五代诸多君主还被臣下篡弑而终。但《新五代史》却为君不君、臣不臣的后梁、后唐等五代君主立本纪，为偏安一方且少有犯上作乱的吴、楚等十国君主立世家，无异于鼓励后世的“盗贼”篡弑。在黄宗羲看来，乱华之“夷狄”与篡逆之“盗贼”在史书中得不到贬黜，《春秋》“使乱臣贼子惧”之大义得不到体现，那撰写史书还有什么用呢？“其不如无史之为愈也！”[③]

黄宗羲认为史书编纂有两项重要任务，一是“诛乱臣贼子”，二是“明夷夏之防”。[④] 在他看来，无论是“乱臣贼子”篡弑而得天下，还是夷狄入据中原，都必须排除在“正统”之外。但是，相较于“乱臣贼子”篡弑而得天下，黄宗羲更看重“明夷夏之防”。他常常把“明夷夏之防”当作史书编纂首先要考虑的问题。他曾说：“中国之与夷狄，内外之辨也。以中国治中国，以夷狄治夷狄，犹人不可杂之于兽，兽不可杂之于人也。是故即以中国之盗贼治中国，尚为不失中国之人也。徐寿辉改元治平，韩林儿改元龙凤，吾以为《春秋》之义将必与之。”[⑤] 这段话有三层含义。一

① 仓修良：《中国古代史学史》，人民出版社，2009，第354页。
② 黄宗羲：《留书·史》，《黄宗羲全集》第十一册，浙江古籍出版社，1993，第11页。
③ 黄宗羲：《留书·史》，《黄宗羲全集》第十一册，第13页。
④ 黄宗羲：《留书·史》，《黄宗羲全集》第十一册，第11~13页。
⑤ 黄宗羲：《留书·史》，《黄宗羲全集》第十一册，第12页。

是严分“中国”与“夷狄”。中国为“内”为“人”，夷狄为“外”为“兽”，内外有别，人兽不杂，互不侵扰才是正道。二是界定“正宗”与“盗贼”。农民起义军徐寿辉、韩林儿弑君篡位，建立的政权不具有“正当性”，属于“盗贼”，但都是“中国之人”。三是按照《春秋》大义，徐寿辉、韩林儿建立的政权虽不正当，但可以得到承认，而夷狄建立的政权则无论如何也不能当作正统。在“乱臣贼子”和“夷夏之防”之间，黄宗羲不惜打破自己所设立的界限，百般弥缝自己的观点，以表达对前代史书修纂中混淆华夷的不满。

在对《宋史》的评论中，他进一步申述了自己的这一观点：“宋之亡于蒙古，千古之痛也，今使史成其手，本朝因而不改。德祐君中国二年，降，书瀛国公，端宗、帝昺不列本纪，其崩也，皆书曰‘殂’；虏兵入寇则曰大元，呜呼！此岂有宋一代之辱乎？而天下恬然不知为怪也。”[1] 此处黄宗羲从三个方面对元修《宋史》进行了批评：一是降元的宋恭帝虽被立“本纪”，却书“瀛国公”；二是宋端宗赵昰、宋怀宗赵昺干脆没有立“本纪”，事迹附于“瀛国公”之后，死书“殂”；三是“虏兵入寇”竟然自称“大元”“我元”。黄宗羲指出的这三点都是史书书法问题。平心而论，元修《宋史》并没有什么过错。众所周知，元灭宋不久，即准备修纂前朝宋、辽、金之史，但由于宋、辽、金三朝并立，难以确立谁为“正统”，最终搁浅。到元朝后期元顺帝时，再开史馆，并确立了宋、辽、金各为“正统”、各撰一史的原则，才修成了宋、辽、金三史。在元朝史臣的心目中，宋恭帝降元，就意味着宋朝已经灭亡，正统已经转移，宋恭帝就是宋朝的最后一位皇帝。宋恭帝降元后被封为“瀛国公”，故《宋史》为之立“本纪”而书“瀛国公”。至于宋恭帝后面的端宗和帝昺，在位短促，并一直处于仓皇逃窜的境地，元朝史臣已不再承认他们的正统地位，故不立本纪，但称“二王”而附于“瀛国公”后。今天看来，元代史臣这样处理也没有什么不妥，并未违背史法，因为元代之前的多部正史在书写上一个王朝历史时，也出现过类似情况。元朝后期的史臣修《宋史》，以“我元”“大元”自称，认定“正统”在元，也是情理中事。但是，元代史官的这一写法让黄宗羲非常愤慨，而明人“因而不改”更让黄宗羲感到不可原谅。他身处明清易代的历史现场，对“宋人亡于蒙古，千古之痛也”有着身临其境的体会，历史被写成这样，在黄宗羲眼里，这不仅是有宋一代的

① 黄宗羲：《留书·史》，《黄宗羲全集》第十一册，第11页。

屈辱，也是对华夏文化正统的羞辱。由此，黄宗羲还批评了仕元的许衡和吴澄，“许衡、吴澄无能改虏收母篾丧之俗，靴笠而立于其朝，岂曰能、贤？”[①] 许衡、吴澄作为一代儒士，不仅不能让蒙元接纳华夏政教文明，以夏变夷，还被人以夷变夏，配不上“能”“贤”二字。黄宗羲以三纲五常批评许衡：“夫三纲五常，中国之道，传自尧舜，非亡宋之私也。乃以为亡国之俗，虽曰异语，衡独不畏得罪于尧舜乎？”以道统论批评吴澄：“澄尝举进士于中国，变而为夷，贞者固如是乎？”由于许衡、吴澄在当时及后世影响很大，人们甚至把他们与朱熹、陆九渊相提，“今传衡、澄者，一以为朱子，一以为陆子”。所以在黄宗羲看来，他们两个的行为无疑会成为后世“事虏”者替自己辩解的借口。“后世之出而事虏者曰：‘为人得如许衡、吴澄足矣。’二子者尚然，则是竟不知其不可矣。”[②] 撕裂华夏政教纲常而不自知，反映了明清易代之际，黄宗羲对“蛮夷猾夏”的深深忧虑。

同样，在讨论明修《元史》时，黄宗羲依然从“夷夏之防”的角度批评明代史臣，提出明人为蒙古人修一部完整的《元史》本身就是错误的，而应该直接改撰《宋史》，把元和辽、金并列，纳入《宋史》的《四夷列传》中，所谓“使有识者而在，自宜改撰《宋史》，置辽、金、元于《四夷列传》，以正中国之统，顾乃帝之宗之以为一代乎！”[③] 元为宋、辽、金三朝各撰一史，不仅解决了三史的体例问题，而且各为正统，体现出华夷平等的观念，在中国史书编纂史上具有积极意义。但黄宗羲为了“正中国之统”，否定元作为一代王朝的历史地位，这显然是“夷夏之防”思想在作祟，违背了历史事实。

历史是连续发展的过程，黄宗羲否定元朝的正统地位，就不免掉入这样的陷阱中：明承元而来，如果把元排除在“正统”王朝之外，那明的“正统”性如何界定呢？对此，黄宗羲从两个方面进行了回答。其一，提出正统至元而绝的“绝统”说。“尧舜相传之统，至元而绝。高皇帝驱毡裘之属，还衣裳之旧，是百王之嫡嗣也，犹祖传之父，父传之子，若孙不幸而有春申、不韦之事，祖父之不享久矣，子若孙复而嗣之，乃责其不从异姓以接夫本支乎？”[④] 在这里，黄宗羲继承了欧阳修的“正统有续有绝”

① 黄宗羲：《留书·史》，《黄宗羲全集》第十一册，第 11 页。
② 黄宗羲：《留书·史》，《黄宗羲全集》第十一册，第 11~12 页。
③ 黄宗羲：《留书·史》，《黄宗羲全集》第十一册，第 12 页。
④ 黄宗羲：《留书·史》，《黄宗羲全集》第十一册，第 12 页。

说，指出“尧舜相传之统，至元而绝”。元朝根本就不在正统之列。明虽从元人手中夺取了政权，但明太祖接续的是华夏之“统”，朱元璋以“驱毡裘之属，还衣裳之旧”的方式使尧舜相传之正统失而复得，从而成为“百王之嫡嗣”。这样的论述使明朝的“正统”地位更加突出和彰显。其二，从元朝统治残酷的角度论述元朝存在的不合理。黄宗羲指出，元朝以法律的形式把民族歧视固化下来，统治极其残酷，“彼方以禽兽加之人类之上，何尝以中国之民为民乎？”① 但后世之人认识不到这一点，“顾中国之人反群焉而奉之”，在撰写史书时以元朝为“正统”，忘记了“生为虎食，死为虎役”的悲惨场景。很显然，此时的黄宗羲已经脱离了历史的真实，从所谓“仁道”的角度“虚构”了一个“正统”的统绪，直接把元朝从中国王朝序列中排除了。

要想深入理解黄宗羲严分华夷的正统论思想，必须深入了解他所处的时代。黄氏生活于清朝取代明朝的明末清初，王朝更替在中国历史上不是什么新鲜事，但以清代明不同于一般的王朝更替，它被当时士大夫看作“以夷变夏”，传统的夷夏之辨在新的历史条件下再次受到人们的关注。黄宗羲深明《春秋》大义，对“异族”入主中原痛心疾首。他先是九死一生，积极抗清；抗清失败后，心绪难平，又高举“夷夏之防”的大旗，通过学术研究，力陈“夷夏之辨”的重要性。他在史书编纂时力主严夷夏之防，“内诸夏而外夷狄”，在当时的历史条件下，是可以理解的。但他欲将正统论融入史书编纂，借以贬低少数民族政权的历史地位，也是应该批判的。

二 “一切总归儒林”：经学发展观与《明史·理学传》的废除

清初官修《明史》，是清代史学史上的一件大事。《明史》修纂过程中关于是否设立“理学传”的讨论，引起了朝野内外学者的关注。而黄宗羲提出的废除“理学传”的建议，更是直接影响了官修《明史》的体例。由于康熙皇帝推崇程朱理学，贬抑陆王心学，《明史》馆总裁徐乾学等人为了在《明史》中迎合康熙皇帝的喜好，体现官方意志，在拟订的《修史条议》中提出仿《宋史》设立“道学传”的编纂方法，在《明史》中设立

① 黄宗羲：《留书·史》，《黄宗羲全集》第十一册，第12页。

“理学传”，以区别于“儒林传”，借以提高程朱理学的地位。“今宜如《宋史》例，以程朱一派另立‘理学传’。”① 初步拟定收入“理学传”的学者有薛瑄、曹端、吴与弼、陈真晟、胡居仁、周蕙、章懋、吕柟、罗钦顺、魏校、顾宪成、高攀龙、冯从吾等十三人。王阳明、刘宗周功业显赫，收入“名卿列传”，王门后学及陈献章等人收入“儒林传”。并批评王阳明后学流弊重重，而“学程朱者为切实平正，不至流弊耳”。② 明显扬程朱理学而贬阳明心学。

在《明史》中设立“理学传”的主张一经提出，就引起了人们的热烈讨论，赞成者有之，反对者亦有之。一时硕学鸿儒如朱彝尊、尤侗、姜宸英、黄宗羲、毛奇龄、张烈、陆陇其、顾炎武、汤斌等皆发表了自己对设立“理学传”的看法。其中尤以黄宗羲的意见详尽周备，他对徐乾学在《修史条议》中提议《明史》设立“理学传”的做法一一进行了驳斥，得到史官们的认可。

其一，黄宗羲认可徐乾学等人把程朱一派作为正统，“以程朱一派为正统，是矣”。但在他看来，拟收入“理学传”的十三人，有不少人与程朱学派的思想并不一致。如罗钦顺（号整庵）“专攻朱子”，“整庵之论理气，专攻朱子。理气乃学之主脑，则非其派下明矣”。魏校（号庄渠）“亦非朱派”，他仰慕陆九渊和王阳明的学问，“庄渠言象山天资高，论学甚正……若使朱、陆果有异同，则庄渠亦非朱派”。顾宪成（号泾阳）对王阳明“致良知”的解释“最为精密”，“若使阳明之学可疑，则泾阳皆可疑矣”。高攀龙对格物致知的理解，“颇与阳明之格物相近”。也就是说，被徐乾学等人列为程朱嫡派的明代诸儒，在思想上已经受到陆王心学的影响，未必恪守程朱之教，其学派、学理情况极为复杂。但徐乾学等人缺乏对入“理学传”诸人思想脉络的考察，“故往往不能尽合也”。③ 从历史编纂学的角度讲，存在阑入现象，去取予夺之间，义例颇为混乱。

其二，徐乾学《修史条议》规定，明代程朱学派诸大儒入“理学传”，而治学宗旨与程朱不同的陈献章、湛若水、王守仁、刘宗周诸人，按照不同情况归入不同“列传”。陈、湛二人及其后学入“儒林传”，而王、刘“功名既盛，宜入‘名卿列传’”。对此，黄宗羲从两方面提出批评：一是

① 徐乾学：《憺园集》卷14《修史条议》，《续修四库全书》第1412册，上海古籍出版社，1995，第492页。

② 徐乾学：《憺园集》卷14《修史条议》，《续修四库全书》第1412册，第492页。

③ 黄宗羲：《移史馆论不宜立理学传书》，《黄宗羲全集》第十册，第211~212页。

按照前代作史之法，入“儒林”“文苑”“忠义”“循吏”“卓行”等类传之人，多为“一节之士”，真正“道盛德备”之人反而不按这样的编纂原则进行处理，“故儒如董仲舒而不入‘儒林’，忠如文天祥而不入‘忠义’”。但徐乾学等人主张在《明史》中设“理学传”，将明代“道盛德备者”归入“理学传”这样的类传，显然没有遵守史书编纂的成例，“与前例异矣”，自乱其例，造成矛盾。二是王阳明、刘宗周与顾宪成、高攀龙都是“功名既盛”之人，但顾、高二人入“理学传”，而王、刘二人却入“名卿列传”，无法作出圆满解释。黄宗羲质问：“高、顾功名，岂不盛乎？朱子之功名，岂不及王、刘二先生乎？”[①] 高攀龙、顾宪成的功名难道不如王阳明、刘宗周突出吗？为什么高、顾入“理学传”，而王、刘入“名卿列传”？朱熹的功名难道不及王阳明和刘宗周吗？为什么朱熹在《宋史》中入“道学传”，而王、刘却在《明史》中入“名卿列传”？显然，为了突出明代程朱理学的地位而在史书编纂体例上任意措置，是无法让人信服的。

其三，针对徐乾学等人在《修史条议》中提出的“浙东学派，最多流弊”的观点，黄宗羲进行了强烈批判。在他看来，“有明学术，白沙（陈献章）开其端，至姚江（王阳明）而始大明”，明确指出明代心学开启于陈献章，集大成于王阳明。浙东诸大家如王阳明、刘宗周，或承续学脉、开山立派，或矫正学术流弊，改变了当时只会背诵先儒成说，而不能独立思考的学术局面，有功于明代学术甚巨。“盖从前习熟先儒之成说，未尝反身理会，推见至隐，此亦一述朱，彼亦一述朱……逮及先师蕺山，学术流弊，救正殆尽。向无姚江（王阳明），则学脉中绝，向无蕺山（刘宗周），则流弊充塞。凡海内之知学者，要皆浙东之所衣被也。今忘其衣被之功，徒訾其流弊之失，无乃刻乎？”[②] 黄宗羲鸟瞰明代学术发展的全貌，指出有明儒学，浙东为大宗，只看到流弊而看不到浙东学术的全局性的影响力，是一叶障目，不见泰山。《明史》设立“理学传”，专宗程朱而忽视其他学术发展，无法反映明代学术发展全貌。其厚诬浙东学术，更是眼界狭窄的学术偏见。

其四，针对徐乾学兄弟“学术流弊，宜归一是”以及“阳明后学，流弊甚多，程朱门人必不至此”的观点，黄宗羲同样进行了驳斥。他指出，

① 黄宗羲：《移史馆论不宜立理学传书》，《黄宗羲全集》第十册，第212~213页。

② 黄宗羲：《移史馆论不宜立理学传书》，《黄宗羲全集》第十册，第213页。

所谓“学术流弊，宜归一是”，就是试图推尊程朱，排斥阳明等学术，不允许学术上存在异同，“意不欲稍有异同也”。而实际上，仅就《宋史·道学传》所载，邵雍与二程的思想就有很多不同，二程与朱熹的思想也有差异。在黄宗羲的观念中，学者之间存在思想上的异同，“有一偏之见，有相反之论”，① 这是学术发展的客观实际，不顾学者之间学术思想的异同而提倡“宜归一是”，极为荒谬。他还指出，任何学派在发展过程中都会出现流弊，阳明后学固然流弊甚多，程朱门人也同样流弊重重，不能“以弟子追疑其师”。② 在这一问题上，黄宗羲持论相当公允。

在一一批驳了《明史》欲设“理学传”以推重程朱理学之后，黄宗羲又从两个方面进一步申说《明史》设立“理学传”的不合理。其一，《宋史》之前的历代正史，只有“儒林”，没有“道学”，即使是对儒家鼻祖孔子，司马迁也只设立了《孔子世家》和《孔子弟子列传》，没有以“道学”命名孔子学说。元人在《宋史》中设立“道学传”，看似尊崇程朱，实则弊端甚多。从道义上讲，设“道学传”“在周、程未必加重，而于大一统之义乖矣”；从学者的地位上讲，设“道学传”“欲重而反轻，称名而背义”；从体例上讲，设“道学传”，当入者未入，不当入者阑入，“错乱乖谬，无所折衷”。总之，《宋史》之设“道学传”，是“元人之陋”，清人修《明史》绝不能因袭。其二，在中国经学史上，“儒”具有崇高的地位，“统天地人曰儒”。正史设立“儒林传”，明确经学授受源流，张扬儒家道统，已经倍显荣光。而《宋史》搞出个“道学传”，意欲崇道学而贬儒林，反而混淆轻重，“儒者，成德之名，犹之曰贤、曰圣也。道学者，以道为学，未成乎名也，犹之曰志于道，志道可以为名乎？欲重而反轻，称名而背义”。③ 由此，黄宗羲提出《明史》绝不可模仿《宋史》设立“道学传”的作史之法而设立“理学传”，要去除“理学传”，把所有学者都归入“儒林传”，“则学术之异同皆可无论，以待后之学者择而取之”。④

由以上论列可以看出，黄宗羲从学术发展和史书编纂两个方面对《明史》设立“理学传”进行了批驳。就学术发展而言，他认为每位学者的学术思想和治学理念都是汲取了诸多学者的思想后形成的，学派归属相当复杂，如果硬要区分彼此，很容易措置失当；就历史编纂而言，他认为历代

① 黄宗羲：《明儒学案发凡》，《明儒学案》卷首，中华书局，1985，第18页。

② 黄宗羲：《移史馆论不宜立理学传书》，《黄宗羲全集》第十册，第213~214页。

③ 黄宗羲：《移史馆论不宜立理学传书》，《黄宗羲全集》第十册，第214~215页。

④ 黄宗羲：《移史馆论不宜立理学传书》，《黄宗羲全集》第十册，第215页。

正史均有“儒林传”，以人系学，学术授受明晰，元人在《宋史》中创设“道学传”，另搞一套，违背了史书编纂的原则，纯属“陋举”。通过检讨宋明学术发展的实际，梳理以往史书编纂的得失，黄宗羲断然否定了《明史》设立“理学传”的合理性，“其论《宋史》别立‘道学传’为元儒之陋，《明史》不当仍其例”，[①] 其见解与朱彝尊、汤斌、毛奇龄、陆陇其等明史馆内外学者殊途同归，徐乾学等人在《修史条议》中设立“理学传”的意图被迫终止。《明史》最终没有设立“理学传”，而是回归“儒林传”，以表彰有明一代学术的发展。

三 “一本万殊”：宗旨论与《明儒学案》的编纂

黄宗羲对中国史书编纂的最大贡献就是完善了学案体史书，《明儒学案》便是代表，该书体现了古代学术史的较高发展水平，在历史编纂学上占有重要地位。梁启超甚至认为黄宗羲是“中国学术史”的创始人，“所著《明儒学案》，中国之有‘学术史’自此始也”。[②] 足见该书地位之崇高。

从历史编纂学的角度讲，黄宗羲编纂《明儒学案》，自有其渊源。在具体的编纂体例上，《明儒学案》除个别学案外，其他学案差不多都是一个三段式的结构，即卷首冠以总论，接着是案主传略，随后是案主学术资料选编。三段分行，浑然一体，借此展现各家学术风貌。陈祖武曾指出，“黄宗羲之以总论、传略、学术资料选编三位一体，去编纂《明儒学案》，并非文思骤起，奇想突发。就历史编纂学的角度而言，《明儒学案》的出现，正是当时历史学自身的发展状况使然”。刘元卿《诸儒学案》、刘宗周《论语学案》之以“学案”命名，刘宗周《皇明道统录》、孙奇逢《理学宗传》日趋明朗的三段式编纂结构，“都成为黄宗羲《明儒学案》的先导”。[③] 如果仅从编纂学上追溯《明儒学案》的渊源和体例，还不足以说明黄宗羲编纂《明儒学案》所蕴含的思想观念。要想深入体察《明儒学案》的深层观念，还必须跳出历史编纂学的局限，发现隐含在史书体例背后的思想。黄宗羲关于学术宗旨的看法，支配了《明儒学案》的编纂形式。

---

① 全祖望：《梨洲先生神道碑文》，朱铸禹《全祖望集汇校集注》上，上海古籍出版社，2000，第223页。

② 梁启超：《清代学术概论》，《梁启超论清学史两种》，复旦大学出版社，1985，第14页。

③ 陈祖武：《清儒学术拾零》，湖南人民出版社，2002，第30页。

明清鼎革，社会剧烈变动，明朝的土崩瓦解促使人们从政治、制度、经济、军事、学术等各方面进行反思。在学术方面，由于理学内部思想危机日益凸显，对理学的反思就成为清初社会思潮的重要特征。在这一时期，朱学阵营与王学阵营中的有识之士都开始走上批判、总结理学的道路，“他们试图通过对理学的批判和总结寻找出一条使理学摆脱困境的出路”。①

在反思理学弊端的思潮中，黄宗羲的见解非常独到。在他看来，理学之所以弊端重重，就是因为容不得不同见解。他说：“盈天地之间皆心也，变化不测，不能不万殊。心无本体，工夫所至，即其本体，故穷理者，穷此心之万殊，非穷万物之万殊也。是以古之君子，宁凿五丁之间道，不假邯郸之野马，故其途亦不得不殊！奈何今之君子，必欲出于一途，使美厥灵根者，化为焦芽绝港。夫先儒之语录，人人不同，只是印我之心体，变动不居，若执定成局，终是受用不得。”② 他还说：“学术之不同，正以见道体之无尽也，奈何今之君子，必欲出于一途，剿其成说，以衡量古今。稍有异同，即诋之为离经畔道。时风众势，不免为黄芽白苇之归耳。”③ 黄宗羲从“一本万殊”的观念出发，特别推崇“一致百虑，殊途同归”的为学之道，极力反对学术定于一尊，强调学术发展多样化、多元化的合理性和重要性。他认为，理学“必欲出于一途，剿其成说”，必然导致学术墨守成规；“稍有异同，即诋之为离经畔道”，必然导致学术僵化；“好同恶异”，必然导致学术走向绝境。黄宗羲撰作《明儒学案》，一个根本的目的就是打破理学定于一尊、“必欲出于一途”的学术时弊，提倡学术多元化，主张百家并存，树立新的学风。诚如钱穆所言，“梨洲平日讲学精神，早已创辟新局面，非复明人讲心性理气、讲诚意慎独之旧规。苟略其场面，求其底里，则梨洲固不失为新时代学风一先驱也”。④

面对明清之际复杂的历史和思想命题，黄宗羲欲打破理学“出于一途”“执定成局”的学术时弊，靠的是坚持不懈揭示不同学派的学术“宗旨”，展现“学术之不同，正以见道体之无尽”的学术风貌，以开学术新风气。他在《明儒学案》的“序”和“凡例”中多次提到学术“宗旨”，他批评周汝登《圣学宗传》“以一人之宗旨”代替“各家之宗旨”，批评

① 卢钟锋：《论清初的社会思潮与学术史的编修》，《中国史研究》1994 年第 4 期。

② 黄宗羲：《黄梨洲先生原序》，《明儒学案》卷首，第 9 页。

③ 黄宗羲：《明儒学案序》，《明儒学案》卷首，第 7 页。

④ 钱穆：《中国近三百年学术史》，商务印书馆，1997，第 30~31 页。

孙奇逢《理学宗传》批注各家学术“未必得其要领”[①]，“要领”即有“宗旨”之意。他认为明代“诸先生学不一途，师门宗旨，或析为数家，终身学术，每久之而一变”，“余于是分其宗旨，别其源流……以著于篇，听学者从而自择”。[②] 他还说：“羲为《明儒学案》，上下诸先生，深浅各得，醇疵互见，要皆功力所至，竭其心之万殊者，而后成家，未尝以懵懂精神冒人糟粕。于是为之分源别派，使其宗旨历然，由是而之焉，固圣人之耳目也。”[③] 黄宗羲数次提到“宗旨”，所谓“一人之宗旨”“各家之宗旨”“师门宗旨”“分其宗旨”“使其宗旨历然”等，那么，“宗旨”又是什么呢?

黄宗羲说：“大凡学有宗旨，是其人之得力处，亦是学者之入门处。天下之义理无穷，苟非定以一二字，如何约之，使之在我。故讲学而无宗旨，即有嘉言，是无头绪之乱丝也。学者而不能得其人之宗旨，即读其书，亦犹张骞初至大夏，不能得月氏要领也。”[④] 又说：“学问之道，以各人自用得著者为真。凡倚门傍户，依样葫芦者，非流俗之士，则经生之业也。”[⑤] 很清楚，黄宗羲学术“宗旨”的含义是：学术宗旨是学术精神的体现，源于学者自身的切身体悟，是学者最具特性的思想观念，“是其人之得力处”；学术宗旨是学者的自得之学，“以各人自用得著者为真”，学脉学派由此而分；学术宗旨是学者学术思想的核心，也是人们了解与掌握学者学术思想的关键。学者治学的风格可能会千差万别，但只要抓住其“宗旨”，就抓住了其学术精神的实质，所谓“是编（《明儒学案》）分别宗旨，如灯取影，杜牧之曰：‘丸之走盘，横斜圆直，不可尽知。其必可知者，知是丸不能出于盘也。’夫宗旨亦若是而已矣”。[⑥] 也正因此，黄宗羲在《明儒学案》中特别重视学术上的“一偏之见”和“相反之论”，认为这些不同之处，正是要认真“着眼理会”的，而那些“倚门傍户，依样葫芦者”，则不值一提。“此编所列，有一偏之见，有相反之论，学者于其不同处，正宜着眼理会，所谓一本而万殊也。”[⑦]

基于对学术宗旨的特殊关注，《明儒学案》选择以“学案体”的编纂形

① 黄宗羲：《明儒学案发凡》，《明儒学案》，第 17 页。
② 黄宗羲：《明儒学案序》，《明儒学案》，第 7～8 页。
③ 黄宗羲：《黄梨洲先生原序》，《明儒学案》，第 10 页。
④ 黄宗羲：《明儒学案发凡》，《明儒学案》，第 17 页。
⑤ 黄宗羲：《明儒学案发凡》，《明儒学案》，第 18 页。
⑥ 黄宗羲：《明儒学案发凡》，《明儒学案》，第 17 页。
⑦ 黄宗羲：《明儒学案发凡》，《明儒学案》，第 18 页。

式从根本上对有明一代的政治、学术做出整理和总结，表达其经世思想。

前面说过，《明儒学案》中的每一个学案基本上由三部分组成。一是总论（序文）；二是案主传记；三是案主的论著、语录等资料选辑。黄宗羲利用这样的三段式编纂体例，做了两个方面的工作。其一，提炼学术精要和学术宗旨。提炼学术精要与概括学术宗旨是黄宗羲编撰《明儒学案》的根本原则，体现出黄宗羲对案主学术思想的纲领性把握。在每个“学案”的“总论”中，围绕案主学术宗旨，对案主的师承、思想演变、学术地位及影响进行概述，意在厘清学脉，提炼学术精要。在“案主传记”中，黄宗羲则通过简短的语言概括出案主的学术宗旨。如在《甘泉学案》湛若水传记中，指出“先生宗旨随处体认天理”。[①] 在《诸儒学案》庄昶传记中指出“先生以无言自得为宗”。[②] 诸如此类，黄宗羲对案主学术宗旨的提炼与概括贯穿了整部《明儒学案》。其二，通过辑录案主论著、语录等印证案主的学术宗旨。黄宗羲对案主学术资料的辑录，有一定的标准，即所选资料能够反映案主学术思想之“得力处”，也就是能够反映案主的学术宗旨。对此，仇兆鳌曾指出：“吾师梨洲先生纂辑是书，寻源溯委，别统分支，秩乎有条而不紊，于叙传之后，备载语录，各记其所得力，绝不执己意为去取，盖以俟后世之公论焉尔。”[③] 黄宗羲通过选录能够反映案主思想之“所得力”的部分原著，印证案主的学术宗旨。此外，在《明儒学案》的案主传记中，黄宗羲在提炼了案主的学术宗旨后，还常常会阐述自己对案主学术宗旨的理解和评价，也算是对案主学术宗旨的主观理解。

由以上论述可以看出，《明儒学案》围绕学术宗旨这一核心问题，打破既有的理学框架，既非由王返朱，亦非在理学谱系中争立正统，而是尝试着通过对诸多学派、案主学术宗旨的揭示，将视野转到既有的理学格局之外，“开始超脱于当时的道统之争，真正上升到学术史的高度看待学术的离合、演变与发展”。[④] 该书倡导学术平等，会和程朱陆王，存异求同，提倡新的学风。《明儒学案》倡导“学要有宗旨，但不能有门户”的编纂意识与价值取向，正引领了清初思想界“以经学济理学之穷”的新思潮，[⑤]

---

① 黄宗羲；《明儒学案》卷 37《甘泉学案一》，第 876 页。

② 黄宗羲；《明儒学案》卷 45《诸儒学案上三》，第 1081 页。

③ 仇兆鳌：《仇兆鳌序》，《明儒学案》，第 5 页。

④ 王记录：《以史明道：清初的学术反思与学术史编纂》，《四川师范大学学报》（社会科学版）2020 年第 5 期。

⑤ 陈祖武：《清初学术思辨录》，中国社会科学出版社，1992，第 296 页。

体现出一种新的学术史眼光。

四　结语

因为受明末清初特殊时代与学术的影响，黄宗羲的史书编纂观呈现出价值判断与事实判断既抵牾又统一的特征。换言之，在讨论史书编纂问题时，黄宗羲或高扬自己的价值观而不顾历史事实，或高扬历史事实而驳斥他人的价值判断，或强调价值判断与事实判断的一致，标准随自身的认知而不断转移。

因为清廷入关，“蛮夷滑夏”，激发了深明《春秋》大义的黄宗羲的愤慨，故他痛斥那些为少数民族政权树碑立传的史书，并且不顾历史的实际，一味提倡利用史法贬低“夷狄”。此时的黄宗羲，脑海里的“内诸夏而外夷狄”观念战胜了“华夷共处”的历史事实，其倡导的贬斥少数民族政权的史书编纂方法，也只能发泄一时之愤慨，而于书写整体的各民族发展史则相当不利。与之相反，在讨论《明史》是否设立“理学传”这一问题时，黄宗羲则全然以历史的眼光看问题，跳出了自宋以来尊崇“道学”的思维模式，梳理由宋至明学术发展的实际，指出《明史》设立“理学传”不顾学术发展的事实，为推尊理学而推尊理学，谬妄之极。前者因少数民族入主中原而高扬自己“夷夏之防”的史书编纂观，后者因学术发展的实际而驳斥他人尊“道学”的史书编纂论，这种矛盾因复杂的历史与学术因由而统一在了黄宗羲身上，即使黄宗羲本人，也没有发现自己的史书编纂观存在这种“复杂性”的矛盾。

除了以上两种情况外，黄宗羲的史书编纂观还有历史与逻辑统一的一面。完善的史书编纂应该尽力达到历史与逻辑的一致，也就是达到价值判断与事实判断的一致。黄宗羲的《明儒学案》实际上就体现了这样的特点。在《明儒学案》的编纂中，黄宗羲摆脱“道统论”的学派偏见，转而以“宗旨论”考察有明一代学术，就学术宗旨而统领明代大大小小的学术流派和学术人物。“宗旨”是任何学派或学者都必须具有的学术灵魂，不能以“正宗”或“异端”论处，这样的价值认知不排斥任何学术流派和人物，也就能够将所有学术流派和人物写进史书，呈现出真正符合历史实际的学术发展史。从这个意义上讲，黄宗羲的史书编纂观又有其独到的思想史和学术史意义。

清代对史才三长论的运用与探讨*

王嘉川
（扬州大学社会发展学院，江苏扬州　225002）

摘　要：史才三长论在清代更加深入人心，史学领域不但普遍使用这一史家标准的专业术语，而且将三长衍生为史家的代名词，并更加广泛地将这一术语运用于史学领域之外，发展成为通论人才标准的代名词。一些学者对史才三长论的内涵进行了探讨，只是除了将三长由作史者扩及对读史者的要求外，没有太多新意。章学诚在三长之外补以"史德"的概念，但其本旨乃是以封建纲常伦理为准则的道德标准，在当时已经是迂腐和落后的东西，并非对史才三长论的有益补充和发展。不过"史德"概念的提出也有其积极意义，后人可以对这一概念做出符合时代发展的思想阐发，而不必舍弃这一简洁明了的概念术语。

关键词：清代　史才三长　史才四长　史德

史才三长论自唐代刘知幾提出后，宋元时期已经为学界普遍接受，并成为史官选任的基本标准①；明朝学者以之为良史标准，并进行了一些新的讨论和发挥；清代学者不但普遍在史学领域继续使用这一史家标准的专业术语，而且更加广泛地将这一术语运用于史学领域之外，成为通论人才标准的代名词，并以史学领域为主，对这一论述进行了探讨。

---

*　本文系国家社会科学基金项目"清代《史通》校勘学研究"（14BZS001）的阶段性成果。

①　王嘉川：《唐宋元时期的"史才三长"论》，《史学理论研究》2014 年第 2 期。

一　以史才三长为史家标准

继续以史才三长作为史家标准，是清代学者继承刘知幾思想遗产的突出表现，其人数之多，超过以往各代。归纳起来，大致体现为三个方面：一是将三长作为优秀史家才能的标准来使用，二是用三长来衡评他人，三是以三长要求自身。这三种情况，虽然人数不等，但都从清初一直延续到清末。而后两个方面，自然皆以承认三长为优秀史家标准为前提。

关于将三长作为优秀史家的标准来使用，清初黄宗羲慨叹当时缺少“真有三长”的优秀史学家①，他如邹漪、魏裔介、施闰章、吴绮、毛奇龄、叶梦珠、汤斌、梅文鼎、李伍渶、李良年、徐釚、许登逢、钮琇、卫既齐、汪学金、潘耒、张云章、章藻功、李钟峨、华希闵、张廷玉、沈德潜、张廷璐、李绂、浦起龙、蓝鼎元、汪由敦、闵华、杭世骏、吴高增、弘昼、杨潮观、王元启、朱景英、吴骞、毕沅、顾光旭、陆锡熊、李调元、章学诚、余集、钱维乔、戚学标、赵怀玉、汪学金、李鼎元、法式善、杨芳灿、石韫玉、刘凤诰、阮元、舒位、叶绍本、张鉴、彭兆荪、孙尔准、陆继辂、陶梁、童槐、潘衍桐、朱方增、陶澍、林则徐、梅曾亮、张鸣珂、张际亮、何绍基、姚燮、冯志沂、冯桂芬、徐时栋、张之洞、曾纪泽、樊增祥、叶昌炽、缪荃孙、梁焕奎、尚秉和等，将“才、学、识”或“三长”一词作为史家标准用之。其中有两点值得单独提出：其一，桑调元、周春、詹应甲、张裕钊等人都强调，地方志的纂修者也须具有史才三长；其二，王（史）鉴《醉经草堂前集》卷十二《跋唐书刘子玄传》，不但将三长作为史家标准，而且指出曾巩对史家标准的“四足”论，“亦本于知幾才、学、识三长之意”，明晰揭示出二人之间的学术联系，他还明言，要想在史学方面有所建树，必须遵守这些前人之论来提高自己的修养。

关于用三长来衡评他人，黎元宽《进贤堂稿》卷九《江陵志余序》称颂该书作者“于学无所不窥，是楚之能读典、坟、丘、索者，既著述穷年，史家之三长具足”，不但以三长评价其人，而且简明地述说了养成三长的两个前提条件，一是“于学无所不窥”，二是“著述穷年”，理论学习与实践锻炼全都包括在内。他如曹溶、金堡、方都秦、赵士麟、潘江、王

① 黄宗羲：《谈孺木墓表》，《黄宗羲全集》第19册，浙江古籍出版社，2012，第309页。

嗣槐、顾景星、陈维崧、冯甦、李驎、唐孙华、彭鹏、高一麟、高士奇、王廷灿、顾图河、林佶、张大受、桑调元、夏之蓉、金兆燕、王昶、吴省钦、彭元瑞、翁方纲、邵晋涵、吴锡麒、许兆椿、顾宗泰、曾燠、詹应甲、彭兆荪、黄本骥、席煜、程恩泽、马星翼、徐宝善、季芝昌、翁心存、彭蕴章、祁寯藻、罗汝怀、宝鋆、董平章、汪曰桢、王庆勋、郭嵩焘、李元度、俞樾、锡缜、沈寿榕、傅以礼、胡凤丹、王韬、张鸣珂、屠湘之、张兴义、易顺鼎等，将三长作为史家标准评价别人，或被别人许以史才三长的高度评价。

关于以三长要求自身，虽然不如上述两种情况多，但从清初到清末也一直存在，如邹漪、杜濬、曹溶、徐枋、姚文燮、汪琬、朱彝尊、阎兴邦、潘耒、陈梦雷、张廷玉、陈黄中、法式善、张问陶、胡敬、王柏心、汪守愚等，都以三长要求自身，或以不擅三长自谦。张佩纶《涧于集》书牍卷五《复王廉生太史》说："弟所以不敢任（州志）者，由于才、学、识均短。"这就说得更为浅白简要了，但既是自谦之语，我们也不必过于当真。

以上三者数量，虽然是不完全统计，但已经远超以前各朝，直白地显示了史才三长这一术语的深入人心。

二　将三长衍生为史家的代名词

在史学领域内，三长一词在唐代初起时，本是称职的或者说优秀的史家之标准的代名词，此后九百多年一直作为讨论史家标准的专门术语，而到了清代，也被用来直接代指史家。如单隆周《雪园诗赋》初集卷三《修书闹》所云"三长何在四维绝，布衣大儒空结舌"，卷十四《上姚非庵先生兼述鄙怀一百韵》所云"识韩轻万户，师郑得三长"等语，都用三长一词指称史家。他如张廷璐、阿克敦、杭世骏、胡天游、吴鼒、焦和生、陈用光、胡敬、方东树、蒋湘南、曾国藩等，将三长直接作为史家的代名词。这既是三长语意的衍生，也是这一术语更加深入人心、博得公论肯定的一种表现。因而此类事例虽然不多，但确是三长一词语意发展的新现象。

三　将史才三长推广并发展为通论人才标准的代名词

刘知幾提出的史才三长论在宋元时期已经为学界普遍接受，并在南宋时开始向史学领域之外推广，时人周麟之在思想上打开了将史才三长拓展应用于其他学术领域的思路。宋末民族英雄谢枋得则在具体学术实践中，明确将原本属于史学领域的三长标准，向外延伸、推广，用在了教人如何学习古文之法的文学领域。宋末遗民卫宗武则从“通学”的角度讲到才、学、识三长，远远超出了史学这一个方面。明朝时，屠隆、钱允治、倪元璐等人也将三长这一史家标准扩及一般人才标准。但总起来看，此类事例并不多见。到了清代，这种意识和表述则相当广泛，并将史才三长推广为通论人才标准的代名词。

1. 将史才三长推广到诗文画方面

程瑞祊《槐江诗钞》卷三《过半塘吊黄仪逋》云：“宿草重青泪未干，人亡谁复主骚坛。文章渊雅三长擅，身世浮沉一醉完。”诗中所用三长，显然是指诗文方面，而不是史学。

著名诗人袁枚曾经多次表述作诗需兼三长之意，其中最著名的是《随园诗话》卷三所云：“作史三长，才、学、识缺一不可。余谓诗亦如之，而识最为先，非识则才与学俱误用矣。”何谓“非识则才与学俱误用”呢？其《小仓山房文集》卷十七《答兰垞第二书》中说，善学诗者，“其要总在识”。他用射箭之道来比喻三长之论，说弓箭本身相当于“学”，运用弓箭、拿得动弓箭相当于“才”，怎样射出去，确保射中鹄的的原则和方法，相当于“识”。没有“识”，弓箭再好，使用弓箭的人再有力气，也只会将箭射偏，而不能射中鹄的，造成对弓箭的滥用。袁枚认为，对于作诗来说，其道亦然，诗人必须三长兼备，而尤以“识”为先。同时他又专门指出，诗人有识，就不会屈从别人，不会夸耀自己，不会受古人蒙蔽，不会受习惯局限。可知他所讲的“识”，既指独到不群，又指客观公正，既不受外界所蔽，又不故作惊人之论。这在思想理论上说，当然是正确的。而其“非识则才与学俱误用”，也将“识”的思想统领作用做了恰切的指陈。郭沫若指出，袁枚将刘知幾提出的史才三长之论，“用之于诗，并谓‘识最为先’，良有见地”。[①] 确实如此。不过需要指出的是，袁枚“诗亦如之”和“识最为先”的两层论述，都可以从宋代学者中找到源头，袁枚并非最早阐发此意者。

---

① 郭沫若：《读随园诗话札记》十，《郭沫若全集》文学编第十六卷，人民出版社，1989，第318页。袁枚认为诗人需兼备三长，其好友祝德麟也在《悦亲楼诗集》卷二六《题小仓山房诗集十首》中，以三长兼备称颂袁枚。

在袁枚之后，著名史学家钱大昕也用才、学、识三长来评论诗人。其《潜研堂文集》卷二六《春星草堂诗集序》说："昔人言史有三长，愚谓诗亦有四长：曰才，曰学，曰识，曰情。放笔千言，挥洒自如，诗之才也；含经咀史，无一字无来历，诗之学也；转益多师，涤淫哇而远鄙俗，诗之识也；境往神留，语近意深，诗之情也。方其人心有感，天籁自鸣，虽村谣里谚，非无一篇一句之可传，而不登大雅之堂者，无学、识以济之也；亦有胸罗万卷、采色富赡，而外强中干，读未终篇，索然意尽者，无情以宰之也；有才而无情，不可谓之真才，有才、情而无学、识，不可谓之大才。尚稽千古，兼斯四者，代难其人。"这显然是把史学领域的才、学、识三长直接应用到诗学领域，然后根据他个人对诗歌创作的理解，补之以"情"，作为对诗人标准的"四长"的要求。其中对才、学、识三长内涵的认识与理解，与刘知幾所论没有大的区别。

戴殿泗《风希堂文集》卷二《曹珩圃宜弦堂集序》说："史家必备有三长，曰才、学、识。惟诗亦然，三者不备，则无以举其体，而气亦不充。"强调作诗必备三长，否则"体"不举、"气"不充。并就才、学、识三者关系指出，才、识皆由学而成，是通过后天学习而养成，并非先天所具有。此论在理，但有一点也不能忽视，即人的先天禀赋对成学过程及其发展方向，都有一定影响。戴殿泗还说，只有"才、学充焉"，才能达到"投之所向，无不如志"的良好状况，再加以识充，即具有独到之识，则必会"有以抉其隐而发其阏"。应该说，戴殿泗对诗学领域才、学、识三者关系的讨论，不但正确，而且同样适用于史学领域。

法式善说："作诗如史，才、学、识三者须兼之。"怎样才能兼之呢？法式善指出，这既需要一些先天性的资质，风格气度高雅脱俗，还需要"沉酣史集，历览山川"，也就是读书广博和眼界开阔。而做到了三长兼备，写出来的诗就能"雄悍排奡，别开生面"①，取得超出时人的成就。

刘文淇赞同以史才三长论诗的做法，称钱大昕对三长的解说"是固然已"，认为"三者之中，尤必以学为本，才非学则不展，识非学则不卓"②，不但以才、学、识三长论诗，而且对三者关系进行了分析论述。

李元度也说作诗须兼才、学、识三长，并进而指出："诗不可无才，

① 潘衍桐：《两浙辅轩续录》卷二六《陈均》题名下注释引，续修四库全书，第1685册，第760页。

② 刘文淇：《青溪旧屋文集》卷六《舍是集序》，续修四库全书，第1517册，第41页。

夫人知之矣，然非胸有积轴，撷六籍之华以为根荄，而又所处者高、所见者大……亦末由吐弃凡近，追古人而从之。……学益老，识益巨，才益恢且奇。"[①] 这是申说“学”“识”两个方面对“才”之形成与发挥的重要影响。

朱庭珍赞同上述诸人之论，其《筱园诗话》卷一说：“作史者以才、学、识为三长，缺一不可，诗家亦然。三者并重，而识为尤先，非识，则才与学恐或误用，适以成其背驰也。”卷二又说，只有“才、学、识俱造至极”，才能成为诗学“大家”，达到“无美不备，无妙不臻，任拈一花一草，都非下界所有……变化莫测，无所不有”的境地。此外，舒位、陈文述、方东树、周之道、谢坤、黄培芳、沈学渊、梁绍壬等，都以三长评价诗人，要求诗人必须兼备三长。

在将三长标准用于诗学之时，也有人将其用于写作文章和绘画。如林滋秀在为友人文集作序时说：“昔人谓作史贵才、学、识三长，予谓为古文何独不然？盖古文当以空行、以神运，而实从酝酿深醇后得之。学不博则不能善取，又安能善弃？识不精则蔽于古人之成说，而不能迎刃以解。才不大则不能运掉如意，即有学、识，亦形蹇滞而不克了然于心手之间。”[②] 他对才、学、识三者内涵的解释并没有超出前人的新认识，但他直接把三长用于对古文写作的要求，则无疑拓宽了三长之论的应用范围。

路德《柽华馆全集》文集卷二《时艺开序》称，他对科举时文，“但观篇首数句，而其人之才、学、识，一一在吾目中矣”。这是通过阅读科举考试所用八股文，考察作者们的水平，因而这里的“才、学、识”是从写作文章的角度来谈的。

陈澧在为友人文集作序时说：“昔人谓史家有三长，学也、识也、才也。澧尝论之，以为文章家亦然。无学则文陋，无识则文乖，无才则文弱而不振。然持此以论文，其可以号为文人者寡矣。”[③] 明确将史才三长推广到对文章家的要求。他非常清楚，如果用这一标准来要求，则“其可以号为文人者寡矣”，但他仍然认为文章家必须具备此三长，足见他对“文人”

① 李元度：《天岳山馆文钞》卷二五《白雨湖庄诗钞序》，续修四库全书第 1549 册，第 392～393 页。

② 林滋秀：《逢原斋文钞序》，孙诒让《温州经籍志》卷三一“华氏（文漪）《逢原斋文钞》”条引，续修四库全书，第 918 册，第 640 页。

③ 陈澧：《东塾集》卷三《郑小谷补学轩文集序》，续修四库全书，第 1537 册，第 279～280 页。

标准要求之严。

刘熙载《艺概》卷一《文概》说："文以识为主。认题立意，非识之高卓精审，无以中要。才、学、识三长，识为尤重，岂独作史然耶?" 这也是直接将史才三长和"识为尤重"的思想，推广到文章的写作。此外，涂庆澜、金武祥也都强调"为文"应具有三长，不可偏废。

还有人将三长用于讨论绘画，如戴熙《习苦斋画絮》卷四《大幅类》说："识到者笔辣，学充者气酣，才裕者神耸。三长备，而后画道成。" 认为只有三长兼备，才能修养成"画道"。这是才、学、识三长之说，在清代出现的新认识。

2. 将史才三长推广为通论人才标准的代名词

顺治时，傅维鳞编修《明书》，其卷一二七《倪岳传》称倪岳"才、学、识量优于经济，状貌魁梧，又足称其志意"。从其全文可知，这一"才、学、识"三长之论，是作为一般性人才标准来使用的，并非指史学，而且倪岳本人也不擅长史学。

康熙时，魏象枢两次上疏举荐郝浴，称其"才、学、识兼优"，郝浴遂被召用，后仕至广西巡抚，卒于任所[①]。郝浴是一位政治人物，虽潜心于义理之学，有讲学笔记、诗集等传世，但在史学方面无所表现，因而魏象枢称其"才、学、识兼优"，就不是指史学意义上的三长兼备，而是通论一般人才之标准。

康熙三十九年（1700），王廷抡编刊《临汀考言》，其卷十六《季考》之三有云："定于某日齐集文场，听候本府亲临考校，务要无奇不吐，有蕴必挥，极才、学、识之长，抉天、地、人之秘。复睹云烂星陈于一日，预卜鸢飞鱼跃于三秋。多士其褰裳而来，本府且拭目以待。" 显然，这里的才、学、识三长，也肯定不是仅限于史学领域，而是泛论一般人才标准。

章学诚在将才、学、识三长作为史家标准使用的同时，也深知这一人才标准的论述并不限于史学领域，因而明确教导学生说："刘知幾论史有三长，才、学、识是也。岂惟作史，天下凡事，莫不皆然。" 并提出"力学可以辨识，练识可以充才"[②]，认为不断加强"学"这一层面的修养，可以增强见识、提高辨析判断能力，而见识的增强，则会使才能得到更为充

① 杨素蕴：《郝雪海中丞事略》，李元度《国朝先正事略》卷五，续修四库全书，第538册，第112~113页。

② 章学诚：《章学诚遗书》佚篇《清漳书院留别条训》"其十五"，文物出版社，1985，第669~670页。

分的发挥。他不但明确将史才三长推广为一般人才标准，而且对三者关系做了简要论述。

方东树曾在《昭昧詹言续录》卷一说，“一诗必兼才、学、识三者”，然统观其传世著作，其所言又岂止诗歌而已。其《考槃集文录》卷四《望溪先生年谱序》说，在桐城派文学家中，方苞、刘大櫆、姚鼐三人为学者所宗，“三先生皆各以其才、学、识自成一家，自有千古”。其《大意尊闻》卷一更明确宣称：“天下万事，离不了才、学、识，而识最居先，徒恃才，无有不败，惟识乃可以济才之用，而识生于学问。”显然，方氏所言，是以三长通论所有人才标准。

稍后的姚莹也说：“古人言：‘史擅三长。’岂惟修史，凡成书皆然。”[①] 要求包括史学在内的所有著书之人，都应以三长作为自身才能的标准。此外，储大文、罗天尺、蒋士铨、王念孙、叶绍楏、王昙、路德、张祥河、张应昌、胡林翼、方宗诚、谢章铤、俞樾、许起、樊增祥等，也都以三长通论一般人才标准。

才、学、识“史才三长”提出之时，仅史学领域运用这一理论，南宋以后，该理论开始向史学领域之外延伸，但至明末，推广于史学之外的事例仅有个别，而到了清代，不但广泛用于诗文画方面，而且成为通论一般人才标准的代名词。这既是才、学、识三长之说意旨宏通的证明，也是其适用范围广博的结果，同时也说明了人们对这一论述的认识，更加认可、更加深入和更加完备。

四　对史才三长论的探讨

1. 对三长内涵的探讨与补充

明末清初，金堡多次以三长作为史家标准来评价友人，并在《遍行堂续集》卷二《徐圃臣历书序》中，就历法问题，讲论史家所需具有的才、学、识三长的各自要领。他说“有学无才，举之不贯”，是说即使具备历法知识，但若才能不到，也无法将其所掌握的知识予以疏通考察、妥当安排，也就无法驾驭那些知识。他说“有才无识，择之不精”，是说虽然能够驾驭所掌握的历法知识，但若见识不到，也不可能精确地作出判断，得

① 姚莹：《东溟文集》文外集卷一《与南北史合注局诸人书》，续修四库全书，第1512册，第624页。

出符合事实的客观结论，即“或求而不合，或小合大违、大合小违”，而“求之而合”则是有识的表现。他说“有识有才而无学，辩之不确，疏即模棱，密亦附会”，是说必须切实掌握历法知识，否则即使有识有才，也无法准确辨明事实本身，以致造成或者模棱两可，或者附会虚说的结果。显然，金堡的论述，与刘知幾的论述三长，在表述形式上很相像，其意旨也大体相同，但在语义表达上金堡比刘知幾更为具体、切实。

史学家计六奇在康熙十年（1671）撰成《明季南略》一书，其中说：“甚矣，书之不易成也！昔之著书者，必有三资四助。三资者，才、学、识是。落笔惊人，才也；博览群书，学也；论断千古，识也。”① 所谓“落笔惊人”，是指史家的撰史才能要达到一定高度；所谓“博览群书”，是指史家的知识结构问题；“论断千古”，是指史家必须有独到的见识。毫无疑问，这与刘知幾对三长的论述，也大体相同。

汪灏在评论方志类著作的撰写时说：“从来作史只需三长，修志兼需有守、有骨、有胆，否则或以利诱，或以势动，或以刁挟矣。”② 认为撰修史书中的方志类著作，仅有才、学、识三长还不够，另需要有操守、骨气和胆量，以杜绝利诱，不畏强势，敢于和无赖豪横势力做斗争。这表面上是在为三长之论做补充，但其实，汪灏所言“有守、有骨”是包含在刘知幾所说的“识”中的，是其中品德高尚这一层面的意思。只是学者对“识”的认知，往往仅取见识、评断这一层面的意思，背离了刘知幾的本意，以致明代有不少学者特地要为三长补加品德的内容，汪灏所云亦是如此。至于“有胆”，《史通·直书》在具体评价习凿齿、宋孝王和王劭时，称赞他们叙述当代历史务在审实，“书其所讳，曾无惮色。刚亦不吐，其斯人欤！”随后通论性地指出：“盖烈士徇名，壮夫重气，宁为兰摧玉折，不作瓦砾长存。若南、董之仗气直书，不避强御；韦、崔之肆情奋笔，无所阿容。虽周身之防有所不足，而遗芳余烈，人到于今称之。”《史通·曲笔》说：“盖霜雪交下，始见贞松之操；国家丧乱，方验忠臣之节。若汉末之董承、耿纪，晋初之诸葛、毋丘，齐兴而有刘秉、袁粲，周灭而有王谦、尉迥，斯皆破家殉国，视死犹生。”所谈无非品德和胆量的问题。因此从渊源上说，刘知幾已经提出了“有胆”的问题，只是他把这一内涵归

① 计六奇：《明季南略》卷十六《跋》，中华书局，1984，第523页。

② 廖腾煃：《海阳纪略》卷上《重修休宁县志序》末附汪灏评论，四库未收书辑刊，第7辑，第28册，第386页。

并于品德之内，大概他认为只要品德高尚，就必会在正直品德的导引下，当仁不让，敢作敢为，视义之所趋而不避危害。所以汪灏提出的“有守、有骨、有胆”，好像是对才、学、识三长的补充，但其内容实则并未超出刘知幾的本旨。不过，他把守、骨、胆三个范畴单独提出，对于提醒和督促人们有针对性地加强这些方面的自我修养，还是有意义的。

张廷瑑在评论司马迁、班固时，主动引入三长之说来展开论述，从而提出他对这一问题的认识。他说，才、学、识三者“诚作史之大法”，但司马迁和班固虽才、识兼具，于学则“未充”，原因是司马迁的《史记》“羞贫贱而轻仁义，《货殖》《游侠》诸传，聊以自抒其愤郁，而不知其言之过也”，班固的《汉书》则“列传中不重死节之臣”。张廷瑑所说的“驰骋上下，详博雅驯，谓之才”，与刘知幾所言“才”之意旨吻合，是指史家的写作才能问题；“辨王霸之异，定邪正之归，谓之识”，是刘知幾所言“识”之见识层面的意思；但他所说的“学”，则除了刘知幾所言“学”的内容外，还包括了“褒贬之严，等于衮钺”的评断性内容，并用这一内容批评司马迁和班固于学“皆未之充”①，而查核《史通·探赜》可知，这一内容包含于刘知幾所言“识”的范围之内。因此总的来看，张廷瑑对三长的讨论并没有提出什么新的内容，虽然他对“学”的认识与刘知幾不同，但从一般观念来看，还是刘知幾的认识更为得体。

胡天游在评二十一史时，也主要从三长的角度入手。在他看来，“前世善言史者莫如刘知幾，其言曰：史有三长，非才无以笼罩百代，非学无以穿猎千古，非识无以辨贤奸邪正、是否得失之所在。然识者观之，以为史一代者，其学也固甚难，抑难乎才，且尤难乎识”。② 胡天游对三长内涵的解释，与刘知幾本意大体相同，不必细论。而从前文可知，就是他所说的“学也固甚难，抑难乎才，且尤难乎识”，与刘知幾和南宋吴埛、魏了翁等人所言，也没什么大的差异。

陈宏谋将明代顾锡畴《正史约》一书稍为增订后予以刊刻，他在序中说：“昔彭城刘氏论史有三长。窃谓纂辑之家，才不大无以删繁补略，识不邃无以提要钩元，而学不正则逞才使识、进退网罗，无以折衷于大道。”③ 肯

① 张廷瑑：《张思斋示孙编》卷三《班马异同论》，“爱如生数据库·中国基本古籍库”所收清刻本。四库未收书辑刊第9辑第21册收录此书，但因有错简，本条内容不全。

② 胡天游：《石笥山房集》文集补遗《评二十一史》，续修四库全书，第1425册，第441页。

③ 陈宏谋：《重订正史约序》，王昶《湖海文传》卷二五，续修四库全书，第1668册，第623页。

定才、学、识三长为史家标准，提出必须才大、识邃、学正。刘知幾没有明确提到“大”“邃”“正”的要求，但从语义上分析，陈宏谋提出的才能、见识两个方面与刘知幾所言是符合的，至于学，从陈宏谋的解释看来，是说除了各种专门知识外，还包括理论素养、指导思想和价值观念等方面的内容，这倒是刘知幾较少谈到的。

李继圣认为：“史之难其人也，非三长之难，而有百折不回之气之为难。孙盛著《晋阳秋》忤桓温……不惜以门户百口劘虎牙，而断不可移一字……其人实与风雷争烈。士君子咿唔半生，或立身本朝，遗大投艰，或唇敝舌焦，终难见赏，必不可改弦易辙，以伺他人之喜厌，则浩气孤行天地间，斯有大文章、大名节矣。”这是在肯定三长的基础上，又特别补充强调史家品德的重要性。显然，这是沿着明代学者对三长补以品德的认识，继续发展的。此文末附有他人评论说：“勿河汉其言！”[①] 表明此论在当时已经引起重视。

曹学诗在对三长内涵进行讨论的同时，提出了他对养成三长的方法的认识。关于三长的内涵，他说：“所谓才、学、识为作史三长者，非才不足以纵横驰骤，与左、迁相颉颃；非学不足以贯彻天人，权衡精当；非识不足以烛微照幽，推见至隐，而使风霜之笔、衮钺之词无所避忌。”这与刘知幾所讲的文章写作才能、满腹经纶的知识结构、高超见识与品德修养兼具的史识，基本相同。关于养成三长的方法，曹学诗说：“顾所以养其才，富其学，扩其识者，唯在国家之甄陶拔选，以成良史之才而已矣。”要求对有关人员进行专科性的史学训练，“讲求史法”[②]，以培养专门的史学人才。具体说来，在“才”即写作才能培养方面，选取以往史学名著，弃其疵弊，含英咀华，日夜研习，以使“其文有作史风力”。在“学”即知识结构方面，务使他们博学宏览，并就古今政治演变的关节和历史发展的源流，时常讲习，同时贯之以中正的价值理念，使其知识结构合理融通而迅速提高。在“识”方面，通过让他们处理一些具体事务，磨砺他们忠心体国的道德品质，增强其胆力和意志，使他们不畏祸难强暴，做出符合事实的、公正的评论，则其识见必会一天天增长起来。应该说，曹学诗的这一建议既可具体操作，又带有宏观讲论的一般性质。按照他的这一要求去做，未必能把有关人员全都培养成优秀的史学家，因为他所谈大多是针

① 李继圣：《寻古斋文集》卷二《孙安国论》，四库禁毁书丛刊集部，第168册，第235页。
② 曹学诗：《香雪文钞》卷十《史学》，四库未收书辑刊，第10辑，第16册，第496页。

对客体方面，更多的是对培养者的要求，而对作为史家主体的被培养者方面，曹学诗论述不多，明显重视不够。不过我们也必须承认，他的建议还是很有道理的，而如此详明、如此具体而微地讲论如何培养三长，在古代也着实不多见，这就凸显了曹氏此论的特殊性和独到性。

齐召南《宝纶堂续集》卷六《论志难》在讨论志书难修问题时，以对比的方式指出，“志与史小异而大同，其难为也，较史又不啻倍蓰”。他说：“作史者必擅三长，惟志亦然。去取存乎识，博综存乎学，雅而不靡、简而能括、详而勿杂存乎才。有是三者，而无圣贤所具之道、所存之心，犹未必其无遗憾也。……才、学、识必先有其心其道，而优于史必先优于经。”强调修志者必须具备史才三长，对三长内涵的理解也大体同于刘知幾，但他认为除了史才三长外，修志者还需要具有“圣贤所具之道、所存之心”，“必先有其心其道”，与《尚书》《诗经》《春秋》《周易》等儒家经书思想保持一致，才能修成可称为“善”的志书。其言外之意，无非是要在经学思想的引导下，进行志书的编修，从而突出反映了齐召南本人在当时历史条件下所具有的正宗史学思想。在《宝纶堂文钞》卷一《史论》中，齐召南再次表达此意说：“史才最难，非刘知幾所云兼三长者，未足当之。而其人非有圣贤之道、公正之心，虽具三长，犹未尽善。史岂易言乎！”要求在三长之上，必须具有“圣贤之道、公正之心”，并时刻以之统领和指导三长，才能达到尽善尽美。这其实就是在才、学、识三者之外，补充和强调了德的要求，并以德为首。而他所说的德，所强调的“圣贤之道、公正之心”，当然是以统治阶级为核心的封建专制主义思想。

著名诗人、史学家赵翼曾为友人谢启昆咏史诗作序。咏史诗是以历史人物、历史事件或历史遗迹为题材，通过咏叹历史，寄托兴衰哀思之感，表达托古讽今之目的，因而咏史诗虽然是诗，具有诗作的一般特征，但从内容属性上说，则属于历史评论，是以诗歌的形式写出的历史评论。赵翼指出，创作咏史诗，必须具有“深观于各朝之时势及诸臣之品量”的史才三长，做到识高、学博、才逸，才能写出好的咏史诗。他认为谢启昆的咏史诗在“标举人伦、推究治乱”等方面，“悉当其轻重”，“固已独具正法眼藏”，因而赞之为“非才、学、识三者兼擅，而能工至此极乎！”[①] 从其整体论述看来，他对才、学、识三长内涵的探讨，与刘知幾所言并无多少

① 赵翼：《树经堂咏史诗序》，谢启昆《树经堂咏史诗》卷首，四库未收书辑刊，第 4 辑，第 20 册，第 492~493 页。

区别。

赵翼之后，唐仲冕为友人《山西咏古诗》作序，认为“作史必具三长，咏古亦然。盖才不俊则蹶，学不充则陋，识不卓则俚，安能式古而仪今耶?”① 咏古诗即咏史诗。所谓“咏古亦然”，是说写作咏古诗也必须具备史才三长。唐仲冕提出，必须才俊、学充、识卓，才能写出光耀古今的典范之作，“式古而仪今”。这与刘知幾提出史才三长时所表达的意旨是一致的。他的这一论述，既是说作诗，也是谈作史。

2. 将三长由作史者扩及对读史者的探讨

夏之蓉殚见洽闻，撰有《读史提要录》，黄达认为，“其具才、学、识三长，而高出于宋明诸儒之论断上也，然则如先生者，斯为能善读史矣”。他由此提出：“史非其人不能作，亦非其人不能读。人必具才、学、识三长而史以作焉，读史犹是也。”② 倡言读史者也须具备三长，才能成为“善读史”者。这就把对作史者的三长标准的要求，扩及对读史者的要求。

王昶和曾燠则以诗作的方式，讲论这一问题。王昶《春融堂集》卷二三《示周泉南》说：“才学识三长，备具乃作史。我谓读史者，所贵亦复尔。孟坚学输才，未善中兴纪。不识天撑犁，浅学殊可鄙。天道本人情，民义即物理。博取而约观，端为法戒起。治乱兴衰间，明鉴彻终始。君子本诸身，治人先治己。少贱视所为，名节在用耻。”强调读史者也必须像作史者一样，才、学、识三长备具，并以自己阅读班固《汉书》的感受为例，阐发其意。曾燠《赏雨茅屋诗集》卷十七《题受笙读汉书诗后》也说：“从来作史非易事，读史亦复需三长。”虽然说得比较简单，但意旨还是非常明确的。

邓显鹤亦从读史者的角度，强调了三长问题。其《南村草堂文钞》卷四《许莲舫先生史评赘序》说：“读史之法有三，注释、考证、评论是已。”注释、考证都不可少，但二者“断断字句间，一朴学能之”；评论乃是“综一代之始终，而发明其用人行政之贤否忠佞、得失治乱，则评论为尤要”，“故读史三法，评论尤难”。那么，怎样才能做好历史评论呢？他说：“评论必兼才、学、识三长，又其人操履醇正、心志和平，不为放言危论，乃能臧否进退而厘然当乎人心，非贤者不能。”显然，他把学界公

---

① 唐仲冕：《陶山文录》卷五《山西咏古诗序》，续修四库全书第1478册，第413页。

② 黄达：《一楼集》卷十八《夏醴谷读史提要录序》，四库未收书辑刊，第10辑，第15册，第751页。

认的史家写史的三个标准，应用于对读史者的要求，强调三者必备而不可或缺，同时又补之以品德方面的要求，认为如此才能使评论“臧否进退而厘然当乎人心”，只有做到了这一步，读史者才是“贤者”。可见，在他的理念中，三长不但是读史者必须具备的基本要求，而且是读史者成为“贤者”的必备条件。

卢秉钧在光绪十六年（1890）编定《红杏山房闻见随笔》，其中卷二说：“世人谓作史非具才、学、识三长不能作，余谓读史亦然，纵无三长，亦必要稍有学、识者方可读。”然后他列举了朱熹《通鉴纲目》、胡三省《资治通鉴音注》以及《旧唐书》、《新唐书》、《资治通鉴》等史书中的错误情况，指出：“以上数则，若毫无学、识，不几为史书所误耶?”这是从最基本的读史有得、不被伪误蒙蔽的角度来讲的，说得也很是在理，因为读者如果连一些基本的历史学学理常识都没有，那肯定是读不懂史书的。

3. 对三长得以发挥的前提条件的探讨

与他人不同，陈兆仑对三长的探讨，关注的是如何有效发挥三长的问题。他提出“专与和之说”，认为“作史之难，非才、学、识之难也，患在不专不和耳”。所谓“专”，包括专职、专才两个方面，即使史家兼备三长，但若“职任之不专、志力之不专，则无成，成亦不善”，强调有“专于其事而犹未善者”，没有“不专而能善者”。他进一步分析说：“不专之故有二，一则非其职而不敢专，一则无其具而不能专。夫不敢专与不能专，则是官非太史、才非马班，皆将投笔敛衽，谦让而不遑矣。”这就要求，朝廷必须给史家提供发挥专才的必备条件，而史家个人也要真正具备史学专才。所谓“和”，指和衷共济，“天下不皆具才、学、识也，事必由众济，相济则材全，材全则美具，虽中人亦得以有立于世”，强调“群材和乐于朝，而无嫌忌之私，有让善之美”，共同修成优秀的史学著作。① 陈兆伦没有对三长本身的内涵进行探讨，他更为关注的是三长得以发挥的前提条件，这是关系三长能否有用武之地的问题。这当然是重要的或者说迫切的现实问题，因为如果连用武之地都没有，三长自然不能得到发挥和应用，更遑论撰成优秀的史书呢?

在陈兆仑之前，明代袁中道曾提出，必须选用“有才、有学、有识之布衣”，即陈兆伦所说的专才，而“犹有至要者，曰独”，要给他们独任、独断的权力。他的意思很明显，如果不能保证史官史家有独任、独断的权

---

① 陈兆仑：《紫竹山房文集》卷一《史论》，四库未收书辑刊，第9辑，第25册，第236页。

力，则史才三长必将无用武之地。毫无疑问，这也是为史才三长的实现补以充分而必要的前提条件。陈兆伦所说的职任专，与袁中道所说的独任、独断，主旨基本相同，不知陈氏此论是否受到了袁中道的启发与影响。

4. 才、学、识、德“史才四长”的形成

清代对史才三长的讨论，最引人注目的，莫过于形成了才、学、识、德“史才四长”之论，只是“史才四长”这一术语的确立是在近代由史学大师梁启超正式完成，他提出了“史家的四长”。

南宋王柏曾在悼文中赞誉友人“直方大之德，才学识之长”，把“德”与才、学、识三长并列，并置于三长之前。只是他当时并不是在讨论三长问题，因而其这一做法应属无心插柳的偶然行为，虽然在无意中开启了史才四长的讨论，但不能看作史才四长产生的直接源头。到了明代，史才三长中的“识”疏离了刘知幾本人所界定的包含品德修养与历史见识双层含义的本来意旨，而定格在历史见识这一观点和识断的层面，于是丘濬、胡应麟等著名学者都特别强调品德对于史家的重要性，对三长之论补以“心术正”、“二善”（公心、直笔）等品德方面的要求，这实际上就已经提出了才、学、识、德“史才四长”的问题，只是尚未找到与才、学、识三字适配的概念范畴。清代齐召南在讨论三长问题时，也认为“非有圣贤之道、公正之心，虽具三长，犹未尽善”，并说“才、学、识必先有其心其道”，不但在三长之外补以品德的要求，而且明确要求以品德为首。

在前人的基础上，章学诚明确提出了“史德”这一理论范畴，其《文史通义》卷五《史德》说，才、学、识三者得一不易，兼三尤难，即使三长兼备，犹未足以尽良史之理。鉴于“识”在三长中的突出重要性，他特别指出：“能具史识者，必知史德。德者何？谓著书者之心术也。”并总结性地申明：“盖欲为良史者，当慎辨于天人之际，尽其天而不益以人也。尽其天而不益以人，虽未能至，苟允知之，亦足以称著书者之心术矣。”如此，他就以“德”字与才、学、识三字相配，实现了将史家标准由才、学、识三长向才、学、识、德四长的转变。

1926年，梁启超续讲《中国历史研究法》，其中第二章为“史家的四长”，即“史才四长”。他说：“刘子玄说史家应有三长，即史才、史学、史识。章实斋添上一个史德，并为四长。实斋此种补充甚是，要想做一个史家必须具备此四种资格。”他这一章讲论史才四长，“就是用刘、章二人所说的话予以新意义，加以新解释”。所谓新意义、新解释，首先，他将章学诚所讲的才、学、识、德的顺序，变为“先史德”，之后依次为学、识、才，这就比章学诚更加凸显了“史德”的意义。其次，他将德、学、识、才四个概念的内涵，按照自己的理解，进行了解释和说明。他说，“实斋所谓史德，乃是对于过去毫不偏私，善恶褒贬，务求公正”，也就是要求史家心术必须端正。他自己则认为，“史家第一件道德，莫过于忠实。如何才算忠实？即‘对于所叙述的史迹纯采客观的态度，不丝毫参以自己意见’便是”，认为“史家道德，应如鉴空衡平，是甚么，照出来就是甚么，有多重，称出来就有多重，把自己主观意见铲除净尽，把自己性格培养成像镜子和天平一样”①。至于另外三个方面，学是指史家对史料的掌握能力，识是指史家的观察能力，才是指史家的文章写作能力。梁启超的解说非常详细具体，但从性质上说，与古代学者的认识没有大的区别。总之，梁启超不但明确提出了“史家的四长”即“史才四长”这一术语，而且对“四长”予以新意义，加以新解释，既传承了古人对其中概念内涵的基本认识，也贯入了近代以来史学发展的新理念，使四长之说更加符合近现代史学的理性要求，从而获得学术界的普遍认可，成为新的历史条件下的史家标准论，大畅于学界。

综上所述，史才三长论在清代更加深入人心，更多学者不但在史学领域使用这一史家标准的专业术语，而且将三长引申为史家的代名词，这是以前没有的现象，同时更加广泛地将这一术语运用于史学领域之外，论诗、论文、论画，并发展成为通论人才标准的代名词。还有一些学者对史才三长论的内涵进行了探讨，涉及史学领域和诗学领域，但诗学领域的探讨内容同样适用于史学领域；只是除了将三长由作史者扩及于对读史者的要求外，和前人相比，他们的探讨没有显现出太多的新意。章学诚虽然第一次明确在三长之外补充以“史德”的概念，但其本旨，乃是以封建纲常伦理为准则的道德标准；虽然这符合章学诚一生的思想信条和实践作为，但在当时也已经是迂腐和落后的东西，因此在他这里虽然形成了以“史德”为特征的史才四长之说，但并不是对刘知幾史才三长之论的有益补充和发展，相反，倒退的迹象还很明显。对此，我们必须分清章学诚的史才四长之说与梁启超所论的史才四长之说的本质不同。不过“史德”概念的提出，还是有一定的积极意义的，后人可以对这一概念做出符合时代发展的思想阐发，而不必舍弃这一简洁明了的概念术语，把孩子和洗澡水一起倒掉的做法是不可取的。

---

① 梁启超：《中国历史研究法》，上海古籍出版社，1987，第156~157、159页。

钦定《明史》的初检视：清人的《明史》研究

秦艳君
（南开大学历史学院，天津　300350）

摘　要： 乾隆四年（1739），清修《明史》刊刻印行，意味着清人《明史》研究的开始。四库馆臣对殿本《明史》本纪、列传的全面订正，是清官方修订《明史》的主要成果，它纠正了《明史》中存在的很多问题，加深了统治者的文化控制。清代学者对《明史》的评论，褒贬兼而有之。赵翼、钱大昕对《明史》编纂、体例、叙述等史法方面的赞扬，后逐渐成为学界公论。史家对《明史》的批评与考证，受政治思想、社会风潮等影响，从乾嘉时期到道咸以后渐次深入，部分揭露了为清朝统治者隐讳而歪曲和抹杀明代历史的现象。杨椿、赵翼、李慈铭等人史学修养的不同，使清代学者对《明史》的认识差异性更大，也更复杂。清人的《明史》研究，是清官方和私家对钦定《明史》的初步检视，是清人对本朝所修前代正史的评述与考证，具有鲜明的时代特点，清理了《明史》中的部分问题，为估定《明史》及其进一步研究提供重要参考。

关键词： 四库本《明史》　赵翼　魏源　李慈铭

阅时 95 载，武英殿本《明史》，即《明史》的通行本刊刻进呈。这是清朝官方的一件大事，与其政治统治、社会学术思潮、帝王与史家的史学观念有着密切的关系，同时也意味着清人《明史》研究的开始。以往对《明史》的研究，多侧重考察《明史》的纂修阶段和各稿本之间的关系，监修总裁、重要参与者、分撰诸人与纪志传稿的研究，以及对《明史》的考证与总体评价等。[①] 清人对殿本《明史》的研究，相关书籍也略有谈及，[②] 部分研究也注意到具体史家对《明史》的认识，[③] 但未能将个体的研究进行整体的考察，也较少结合清代政治、学术与社会加以深入剖析。其实清朝官私史家对《明史》皆有不同程度的修订、考证与评述，将其置于特定的环境中解读，对《明史》的再认识具有重要的价值。

学界一般认为，清人对《明史》的考证与评述比较薄弱，乾嘉时期受官方思想钳制，道咸以降政治思想控制逐渐松动，前后两个时期对《明史》的认识发生了较大的转变。[④] 这种从政治思想角度的分析无可厚非，但是单一固化的认识，掩盖了清人《明史》研究的复杂性及存在的价值。清人《明史》研究的其他层面也需得到必要的关注，比如清代学术的走向、传统士人认知水平的变化，以及史家个人的史学修养等，都会影响清人对《明史》的认识，使清人的《明史》研究更为鲜活立体。正是基于这样的思考，本文尝试多角度地探讨清人对《明史》的修订、考证与评介。

---

① 参见李小林、李晟文主编，南炳文审定《明史研究备览》（天津教育出版社，1988）；姜胜利编《〈明史〉研究》（中国大百科全书出版社，2009）；徐泓《二十世纪中国的明史研究》（台大出版中心，2011），第36~43页；白寿彝总主编、王毓铨分册主编《中国通史》第9卷《中古时代·明时期》上册（上海人民出版社，2013），第22~48页；陈高华、陈智超等《中国古代史史料学》（中华书局，2016），第354~360页；孙卫国等整理《郑天挺明史讲义》（中华书局，2017），第31~33、63~65页；段润秀《官修〈明史〉的幕后功臣》（人民出版社，2011）；等等。

② 上引各书几乎都略有谈及清代学者对《明史》的评价。

③ 如杨椿、全祖望、赵翼、魏源、李慈铭等人对《明史》及明代史的研究，见侯德仁《杨椿与〈明史〉、〈明纪纲目〉的纂修》[《南开学报》（哲学社会科学版）2002年第5期]；段润秀《全祖望与〈明史〉关系探论》（《古籍整理研究学刊》2014年第6期）；杜维运《赵翼传》（时报文化出版事业有限公司，1983）；刘寅生《魏源与晚清时期的明史学》[《上海师范大学学报》（哲学社会科学版）1979年第3期]；刘寅生《论“钦定〈明史〉”的“一统”和魏源对明史学的贡献》（袁英光选编《中国近代史学史论集》，华东师范大学出版社，1984），第164~179页；程艳艳《论李慈铭的明代史事研究——以李慈铭评阅的有关明代历史的著作为例》（延安大学硕士学位论文，2016）；等等。

④ 参见汤纲、王鸿江、傅贵九《〈明史〉的纂修及史学思想》（《明史研究论丛》第2辑），第302页；李小林、李晟文主编，南炳文审定《明史研究备览》，第12~14页；姜胜利《20世纪〈明史〉研究述评》（《史学理论与史学史学刊》2008年卷），第191~192页。

一 清官方对《明史》的修订与评价

重视修前代史是中国史学的重要传统之一，清朝建立之初，官私史家便纷纷著述明代史。官方于顺治二年（1645），首次开馆撰修《明史》，这一阶段以搜集和整理资料为主，收效不大。康熙十八年（1679），《明史》开始分工撰述，中间几经变动和周折；乾隆四年（1739），《明史》正式颁行。与此同时，私家基于不同的诉求，[①] 写就大量有关明代历史论述的著作，如夏允彝的《幸存录》，潘柽章的《国史考异》，计六奇的《明季北略》《明季南略》，尤侗的《明史拟稿》等，其中通记有明一代的有傅维麟的《明书》、谈迁的《国榷》、谷应泰的《明史纪事本末》、查继佐的《罪惟录》、张岱的《石匮藏书》等。官私史家分别通过历史叙述建立他们的话语体系，阐释他们对明史的认识，清初修明史呈现繁荣景象。

《明史》刊行后，私家对明代历史的论述转入了低潮，官方话语占据了主导地位，具体表现在明史著述数量减少、史书体裁单一、内容观点趋于一致以及征引史料贫乏。尤其是在内容上，《明史》对关乎清朝正统性与合法性的诸多问题，如明朝亡于何时、南明政权、明朝与后金政权的关系等，确立了权威性的统一论断，奠定了《明史》在明代史叙述中的独尊地位。

《明史》的纂修涉及政治需要、学术流派的论争、统治者和史家的史学观念等各种因素，但《明史》最终只有符合清朝统治者意志和满足统治者要求，才能刊行。所以《明史》更多反映的是清朝统治者的意志，讲求的是撰述中的义理与笔法，而非事实上的求真。《明史》一经刊行，即确定了清朝对明代历史的官方表述。

面对乾隆朝对政治的严密把控，官私明史论著多以钦定《明史》为本。《明鉴纲目》修撰之初，总裁官张廷玉即主张“《明史》已成，是非已定。馆中原有《实录》及名人撰述，无庸再为考核。但当据《本纪》为纲，《志》《传》为目，掇拾成之足矣”[②]。无论张廷玉基于何种考量，

① 姜胜利将清前期私家撰述明史的人员大致分为四类：遗民史家，与遗民具有某种联系的士人，参修《明史》的史官，官僚士大夫。见姜胜利《清人明史学探研》（南开大学出版社，1997），第3~4页。参修《明史》的史官在官修《明史》之余，还有私撰明史之稿本，见段润秀《官修〈明史〉的幕后功臣》。

② 杨椿：《孟邻堂文钞》卷2上《〈明鉴纲目〉馆总裁书》，《清代诗文集汇编》编纂委员会编《清代诗文集汇编》第238册，上海古籍出版社，2010，第23页。

其推崇《明史》是毋庸置疑的。官至漕运总督的管幹贞著《明史志》，为“改窜钦定《明史》而作，凡分三十六志。曰成岁志，即历志之删本；曰地水志，即地理志、河渠志之删本；曰郊祀志，即礼志之删本；曰乐律志，即乐志之删本；曰经野志，即食货志之删本；曰漕河志，即食货志兼地理志之删本；曰仪服志，即舆服志之删本……”①。《明史志》可看作《明史》诸志的翻版，虽无甚学术价值，但在一定程度上反映了《明史》在明代历史表述中所居的位置。

清朝官方较早对《明史》进行修订。在《明史》纂修之初，清政府将其作为维护清朝正统性的重要一环，但随着清政权的稳固，以及统治者政治思想观念的转变，《明史》中部分明代历史的表述无法适应新的政治需要，故而官方对《明史》有所订正。

乾隆十一年（1746），《明史》完成已逾七载，乾隆帝在《〈明纪纲目〉序》中说“盖《明史》已成于百年之后，而世变风漓，记载失实”，急待“继续编而示来许”，因此著《明纪纲目》。② 乾隆虽意在谈《明纪纲目》，却无意中提及《明史》之失，可见在他眼中，钦定《明史》确有史事记载不实之处，其后乾隆朝官方进行的与明代史相关的修撰工作，皆在一定程度修订了《明史》。

殿本《明史》将南明诸帝事迹在诸王传中简要论述，且皆冠以“伪”字，以示清朝之正统。乾隆三十一年（1766），乾隆帝一改《明史》对南明政权及其诸臣的评价，认为“于故明唐王朱聿钊加以‘伪’字，于义未为允协……且唐王等皆明室子孙……固不必概从贬斥也。当国家戡定之初，于不顺命者自当斥之曰‘伪’，以一耳目而齐心志，今承平百有余年，纂辑一代国史，传信天下万世，一字所系，予夺攸分，必当衷于至是，以昭史法”③，尝试改变南明的历史叙述。这一观点在《御批通鉴辑览》中得到进一步明确和完善，“兹于甲申岁仍命大书崇祯十七年，分书顺治元年以别之。即李自成陷京师亦不遽书明亡，而福王弘光元年亦令分注于下，必俟次年福王于江宁被执，而后书明亡。……若夫唐王、桂王，穷窜边隅，苟延旦夕……不可仍以正统属之”④。官方正式将明亡的时间改为福王被执之时，肯定了弘光政权的正统性。尽管这一观点并未在《明史》中得

① 周中孚：《郑堂读书记》卷18，中华书局，1993，第103页。

② 《清高宗实录》卷263，乾隆十一年闰三月丁巳，中华书局，1985，第408页。

③ 《清高宗实录》卷761，乾隆三十一年五月壬辰，第373页。

④ 《乾隆御批纲鉴》第8册，黄山书社，1996，第7122~7124页。

到反映，但是官方对明亡及南明政权的看法，亦可看作对《明史》的间接修正。

清官方对《明史》的全面修订，始于四库馆臣对殿本《明史》的清理。乾隆四十年（1775），清高宗以《明纪纲目》未合《御批通鉴辑览》要求为由，命再行改辑，进而提出重新审视《明史》，指出“《明史》内于元时人、地名，对音讹舛，译字鄙俚，尚沿旧时鄙习……现在改办《明纪纲目》，着将《明史》一并查改，以昭传信”①。遂由审核《明纪纲目》引向对《明史》的改订，其核定之范围仅限于少数民族人名地名用语之粗鄙舛误。乾隆四十二年（1777）五月，乾隆又以《英宗本纪》所记疏略，诏大臣英廉、程景伊等“将原本逐一考核添修，务令首尾详明，辞义精当，仍以次缮进，候朕亲阅鉴定，重刊颁行，用昭传信”②。这次修订虽以本纪问题发端，却不限于本纪，对列传部分也加以考证。

四库馆臣对殿本《明史》的系统修订，具体表现在两个方面：一是在本纪部分，对史事原委的补充、史事记述的润色、史事的增补和赞语的修改；二是在列传部分，引述了丰富的史料，对原文有注释说明，考异存疑，更正用语，辨误定讹等。③ 尽管此次修订是在官方主导下进行的，但四库本《明史》无论是在史料、内容的丰富程度上，还是在叙述、论断的严谨程度上，都体现了当时较高的学术水平。因此四库馆臣对《明史》的全面细致修订，对认识殿本《明史》和了解清官方对明史认识的变化，具有重要的参考意义。

《四库全书总目提要》对《明史》给予了较高的评价：

> 其间诸志，一从旧例，而稍变其例者二：《历志》增以图，以历生于数，数生算，算法之句股面线，今密于古，非图则分刌不明；《艺文志》惟载明人著述，而前史著录者不载，其例始于宋孝王《关中风俗传》，刘知幾《史通》又反复申明，于义为允，唐以来弗能用，今用之也。表从旧例者四：曰诸王，曰功臣，曰外戚，曰宰辅。创新例者一：曰七卿。……列传从旧例者十三，创新例者三：曰阉党，曰流贼，曰土司。④

① 《清高宗实录》卷983，乾隆四十年五月甲子，第120~121页。

② 《清高宗实录》卷1032，乾隆四十二年五月丁丑，第841页。

③ 乔治忠、杨艳秋：《〈四库全书〉本〈明史〉发覆》，《清史研究》1999年第4期，第68~70页。

④ 永瑢等：《四库全书总目》卷46，中华书局，1960，第416页。

《四库全书总目提要》论述了《明史》志、表、传的特点，就体例而言，《明史》比之前代诸史，除《艺文志》仅记明人著述后人有所争议外，《历志》增图，设七卿表，列阉党、流贼、土司三传，评价比较客观，已然成为学界共识。

从乾隆四年《明史》刊行于世，至四库馆臣对《明史》进行修订与评介，清朝官方对钦定《明史》的改订遂告一段落。清统治者付出如此大的人力、物力与财力，长期关注《明史》的撰述与修订，“颁行以后，宣示纶綍，特命改增……尤自有史籍以来所未尝闻见者矣”①，反映了清朝文化政治的繁荣。从本质上看，这无疑是为了统一对明代历史的论述，以适应统治者不同时期的政治需要，从根本上维护清朝的统治。从另一个侧面看，清朝对清前期史、明清之间的关系等与其历史密切相关的史实进行抹杀、歪曲，正如陈守实所说：“《明史》之失，略可指数者：（一）清帝之禁钳太甚，致事多曲讳。（二）因学派门户之偏见，致颠倒失实。（三）搜访之漏略。（四）明清关系多失真相。（五）弘光迄永历之终，史实多缺。”② 充分证明清修《明史》是官方意志的产物。

当然官修《明史》是史馆集体修史的产物，既受官方意志的控制，也含有史家的个体思想。四库馆臣对《明史》的考证和修订，在史事增补、叙述表达、内容评价等方面表现出较高的学术价值。其对《明史》的评价，避开明代历史的事实层面，仅就体例方面加以言说，有理有据，较为公允，体现了官方对《明史》修订与评价的界限，对明代史实层面的评述受到严格的管控，在编纂体例方面相对宽松，表述也更为客观，遂能得到后世学者的认同。

二　赞扬与批评——清代学者对《明史》的评述与考证

《明史》“曾受到清代学者很高评价。到了近代，已有学者对《明史》的某些方面作了论述，指出编纂和史实方面的一些错误和缺点，证明清代学者有言过其实之处”。③ 这种说法大体不错，与近代相较，清代学者对

① 永瑢等：《四库全书总目》卷46，第416页。

② 陈守实：《明史抉微》，《国学论丛》1928年第1卷第4期，第116页。

③ 汤纲、王鸿江、傅贵九：《〈明史〉的纂修及史学思想》，中国社会科学院历史研究所明史研究室编《明史研究论丛》第2辑，第302页。

《明史》评价的确很高，但若细致剖析清人对《明史》的认识，就会发现他们对《明史》也并非一片赞誉。清代学者对《明史》赞扬与批评兼而有之，评价之后往往有史家的细致考证，蕴含着史家自身独特的考量，并且随着时代、社会、学术的变迁，他们对《明史》的认识也有不同程度的变化。这些认识经历岁月的沉淀，其中很多观点至今不衰，对重新估定《明史》具有重要的意义。

（一）清代学者对《明史》的赞扬

清代学者赵翼对《明史》评价较高。他指出："自欧阳公《五代史》外，《辽史》简略，《宋史》繁芜，《元史》草率，惟《金史》行文雅洁，叙事简括，稍为可观。然未有如《明史》之完善者。"[①] 该句已成为学界对《明史》评价的经典，常为后世征引，但赵翼并非凭空而论，而是有深层次的分析。

首先，他指出《明史》"日久而功深"，所修之时"去前朝未远，见闻尚接，故事迹原委多得其真"，"又经数十年参考订正，或增或删，或离或合，故事益详而文益简。且是非久而后定，执笔者无所徇隐于其间，益可征信"。[②] 从《明史》修撰时间之长、参修人员才识之佳、史料之得其真、改订之用心等角度出发，论证《明史》足以征信。

其次，就体例而言，他认为"《明史》立传，则各随时代之先后"，"至祖、父、子、孙，各有大事可记者……则各自为传"，"其无大事可记者，始以父附子、以子附父"，"其他又有稍变通者，徐寿辉僭号称帝，应列群雄传，而以其不久为陈友谅所杀，则并入友谅传，而寿辉不另传"，可谓"排次之得当者也"。[③]

此外，《明史》吸取《宋史》列传叙述繁芜的教训，采用"数十人共一事者，举一人立传，而同事者即各附一小传于此人传后，即同事者另有专传，而此一事不复详叙，但云语在某人传中……否则传一人而兼叙同事者"[④]，达到了编纂得当的目的。

赵翼对比前代正史，"细心默观"[⑤]《明史》之纂修过程、体例变通、

---

① 赵翼：《廿二史劄记校证》卷31《明史》，王树民校证，中华书局，2013，第753页。

② 赵翼：《廿二史劄记校证》卷31《明史》，第753页。

③ 赵翼：《廿二史劄记校证》卷31《明史》，第753~754页。

④ 赵翼：《廿二史劄记校证》卷31《明史》，第754页。

⑤ 赵翼：《廿二史劄记校证》卷31《明史》，第755页。

编纂叙述等方面，得《明史》之精审。他身处乾嘉时期，深受官方思想的钳制，但对《明史》的评价并不溢美，而是有着详细的论证，因此他对《明史》的总体评价得到广泛的认可。如梁启超以为："现行《明史》，在二十四史中——除马、班、范、陈四书外，最为精善，殆成学界公论了。"[①] 当然细细观察赵翼所说《明史》之优点，便会发现赵翼更关注编纂体例等史法层面，对史实层面则较少论及。

作为乾嘉时期的考据大家，钱大昕对《明史》的论述相对简略，他同赵翼一样，从《明史》与前代各朝正史的比较中，考量其编纂与体例方面的特点，认为《明史》"议论平允，考稽详核，前代诸史莫能及也。其例有创前史所未有者"，"分英宗为前后两纪，而列《景帝纪》于中，斟酌最为尽善。表之有'七卿'"，[②] 乃据明朝历史而立，为《明史》之一大特色。钱大昕对《明史》以前的正史皆有研究，唯独对《明史》所论甚少，与其当时的学术地位极不相符。而且从全祖望、赵翼对历朝正史的阅读与考证中不难看出，全面考察前代正史是乾嘉时期的一大风气，王鸣盛《十七史商榷》即属其中一例，然少有研究《明史》者，这与清朝官方的钳制，以及士人自身的忌讳不无关系。[③] 钱大昕对《明史》所论甚少，评价谨慎，大有深意。

赵翼与钱大昕对《明史》皆予以赞扬，但只限于《明史》的编纂和体例方面，对《明史》史实层面的认识比较欠缺。赵翼对《明史》的研究要远远深于钱大昕。

道光前期藏书家、目录学家周中孚承继赵、钱之说，称《明史》"事多而文省，最为简密。其法之尤善者，莫如附书之例……于诸臣奏议，凡切于当时利弊者多载之……至各传赞持论虽本忠厚，而皆协是非之公"；并且他比二人更进一步，认为《明史》"集诸史之长而撰定者，学者读廿三史毕，而进之以是史，并可以折衷诸史之是非，则是史实全史之准绳也"。[④] 关键在于"准绳"二字，他将《明史》视为审核全史的标尺，与

① 梁启超：《中国近三百年学术史》，夏晓虹、陆胤校，商务印书馆，2011，第111页。

② 钱大昕：《十驾斋养新录》卷9《明史》，杨勇军整理，上海书店出版社，2011，第189页。

③ 陈守实在《明史抉微》中道："清代史学大师考证史实及表志注释之补辑，可谓空前绝后，然多致力于旧史，而近代史则鲜矣，有所顾忌也。"见陈守实《明史抉微》，第112页。

④ 周中孚：《郑堂读书记》卷15《史部一·正史类》，第89页。

官方的主张完全贴合，无疑将《明史》好评推至一个更高的位置。

道咸以后，文网渐疏，乾隆朝查禁的明史著作得以重新刊刻，凭借这些史料，史学界掀起了明代史研究的热潮，不乏对《明史》的考证与品评。

《明通鉴》系统完整地考察了有明一代史事，对《明史》亦有赞美之辞，认为“《明史》蒇事于六十年后，故其多精择”。该书偶有提及《明史》前后诸稿，如谈到“后修《明史》颇有剪裁，似胜初稿”，就建文逊国一事，“后修《明史》结以‘帝不知所终’一语，最得存疑之体”；《太祖实录》多记太祖有意燕王继承大统，为成祖靖难寻求合理的依据，“王氏《史稿》不察其伪”，据此书写，“凡此之类，后修《明史》大半删去，可谓谨严之笔”，在王鸿绪的《明史稿》与《明史》的比较中，突显《明史》在史实层面的长处。[①] 《明通鉴》凭借其史实叙述上的优势，在与《明史稿》的对比研究中，体现了《明史》史实方面的优点。较之前面对《明史》史法上的赞美，它对《明史》史实上优点的发掘，具有较高的价值。

清代学者对《明史》的称赞，主要表现在史法和史实两个层面。赵翼、钱大昕对《明史》的叙述、体例、编纂等方面精当的评价，较为公允，在清代已经形成了某些共识，无怪乎道咸年间官至知府的吴振棫，全文抄录钱大昕对《明史》品评的文章，[②] 陆以湉也称“《明史》体例极精”[③]，“视前代之克期讫事、挂漏舛误者，相判天渊，洵足为一朝之信史也”[④]，在一定程度上反映了他们对《明史》此种评价的认同。迨至民国，这种认识在梁启超等史学大家的倡导和学者的史学实践中得到进一步印证，于是赵翼等人对《明史》的好评成为当时学界的共识。夏燮的《明通鉴》对比《明史稿》与《明史》，分析《明史》在建文逊国、成祖继位等部分史实方面的谨严，体现《明史》在史实方面的精当处理，具有较高的价值。以上清代学者对《明史》的赞扬，是细致考察《明史》后的客观评价，并非出于政治压力，他们对《明史》的高估，为推进学界对《明史》的认识，发挥了重要的作用。相对而言，周中孚将《明史》作为评判全史的准绳，则有溢美之嫌，是其个人观点，并不能代表整个清代学者的认识。

---

① 夏燮：《明通鉴·义例》，沈仲九标点，中华书局，2009，第7页。

② 吴振棫：《养吉斋丛录》卷20，北京古籍出版社，1983，第220页。

③ 陆以湉：《冷庐杂识》卷5《明史体例》，崔凡芝点校，中华书局，1984，第274页。

④ 陆以湉：《冷庐杂识》卷6《明史》，第303页。

（二）清代学者对《明史》的批评与考证

学界往往认为清代学者对《明史》评价较高，或许是因为批评的声音较少，但是细细考究便会发现情况并非如此。殿本《明史》刊行不久，针对《明鉴纲目》馆总裁唯以《明史》为依据、对明代历史不加考证的现象，杨椿最早对殿本《明史》提出批评。他认为康熙十八年以来，史馆各纂修官以“宁失之繁，勿失之略”为原则，形成内容翔实的明史稿本，“尚书华亭王公因之，《明史》遂成。第所择尚或未精，毁誉尚或未当，雍正元年秋，特命重修。旧时草卷不可复得，馆中所有惟累朝实录及名人传记，而传记亦十不存一二。名为重修，阁下所委者，仅于纪、传后缀以赞辞，及以意更其目次，或点窜字句，未能将现存之书与王公史稿细加讨论，且或改讹王稿者有之”，指出王鸿绪《明史稿》尚未精当，《明史》在此基础上，仅缀以论赞，作部分词句上的改动，未参以他书做细致的探讨。他列举《明史》中存在的颇多“自相异同者”，且“其他纪、表、志、传互相矛盾，事之讹舛，字之差脱，不可枚举”。[①] 杨椿从纂修中存在的疏漏与内容上的自相矛盾两方面，对殿本《明史》做出较为合理的评价。但是他的意见并未得到官方的回应，故他大声疾呼：“今欲为《明鉴》，宜先论《明史》之是非，校《明史》之同异，然后可取材于《明史》。若云《明史》已成，何得尚有纷更，则以讹传讹，事之有无真伪何由而明？人之忠佞贤愚何由而定？岂不重有愧哉！”[②] 这正是杨椿对官方钳制、对《明史》不满的第一声呐喊。

杨椿作为纂修官之一，亲自参与了《明史》的撰写，但当史馆以王鸿绪的《明史稿》为底本对《明史》加以增损时，他对明代史实的认识，与清朝官方对明代历史的论断和文字的修订产生了分歧。这是史家与政治的矛盾，是求真与书法的矛盾。杨椿敢于发出批评之声，是史家对历史真实追求的体现。

几乎同时，全祖望亦对《明史》提出异议。在考察程仲能以文字之祸死时，他说：“《明史》则以为病卒，误矣！《明史》经万丈季野之手，万

① 杨椿：《孟邻堂文钞》卷2《上〈明鉴纲目〉馆总裁书》，《清代诗文集汇编》编纂委员会编《清代诗文集汇编》第238册，第24~25页。

② 杨椿：《孟邻堂文钞》卷2《再上〈明鉴纲目〉馆总裁书》，《清代诗文集汇编》编纂委员会编《清代诗文集汇编》第238册，第26页。

丈精于榷史，而乡里先正事竟不能审，以是知史事之难。”[①] 他指出《明史》在雍正、乾隆年间未得到应有的审订，故要对《明史》内容加以考证，纠正郑成功沉鲁王之说，对《明史·马士英传》《明史·倪元璐传》《明史·张春传》部分内容进行考辨，并广辑史料，作碑传志状，“使异日补注《明史》者有所征焉”[②]。在《鲒埼亭集外编》中，全祖望对《史记》等历代正史不乏读书心得，《明史》亦在其中，他以专论的形式分别对太祖本纪、杨守阯传、袁崇焕传、朱燮元传及张春传加以论述，补充、订正《明史》的部分史实。乾隆元年（1736），全祖望拟《移明史馆帖子》六通，欲就《艺文志》《史表》《忠义传》《隐逸传》等问题与馆臣相探讨。可知全祖望对《明史》的纠谬、考证与补遗，是他对《明史》长期关注的结果。他以碑传志状的方式，将对《明史》的考辨融入其中，考证虽相对零散，但为补充《明史》保留了大量的资料。

全祖望作为黄宗羲的私淑弟子、传统的江南士人，对《明史》有着特殊的情结，他著述了大量的碑传志状。黄云眉以为，全祖望这样做是为了表彰明季忠义，“表彰忠义，也只是《明史》的一种补充工作，或者稗野的纠正工作”。[③]

杨椿、全祖望的批评为清代学者批评《明史》之先声，杨椿专意于各方面的批评，全祖望在批评之余注意对《明史》的纠谬与补遗。继其后者，乃是赵翼。赵翼对《明史》的称颂广为人知，然这仅仅是赵翼《明史》评述之一端，在《廿二史劄记》中，他用六卷篇幅对《明史》详加考证和论述，指出《明史》的部分不足。如“周延儒之入奸臣传”条说：“周延儒不过一庸相耳，以之入奸臣传，未免稍过。”[④] “乔允升刘之凤二传”条则谈道：“乔允升传，崇祯在位十七年，刑部易尚书十七人……刘之凤传末，亦有此一段文字，一字不改。此两传……相隔只两卷，不及订正。”[⑤] 仅短短数句，便列举出《明史》中存在的人物分类不当、重复等明显错误，而这只是他考证《明史》的一小部分。

---

① 全祖望：《鲒埼亭集外编》卷34《又题〈闲中今古录〉》，《清代诗文集汇编》编纂委员会编《清代诗文集汇编》第303册，上海古籍出版社，2010，第365页。

② 全祖望：《鲒埼亭集外编》卷9《前侍郎达州李公研斋行状》，《清代诗文集汇编》编纂委员会编《清代诗文集汇编》第303册，第114页。

③ 全祖望原著，黄云眉选注《鲒埼亭文集选注》，齐鲁书社，1982，前言第10页。

④ 赵翼：《廿二史劄记校证》卷31《明史》，第761页。

⑤ 赵翼：《廿二史劄记校证》卷31《明史》，第765~766页。

由此，孟森言："赵翼之《廿二史札记》，世亦以为称颂《明史》之作，其实于《明史》疏漏之点亦已颇有指出，但可曲原者仍原之，若周延儒之入《奸臣传》，若刘基、廖永忠等传两条中所举，《史》文自有抵牾之处，一一又求其所以解之，惟乔允升、刘之凤二传，前后相隔止二卷，而传中文字相同百数十字，不能不谓为纂修诸臣未及参订。"① 赵翼对《明史》的评述在当时的社会环境下较为客观，但他对《明史》的缺点，在表述上仍有所处理，正如柴德赓所说："如'周延儒之入奸臣传'一题下，应加'不当'二字，才与内容符合，但却从略。'刘基廖永忠等传'条，下未接'疏舛'二字，'乔允升刘之凤二传'下未接'重复'二字，此正所谓其不敢贬斥者也。"② 作为乾嘉考据三大家之一，赵翼是唯一一个对《明史》加以评述和考证的学者，可见其考证方法的独特及史学上的卓识。

殆至嘉道年间，礼亲王昭梿转向对王鸿绪《明史稿》的批评，部分言及《明史》，开启《明史》批评的新方向。他谈到"向闻王横云《明史稿》笔法精善，有胜于馆臣改录者，近日读之，其大端与《明史》无甚出入，其不及史馆定者有数端焉……其他谬戾处不可胜纪，后史臣皆为改正"，指出王稿诸多不如《明史》之处；"至于奏牍多于辞令，奇迹罕于庸行，则二史病处相同，殊有愧于龙门，惟视宋、元二史为差胜也"，认为奏牍多、奇迹少，乃《明史》、王鸿绪《明史稿》之通病，《明史》仅稍优于《宋史》《元史》。③ 昭梿作为皇室成员，在清廷统治稳定时，专文论《明史稿》之失，稍及《明史》之不足，是官方内部人员对《明史》批评的开始，此后史家将对王鸿绪《明史稿》的研究纳入《明史》研究的范畴。

魏源是道咸以来对《明史》批评与考证的典型代表，其《书明史稿一》《书明史稿二》对王鸿绪《明史稿》进行详细的批评，指出"《宋史》以来，人人立传之弊，仍不能革"，"至于《外国传》，止宜择其二三岛夷之大者立传，其余止附见国名"，"仅据三宝太监下西洋归奏铺张之词，毫无翦择"，"至于食货、兵政诸志，随文钞录，全不贯串，或一事有前无后，或一事有后无前，其疏略更非列传之比。且列传虽详，而于明末诸臣尚多疏略"，可见《明史稿》志传"略所不当略与前之详所不当详，均失

① 孟森：《明史讲义》，上海古籍出版社，2002，第1~2页。

② 柴德赓：《史籍举要》，北京出版社，2002，第220页。

③ 昭梿：《啸亭续录》卷3《明史稿》，何英芳点校，中华书局，1980，第437页。

之焉”。魏源批《明史稿》对明代历史多有改窜和避讳，如批评《明史稿》“于《王之寀列传》后附采夏允彝《幸存录》数百言，以折衷东林、魏党之曲直”，“苏、松浮粮复额殃民之政，亦为之讳”等。[①]

魏源是中国近代的启蒙思想家。区别于前人对《明史》的批评与考证，魏源对《明史》的批评有三个特点。其一，不直接批《明史》。继昭梿之后，他更深入细致地论述王鸿绪《明史稿》的不足，剖析其对史实的增窜和避讳，虽未言及《明史》，但正如刘寅生所言，“批判王鸿绪《明史稿》，就是在批评‘钦定《明史》’。何况《书明史稿一》在行文上一变魏源固有的谨严，没有将《明史》与《明史稿》作区分”。[②]《明史》以王鸿绪《明史稿》为底稿，魏源批评《明史稿》，其实就是在间接批评《明史》。其二，魏源对《明史》的认识前后很大变化。乾嘉时期，士人将钦定《明史》作为官方叙述明代历史的范本，批评较少，或者在批评上有一定的处理。但道咸以降，内忧外患，清朝的政治统治受到冲击，文化控制亦随之降低，《明史》在魏源眼中，不再是不可触及的钦定之书，而是官方所修的一种史料。由此他参考其他史籍，详加考证，批评、补充和纠正《明史》中的诸多问题。如考《南印度海中锡兰山岛国沿革》，魏源征引《梁书》《新唐书》《明史》，下按语道：“《梁书》狼牙修国与师子国分叙为二国……东西判然，迥不相侔。”《明史》“安得以狼牙修为锡兰山，而置龙鬼合居之师子国于不问乎？”遂批评道：“《明史》之外国沿革，无一不缪，有如此者。”[③] 虽不免有所夸大，但他的批评却不无道理。关于葡萄牙，《明史》仅记其居澳门，且不知其名，魏源补之，“其实名葡萄亚也。澳夷见《明史》者，只此一语。由《外国传》中不立葡萄亚传，故今谭澳夷，皆莫得其源委”。[④] 其三，魏源受时局所迫，为了挽救清朝统治，努力将世界各国的地理、政治、文化等纳入自己的知识体系，试图利用新的知识概念从《明史》等原有的知识储备中寻求经世的办法。因此他对《明史》的考证，集中于《明史·外国传》和《食货志》的经世层面，考证相对零散。魏源应时势之需，励精图治，“开后期对官修明史著作纠谬、

① 《魏源全集》第 13 册《古微堂外集》卷 3《书明史稿一》《书明史稿二》，岳麓书社，2011，第 198~199 页。

② 刘寅生：《论“钦定〈明史〉”的“一统”和魏源对明史学的贡献》，第 176 页。

③ 《魏源全集》第 5 册《海国图志》卷 30《西南洋》，第 959 页。

④ 《魏源全集》第 6 册《海国图志》卷 41《佛兰西国》，第 1233 页。

补缺和评论的先河，因此，魏源可称是清后期重振明史学的第一人”。[1]

此后，《明通鉴》利用新出现的明代史料，详载南明史实，大大补充了《明史》。其以官方所修《明史》《御批通鉴辑览》《资治通鉴纲目三编》等为思想准绳，爬梳明代历史，对《明史》中的不实、错误记载详加考订。例如，指出“《明史本纪》，多据实录，故其月日干支最详，然稽之志、传则多不合”[2]，存在相互抵牾之处；懿文太子、秦王、晋王、成祖、周王生母事，“修《明史》者未及详考，仍以五人同出自高后受前史之欺”[3]，缺乏史实的考订；“《明史》纪、志所载干支，较为详核，然偶检《天文志》”[4]，较之《宪章录》《二申野录》，则知文中有漏字现象；等等。

“《明史》叙事详核，用笔谨严，自欧阳公《五代史》后，罕有其比。惟所记甲申以后事颇略，而张煌言不为立传，未免如刘道原所讥韩通者。”[5]《明通鉴》对《明史》的批评，正如这段话所反映的，夏燮指摘《明史》的不足，是在充分肯定《明史》的前提下展开的。他运用赵翼、钱大昕等人比诸旧史的叙述模式，称颂《明史》，而后提出《明史》甲申以后简略，不立张煌言传之不足。夏燮是一个正统派的史家，《明通鉴》体现了他对官方论断的继承，但是该书运用各种新出史料，对《明史》进行了较为集中的考证，成绩不容忽视。

继夏燮《明通鉴》之后，徐鼒利用入史馆的机会，写就《小腆纪年附考》，晚年又在此基础上，著有《小腆列传》，是徐鼒南明史研究的姐妹篇。他参稽大量野史笔记和清人文集，融会贯通，修正《明史》的部分内容。譬如，纠正《明史》郑成功沉鲁王于海之说，注意到《明史》不立张煌言传，以为“史传忠义，如公几人！”不立其传，“谓非史臣之不职哉！”[6] 林鹗、宋光伯评价道：“《小腆纪年》一书，详叙福、唐、桂三王始末，自南都立国，至台湾郑氏止，皆我朝定鼎以后事，有《明史》所未及载，而其人其事不容湮没而不彰者，固人人所欲目而睹之，而又不敢笔而书之者也。”[7] 然从其写作目的，及仿《资治通鉴》的“臣鼒曰”，则知他

---

① 姜胜利：《清人明史学探研》，第21页。
② 夏燮：《明通鉴·义例》，第6页。
③ 夏燮：《明通鉴·义例》，第8~9页。
④ 夏燮：《明通鉴·义例》，第5页。
⑤ 夏燮：《明通鉴·义例》，第13页。
⑥ 徐鼒：《小腆纪年附考》卷20，中华书局，1957，第785页。
⑦ 徐鼒：《小腆纪年附考》，第795页。

是为清朝统治者鉴戒之用，故总体而言对官修《明史》的改订会有所限制。

至同光年间，清人对《明史》的批判与考证有了较大的突破。李慈铭读《明史》中“李成梁传”和“麻贵传”，直言：“史言沙岭麻氏多将才，人以方铁岭李氏，曰东李西麻，而赞中颇讥两家子弟，恇怯退避，堕其家声。”谈到论赞中对麻氏、李氏子弟多有贬低，毫不掩饰《明史》中存在的褒贬不当现象，并进一步说：“成梁传中虽著其功，而多有贬辞。盖以成梁战功，多与国初兴京事相连，又亲加害于二祖，史臣为本朝讳，故有不敢质言者。试思成梁之斩王杲、阿台父子，斩速把亥，斩阿海及河沟、劈山、圜山、红土城、叆阳、袄郎兔、辽河、可可母林、北关等处之捷，安得谓非奇功？如松之破宁夏，灭哱拜，援朝鲜，克平壤，皆不愧名将。后继其父镇辽东，捣巢中伏，力战而死，谥曰忠烈，以视张杜，勇尤过之，较之刘綎、马林，亦复何让？信史所言，固有未尽者耳。”李慈铭毫不避讳地指出，李成梁传中之所以贬低其功绩，多是因为其与后金政权及清太祖、太宗皇帝有莫大的关联，史官才避而不谈。由此李慈铭认为，《明史》虽为信史，但也有未尽者，委婉地表达他对《明史》的不满。[①]

李慈铭分析了《明史》为清朝统治者避讳而所记不实的现象，直击后金政权问题，作为本朝人论本朝事，能够洞悉一切，且付诸笔端，可见其胆识和卓见。李慈铭将清人对《明史》的认识，由一般意义上的史实评价与考证，上升到清朝有意对一类史实的抹杀和歪曲，尽管只是点到为止，未对《明史》中清朝官方的有意干预进行全面的梳理，但是这样的思考，对《明史》的认识和评价具有重大的意义。

清光绪时王颂蔚著《明史考证捃逸》，专门对《明史·列传》加以考证，这是清朝唯一一部私家对《明史列传》进行较为系统考证的著作。光绪十三年（1877）秋，王颂蔚入值军机，得《明史·列传》四个版本，即蓝面册《明史》进呈本、稿本、正本及初刊样本。誊录后，将其互勘比证，王颂蔚自述道：“余惧其湮晦，故属张令史将进呈本黄签一一传录，退直之暇，复取稿本、正本参观互证，汰其文义复沓及空衍无关宏恉者，如云某事某书无考及增某字，删某字，以符匀刻之类。簿领鲜暇作辍靡常，凡两阅寒暑，始克排比成书，分卷四十有二，题曰《明史考证捃逸》。”[②] 基

① 李慈铭：《越缦堂读书记》，上海书店出版社，2000，第 373 页。

② 王颂蔚：《明史考证捃逸》，嘉业堂丛书单行本，徐蜀编《〈明史〉订补文献汇编》，北京图书馆出版社，2004，第 116 页。

于清乾隆中后期对《明史·列传》频繁考证的状况，《明史考证捃逸》对《明史·列传》多个版本互相校证，并以"颂蔚按"的形式表达王氏的观点。"由于未见《四库全书》本《明史》，王颂蔚抄自'进呈本'的《明史考证捃逸》的史料价值不大……然而，《捃逸》仍有其自身的价值，这主要表现为王颂蔚提出自己的研究见解，可纠正《四库》本《明史》的偶然失误，保留了《四库》馆臣的不少按语等三个方面。"① 《明史考证捃逸》虽不及四库本考证严密，然其存四库馆臣的诸多按语及王颂蔚之论断，特别是王颂蔚按语对《明史》的评述，价值不容小觑，是清末考证与评述《明史》的重要成果。

清末革命派掀起了排满运动，章太炎、刘师培、陈去病、邓实等人纷纷整理、汇集、刊行有关明朝的史料文献，对这段历史进行深入的研究，尤为关注南明史。正如朱希祖回忆时所说："余自二十五年前游学日本，初留意于晚明史籍，其时二三师友，亦尝弘奖斯风。余杭章先生……仪真刘氏，亦颇欲著后明书，欲征章先生为序，今存于文集内，其条目可考也。其时东京上海，声气相应，顺德邓氏，乃大事搜辑野史遗文，遐迩荟集，断简零篇，邮之以学报，鸿文巨册，汇之以丛编，由是《南疆逸史》足本出，而杨氏十二跋遂传布宇内，明季史籍之目，蔚为大观矣。"② 他们借助丰富的史料，补充和完善《明史》的南明史实，以明季历史为依托，辅助他们革命的需要。章太炎是其中的中坚力量，1906 年，他谈道："明之史，自万季野述之。季野东南之献民，义无北面，局促虏汉之间，怀不自遂，其述《明史》，讫于思宗之季，圣安以降三叶二十年之纪传，不能悉具。"欲效仿万斯同著《明史》，将南明史纳入《明史》的叙述中，"作《后明史》以继万氏"。③ 章太炎等革命派集中对《明史》的补遗，关注晚明史实与史籍，为补充、考证《明史》提供了翔实的资料。

在考证方面，清代学者逐渐由全祖望、魏源等人零散的考证，发展为夏燮、王颂蔚较为全面的考证，比较系统地考证了《明史》中的问题，纠正了《明史》中存在的不足，对《明史》的运用和明代历史的认识极有助益。

清代私家对《明史》的批评与考证，深受清朝官方政治思想的控制，

① 乔治忠、杨艳秋：《〈四库全书〉本〈明史〉发覆》，第 71 页。

② 朱希祖：《晚明史籍考序》，《文史学研究所月刊》1933 年第 1 卷第 2 期，第 1~2 页。

③ 《章太炎全集》第 4 册《〈南疆逸史〉序》，上海人民出版社，1985，第 201~202 页。

在一定程度上影响了学人对《明史》的认识。乾嘉时期，政治文化控制严密，致使善于考证的大家，如钱大昕、王鸣盛等，也未能深入研究《明史》。道咸以后，政治统治衰微，文网渐疏，学术思想由考据转为经世，大量明代史料涌现，特别是南明史料，带动了史家对《明史》的批评与考证。清末革命派更是不遗余力地发掘史料，为补充和改造《明史》提供了必要的准备。政治思想控制、学术思潮与社会变动互动交织，不同程度地影响了清人对《明史》的批评与考证。

史家个人的才识，增加了《明史》批评与考证中的复杂性。清人评本朝所修《明史》褒易而贬难。杨椿身为史官，敢在史馆中发表自己的观点，在《明史》颁布之后屡次上书，要求改订，颇具史家之责。杨椿的批评集中在上《明鉴纲目》馆总裁书中，反映了史馆内部史家与政治的矛盾，体现了杨椿对历史的求真态度。全祖望处于乾隆鼎盛之际，其《鲒埼亭集》及《鲒埼亭集外编》中碑传志状对《明史》的补充与考证，背后蕴含着他对明季忠义的表彰和对《明史》的特殊情结。区别于乾嘉时期其他的考据大师，赵翼细致论述《明史》的不足，并详加考证，对于官方的钳制，巧妙应对，大胆发表个人观点，展现了其胆识卓见。李慈铭尽管面对的政治和社会环境较为宽松，但他毫不避讳地将《明史》为清朝既得利益者讳、歪曲史实的现象表达出来，可见其胆识非同一般。史家对《明史》的批评与考证，受政治、社会、文化的大环境影响，同时也与史家个人的品质有着很大的关系，正是有这些才、学、识、德兼具的学者，清人对《明史》批评与考证才呈现复杂性，而不是官方控制下的铁板一块。

总之，清代学者对《明史》的编纂过程、体例、史实等方面的批评与考证，指出了清修《明史》存在史法与史实上的不足，特别是认识到《明史》为本朝避讳的诸多不实现象，纠正和补充了《明史》中部分存在的问题，为《明史》的再估量提供了必要的参考。

清人站在本朝的视域下考察《明史》，不同于其他时代，往往更易为时代所限。但是清代学者对《明史》在较为客观的立场上有所评论与考证，是值得肯定的，因此在全面分析清代学者对《明史》的考评之后，我们会发现，赵翼、钱大昕对《明史》的赞誉，杨椿、全祖望、李慈铭等人对《明史》的批评，都经受住了检验，解决了《明史》研究中的很多问题，将《明史》研究推进了一大步。

三 结语

乾隆四年武英殿本《明史》颁行于世，确立了清朝官方对明代历史的基本论述。钦定《明史》的价值几何，多大程度上反映明代历史的真实面貌，多大程度上为清朝官方隐讳，在史法和史实层面表现如何……这些问题都是《明史》刊行之后所要处理的，如何对本朝所修前代正史有所研究，既是清代学人所要面对的难题，又有他们具有的特殊优势。

清人对《明史》的研究，是清官方和私家对官修《明史》的初次检验。《明史》是清统治者建国初期政治意志的体现，迨至乾隆中期，《明史》的内容无法适应统治者的需要，于是清朝官方对殿本《明史》提出批评，对明朝灭亡的时间和南明政权的认识有所修订，集中反映在乾隆《御批通鉴辑览》之中。四库馆臣对殿本《明史》本纪和列传全面的修订，集举国之力，纠正了《明史》中存在的很多问题，体现了当时较高的学术水平，具有较高的价值。同时，四库本《明史》重新统一了清朝官方对明代史的论断，加深了统治者的文化控制。

清朝学人对《明史》的评论，褒贬兼而有之。赵翼、钱大昕对《明史》的编纂、体例、编排、叙述等史法方面的赞美，平允客观，有理有据；夏燮《明通鉴》对比了《明史稿》与《明史》，对《明史》的部分史实叙述给予好评，对《明史》的评价提供了有益的参考，后逐渐成为学界公论。史家对《明史》的批评与考证，贯穿整个清代。受政治思想、社会风潮等影响，从乾嘉时期到道咸以后，清代学人对《明史》的批评和考证渐次深入，最终触及《明史》的官方属性，部分揭露为清朝统治者隐讳而歪曲和抹杀明代历史的现象，但仍未能认清本质，具有很大的局限性；后期随着史料的不断出现，对《明史》的考证，由零散逐渐走向系统，由粗略走向细致。史家个体的差异增添了清代学者对《明史》批评和考证的复杂性，丰富了清人的《明史》研究。

综上所述，清人的《明史》研究是清人对钦定《明史》的初步检视，是清人对本朝所修前代正史的评述与考证，具有鲜明的时代特点，取得了一定的成绩，有的观点至今不衰，成为学界公论，有的观点错误或存在问题，有的观点则需要后来学者的进一步检验。总之，清人对《明史》的研究，纠正了《明史》中存在的部分问题，为估定《明史》及其进一步研究提供了重要参考。

幕府史学活动与清初学术文化发展*

李金华　乔治忠
（天津商务职业学院旅游学院，天津　300350；
南开大学历史学院，天津　300350）

摘　要：清初，统治官僚阶层沿袭前朝遗风，上至朝廷命臣下至地方官员，开设幕府的现象极为普遍。幕府的功能也承袭前朝，士人在幕府中处理政事之余，协助幕主编书校书，整理古籍文献。随着朝廷对文化事业的倡导，有的官员甚至开设专门的学术幕府。幕府作为官方与私家开展学术合作的平台，在编纂方志、撰修明史、整理古籍文献等方面对清初学术发展产生了极大的推动作用。幕府与官方、私家共同推动了清代学术文化走向繁荣。

关键词：清初　幕府　方志　明史　文化整理

清初，统治官僚阶层沿袭前朝遗风，上至朝廷命臣下至地方官员，开设幕府的现象极为普遍。而清廷在依赖汉族官员加强地方治理的背景下，对于官员聘请士人开设幕府的现象，处于听之任之的状态。清初幕府的功能也承袭以往，士人除了处理政事外，亦协助幕主编书校书、整理古籍文献，随着朝廷对文化事业的倡导，很多官员甚至开设专门的学术幕府①。

---

* 本文系教育部人文社会科学研究规划基金项目“清代幕府史学活动研究”（19A12788002）的阶段性成果。

① 当前，学界对于清代幕府的研究除在个案研究上取得一定成绩外，对幕府在清代各时期学术发展中的整体特征及意义的研究也多有出现，如尚小明《学人游幕与清代学术》（社会科学文献出版社，1999）、林存阳《乾嘉四大幕府研究》（中国社会科学出版社，2016）以及李金华、乔治忠《晚清幕府史学活动的经世意义及其局限性》（《河南师范大学学报》2020 年第 1 期）等，但对于清初幕府史学活动的特点和意义进行系统梳理与深入探析的研究尚未出现。

而作为朝廷命臣的幕主，在建设地方文化及完成朝廷下达的学术任务的过程中，以幕府为媒介，将官方与私家的政治与学术观点相调和，从而使官方与私家在学术文化建设中形成良好互动的局面。

一 幕府借编修方志，助推清初史学经世之风

方志是介于地理学与历史学之间的交叉学科，虽然《隋书·经籍志》将其列入地理之属，但“郡之有志，犹国之有史”的观点深入人心，历朝统治者皆重视方志的征集与编纂，“所以察民风、验土俗，使前有所稽，后有所鉴，甚重典也”①。自隋以来的很多朝代，官方均发出开展大规模编修方志的号召，如隋大业年间，朝廷曾“普诏天下诸郡，条其风俗、物产、地图，上于尚书”②；唐朝初年，官方曾规定诸州郡每三年造送图经上职方；有宋一朝，朝廷曾多次颁发征集或编纂方志、舆图的诏书谕旨；明朝建立之初，朱元璋即下令将天下州郡地理形势、降附始末，类编全国地理总志《大明志书》，从而掀起全国修志热潮。而对于地方官员来说，方志作为官僚治理地方的地理参考书，不仅是地方官绅记载其政绩的工具，而且被视为地方历史、传统与荣誉的记忆，编纂方志成为地方官员的一种自发责任。清入关之初，为稳定民心，保证统治秩序的稳定，清廷遂因地制宜，榜示“与诸朝绅荡涤前秽”，仍旧重用明末官员，“凡文武官员军民人等，不论原属流贼，或为流贼逼勒投降者，若能归服我朝，仍准录用”③。很多地方官员面对战乱后地方经济、文化的破坏，出于一种地方治理与文化保护的责任感及忧患意识，深感“及今不图，恐世远言湮，老成凋谢，后来虽欲从事，势必更难，拟合通行急为修纂”④，于是这些守卫一方的地方官员“承袭明代修志之风，注意到续修本地方志问题”⑤，首先发起修志之风。

编修方志虽属官方文化事业，但历朝历代皆有地方官员为了保证修志

① 郑兴裔：《广陵志序》，《郑忠肃奏议遗集》卷下，《影印文渊阁四库全书》本，第217~218页。

② 魏徵等：《隋书》卷33《经籍志二》，中华书局，1997，第954页。

③ 李文海：《清史编年》，顺治元年十八日甲戌，中国人民大学出版社，2000，第30页。

④ 宋可发：《彰德府续志序》，宋可发修，吴之谟纂《彰德府续志》卷首，清顺治十六年抄本。

⑤ 乔治忠：《大清一统志的初修与方志学的兴起》，《齐鲁学刊》1997年第1期。

质量，对于方志的编修人员，除任用一些俗吏外，经常聘请名儒精心结撰或参订商榷。如南宋建康知府马光祖聘请周应合编纂《景定建康志》，该志之性质、纂修之旨趣，全书之体例、具体内容之裁定，工作之组织，纂修之程序，皆为周氏一手拟订。[①] 明代亦有蓟镇总兵官戚继光邀请“论古今得失源委，如列眉观火”[②] 的郭造卿，纂修《燕史》《蓟略》。清初，地方官员以明代方志的编修体例与组织形式为参照，聘请乡贤乃至有威望的博学士人，自觉组织方志的编纂，成为修志工作的普遍特点。

清初地方官员聘请的修志士人有三种类型。一是乡贤，由于深入了解地方状况并具有浓厚的家乡情结，成为聘请修志的主要人选。顺治二年（1645），六合知县刘庆运面对兵燹之后民生凋敝、旧志毁于战祸的局面，遂萌生续修新志之意。他聘请被称为“海内文章师表”的乡贤孙国敉的两个儿子孙宗岱、孙洴如，以及当地俊才胥宇、沈启明组成修志班底。几人分工明确，配合默契，只用三个月时间即修成清代第一部地方志《六合县志》，在体例编排与内容上较明代《六合县志》多有创树，如编者在每卷之首、每目之前均有小序，阐述编写方法和目的。并且，该志卷首除保留了原志的县境、县坊、县治、县学四图，还首次绘制了“六合十景图”，对后世“六合十二景”的形成具有草创之功。顺治三年（1646），饶阳县令刘世祚聘请乡贤田敬宗、符应奇，以明万历《饶阳县志》为基础，“事例纲目悉本前志，遗者补之，缺者增之，讹者政之，摩研编削，取次成帙”[③]，修成《饶阳县后志》。

二是精于地理之学或博学好古之士。如顺治十七年（1660），邹平知县徐政主持纂修《邹平县志》，聘请顾炎武及刚刚进士及第的马骕参与编校。康熙二年（1663），漕运总督蔡士英聘请清初诗人宋琬编纂《永平府志》，康熙二十二年（1683），余姚知县李成龙聘请黄宗羲主纂《余姚县志》，浙江巡抚王国安聘请毛际可纂修《浙江通志》。

三是有学识的在职官员。为了保证修志质量，很多地方官员除任用各级儒学中的教官训导外，还聘请有学识的在职官员参与修志。如顺治十五年（1658），时任河南巡抚贾汉复下令在全省范围内颁布第一个修志文件——《修志信牌》，督促各府州县“凡无志者，速宜网罗旧章，博求稗

① 周应合：《景定修志本末》，景定《建康志》卷首，南京出版社，2009，第2页。

② 李传甲修，郭文祥纂《福清县志》卷11《人物志》，康熙十一年刻本。

③ 刘世祚：《饶阳县后志序》，刘世祚修，田敬宗纂《饶阳县后志》卷首，顺治三年刻本。

乘，敦礼耆英，开局裒辑。其有旧志而未载近今之事者，或有虽经翻刻而因陋就简，不谙史裁者，亦须多方采集，更延名硕订正，务使缺略咸辑，今昔备载”[①]。《修志信牌》明确指出，为保证地方修志质量，号召地方各级官员“敦礼耆英”“更延名硕”，组成修志班底，而对“耆英”“名硕”的身份没有任何限制。《修志信牌》的下发，掀起了河南地区修志的热潮，“于是檄修志之令下有司，司属之郡，郡属之州邑，要以月日，程以规条，不逾年，而八郡十二州九十五县之志渐次修竣”[②]。同时，贾汉复“设馆局，聘名彦，购遗书，访故老，捃摭裒辑，鳞次栉比，数月而汇全书”，着手编纂清代第一部《河南通志》。他“周访三吴名士”，聘请的“名彦”中既有嗜学博古的士人汪价，亦有时任河南按察司大梁道巡按沈荃，只为能“集众思之益，网罗旧闻，搜扬散佚”。顺治十七年（1660），《河南通志》修成，“凡为图三十一，为例二十，为类三十，为卷五十，为幅二十有奇，为言一百三十余万”，与嘉靖朝《河南通志》相比，对河南地区的历史沿革考察更加精确，“八府十二州九十五县之舆地、山川、关梁、建置、风俗、方贡、户口、人文，莫不犁然在目”[③]，成为清代官修省志的样本，为康熙朝大规模方志的编修打开了局面。

关于清代聘请纂修方志的士人，其与地方官员是否存在宾主关系，至今学界尚未对此进行深入探讨。尚小明在《清代士人游幕表》一书中，不但将士人被封疆大吏聘请纂修省志认定为游幕经历，而且将一些士人被地方州县官员聘请，参与州县方志纂修亦列入游幕行为。如顺治年间汪价受时任河南巡抚贾汉复之聘纂修《河南通志》，康熙年间毛际可受时任浙江巡抚王国安之聘纂《浙江通志》，裘琏应定海镇蓝理之聘纂《定海县志》，孔尚任受莱州知府陈谦之聘纂修《莱州府志》，吴焯应钱塘令魏嵊之聘纂《钱塘县志》等，尚小明均将之列入士人的游幕活动中。对此，笔者持赞同观点。首先，与明代修志经费由官府支出不同，清代官员聘请士人修志的酬金，多不从官府拨付，这在康熙年间的《太平府志》中就有相关的记载：“至于修志系奉旨盛典，一切用费自应于各该地方设法。”[④] 地方官府财政不能支出，只能由官员或号召乡绅纳捐，或自己出资。此外，修志酬

① 宋可发：《彰德府续志序》，宋可发修，吴之谟纂《彰德府续志》，清顺治十六年抄本。

② 贾汉复：《河南通志序》，贾汉复修，沈荃纂《河南通志》，清顺治十七年刻本。

③ 贾汉复：《河南通志序》，贾汉复修，沈荃纂《河南通志》，清顺治十七年刻本。

④ 黄桂修、宋骧、郝煌纂《太平府志》卷首，《修志文移》，台湾成文出版社，1985，第55~58页。

金发放的数额多寡，亦无明确标准，全由官员根据参与人员工作表现自行裁定。因此，修志士人与官府之间没有形成鲜明的雇用关系，在修志过程中，被聘请的士人与官员之间并未表现为行政隶属的上下级关系，相反，由于官员对修志士人极为尊重，在修志工作中大家共同探讨，精诚合作，故修志士人与地方官员形成微妙的宾主关系。

康熙十一年（1672），清廷设立一统志局，诏令各省编修方志，“除河南、陕西已经前抚臣贾汉复纂修进呈外，请敕下直省各督抚，聘集夙儒名贤，接古续今，纂辑成书，总发翰林院，汇为《大清一统志》”[①]。从而形成康熙年间全国各省上自督抚大员下自州县官绅招贤纳士、开局修志的热潮，很多饱学之士受地方官府之邀参与修志活动。如1682年，奉天府尹董秉忠聘请贬谪沈阳的原翰林院编修陈梦雷修《盛京通志》《承德县志》《海城县志》等。1683年，浙江巡抚王国安聘请毛际可为总裁编纂《浙江通志》。1719年，江西巡抚白潢聘查慎行、陆奎勋为总裁纂修《西江志》。1730年，浙闽总督李卫先后聘陆奎勋、沈德潜、吴焯纂修《浙江通志》。1731年，两江总督尹继善邀请黄之隽、程廷祚纂修《江南通志》。甚而《大清一统志》总纂官徐乾学借修《大清一统志》之机，广招贤才，邀阎若璩、顾祖禹、胡渭、姜宸英、黄虞稷、李良年、黄仪、韩菼、邵长蘅、裘琏、吴暻等士人入其幕中。因地方官员具有文献资料与资金上的优势，清初众多士人纷纷投至幕下开展学术研究，如康熙年间，梁份先后借助河西靖逆侯张勇中军黄燕赞、陕西驿传道员张霖的支持，完成《秦边纪略》的编纂；顾祖禹撰《读史方舆纪要》，胡渭撰《禹贡锥指》，他们都曾趁在徐乾学幕府纂修《大清一统志》之机充实资料。可以说，以幕府为平台，官方与私家编修志书的活动，助推了清代史地学之发展与繁荣。

二　幕府纂修明史，为官方与私家在史学活动中搭建互动平台

早在明朝末年，私著明史的现象即已出现，延至清初，很多私家抱着“国可灭史不可灭”的思想，纷纷着手编著明史，但受人力、财力和资料所限，少有完备的明史作品出现。如张岱利用家藏资料撰写纪传体明史《石匮藏书》，始于明崇祯元年（1628），但到顺治十一年（1654）才完

① 薛柱斗纂《重修天津卫志序》，《天津卫志》卷首，康熙十四年（1675）刻本。

成，但该书起自洪武，只写到天启年间即结束。顺治四年（1647），傅维麟任职翰林院编修，在分修官修《明史》时，他纂辑明代遗书、家乘、文集、碑志三百余种，参以实录，于顺治十二年（1655）初步撰成《明书》，但该书“节节叶叶凑合成编，动辄矛盾”，“体例舛杂，不可缕数”①，故傅维麟不断对其补充校对，直到康熙十四年（1675）才刻印行世。顺治十四年（1657），谈迁参阅“诸家之书凡百余种，苟有足述，靡不兼收”②，终于修成《国榷》，该书记叙从元文宗天历元年（1328）九月明太祖朱元璋诞生，至顺治二年（1645）五月清兵入南京、弘光政权灭亡为止的317年间的史事，是一部完整记载明朝历史的编年体史书，但因缺少财力支持，一直未能刊行于世。而清政府虽然从顺治二年（1645）即开设史馆诏修明史，但进展极为缓慢。因此，编著一部体例完备、历史贯通的明史成为清初众多史家的情结。最早成书并刊行于世的，当属清初官员谷应泰召集幕宾所修《明史纪事本末》。

中国古代读书人皆有立德立言的文化情结，地方官员私修史书的传统，由来已久。进入清朝，编著史书在政治立场上存在极大风险，因此清初官员曹溶、孙承泽虽有著明史的想法，但在为官时期皆不敢轻举妄动。终其一生，曹溶仅有《崇祯五十宰相传》，孙承泽的《崇祯事迹》《四朝人物传》《春明梦余录》《天府广记》等，也只是一朝、一地之史及人物传记。顺治十三年（1656），谷应泰任浙江提学佥事，当时江南地区文化发达，名人云集，私著明史的谈迁、张岱、查继佐等皆为浙人。此时，张岱的《石匮藏书》已经完成，在顺治初年即投入京城官员朱之锡幕府的谈迁也携带所得资料回到家乡继续《国榷》的编纂。于是谷应泰充分利用地方人力与史料资源，召集浙中名士，广开幕府，收集资料，著书立说。作为浙江十一府的督学，谷应泰虽然政务繁忙，但借助众人之力，只用短短两年即成书刊行。《明史纪事本末》既是清朝第一部公开刊行的明史著作，也是清初第一部成功的幕府之作。顺治十七年（1660），《明史纪事本末》因被人指摘“语涉讥讪”，而受到朝廷检阅，结果是“知其书无他，不之禁也”③。该书因“揽胜国之惠逆，察已事之明验，保世滋大”④，成为康熙时期官修《明史》的重要参考书目，并得以广泛流传。

---

① 纪昀等：《四库全书总目》卷50，史部《别史类存目》。

② 俞应益：《国榷序》，谈迁《国榷》，中华书局，1958，第4页。

③ 徐世昌：《清畿辅先哲传》卷19《谷应泰传》，北京古籍出版社，1993，第595页。

④ 谷应泰：《明史纪事本末自序》，《明史纪事本末》，中华书局，1977。

谷应泰《明史纪事本末》的成功，除天时、地利之外，人的因素亦非常重要。首先，作为幕主的谷应泰，具有强烈的史学意识。谷应泰在明季为诸生时，即注意明代史事的搜集，及至浙江这个人文荟萃之地，即设“谷霖仓著书处”于西湖畔，为纂修明史搜集资料，招贤纳士，开设幕府。虽然谷应泰自谦“余不敏，泛滥众家，编缀是书。比于九龄之千秋金鉴，德秀之大学衍义，虽才智不逮，亦复竭其愚忠云尔”①，但作为幕主他是有超群才华的。在《明史纪事本末》的编纂过程中，从发凡起例到对史书内容的总体把握，谷应泰都能充分驾驭并事必躬亲。如今我们所见《明史纪事本末补遗》，其中《辽左兵端》《熊王功罪》《插汉寇边》《毛帅东江》《锦宁战守》《东兵入口》六篇，内容皆为清初史事。有学者指出这很可能是在《明史纪事本末》即将成书付梓之际，谷应泰恐有嫌讳，故别而出之②。尤其是谷应泰在每卷后所写论赞，展示了他对整部史书的思想与基调的整体把握。兵部尚书傅以渐赞曰：“阅其纪事而污隆兴废之故，贤奸理乱之形，洞如观火，较若列眉。更读其论断诸篇，又无不由源悉委。”③此言虽未免有美誉之嫌，却也道出了主持者的才华。其次，作为幕主的谷应泰善识俊才，并能充分发挥幕宾的才华。谈迁作为明史专家，在明末清初曾经做过张慎言、高宏图、朱之锡的幕宾，但三位幕主或许出于对修史活动的政治立场的担忧，皆没有充分发挥谈迁的史学才华，而只是任用他充掌书记。缺少与宾主在史学上的交流与互动，很可能也是谈迁编纂《国榷》进度缓慢的原因之一。谈迁曾感叹道：“史非一手一足之力。”④编纂大部头的历史著作，从搜集材料，到布局谋篇，到最终的刊刻行世，确实工程浩大，需要大量的人力、物力。《明史纪事本末》的编纂始于顺治十三年（1656），谷应泰聘请了张岱、陆圻、徐倬、张坛等一批有才华的学者，仅用了两年时间，就大功告成，八十卷的《明史纪事本末》刊行于世。这是宾主之间和谐共处，谷应泰充分发挥张岱、陆圻等人文史之才的结果。此外，谷应泰时任浙江提学佥事，作为朝廷高级官员，主管江浙地区教育，掌握了较为丰富的资料，有着较为充裕的聘请幕宾编书刻书的资金，这也是《明史纪事本末》得以顺利刊刻流传的重要原因。

《明史纪事本末》的成功，说明清初乃至有清一朝幕府的史学活动

---

① 谷应泰：《明史纪事本末自序》，《明史纪事本末》，中华书局，1977。

② 傅以礼：《明史纪事本末序》，《明史纪事本末》，中华书局，1977。

③ 傅以渐：《明史纪事本末序》，《明史纪事本末》，中华书局，1977。

④ 谈迁：《北游录》，中华书局，1960，第272页。

不再局限于修方志或地理著述。清代中后期幕府的史学活动逐渐丰富与繁荣。此后，康熙年间徐乾学幕府的《资治通鉴后编》，乾嘉时期毕沅幕府的《续资治通鉴》、阮元幕府的《畴人传》等，皆为大型史书的编纂。此外，这种幕府组织修书的模式为官修《明史》的人员组织提供了成功的范例。早在顺治二年官方就已提出修《明史》，但进展一直缓慢。康熙十八年（1679），清廷重开明史馆。这次朝廷任命徐元文、徐乾学兄弟为纂修官并面向民间广招博学鸿儒，而徐乾学兄弟借机开设幕府，广揽士人协助纂修《明史》。这种组织形式收到了极好的效果，很多史学大家都以幕府为枢纽，直接或者间接地参与《明史》的编纂。例如，明史专家万斯同，从小拜著名学者黄宗羲为师，精通经学，尤长于史，不仅谙熟“两汉以来数千年之制度沿革，人物出处”，而且特别致力于明代历史的研究，“于有明十五朝实录，几能成诵，其外邸报、野史、家乘，无不遍览熟悉，随举一人一事问之，即详述其曲折始终，听若悬河之泻”①。在徐元文多次聘请之下，万斯同来到京师，馆于徐氏邸舍，不受俸禄，不领官衔，以布衣身份参与修史。在纂修工作中，万斯同无总裁之名而行总裁之实，史馆凡“建纲领，制条例，斟酌去取，讥正得失，悉付万斯同典掌”②。后来，徐元文、徐乾学先后告归，万斯同则为张玉书、陈廷敬、王鸿绪等继任总裁聘请，继续参与史稿的修订工作。而黄宗羲虽然未参与明史的编写，但他不仅将自己的儿子黄百家送入徐乾学幕府，而且参与诸多修史问题的讨论。如黄宗羲对徐氏兄弟的《修史条议理学四款》一一驳诘，使徐氏兄弟放弃在《明史》中设置《道学传》③。因此，《明史》编修的成功，是官方与私家共同努力的结果，而在幕府内外，官方与私家形成了相对和谐的互动关系，在交流与碰撞中，取得了史学观念的统一，幕府为私家史学与官方史学互动搭建了平台，“从而使修史工作的意义不仅仅局限在史馆和幕府之内，而是成为朝野上下以及整个学界共同关心的事业”。④

① 黄百家：《万季野先生斯同墓志铭》，见钱仪吉《碑传集》卷131，中华书局，1993，第3210页。

② 王藻、钱林：《万斯同传》，《文献徵存录》卷1，台北文海出版社，1986，第151页。

③ 黄宗羲：《移史馆论不宜立理学传书》，《南雷文定前集》卷4，同治七年学识斋刻本。

④ 王记录：《论清代史馆修史、幕府修史及私家修史的互动》，《史学史研究》2007年第2期。

三　幕府成为清初古籍整理与学术清理等文化重建活动的重要力量

清初，经过连年的战争，不仅社会经济遭到破坏，文化亦极尽坍塌。因此，清政府为了政局稳定，极为重视文化建设，清初即颁谕礼部，将“崇儒重道”作为一项基本国策，倡导“文教是先，臣子致君，经术为本”。顺治十二年（1655），清世祖谕礼部：“今天下渐定，朕将兴文教，崇经术，以开太平。尔部即传谕直省学臣训督士子，凡六经诸史有关道德、经济者，必务研求通贯，明体达用，处则为真儒，出则为循吏。果有此等实学，朕当不次简拔，重加任用。又念先贤之训，仁优则学，仍传谕内外大小各官，政事之暇，亦须留心学问，俾德业日修，识见益广，佐朕右文之治。”① 这表明清政府不但将精通“六经诸史”中有关道德经济者的“实学”作为选拔官员的标准，而且将先贤之训作为官员的日常学习任务。而有着“夷夏大防”观念的汉族士人面对明清易代汉族“治统”丧失的状况，为避免中华文化“道统”的中断，以弘扬传统文化为己任。顾炎武反思明末以来各种弊政及士风学风，提出“经学即理学”的治学路径，开清代讲求实学之风。黄宗羲由矢志抗清转向著述讲学，提出“受业者必先穷经”，并“兼令读史”，“故一时魁杰，其心思气力，莫不一注于学问，以为守先待后之想；而其行己持躬，刻苦卓励，坚贞不拔之概，尤足为一百世所仰慕焉”②。理学、经学以及颜李之学在清初的纷纷兴起，助推了整个社会儒家文化秩序的再建立，自上而下掀起对传统文化深入挖掘、清理与总结之风。

清初，清政府对稽古右文甚为关切。顺治朝不仅沿成例组织臣僚撰修《明史》，并以御撰名义修成《大清律集解附例》《通鉴全书》《孝经衍义》《内则衍义》《易经通注》《资政要览》《内政辑要》等典籍。至康熙朝，官方在修书规模和范围上更加扩大，御纂了《御批资治通鉴纲目全书》《渊鉴类函》《佩文韵府》《康熙字典》《韵府拾遗》等大型著述。清初，在一些有名望、学问精深的学者的倡议下，民间掀起了回归经典、复兴古

① 《世祖章皇帝实录》卷 91，顺治十二年三月壬子条，《清实录》第三册，中华书局，1985，第 712 页。

② 钱穆：《述清初诸儒之学》，《史林》1987 年第 1 期。

学的文化热潮。顾炎武《天下郡国利病书》，黄宗羲《明儒学案》《宋元学案》，朱彝尊《经义考》，孙奇逢《读易大旨》，梅文鼎《历学疑问》，黄虞姬《千顷堂书目》等皆以从古籍中探研古圣先贤治国经世的良策为己任。而“对清廷来说，寻求较之科举取士制度深刻得多的文化凝聚力，便成为必须完成的历史选择”①，从而官私合力揭开有清一朝大规模整理传统文献、修纂图书的序幕。

在清初用人制度的刺激下，官员中不乏注重经史之学的学者，出现了如熊赐履、李光地、汤斌、张伯行等理学名臣。很多地方大臣挑起文化重建的重任，他们招揽人才，开设幕府，借幕宾之力搜讨资料、编辑校注文献，开展古籍整理活动，成为加快文化重建进程的主要力量。顺治十四年（1657），江苏巡抚张能麟看到“正学失绪，迷惑滋深”，深感“不佞幼习家学，微笑闻大义，衡校制艺，不足以窥性命之旨”②，为了弘扬理学，他礼聘陆世仪、姜晋粫、姚工亮、赵骊渊等士人，整理周敦颐、张载、二程、朱熹之书，“以原书数百卷，学者穷年观之，不得其指归，请辑其要，颁示学宫”③，仅用八个月便刊成《儒宗理要》。徐乾学幕府擅长做大型著述的编辑整理，是清初对文化整理贡献最大的幕府之一。康熙十二年（1673），徐乾学聘顾湄、何焯、张云章等人，并由其弟徐秉义协助，在纳兰成德的赞助下，荟萃宋元经解，编著大型经学著述《通志堂经解》，“凡唐宋以来先儒经解世不常见者，靡不搜揽参考，雕版行世”④。该书多达1800卷，收罗宏富，卷帙浩繁，校勘严谨，规模之大，有清一代除《四库全书》经部文献外，无能出其右者。康熙十五年（1676），徐乾学又聘万斯同主笔，聘阎若璩、胡渭等协助，从丧期、丧服、丧仪节、葬考、丧具、变礼、丧制、庙制八个方面，详考历代之丧礼，成《读礼通考》一百二十卷，集古今丧礼典籍之大成。除编书之外，有些官员还以搜集、整理、刊刻古籍，倡导古学为己任。如清初理学名臣张伯行，一生为官三十余载，宦迹之处必建书院，讲求程朱之学。康熙四十六年（1707），他任

① 王文东：《清代的文化建设与礼仪伦理建设》，《满族研究》2005年第9期。

② 张能麟：《西山集》卷5《征理学姓氏引》，《四库全书存目丛书》集部第216册，齐鲁书社，1997，第336页。

③ 张能麟：《儒宗理要》卷首凡例，《四库全书存目丛书》子部第21册，齐鲁书社，1997，第1014页。

④ 韩菼：《资政大夫经筵讲官刑部尚书徐公乾学行状》，钱仪吉《碑传集》卷20，中华书局，1993，第682页。

福建巡抚时期，即延揽福建学人蓝鼎元、詹明章、萧正模以及蔡璧、蔡世远父子等名儒，“订先儒居敬穷理力行之书，刻名臣节义经济之集凡五十余种”①，成《正谊堂全书》，该书涵盖宋明至清初程朱理学的主要著作，对理学著作的整理保存起到了重要作用。

清初，官方借助幕府，与私家展开合作，也成为文化整理的一种主要形式。如康熙二十四年（1685），由徐乾学等十二位大臣奉旨承修的《古文渊鉴》，是一部通过精心选择、苦心笺释、认真批点，经反复修改最终刊行的大型通代文章选本，时在徐乾学幕府的阎若璩就曾负责“裁定诗文”，成为修书的主要力量。康熙时期，理学名臣李光地将精于历象音韵之学的王兰生，贯通经学及六书、九数之学的陈万策，精于性命、河洛、算数、音韵之学的王之锐，长于考订的何焯，被誉为清代历算第一名家的梅文鼎等博学之士招至府中，他奉旨承修的《朱子全书》《周易折中》《性理精义》《诗经传说汇纂》等一系列著述，即得这些幕宾之助。康熙四十年（1701），从奉天特赦召回北京的陈梦雷做了诚亲王胤祉侍读，他在讲论经史之余，有感于“《三通》《衍义》等书，详于政典，未及虫鱼草木之微；《类函》《御览》诸家，但资词藻，未及天德王道之大”，提议编著一部贯穿古今古籍文献的大型类书，“蒙我王爷殿下颁发协一堂所藏鸿编，合之雷家经、史、子、集，约计一万五千余卷”，历时五年，“上下古今，类列部分，有纲有纪，勒成一书”②，由诚亲王出资“雇人缮写”，初稿名曰《汇编》。后将目录、凡例誊清上呈，康熙对此书很感兴趣，阅后赐名《古今图书集成》，并命官方开馆，由诚亲王胤祉与幕宾陈梦雷主持，继续对该书进一步校改增益。至此，《古今图书集成》的编修，由最初私家发凡起义，到借幕主的财力、宾主共同的图书资源、宾主共同的学识智慧展开编书活动，发展至由官方倡导并授权幕府开展的一项大型文化工程，使私家、幕府、官方在整个修书活动中形成良好的互动关系。

四 结语

清初，很多民间学者在政治上采取不与官方合作的态度。如康熙十七

① 游光绎：《鳌峰书院志摘略》，《正谊堂全书》卷首，清同治五年（1866）福州正谊书院刻本。

② 陈梦雷：《进汇编启》，《松鹤山房文集》卷2，《续修四库全书》集部，《别集类》，第1416册，第38页。

年（1678）正月，为了笼络明朝遗民，康熙帝下诏举行博学鸿儒科，令在京官员、在外督抚及学政推荐举行兼优、文辞卓越之人，无论有无官职，是不是秀才，一律到京考试。康熙十八年（1679）三月，各地共举荐了190多人，最终到体仁阁参加考试的共143人，仍有大量士人未予响应。但在文化建设上，清代官方与私家都有承担文化重建的使命感，官方是为了自身的统治，私家则是为了文化的传承。清初很多士人游幕，在“谋食”的同时，借助幕府内的学术活动，表达自己的学术观点与主张，实现自己的学术理想。而官方则借助幕府达到笼络人才、统治思想的目的。康熙年间，王掞作为《钦定春秋传说汇纂》副总裁，邀请朱彝尊之孙朱稻孙入幕，朱氏“挟家藏二百七十余家之书以助修”，而一旦馆中有意见不合，互相辩诘时，王掞就让朱稻孙“平其可否”①。康熙二十八年（1689），《明史》总裁徐乾学聘梅文鼎，参与《明史》中《历志》的修订工作，成《明史历志拟稿》。康熙三十年（1691），李光地将梅文鼎揽入府中，在李光地的督促与资助下，“移榻于中街寓邸，绝诸多酬应，研讨《历学疑问》”②，书成后李光地将之献给康熙，得到极大的肯定，此后梅文鼎作为历算大家，得到康熙多次召见，共同探讨历法。

因此，幕府作为朝廷命臣主持、民间士人参加的学术团体，组织编书、校书、整理古籍活动，无论其成果属于幕主个人，还是官方，皆实现“士人群体以存史、存道为己任，形成与清政权合作的基础。在修史存道的过程中，对文化的认同，超越了易代，也使得士人与清政权之间达成了一种共识”③。由此可见，清初幕府充分发挥官方与私家文化合作的平台作用，与官方、私家共同推动清代学术文化走向繁荣。

---

① 焦循：《里堂道听录》卷4《朱稻孙》，广陵书社，2016，第110页。

② 李光地：《榕村续语录》卷9《本朝人物》，中华书局，1995，第677页。

③ 冯玉荣：《清初士人身份认同的危机与调适》，《中国社会科学报》2011年3月17日，第8版。

清代特开史馆与相关机构的工作往来
——以续文献通考馆和三通馆为例

刘骏勃

（北京师范大学大学历史学院，北京　100875）

摘　要：特开史馆是清代最具灵活性的官方修史机构。特开史馆纂修工作的顺利开展不仅依靠馆内总裁、纂修等馆臣各司其职，同时也离不开与馆外各相关机构的密切往来。续文献通考馆和三通馆作为乾隆朝特开史馆中的典型代表，除直接遵照高宗皇帝的各种指示外，还同内阁典籍厅、稽察房、稽查钦奉上谕事件处、翰林院、武英殿、吏部、户部、内务府等诸多机构有工作往来。正是在各相关机构的密切配合下，续文献通考馆和三通馆的纂修工作才得以顺利完成，最终在史学史上留下《续文献通考》等多部重要的典志史著作。

关键词：特开史馆　续文献通考馆　三通馆　内阁　武英殿

我国不仅史学源远流长，修史制度亦极为发达，周代时就已出现不同职能各类史官。[①] 历代官方修史机构其名称也各有不同，朱希祖曾指出："吾国历代撰史之所，其名约有六种：曰观、曰省、曰局、曰曹、曰馆、曰院。"[②] 其中现在使用最广的是"史馆"一名。以史馆作为官方修史机构

---

① 汪高鑫、王子初：《周代的史官制度与史官精神》，《史学史研究》2021年第3期。

② 朱希祖：《〈国史事例杂议〉质疑》，见氏著《中国史学通论 史馆论议》，中华书局，2012，第191页。按：历史上又有"史阁"之称，但"此为当时世俗之别称，非国史制度之正称"，见朱希祖《史阁考》，载周文玖选编《朱希祖文存》，上海古籍出版社，2006，第167页。

的称谓始于北齐,[①] 至唐贞观中更确立了一套相应制度,“此后,历代修史机构大致袭用此制”。[②] 洎乎清代复别开生面,出现了常开之馆、例开之馆、阅时而开之馆和特开之馆四种类型的区分,[③] 在数量和规模上均远超前代。其中,“特开史馆是清代最具有灵活性的修史机构,最能配合现实政治活动,同时也是清代数量最多的史馆”。[④] 目前对清代史馆的研究较多集中在整体讨论或以国史馆、实录馆等常开、例开之馆为对象,[⑤] 对特开史馆的关注尚显薄弱。本文拟以乾隆朝特开史馆续文献通考馆和三通馆为例,探究其与相关机构的工作往来,以期增进对清代特开史馆的深入考察。[⑥]

清乾隆十二年(1747)六月十五日,清高宗弘历发布上谕,要求儒臣纂修《续文献通考》以接续马端临的名著《文献通考》,为此随后设立了续文献通考馆专门负责纂修工作。乾隆三十二年(1767)二月初二日,高宗皇帝又扩大了续修工作的范围,命令新开三通馆,对杜佑的《通典》与郑樵的《通志》都加以续纂,并均自清朝开国后别自为书。最终三通馆修

① 牛润珍:《北齐史馆考辨》,《南开学报》1995年第4期;牛润珍:《东魏北齐史官制度与官修史书——再论史馆修史始于北齐》,《史学史研究》2011年第2期。

② 瞿林东:《中国史学史纲》,北京师范大学出版社,2010,第177页。

③ 对清代史馆的分类略有两说,方甦生、杨玉良划分为例开之馆、常开之馆、特开之馆三大类(见方甦生《清内阁库贮旧档辑刊》,国立北平故宫博物院,1935,叙录页18a;杨玉良《武英殿修书处及内府修书各馆》,载清代宫史研究会编《清代宫史探微》,紫禁城出版社,1991,第230页);乔治忠、王记录划分为常开、例开、特开和阅时而开四类(见乔治忠《清朝官方史学研究》,文津出版社,1994,第5~6页;王记录《清代史馆与清代政治》,人民出版社,2009,第4、41页)。四类说后出转精,故本文从此区分。需要注意的是,此处史馆的概念已明显出现了广狭之分:“狭义的史馆是指专门修撰国史、实录的机构,如唐代的史馆、宋代的史院、清代的国史馆等。广义的史馆则包括修撰起居注、玉牒、会典等,以及各种由政府统一组织、随时修撰史书的机构。”见王记录《清代史馆与清代政治》,第6页。

④ 代表性成果如王记录《清代史馆与清代政治》(人民出版社,2009)、乔治忠《清代国史馆考述》(载氏著《清朝官方史学研究》,文津出版社,1994)、谢贵安《清实录馆的设置、管理与运行》(载氏著《清实录研究》,上海古籍出版社,2013)、姚继荣《清代方略馆与宫修方略》(《山西师大学报》2002年第2期)、陈捷先《清代起居注馆建置略考》(载氏著《清史杂笔》,学海出版社,1977)等,关于国史馆、实录馆的研究尚多,兹不备举。

⑤ 王记录:《清代史馆与清代政治》,第59页。

⑥ 王记录的《论清代史馆与清代中央机关的关系》(《廊坊师范学院学报》2011年第2期)从宏观角度分析了清代史馆与中央机关的关系,启牖后学良多,而限于论题范围,对特开史馆的具体情况不能详论,本文从个案出发,对清代特开史馆在这一问题上的情况做一些补充。

成《续文献通考》《清文献通考》《续通典》《清通典》《续通志》《清通志》六部典志体史书，是清代官方修史的重要成果，也是中国古代典志体史书的重要组成部分。

史馆要完成日常纂修工作，最基本的自然是馆内总裁、纂修等馆臣在不同岗位上各司其职。除此之外，史馆还须同政府其他相关机构有所往来，多方合作，以保障纂修工作的顺利进行。在论述各机构以前，先要特别一提的是作为特开史馆根本掌控者的皇帝。续文献通考馆与三通馆及其他各特开史馆都是在皇帝的直接指示下设立的临时性修书机构，纂修工作由皇帝最高掌控。具体来说，第一，最初开馆续修《文献通考》的想法以及此后因续修任务的调整扩大而新开三通馆等安排都直接出自皇帝的个人意愿。第二，在人事上，馆中正副总裁的选任及调动等均由皇帝直接决定，纂修等馆臣的任命也须上报经过皇帝批准。[①] 第三，在工作进展上，皇帝对修书任务的完成时限有自己的安排，如馆臣等不能按时完成则会受到处罚。第四，在内容上，皇帝会随时审阅已进呈的书稿，对其中主旨思想、门类体例、字词文义等各方面的不妥之处均会作出指示，如乾隆二十七年（1762）高宗要求从《续文献通考·宗庙考》中析出《群庙考》一门，[②] 乾隆五十一年（1786）高宗指出所进《皇朝通志·职官略》中“所载文武官阶诸多未协”，要求改定。[③] 指示中尤其常见的是对进呈稿中考证不精、文字有误的地方加以批评，如乾隆三十二年（1767）年上谕对《舆地考》中将万泉寺误为万泉庄的批评。[④] 同时，内容上的一些调整如各门中记载时间的下限从最初计划的乾隆十年（1645）一再下移等亦均出自皇帝的安排。总之，整个纂修工作大到基本方向，小到字句考证，事无巨细均在皇帝的全面掌控之下，皇帝是全面掌控史馆工作的最高领导。除了皇帝的全面掌控外，史馆的具体纂修工作还与以下机构有紧密联系。

一　与内阁的往来

续文献通考馆与三通馆在工作上直接对皇帝负责，但在行政关系上

---

① 关于清代史官选任可参考孙广辉《清代史官选任制度探析》，载杨共乐主编《史学理论与史学史学刊》2020年上卷（总第22卷），社会科学文献出版社，2020，第167~181页。

② 《清高宗实录》第9册卷663，乾隆二十七年闰五月辛巳，中华书局，1986，第417页。

③ 《清高宗实录》第16册卷1258，乾隆五十一年七月庚戌，中华书局，1987，第909~910页。

④ 《清高宗实录》第10册卷778，乾隆三十二年二月丙申，中华书局，1986，第546~548页。

"受内阁节制，隶属于内阁"。[①] 内阁作为辅助皇帝办理国家政事的中枢机构，最主要的任务是议论政事、草拟谕旨、宣布纶音、票拟本章等，此外内阁也有修书的任务。《清会典》载："纂修实录、圣训、国史、会典诸书，大学士充监修总裁官，尚书充总裁官，侍郎、学士充副总裁官，由内阁移取职名提请钦点。侍读学士、侍读充纂修官，无定员，侍读学士或侍读一人充提调官，中书二人充收掌官。"[②] 可见，史馆最初组建之时由内阁筹划人选等事宜，史馆组建后其总裁等高级官员亦由内阁大学士等出任（各史馆实际情况与《清会典》所述不尽相同，如续文献通考馆等无监修总裁，由大学士、尚书充总裁），因此，许多史馆在地位上隶属内阁，如实录馆、一统志馆、纲目馆等，续文献通考馆与三通馆也是如此（但并非所有史馆都隶属内阁，如国史馆隶属翰林院，方略馆隶属军机处，玉牒馆隶属宗人府等[③]）。除隶属关系外，续文献通考馆及三通馆与内阁的往来主要集中在以下三个内阁下设机构上。

（一）典籍厅

典籍厅是内阁的秘书机构，掌关防（内阁只有典籍厅关防，各处均用此印），负责收发文书、收藏红本档案等事宜。内阁管理的一些史馆闭馆后其书籍档案由典籍厅保管，故续文献通考馆开馆之初曾移会典籍厅要求拨发从前纲目馆内相关书籍。[④] 除书籍外，典籍厅还负责向各馆（及其他机构）派送誊录、供事、匠役等勤务人员。如续文献通考馆开馆当年，原定誊录十二名中"有未具呈屡传不到之朱阳"，导致额定誊录人员不足，因此移会典籍厅请将在文颖馆效力完毕送回典籍厅的誊录王承缙咨送馆中补充；[⑤] 又如内阁满票签处向例需有供事两名随围，但乾隆五十二年（1787）随围缺一人，故满票签处移会典籍厅，要求从三通馆中临时借调供事吴昆随围；[⑥] 乾隆五十四年（1789），三通馆移会典籍厅称："本馆纸匠、皂隶二名，前由贵厅移取在馆当差……移会贵厅将纸匠、皂隶二名送

① 王记录：《论清代史馆与清代中央机关的关系》，《廊坊师范学院学报》2011 年第 2 期。

② 《大清会典则例》卷 2，《景印文渊阁四库全书》第 620 册，上海古籍出版社，1987，第 59~60 页。《清会典》又名《大清会典》《钦定大清会典》。

③ 王记录：《论清代史馆与清代中央机关的关系》，《廊坊师范学院学报》2011 年第 2 期。

④ 台湾中研院史语所藏内阁大库档案，登录号 096701。

⑤ 台湾中研院史语所藏内阁大库档案，登录号 206651。

⑥ 台湾中研院史语所藏内阁大库档案，登录号 158608。

回原衙门当差可也。”[①] 可见，誊录、供事、匠役等勤杂人员的流动由典籍厅统一管理，各馆各处有需要时向典籍厅咨取，由典籍厅安排派送，事毕后仍回到典籍厅。

（二）稽察房

稽察房是负责检查、记载和汇报各部院衙门执行上谕情况的机构。《清会典事例》载：“凡各部院遵旨议覆事件，由票签处传钞后，稽察房按日记档。俟各部院移会到时，逐一核对，分别已结、未结，每月汇奏一次。每日军机处交出清、汉字谕旨，由票签处移交稽察房存储，详细核对，缮写清、汉字合璧奏折，与稽查事件月折一并汇奏。”[②] 也就是说，皇帝的各项指示发布后，稽察房先详细记档，此后各相关部院对皇帝该指示的回复不仅需上奏，还需要在奏折发下后抄送稽察房，以便稽察房核对该指示的完成情况。续文献通考馆及三通馆的任务是纂修书籍，完成进展则体现在陆续缮写进呈，因此，每次缮写进呈的奏折在皇帝批复发下后都抄送稽察房。如乾隆三十二年（1767）十一月二十九日，三通馆进呈《钱币考》，奏称：“臣等奉旨承修‘三通’，除《通典》《通志》业经派员赶办外，所有原纂《通考》内年份不齐之处，臣等率同纂修各员遵旨添纂画一。今将添纂完竣之钱币一门添写正本，粘签声明，恭呈御览，伏候训示。”奏折中明确交代了接到的任务与现在的进展，次日奏折发下，高宗皇帝批示“知道了”，再次日三通馆乃将这份经过批复的奏折抄送给稽察房。[③] 现存三通馆档案中有大量抄送稽察房的文移，其中大部分是这类经批复的关于缮写进呈的奏折，故稽察房是史馆日常工作中往来较多的机构之一。

（三）稽查钦奉上谕事件处[④]

稽查钦奉上谕事件处与稽察房的职能有些类似，所不同之处在于，稽查钦奉上谕事件处最初所稽查的是皇帝特旨交代各部院的一些临时性工作；乾隆五年（1740），高宗将八旗事件及引见官员事件交稽查钦奉上谕

---

① 台湾中研院史语所藏内阁大库档案，登录号 102705。

② 《清会典事例》第 1 册卷 15，中华书局，1991，第 202 页。

③ 台湾中研院史语所藏内阁大库档案，登录号 215863。

④ 在乾隆、嘉庆、光绪三朝所修《清会典事例》中稽查钦奉上谕事件处均与稽察房同列在内阁下，而嘉庆、光绪两朝《清会典》中则将稽查钦奉上谕事件处均内阁、军机处平列。

事件处督催办理；乾隆九年（1744），又将修书各馆事件也交稽查钦奉上谕事件处稽查催办，该年七月高宗上谕称："各馆所修之书，理宜上紧纂辑，渐次告竣。乃纂修官皆怠忽成习，经历年久，率多未成……辗转耽延，竟视为不急之务……所谓事君敬其事而后其食者何居？……嗣后除内廷所修各书未经开馆者不必稽查外，其余各馆俱著稽察上谕馆之大臣按月察核。倘仍前怠玩，责有攸归。"① 从上谕文辞中可见高宗对当时各馆修书工作的进展不是很满意，认为馆臣并未积极从事，因此责成稽查钦奉上谕事件处按月察核，并且随后规定了各馆每日的具体工作量，作为稽查之标准。

> 除律吕正义馆、藏经馆、文颖馆随领随写，与修书各馆不同，毋庸稽查外，其余馆缮写汉文，请照明史纲目馆每员每日一千五百字；缮写清文，请照玉牒馆每员每日八百五十字；校对数目，请照实录馆每员每日二十五篇。……请令各馆于每月初五日以前，将前月纂辑缮写校对各若干，详细造册，咨送臣等查核。如有稽延者。即行参奏。②

这每月稽查一次的办法后来调整为每三月一次：

> 内阁缮写汉本，每员每日酌定一千五百字；缮写清本，每员每日八百五十字；校对各官，每员每日酌定二十五篇。臣处每三月一次将各馆修过书籍数目及有无告竣之处查明汇奏。③

乾隆十四年（1749）二月，稽查钦奉上谕事件处大臣史贻直奏："兹届三月汇奏之期，查玉牒馆……国史馆……续文献通考馆……以上三馆自乾隆十四年正月至三月此三月功课，臣等详加查核，均与奏准数目相符。"④ 可见，续文献通考馆开馆之后即遵此制，由稽查钦奉上谕事件处每三月稽查一次奏报。在续文献通考馆改为三通馆后亦袭此制，乾隆四十二年（1777）三月二十九日大学士舒赫德等奏称："现在承办未竣书籍……惟《大清一统志》……等书共十种，未经特派总裁专办，向系军机大臣兼管，似亦应

① 《清高宗实录》第3册卷221，乾隆九年七月壬寅，中华书局，1985，第850~851页。
② 《清高宗实录》第3册卷221，乾隆九年七月壬寅，第851页。
③ 台湾中研院史语所藏内阁大库档案，登录号184947。
④ 台湾中研院史语所藏内阁大库档案，登录号184947。

派有专管之员……并令伊等各酌定限期，率同纂修等上紧办理，预备呈览，并照三通馆之例一体交稽查上谕处稽查。”① 可见三通馆沿袭了稽查的制度，这一做法还对乾隆中后期敕撰各书的纂修工作起到了示范的作用。

二 与相关文化机构的往来

（一）翰林院

翰林院的基本工作之一就是修纂、编辑、校勘书史，《清会典》在记载翰林院职掌的时候说“翰林院官以编辑校勘为职业，敕撰书史咸与”，② 故翰林院与清代纂修书史各馆有极密切的关系。清代有些史馆直接隶属翰林院，如起居注馆、国史馆、功臣馆等。③ 即使不隶属翰林院的各史馆，其馆臣也大多来自翰林院。《清会典事例》云：“凡各馆纂修书史，掌院学士充正副总裁官，侍读学士以下、编检以上充纂修官，亦充提调官，庶吉士亦间充纂修官，典簿、待诏、孔目充收掌官，笔帖式充誊录官，亦间充收掌官。”④ 掌院、侍学、编检均是翰林院正式官职，庶吉士虽无品级，但也是翰林之预备，可见，清代纂修书史各馆最主要的力量均来自翰林院。续文献通考馆和三通馆虽不隶属翰林院，但傅恒在最初议奏时曾说三通馆“纂修官十员，仍由翰詹选派”⑤，所谓“仍由”，表明续文献通考馆亦如此。根据三通馆职名表与钩稽所得，除满纂修及个别情况外，续文献通考馆和三通馆的汉纂修几乎全部为正在翰林院任职的侍学、编检及庶吉士。相较于一统志馆等其他各馆纂修官来源的丰富多样，三通馆纂修官的来源则显得较为单一，因之，诸翰詹在翰林院的迁转有时也会影响其在馆中的职务，如在翰林院中由编检升至侍学者往往在馆中也会由纂修升至总纂。另外，由于翰詹职在编校，而乾隆时史馆特多，故翰詹在各馆的兼任也常见，再加上中途改任外官者，故流动亦频繁，虽然总有新进充补，但这往往会使翰詹无法长期从事相关纂修工作，也就容易滋生不用心的情况，这对书籍质量不会没有影响。要之，翰林院对续文献通考馆和三通馆的顺利

① 张书才主编《纂修四库全书档案》，上海古籍出版社，1997，第578页。
② 《清会典》卷70，中华书局，1992，第642页。
③ 王记录：《论清代史馆与清代中央机关的关系》，《廊坊师范学院学报》2011年第2期。
④ 《清会典事例》第11册卷1049，第505页。
⑤ 《清高宗实录》第10册卷778，乾隆三十二年二月丙申，中华书局，1986，第548页。

运转有着重要的作用。

（二）其他书馆

续文献通考馆和三通馆与其他书馆之间常有往来。这种往来有时是由于人事方面的调动，如续文献通考馆副总裁汪由敦原在三礼馆任副总裁，续文献通考馆开馆之初移会三礼馆就汪由敦的桌饭银两进行交接；[①] 又如乾隆十八年（1753）三礼馆纂修梁国治调任续文献通考馆提调，故续文献通考馆移会三礼馆办理交接。有时则是由于书籍资料而往来。乾隆二十一年（1756）续文献通考馆移会会典馆要求对方提供所需资料，但“迄今数月，尚未移送前来”，于是“相应再行移催贵馆遵照原奏，务于文到日作速将已经进呈过一应汉本副本查明卷数，移送过馆”，然而仍不顺利，会典馆回复称“正本俱已收藏，不便检发，所有副本现送武英殿誊写刊刻”，请续文献通考馆联系武英殿，而武英殿给续文献通考馆的回复是“本处誊写全完，连副本送回原馆”，此时已是乾隆二十三年（1758）了，续文献通考馆不得不再移会会典馆，“派纂修官率同誊录前往贵馆，先将户部一门抄录，其余各门副本遵照原奏，仍行陆续检发过馆可也”。[②] 这一颇为坎坷的过程既说明同为修书工作的各书馆之间常有密切的往来，也反映各馆在协调沟通上有时存在一些低效的情况。

（三）武英殿

武英殿也是清廷重要的文化机构，续文献通考馆和三通馆亦常常与武英殿有所往来，上例的坎坷过程中有一阶段即续文献通考馆向武英殿咨询关于《清会典》副本的事宜。除了新编刻的《清会典》，武英殿的其他书籍资料也十分丰富，因此也是续文献通考馆和三通馆所需文献的重要来源之一。除了资料的往来，武英殿与三通馆最重要的关系是当三通馆完成了纂修任务后，要与武英殿进行若干交接工作。首先，抄写清本一份交付武英殿刊刻；其次，抄写归入四库空函四份交武英殿收藏；最后，馆中的底本及书籍资料等全部移交武英殿保管。在《四库》影印本广为流行以前，“六通”的四库抄本数量较少，而武英殿刻本每种书至少五十部，后来又有翻刻本，故“六通”编成于三通馆，而其刻印流行则更多要归功于武英

① 台湾中研院史语所藏内阁大库档案，登录号 206659。

② 台湾中研院史语所藏内阁大库档案，登录号 100597。

殿。可以说武英殿对续文献通考馆和三通馆纂修工作的最终完成做出了重要的贡献。

三　与吏部的往来

续文献通考馆和三通馆的馆臣由皇帝指定或批准，由内阁学士或翰詹担任，勤务人等由内阁管理派送，所有诸人的赏罚事宜均由吏部按相关规定进行操作。具体来说，吏部与史馆的关系表现在日常的督责处分和工作完成后的议叙两个方面。

在日常纂修过程中，皇帝随时会根据进呈稿本情况作出指示，如修改体例等不必议处外，凡皇帝指出错讹之处，史馆相关具体责任人均须受吏部议处。今举一例来看其具体过程。乾隆三十一年（1766）续文献通考馆所进《四裔考》稿本中将侍卫索诺穆策凌名字中的“策凌”二字不慎遗漏，高宗发现后提出批评并着交部议处，谕旨于十二月十五日下发给续文献通考馆，十九日馆中将谕旨抄移到吏部，吏部即行文馆中要求开列送交相关责任人员名单，次年正月二十四日，续文献通考馆将名单移咨到吏部，吏部根据条例议定处罚如下：“纂修官翰林院编修褚廷璋，照不行详查罚俸六个月例罚俸六个月；至总裁官未经看出，亦属疏忽，应将总裁官大学士刘统勋、副总裁臣部左侍郎程景伊、通政司副使陈兆仑均照疏忽罚俸三个月例各罚俸三个月。”清代文官处分有罚俸、降级、革职三类，罚俸中又分七等，依次是罚俸一个月、二个月、三个月、六个月、九个月、一年、二年。从档案中可见，史馆纂修出现讹误，纂修官是直接责任人，规定的处罚等级为“不行详查罚俸六个月”，同时史馆总裁也有责任，规定的处罚等级为“疏忽罚俸三个月”。鉴于书稿经皇帝指出讹误的情况十分常见，馆臣处罚的频次也就相当高，因而这一处分的等级相对来说是比较重的。但这并非最终结果，因为清代例得用加级、记录抵消处分。加级与记录即论功行赏所得的奖励，在议叙时有详细的等级，从记录一次到加三级记录三次，共十二等。以加级、记录抵消处分有明确的对应关系，如在本例中，“褚廷璋有记录三次，应销去记录一次，抵罚俸六个月，免其罚俸”，记录一次是议叙等级中最低的，而能抵消议处中颇不轻的罚俸六个月，这一正向激励是比较有效果的。经过抵消，最终的结果是褚廷璋与陈兆仑销去记录一次，免于处罚；刘统勋也有记录，且本次处分尚不足以抵消一次记录，故暂记录在案，下次一并计算；只有程景伊无记录在身，故罚俸三个月。吏部将这一结果于乾隆三十二年二月十二日上奏，次日高宗批示同意，此后吏部再注册施行，并将最终结果抄移稽察房记录。[①] 由此这一议处过程全部完成。在纂修过程中，尤其是进呈的阶段，类似这样的随时奉旨议处是较为常见的。除了书稿的讹误外，若工作延期未完成，相关总裁纂修也要受到处分，其过程亦与此类似。

四库馆开馆以后，高宗对纂修书籍错讹有记过列清单的指示，乾隆四十二年（1777）四月，高宗命“四库全书处进过书籍，从今年正月起，所有指出错讹记过之处，通行查核。其分校、覆校错至两次，总裁名下错至三次者，均着查明，交部议处。此后每三月一次奏闻”。[②] 乾隆四十九年（1784）八月十四日，军机大臣和珅等奏查核四库馆暨三通馆错误记过各员交部察议片，其中说：

> 三通馆呈进之《续通典》，其书内错误亦经奏明，照四库全书之例分别记过。臣等详加稽核，查有吴典记过十八次，李潢记过十七次，徐准记过十四次，苏青鳌、秦泉各记过八次，曾燠、王春煦各记过七次，汪如洋、吴锡麒、翟槐各记过六次，励守谦记过五次，何循、屈为鼎、程昌期各记过四次，刘汝薯、汪镛、许烺、甘立猷各记过二次。所有四库全书馆并三通馆记过各员，均应交部照例察议。谨奏。[③]

每三月奏一次记过清单原本只是针对四库馆的操作，后因纂修任务较为接近，尤其是纂修官多有兼职两馆的情况（如上引被记过的三通馆纂修吴典、王春煦、吴锡麒、翟槐、励守谦、何循、刘汝薯、汪镛八人也出现在该奏折中四库馆臣记过清单中），因而这一做法也对三通馆一并施行。频繁的记过记录显示了高宗皇帝对进呈书籍的认真审阅，而所有被记过的人员亦均交吏部照例议处，具体流程与上例相同。

除了奉旨记过的临时性议处，吏部与史馆的重要往来在于编纂完成后的照例议叙。乾隆二十年（1755）十二月，续文献通考馆总裁蒋溥等奏称：“臣等奉命续修宋、辽、金、元、明五朝《文献通考》俱已完竣，除

---

① 台湾中研院史语所藏内阁大库档案，登录号 083720。

② 张书才主编《纂修四库全书档案》，第 579~580 页。

③ 张书才主编《纂修四库全书档案》，第 1792~1794 页。

臣等总裁官及提调、纂修、收掌不敢仰邀议叙外，所有誊录在馆年久，及供事人等，应否照各馆书成之例，仰恳圣恩，交部分别议叙。”[①] 这是续文献通考馆就五朝《续文献通考》底本完成而提出的议叙，是馆中首次议叙，所谓“不敢仰邀议叙”云云自属谦辞，实际上全部馆臣均当照例办理。乾隆二十五年（1760），“续文献通考馆咨送五朝书籍正本告竣，奏请议叙”，[②] 这是缮写五朝《续文献通考》完成时的议叙。可见，特开史馆的议叙一般分为两次，第一次是底本修成后，所有工作人员上至总裁、下至供事，尤其是纂修官等就此议叙，此后纂修底本工作结束，其余缮写工作由誊录、供事等完成，直到缮写完竣，此后第二次议叙，即专就誊录、供事等进行，此后正式闭馆。三通馆时期也是如此。乾隆五十四年（1789）十二月，吏部尚书和珅上题本为三通馆相关人员议叙，其中称：

> 查三通馆恭纂“皇朝三通”，正本于乾隆伍拾贰年伍月内全行告竣。经该馆奏请优叙，臣部分别办理在案。今三通馆缮写归入空函书籍告竣，声明嗣后无应办之事，即行停馆，所有此次旧班誊录三名、新班誊录十五名……旧班留馆供事三名、新班供事十二名……应行照例议叙。[③]

这则档案所述此次议叙的对象只涉及誊录与供事，并且档案中提到，乾隆五十二年（1787）当“清三通”纂修完成后，该馆相关人员已经进行了一次议叙，可见乾隆五十二年（1787）的议叙是编纂完成时的议叙，主要针对总裁提调，尤其是纂修官，同时也包括誊录和供事。而本次议叙为缮写完成后的议叙，只面向负责后来缮写工作的誊录与供事，是三通馆最后一次议叙。议叙的具体情况是，总裁、纂修等各给予不同等级的记录或加级，作为继续在翰詹及各部院等迁转的一个因素。誊录与供事经议叙可归班候补知县、盐大使、职府经历等。档案中所谓旧班，指原先馆中效力的誊录供事等，在参加了上次议叙后或未满五年期限，或其他原因而任留馆中效力者；所谓新班，即未参加上次议叙，专为缮写任务而新补入馆中效力的人员。旧班新班各人员根据其科举出身情况、报捐年月情况等在归班

① 台湾中研院史语所藏内阁大库档案，登录号 209076。
② 台湾中研院史语所藏内阁大库档案，登录号 170097。
③ 台湾中研院史语所藏内阁大库档案，登录号 019560。

候补时各有不同的待遇，这些均由吏部按照规定分别注册办理。[①]

四 与户部、内务府及其他机构的往来

作为临时性机构，续文献通考馆和三通馆并不享有任何专门经费，一应馆臣各自凭本官领取正俸，不因修书而有额外收入，但作为临时公务差事，每月可领取桌饭银两。桌饭银两按人统计，以史馆为单位由户部发放，各馆每月所需桌饭银两由史馆于上月底列明清单向户部领取。如遇馆中人事变动，则于总数中核增或核减该人桌饭银两。例如，汪由敦原在三礼馆任副总裁，后任续文献通考馆副总裁，其桌饭银两自到任起即在续文献通考馆领取，故两馆与户部三方之间均需相互交接。现存户部移会三礼馆档案称：乾隆十二年（1747）十月三礼馆全馆十八人，原应领取桌饭银两共“九十两五钱九分九厘一丝二忽五微”（90.5990125 两），但由于汪由敦的调动，应扣除汪的桌饭银两“十四两一钱六分七厘九毫五丝”（14.1679500 两），因此只能发给“七十六两四钱三分一厘六丝二忽五微”（76.4310625 两），但又说由于十月初三续文献通考馆才开馆，因此汪还可以支取两天的桌饭银两，请三礼馆“核明应支银数，另文送部关支”。[②] 其中数目与日期之精确，说明户部对各史馆桌饭银两的发放有着严格的管理。

馆中桌饭银两除了受馆臣人事变动的影响外，也与纂修工作的具体进度有密切关系。乾隆五十年（1785）十二月，三通馆上奏称：“……其底本现已依限告竣，容臣等详加复览，查核签改，即饬提调督□誊录、供事人等上紧赶缮，于来岁次第进呈。至臣等总裁及提调、汉纂修官各员每月所领桌饭银两二十分，嗣后概行停止。再，馆中向未设立满誊录，所有翻译誊写清字事件，俱系满纂修、收掌兼办，其桌饭银两四分，应请照旧支领。”[③] 可见，当底本告竣后，纂修的任务基本完成，因此总裁、纂修等就此停止领取桌饭银两，而誊录、供事等还有缮写任务，故可继续领取。同时，这则档案中的总裁、提调、纂修等每月的桌饭银两为二十分，誊录、供事为每月四分，表明各人桌饭银两的具体数目随职务高低有所差异，并且与续文献通考馆时期也有了不小的变化。

---

① 关于议叙可参考牛润珍、管蕾《清代史官议叙制度考略》，《史学史研究》2021 年第 1 期。

② 台湾中研院史语所藏内阁大库档案，登录号 206659。

③ 台湾中研院史语所藏内阁大库档案，登录号 090695。

除桌饭银两的正常发放外，每当在馆人员受到议处时，相应处罚不仅要吏部注册，涉及罚俸的还要户部注册。如前揭乾隆四十九年（1784）八月十四日和珅等奏查核四库馆暨三通馆错误记过情况，此后吏部对各人不同情况分别做出议处并奏报后，“相应抄单移咨户部”，户部对那些能以记录抵消罚俸的“注于记录抵销之处，均毋庸议”；对于无可抵消的，则“应将翰林院编修潘庭筠等罚俸之案注册，行文翰林院等衙门，于造送领俸册内声明坐扣”。[①]

此外，户部还负责向馆中发放公务支出。乾隆三十二年（1767）新开三通馆时，傅恒在议奏的计划中道：“馆中需用心红纸张等项，行文户部咨取，归于年底核销。其应用什物……如有不敷，并于各该衙门随时行取。”[②]其中心红纸张乃是各衙门办公费用之一名，并非实指。至于应用什物的支取，往来最多的当属内务府。首先，各馆办公的房屋均属内务府管理，乾隆三十二年（1767）六月，续文献通考馆移会内务府称：“续文献通考馆承修《通考》俱已完竣，交三通馆添纂画一。续文献通考馆房屋一所，希即行派员收管。”[③] 此时续文献通考馆即将撤销，正在办理最后的交接事宜，书稿资料等交三通馆，而房屋则要缴还内务府收管。三通馆即将撤销时也是如此，书稿等交武英殿，房屋照例当缴还内务府，但武英殿修书处因堆放书版需占用三通馆的房屋，故乾隆五十四年（1789）武英殿特“为咨明占用三通馆应缴房间事致总管内务府”。[④] 其次，史馆的日常器用亦向内务府咨取，如乾隆三十九年（1774）四月底，三通馆行文内务府称自五月一日起每天需要冰块。[⑤] 另外，史馆地处大内，供事往来出入需内务府发放的腰牌以为凭证。因此每当史馆有供事的人员流动时，除了移会内阁典籍厅充派、吏部注册等环节外，史馆还需行文内务府，报告新入馆供事的姓名、年岁等，由内务府为其发放特定腰牌，供事离馆时腰牌由馆中缴还内务府核销。[⑥]

以上所论都是在纂修工作中依照规制例常往来的机构，还有些机构则因一些临时工作与史馆发生往来。如乾隆三十九年（1774）十二月初六浙江巡抚三宝的一份奏折显示，三通馆为纂修《金石略》，曾由军机处咨各

---

① 张书才主编《纂修四库全书档案》，第 1823~1825 页。

② 台湾中研院史语所藏内阁大库档案，登录号 209033。

③ 中国第一历史档案馆藏清代档案，档号 05-13-002-001815-0033。

④ 中国第一历史档案馆藏清代档案，档号 05-13-002-001865-0002。

⑤ 中国第一历史档案馆藏清代档案，档号 05-13-002-000031-0104。

⑥ 中国第一历史档案馆藏清代档案，档号 05-13-002-000432-0065。

省采辑“各省碑版石刻及历代钟鼎尊彝”蓦搨汇送。[①] 又如乾隆五十一年(1786)七月九日高宗在看过三通馆所进《皇朝通志·职官略》后指出其中存在不妥，命“所有一切增改事宜，著军机大臣会同大学士、吏、兵二部详晰定拟具奏”。[②] 四个月后大学士阿桂等奏报了改定方案：“恭俟命下之日纂入例册遵行，并增入《会典》及移咨三通馆，将《职官略》一体增定。”[③] 可见为了改定《皇朝通志·职官略》，军机大臣会同大学士、吏、兵二部在高宗的指示下进行联合讨论，得旨后再将改定的内容移咨三通馆。这类交涉都不属于例行往来，而是为完成某个特别任务进行的临时工作。

结　语

续文献通考馆和三通馆作为临时性的特开史馆，一切工作都在高宗皇帝的直接掌控之下。除了遵照皇帝的各种指示外，史馆要完成日常的纂修工作，还须同政府其他相关机构有所往来。在行政关系上续文献通考馆和三通馆隶属内阁，所需书籍资料向内阁典籍厅移取，典籍厅还负责向各馆派送誊录、供事、匠役等勤务人员。内阁的稽察房与稽查钦奉上谕事件处负责稽查纂修进展情况。除满纂修及个别情况外，续文献通考馆和三通馆的汉纂修几乎全部为正在翰林院任职的侍学、编检及庶吉士。在纂修中续文献通考馆和三通馆有时需要会典馆等其他史馆在资料上进行协助，纂修完成后稿本清本都要交武英殿收藏使用。各馆臣临时所受的处罚与书成后的议叙都在皇帝做出批示后由吏部及户部等按流程注册施行。作为临时性机构，馆臣每月由户部发放桌饭银两。史馆所需房屋及应用什物等由内务府办理。综上，续文献通考馆和三通馆与相关机构各司其职，多方合作，保障了纂修工作的顺利开展与最终完成。

---

① 张书才主编《纂修四库全书档案》，第306~307页。

② 高宗认为其不妥之处是：“其中所载文武官阶诸多未协……今志内文职则系正一品起，而武职则系从一品起，既显然少予一阶；且文职自正一品至从九品共十八阶，武职自从一品至正七品止十二阶，多寡显有悬殊，体制即暗为隆替……此皆重文轻武之流弊……所有武职人员，现在所缺正一品之阶，应照朕前次钦定领侍卫内大臣、将军、为正一品之例增入一阶……至向来文职遇有降级处分，如降一级者俱以正从计算，止于正降为从；而武职则降一级即降一品……嗣后武职处分，亦应照文员之例以正从核计议降，庶为平允。”见《清高宗实录》第16册卷1258，乾隆五十一年七月庚戌，中华书局，1987，第909~910页。

③ 张书才主编《纂修四库全书档案》，第1965~1969页。

中国近现代史学研究

政治宣传与历史书写：论晚清“帝党”“后党”概念的起源*

吉　辰

［中山大学历史学系（珠海），珠海　519082］

摘　要：“帝党”与“后党”是晚清政治史研究中长期以来常被使用的一对概念，但已有研究比较欠缺对其本身的界定。这一对概念系康有为、梁启超维新派在戊戌政变后的政治斗争中提出，并被分别赋予革新与守旧的脸谱化形象，分别与“新党（康党）”和“旧党”等同，以适应维新派的宣传需要。这样的概念和形象广为流传，并被后来的历史学者赋予了更广泛的含义，深刻影响了对晚清政治史的书写。

关键词：“帝党”　“后党”　戊戌政变　康有为　梁启超　维新派

一　问题的提出

“帝党”与“后党”，是晚清政治史研究中长期以来常被使用的一对概念。早在中国近代史研究起步未久的20世纪40年代，已有几部重要著作着重运用这对概念解释甲午、戊戌之间的晚清政局。范文澜先生在1947年初版的《中国近代史》中写道：“中日战争与清政府帝后党争有密切关系。

---

* 本文初稿曾提交“制度、实践与表象：近代中国的政治文化及其形塑”线上学术讨论会（复旦大学，2020年9月），感谢评议人李文杰副教授的宝贵意见。

帝党主战，要在战争中削弱后党，后党主和，要保存自己的实力。两党借和战争夺权利，随着军事的惨败，后党在政争上反取得胜利。”述及戊戌变法时，则有“后党当然不许帝党扩大势力”“翁系（引者按，即‘翁同龢系’）的变法……目的在加强帝党，反抗后党”之类论述，提及某些人物时也会加上“帝党”或“后党”的前缀。[①]

而在石泉先生1948年完成的硕士论文《中日甲午战争前后之中国政局》（1997年出版时改名《甲午战争前后之晚清政局》）中，这对概念有着更重要的地位，其内容提要将“‘帝党’、‘后党’之对立，乃逐渐表面化”列为甲午战争前后政局变迁的四条脉络之一。同时，正文中也讨论了两党的形成：“凡此（引者按，即光绪亲政以来与慈禧的种种矛盾）皆促成后来太后与德宗之对立，终以形成帝后两党之争”，“翁同龢一派尤与德宗关系密切，遂成后来‘帝党’之基干”，“甲午冬季爆发之宫廷矛盾，及其演成主战人士与太后之直接冲突，前章已有述及，此后则仍继续酝酿发展，而帝、后两党亦渐次形成，遂终演为戊戌八月之大政变矣”。[②]

可能很大程度上由于范著《中国近代史》的巨大影响力，运用“帝党”“后党”概念探讨甲午、戊戌时期政局的分析框架，基本上被后来大陆学界的晚清政治史研究所继承。特别是在1980~1990年代，学界围绕“帝党”“后党”的概念有着较为热烈的讨论，尤其集中在甲午战争[③]、戊戌变法[④]两大事件上。近年来，相关讨论已然淡出学者的视野，然而相关问题似未得到很好的解决。现有研究在使用这两个概念时往往拿来即用，

① 范文澜：《中国近代史》上编第一分册，新华书店，1947，第323~324、366、374页。

② 石泉：《甲午战争前后之晚清政局》，生活·读书·新知三联书店，1997，第44、49、251~254页。

③ 如任茂棠《试论甲午中日战争时期的帝党》，《晋阳学刊》1980年第2期；孔祥吉《试论甲午战争中的帝后党争》，《光明日报》1980年7月8日；吴民贵《“帝党主战，后党主和”质疑》，《学术月刊》1984年第8期；戚其章《论甲午战争初期的帝后党争》，《山东社会科学》1987年第2期；戚其章《论甲午战争后期的帝后党争》，《山东社会科学》1990年第6期；王开玺《帝党主战析辨》，《历史档案》1991年第4期；董蔡时、王建华《论甲午战争时期帝党和言官的“倒李”斗争》，《清史研究》1994年第4期。

④ 如祁龙威《帝党与戊戌变法》，《新建设》1963年第9期；祁龙威《戊戌政变后“帝党”在东南的活动——〈张謇日记〉笺余》，《文汇报》1962年10月18日；祁龙威《戊戌变法时期维新派和“帝党”对帝国主义的幻想——以亚细亚协会的活动为例》，《光明日报》1963年7月17日；莫世祥《论戊戌变法中的帝党》，《学术论坛》1982年第1期；史全生《论戊戌维新运动中的帝党》，《历史档案》1984年第4期；赵立人《后党、帝党和康党——戊戌政争新析》，《开放时代》1998年第3期；王亚芳《试论帝党与维新运动的兴起》，《学术研究》1998年第7期。

比较欠缺对概念本身的界定，尚有许多问题值得探讨。譬如一个最基本的问题：这两个概念究竟是怎样出现的？笔者此前探讨甲午中日议和时，曾对这一问题产生疑问，因此未像许多先行研究那样使用“帝党”“后党”的提法，但未及展开论述。① 本文拟对这一问题略作考辨。

二 传统政治思想中的“党”与政治污名

关于“帝党”“后党”的概念，世家出身、晚清史功底深厚的历史小说家高阳（许晏骈）先生在所著《翁同龢传》中的一段论述颇有启发意义：

> 严格而言，正如唐朝的“牛李之争”，牛僧孺有党，李德裕无党，所谓“李党”是牛僧孺等加诸政敌的一项帽子，目的在为其党徒指明攻击的目标；彼时的后党、帝党亦然，后有党，帝无党，道理很简单：忠君为天经地义，无所谓党，帝党不过是后党为所有反对党制造的一个名词而已。②

这段论述提示我们思考，“帝党”“后党”的概念，是不是在政治斗争中被人为赋予的？高阳先生将唐代的牛李党争用来类比，思考颇具历史深度。所谓“牛有党，李无党”是岑仲勉先生率先提出的观点。他认为，唐代史料中的“牛李”一词，原系时人用以指斥牛僧孺、李宗闵之结党营私，与李德裕无关，而牛党文人故意将其曲解为牛、李两党。高阳先生显然受到了这一观点的影响。③ 对这一观点，亦有学者表示反对，如卞孝萱先生认为李党确实存在，而牛党缘于《新唐书》的歪曲书写，实际上并不存在。④ 其观点虽与岑先生相左，思路却是相似的。与牛李党争相似的一个案例是明末的“东林党”。这一称谓是不是其政敌强加的，应否称之为

---

① 吉辰：《昂贵的和平：中日马关议和研究》，生活·读书·新知三联书店，2014，第 30 页。

② 高阳：《翁同龢传》，黄山书社，2008，第 199 页。

③ 岑仲勉：《隋唐史》第 2 卷，高等教育出版社，1957，第 397~411 页。高阳先生曾称赞岑先生“牛有党，李无党”的观点“实在是很高明的见解”，见《高阳说诗》，辽宁教育出版社，1998，第 19 页。

④ 卞孝萱：《“牛李党争”正名》，《中国史研究》1993 年第 3 期。

"党"，也引发了一系列热烈的讨论。[①]

可以肯定的是，无论这些被称为"党"的群体是否真实存在，"某党"的名目一般来说都是扣给政敌的帽子，而非自称。正如近人顾震福所言："以人君忌朋党，反对者无不以朋党加之。"[②] 近人王桐龄则做了这样的总结：

> 中国自古为专制政体，专制政体之下，无政党发生之余地。其有类乎政党者，则东汉末年之钩党，有唐中叶以后之牛李党，唐末之清流党，北宋之元祐党、熙丰党，南宋之伪学党，明末之东林党、阉党，皆敌党加以党之名，自己并不承认为政党也。[③]

相映成趣的是，众所周知，世界上最早的两个近代政党——英国的辉格党与托利党，其名称均源自政敌所加的污名："辉格"（Whig）意为盗马贼，"托利"（Tory）意为不法之徒。事实上，西方的政党（party）在产生之初，往往被等同于结党营私的"宗派"（faction）而遭到敌视——"自罗马时代直到19世纪，宗派这个名字之令人厌恶是不需要任何证明的。在西方政治思想的整个传统中，几乎没有任何一个作者提出不同的意见。"[④] 这与儒家政治理念中的"君子不党"可谓异曲同工。

既然认为"君子不党"，除了两宋时期，范仲淹、欧阳修乃至朱熹等士大夫承认甚至鼓吹"君子之党"[⑤] 这一罕见的例外，"党"的概念在绝大多数政治场合仍是负面的。[⑥] 时至清代亦是如此。譬如，雍正帝曾亲撰《御制朋党论》，指名道姓地抨击欧阳修《朋党论》"君子以同道为朋"的

---

① 相关观点可参见赵承中《东林是党非党问题研究综述》，《南京晓庄学院学报》2009年第1期，第112~114页。

② 顾震福：《说党》，转引自雷家桓《近代资产阶级政党观念在中国的传播》，《史学集刊》1985年第4期，第47页。

③ 王桐龄：《中国历代党争史》，上海书店出版社，2012，第8页。

④ 参见（意）G. 萨托利《政党与政党体制》，王明进译，商务印书馆，2006，第11~30页。

⑤ 参见宋鸿《宋代朋党思想及其对北宋政治的影响》，《河南大学学报》（社会科学版）第31卷第4期，1991年；漆侠《范仲淹集团与庆历新政——读欧阳修〈朋党论〉书后》，《历史研究》1992年第3期；顾宏义《范纯仁论朋党——兼析元祐年间"调停"说的起因与影响》，《河北大学学报》（哲学社会科学版）2009年第3期；余英时《朱熹的历史世界》上册，生活·读书·新知三联书店，2004，第375~376页。

⑥ 参见陈宇翔《清末民初政党思想研究》，中国社会科学出版社，2013，第20~21页。

“异说”，认为“君子无朋，惟小人则有之”。[①] 这样的观念也在法律方面得到了体现。清律承袭明律，内有“奸党”这一罪名（适用者包括“在朝官员，交结朋党，紊乱朝政者”），直至清末法律改革时才废除。[②] 待到清末议会政治思潮兴起之时，才有了基于现代政党观念对传统非党观念的批评。[③]

三 康、梁维新派语境中的“帝党”与“后党”

那么，“帝党”“后党”的概念究竟起于何时？王开玺先生曾有这样的论述：

> 戊戌政变前，尚无人将清统治者分为帝党和后党。较早以后党称谓慈禧太后及顽固守旧派的，大概是梁启超，但他所说的后党，也多专重于戊戌变法前后。[④]

刘高先生也持类似观点：

> 最早提出后党这个名词的是梁启超，他称慈禧和守旧派官员为后党，说变法是被后党扼杀。自此才派生出帝党一词，与后党相对立。[⑤]

两位先生认为最早提出“后党”概念的是梁启超，揆诸史实，大方向是不错的。以笔者所见，文献中“帝党”“后党”两个名词的出现，首先是在戊戌政变后的康有为、梁启超一派发布的言论中。

1899 年 5 月下旬，梁启超所著《戊戌政变记》（第一版）在日本出版，其中没有使用“后党”，但两次出现了“帝党”一词。一处在卷一：

---

① 《清世宗实录》卷 22，雍正二年七月丁卯条，《清实录》第 7 册，中华书局，1985，第 355～359 页。

② 陈煜：《社会变迁与立法语境的转换——以“奸党”罪的嬗变为线索》，《南京大学法律评论》2009 年第 2 期，第 151、155 页。

③ 陈宇翔：《清末民初政党思想研究》，第 282～284 页。

④ 王开玺：《帝党主战析辨》，第 96 页。又见氏著《晚清政治新论（修订版）》，商务印书馆，2018，文字大体相同。

⑤ 刘高：《北京戊戌变法史》，北京燕山出版社，2001，第 131 页。

“盖隐谋久定，故敢藐视君上如此，此实幽废皇上诛捕帝党之先声。”① 另一处在卷二，据称系日本《时事新报》1898 年 10 月某日刊登的“北京特派员来书”：“自摄政以来，悉废皇上之新政，帝党或刑或放或革。”② 然而查阅《时事新报》当月各号，并无这样的内容，恐系梁启超杜撰。

大致在同一时间，海外开办的维新派报刊上也出现了“帝党”“后党”的字眼。当时这些报刊的论调，皆赞颂光绪帝而贬斥慈禧太后，隐然在二者之间划出了一条鸿沟。而明确划分两党界限的说法，较早的一个例子是《知新报》第 103 册（1899 年 5 月 10 日）上刊登的一篇文章：

> （甲午战后）皇宫内又起风云，西后与皇帝怒语相向，御史二人奏请皇帝尽收政权以救天下，同时各省亦有发酵之兆。北京大官亦有喜变法者，由是渐分为两党，一为帝党，一为后党。③

这里提到了“西后与皇帝怒语相向”，但帝、后两党的形成显然不只缘于两宫不合。“北京大官亦有喜变法者”一句提示，是否赞成变法是划分两党的标准。文中还几次出现了“维新党”和“守旧党”的名目，隐然与“帝党”“后党”相对应。

不久，即有文章说得更加清楚。同年 6 月 5 日，新加坡《天南新报》刊登一篇题为《辨中国今日无所谓新旧党》的匿名文章，并被《清议报》（第 21 册，1899 年 7 月 18 日）、《知新报》（第 94 册，1899 年 7 月 28 日）转载。④ 该文力辩，戊戌变法以来流行的“新党”“旧党”名目并不合适，应以“帝党”“贼党”名目代替：“其所谓新党者，直帝党耳；其所谓旧党者，直贼党耳。曷言之？盖新旧党之名目，实分于新旧政之乘除。今则

---

① 梁启超：《戊戌政变记》（九卷本），《续修四库全书》编委会编《续修四库全书》第 446 册，上海古籍出版社，2002，第 212 页。

② 梁启超：《戊戌政变记》（九卷本），第 234 页。这两处所在部分皆未像其他若干篇章一样在出版前刊登在《东亚时论》和《清议报》上，参见汤志钧《近代史研究和版本校勘、档案求索——〈戊戌政变记〉最早刊发的两种期刊》，《历史档案》2006 年第 2 期，第 30~31 页。按，汤先生此文将《东亚时论》误作《东亚时报》。

③ 《西人侈谈中国朝事》，《知新报》第 103 册，1899 年 5 月 10 日。按，该文虽然题为“西人侈谈中国朝事”，但只有文首寥寥几句提及英国议会中的议论为引，其余皆为作者自己的议论。

④ 该文在《天南新报》上发表的日期，转见张克宏《亡命天南的岁月：康有为在新马》，吉隆坡：华社研究中心，2006，第 8、35 页。

所分者，又不在行政之间，而在君臣之义也。”文中称“六臣”（戊戌六君子）为“帝死党”，康、梁为“帝生党”，荣禄为“贼之首党”，刚毅为“贼之徒党”。该文提出了“新党=帝党”“旧党=贼党”的等式，而“贼党”显然相当于“后党”。“旧党”的名目已经不怎么好看，而“贼党”更明白表示这是一项政治污名。

康有为在1900年10月撰写的文章《各国今日之目的》（又名《新党后党辨》），亦有与之很相似的议论，同时又明确提出“后党=贼党”：

> 中国内情有一极大事，各国不可不留心者，曰帝党、后党之辨。帝党者，即新党也。后党者，即贼党也。帝党深通交涉，忠于皇上，亲好各国，喜西方之文明，最欲与各国亲结者也。今其党遍布各省及南北美洲、澳洲、南洋各岛，凡数百万人，其力最磅礴，其人最和蔼也。后党骄愚横悍，不通公法，深恶外国，而日欲杀逐之。①

康有为同期托名西人撰写的《查中国事当辨党派说》主旨与之相同，认为庚子事变过后列强“最要在知谁为帝党，谁为后党”，“帝与新党深明西法，深乐各国之文明，而欲与各国相亲者也。后与旧党，不明西法，深恶西人，而日欲排逐之者也”。

维新派舆论还常将时人对号入座地划入“帝党”“后/贼党”两个范畴。如前所述，《辨中国今日无所谓新旧党》已经将若干时人称为“帝死党”“帝生党”“贼之首党”“贼之徒党”。在维新派的报刊中，越来越多的时人被纳入这样的两分法之中。譬如，《知新报》于第112册（1900年2月14日）以后，在“京师新闻”栏目下开辟了“帝党近事”与“贼党近事”两个分栏目（自第114册以后又改称“帝党新闻”与“贼党新闻”，至第126册止）。谁是“帝党”，谁是“贼党”，泾渭分明。如第112册的“帝党近事”有“议员问答”和“深畏老臣”两条，分别涉及康有为与两江总督刘坤一。而同册的“贼党近事”则有“亲王不轨”“刚毅效忠”“甘心从逆”“将为华歆”“术士直言”五条，分别涉及端郡王、军机大臣刚毅、巡阅长江水师大臣李秉衡、荣禄“门下士”范某②与荣禄本人。

① 《各国今日之目的》，《清议报》第64册，1900年11月22日，又见姜义华、张荣华编校《康有为全集》第5册，中国人民大学出版社，2007，第275页。

② 据西南大学历史文化学院王刚先生赐告，此“范某”当指荣禄幕僚樊增祥，“范”为“樊”之误。

更有意思的是，当时维新派报刊上的议论还认为存在两党身份的转换。如前引《查中国事当辨党派说》一文声称刘坤一、张之洞两位重臣脱帝党而入后党："今中国后党得权在朝，帝党失权在野，即如刘坤一者，曾力争废帝之事，本为帝党，而后以逐去两江总督，遂脱帝党，而入后党，故复还督两江而遂为后之死党矣。其他大官亦大率后之死党，而张之洞亦因保富贵，脱帝党，而入后党。故大臣几无帝党者也。"① 如此立论，是为了照应下文中列强应当"亲其帝党而绝其后党"的主张。按照这种逻辑，列强在庚子事变的善后事务中不应借重已经蜕变为"后党"的刘、张，只应支持"失权在野"的"帝党"——自然包括了以"逋臣康有为"为首的维新派。

四 康、梁维新派对"帝党"形象的塑造

根据前文的论述可知，"后党"一词本是康、梁维新派创造出来、用以攻击政敌的政治污名。而"帝党"的称谓亦为维新派所创并以此自居。前文征引的若干维新派报刊文章已从侧面显示出这种自承，而维新派人物也会直接自称"帝党"。如康有为在致女儿的一封信中称"吾帝党不过为救上，决无与西人为难之事"。② 他在《清议报》刊登的一篇文章中，自署"光绪帝党人"。③ 1899 年底颁布的保皇会章程《保救大清皇帝公司例》（又称《保救大清皇帝会例》）宣称："苟救得皇上复位，公司中帝党诸臣，必将出力捐款之人，奏请照军功例破格优奖，皇上必垂俞允。"④ 1900 年旧金山保皇会商定的保护家属之法中也有"我帝党中人"的字样。⑤ 也有时人已经意识到了这一点。如清末著名小说家李伯元曾在笔记中写道："鹿（引者按，即军机大臣鹿传霖）见爱于光绪帝，维新家所谓帝党是也。"⑥ 也就是说，在他看来"帝党"是"维新家"口中的概念。

不过，既然"党"在中国历史上往往具有负面意义，康、梁维新派又

① 《查中国事当辨党派说》，《清议报》第 63 册，1900 年 11 月 22 日；又见《康有为全集》第 5 册，第 277~278 页。

② 《与同薇书》（1900 年 10 月 5 日），《康有为全集》第 5 册，第 273 页。

③ 《驳后党逆贼张之洞于荫霖诬捏伪示》，《清议报》第 66 册，1900 年 12 月 12 日；又见《康有为全集》第 5 册，第 279~285 页。

④ 《保救大清皇帝公司例》，《康有为全集》第 5 册，第 153 页。

⑤ 丁文江、赵丰田编《梁启超年谱长编》，上海人民出版社，1983，第 223 页。

⑥ 李伯元：《南亭笔记》，《李伯元全集》第 4 册，江苏古籍出版社，1997，第 149 页。

怎么会自居“帝党”？首先，“帝党”是个特殊的名目。但凡称“党”，无论以何为名，都难以避免偏狭之讥。唯有以拥帝为名，方能名正言顺，理直气壮。这正如朱熹将两宋时期朋党合理化思想推向极致的观点，不仅主张“君子”积极扩大其“党”，甚至有“引其君以为党而不惮”的豪语。① 不过，康有为尚不致声言“引其君以为党”，倒可以说是“奉其君以为党魁”。

而且，康有为对传统的非党观念也有自己的看法。1894 年，他在桂林见到龙隐岩石刻“元祐党人碑”，于是为之撰写题记：

> 光绪甲午腊，南海康长素以著书讲学被议，来游此岩，观党人碑而感焉。自东汉党人、南宋庆元党禁、晚明东林党人，并此而四矣。其攻党人者，则曹节、蔡京、韩侂胄、魏忠贤；其为党人者，则李膺、司马公、朱子、高、顾二先生也。后之观者，亦不必以党为讳矣。人亦乐为李、马、朱、顾，抑甘从侯览、魏忠贤耶？②

康有为的著述与学说，当时常被目为野狐禅。在戊戌政变前，非难攻击者已不在少数。他对历史上受到整肃的各类“党人”，自然易有惺惺之感，进而认为“不必以党为讳”。他认为，关键是以李膺、司马光、朱熹、顾宪成等贤者为榜样，还是与侯览、魏忠贤之流为伍。这样的思想，与推崇“君子之党”的两宋士大夫确有共通之处。

而前引高阳著作认为“忠君为天经地义，无所谓党，帝党不过是后党为所有反对党制造的一个名词而已”，逻辑与史实似有问题。忠君固然天经地义，但光绪与慈禧既有矛盾，政变后帝位更是岌岌可危，客观上正需要有党为之羽翼（至少康、梁等人如此认为）。也正因为忠君天经地义，所谓“后党”从来没有也不会宣称有“帝党”的存在，只使用“康党”“乱党”之类名目。

维新派当然不会承认“乱党”这样明显的污名，不过倒不十分反对“康党”这个名目。与“帝党”“后党”不同，“康党”一词在政变之前已经流行开来，最早可追溯到康有为在万木草堂讲学时。这原本也是他人讥刺的称谓。据梁启超称，当时“流俗骇怪指目之，谥曰‘康党’”，然而

---

① 余英时：《朱熹的历史世界》上册，第 376 页。

② 桂林市文物管理委员会编《桂林石刻》下册，编者自印，1977，第 432 页。另参见茅海建《从甲午到戊戌：康有为〈我史〉鉴注》，生活·读书·新知三联书店，2009，第 47~49 页。

“吾侪亦居之不疑也”。[①] 作为对一个学派的指称，以其导师姓氏命名的“康党”一词不难为万木草堂弟子所接受。

不过，正如贾小叶先生所言：“即使康门师徒，虽然他们有着‘吾党’的自我认同，但也宁愿自居为‘新党’，而非‘康党’。因此，当反对派将康门师徒及其支持者指为‘康党’时，康门师徒则努力将‘康党’变为‘新党’，将一切反对派置于‘旧党’之列加以回击。”[②] 政变后清廷对“康党”以外新派人士（也被称作或自称“新党”）的株连，以及变法的全面停摆，不啻是对“康党”这一宣传手法的配合，“康党”与“新党”的范畴遂有混一的趋势。[③]

“新党”的名目，自然较“康党”更为正大。然而如前节所述，在政变后的政治斗争中，维新派认为这个名目只区分新旧，不凸显“君臣之义”，仍然不够令人满意。于是，维新派选择了“帝党”这面在传统政治伦理方面更具号召性的旗帜，以适应在海外宣传游说的需要。同时，维新派又竭力在宣传中给已有的“康党”与他们制造的“帝党”这两个名词画上等号。康有为1900年9月化名撰写的一篇政论，便直接宣称“康党者何？帝党也”。[④] 通过这样的移花接木，作为政治集团的“康党”便被赋予了堂堂“帝党”的政治正当性。

当然，“新党”的标签也是维新派所需要的，而且在某些特定场合比起“帝党”更加重要。如前文所引康有为《各国今日之目的》，主旨是在庚子事变的背景下强调“帝党”趋新而“后党”守旧，以此争取列强的同情。康有为同期托名西人撰写的《查中国事当辨党派说》一文主旨与之相同，声称列强在庚子事变后“知皇上圣明，咸欲拥戴复权”，“此事最要在知谁为帝党，谁为后党”，“帝与新党深明西法，深乐各国之文明，而欲与各国相亲者也。后与旧党，不明西法，深恶西人，而日欲排逐之者也”。[⑤] 总之，“帝党”和“新党”是维新派一体两面的自我形象塑造，并会根据

---

① 贾小叶：《“康党”与戊戌时期变法派官绅的关系离合》，《中山大学学报》（社会科学版）2013年第6期，第82页。

② 贾小叶：《“新党”抑或“逆党”——论戊戌时期“康党”指涉的流变》，《近代史研究》2015年第3期，第34页。

③ 贾小叶：《“新党”抑或“逆党”——论戊戌时期“康党”指涉的流变》，第39~47页。

④ 《刘张二督致英沙侯电驳词》，《清议报》第63册，1900年11月22日，署作“星客来稿”；又见《康有为全集》第5册，第266页。

⑤ 《查中国事当辨党派说》，《清议报》第63册，1900年11月22日，署作“某西人来稿”；又见《康有为全集》第5册，第277~278页。

不同场合有所侧重。

结　语

综上所述，康、梁维新派在戊戌政变后的政治斗争中提出了“帝党”“后党”的概念，并分别赋予二者革新与守旧的脸谱化形象。这种截然对立、正邪分明的简单划分不仅适合政治宣传的需要，容易为公众接受，更与日后盛行多年的“路线斗争”思维暗合。于是，这样的概念和形象自清末以降广为流传，几成定论，进而为后来的历史学者论述与阐发，赋予更广泛的含义。譬如，在维新派当时的论述中，只不过认为“帝党”“后党”产生于甲午战后的变法论争。后来则有诸多论者运用这对概念讨论甲午战争中的政局。甚至还有论者将“后党”的出现上推至第二次鸦片战争后，将“帝党”的产生上推至光绪帝亲政后，未免延伸过甚了。

当然，笔者也无意对“帝党”“后党”的概念作彻底的解构，断言它们就是维新派凭空捏造的，毫无现实基础。毕竟，帝后的矛盾、士大夫的分化，都是客观存在的现实。而这些矛盾与分化是否足以支持两党的概念，两党的范畴应当如何界定，不妨加以进一步讨论。历史概念的提出，本是为了从漫无头绪的史实中抽提出抽象的脉络，从而提纲挈领地掌握历史大势。然而概念的界定与运用，又难免失之过简、以偏概全，陷入刻板化、绝对化的窠臼。这一点在对政治派系的划分上尤其明显。那么，在运用“帝党”“后党”这类概念之前，首先探寻它的由来，似属较为妥当的方法。

陈啸江与“现代史学”运动*

殷飞飞
（上海财经大学马克思主义学院，上海　200433）

摘　要： 陈啸江是“现代史学”运动的主将，发挥了先锋作用。他批评琐碎偏狭的考订路数，主张社会科学治史；反思社会史论战，形塑社会经济史研究的专业化模式；检讨科学化之弊，重建史学与时代的关联。其史学建树体现了“现代史学”运动科学性与现实性的特征，反映了中国史学现代化演进的多元面相。

关键词： 陈啸江　“现代史学”运动　现代化　科学化

近代以降，中国传统史学逐渐迈向现代化、科学化之路。1902 年，梁启超发表《新史学》一文，抨击传统史学的“四弊”“二病”，开了中国史学现代化转型的先河。然而，其史学革命作为当时政治运动的一部分，随着辛亥革命的落幕而走向衰落。1920 年代，继之而起的是以胡适、顾颉刚及傅斯年为核心的新考据派，他们强调科学方法，注重实证研究，吟尚“为学问而学问”。1930 年代初，由现实革命运动催生的马克思主义史学经社会史论战而蓬勃发展。与此同时，中山大学史学系师生在岭南发起一场声势浩大的“现代史学”运动，旨在推动中国史学的现代化和科学化。陈啸江便是“现代史学”运动①的代表性人物。

---

* 本文为 2021 年国家社会科学基金青年项目“‘现代史学’派与 20 世纪中国史学现代化演进”（2021110671）的阶段性成果。

① “现代史学”运动由国立中山大学史学系主任朱谦之在 1932 年底发起，提倡史学研究的现实性和科学性，是一场持续十年之久的新史学运动。关于“现代史学”运动与“现代史学”派，详参殷飞飞《民国时期中山大学“现代史学”运动探研》，博士学位论文，山东大学，2020。

陈啸江又名陈国治，福建闽侯人，1930~1932年就读于厦门大学历史系，与傅衣凌、庄为玑[①]有同窗之谊。受社会史论战的影响，他们共同组织厦大历史学会并出版了《史学专刊》。陈啸江在《史学专刊》上发表了其处女作《新中国的新史学运动》，首次提出建设新史学的主张。[②] 1932年9月，陈啸江转入中山大学史学系，恰逢史学系主任朱谦之发起“现代史学”运动，陈啸江积极参与并负责编辑《现代史学》杂志，成长为“现代史学”运动的一员主将。

近年来，陈啸江的史学研究成果日益受到学界关注，[③] 但鲜有论作系统探讨陈啸江与“现代史学”运动。作为这场运动主将的陈啸江在“现代史学”运动中发挥了什么作用，对中国史学现代化演进产生了怎样的影响，此即本文立意要回答的问题。

一　批评单一考证，主张社会科学化

自梁启超发起史学革命以来，不同时期、不同类型的新史学流派纷纷借助西学更新史学研究的方法、内容、工具和宗旨，以此构建现代史学的科学化范式，推动中国史学的现代化演进。所谓史学科学化，大概又分为两种路径：重视实证的自然科学化路径和主张诠释的社会科学化路径。“现代史学”运动积极寻求历史学与社会科学结盟，朱谦之为此在史学系发起一场以社会科学化为中心的课程改革。[④] 作为课程改革的亲历者，陈

---

① 庄为玑（1909~1991），字文山，福建泉州人，考古学家、海外交通史专家，1933年毕业于厦门大学历史系并留校任教。

② 陈啸江新史学运动提倡建立历史的社会基础、科学基础和实用基础，这与“现代史学”运动旨趣不谋而合。

③ 涉及陈啸江史学理论研究的论作如朱发建《中国近代史学“科学化”进程研究》，湖南师范大学出版社，2005，第191、197、200页；蒋俊《中国史学近代化进程》，齐鲁书社，1995，第217、218页；曹天忠、杨思机《“现代史学派”与中国现代史学的“社会科学化”》，《思与言》2006年第2期。讨论陈啸江社会经济史研究的论作如陈峰《民国史学的转折——中国社会史论战研究（1927—1937）》，山东大学出版社，2010，第110~132页；阮兴《〈食货半月刊〉与中国经济社会史研究》，中国政法大学出版社，2016，第132~136、152页；刘小云《学术风气与现代转型》，生活·读书·新知三联书店，2013，第219、260~267页；苏钱《陈啸江与中国社会经济史研究》，硕士学位论文，华东师范大学，2015。此外，学界还编辑了陈啸江文集，王传编校《陈啸江史学论文集》，上海古籍出版社，2018。

④ 详见曹天忠、杨思机《“现代史学派”与中国现代史学的社会科学化》，《思与言》2006年第2期。

啸江的“现代史学”建设自然打上了社会科学化的烙印。

从20世纪初期梁启超发起“新史学”革命，至1920年代“科玄论战”，再到1930年代社会史论战，关于历史学属性的争论持续发酵、愈演愈烈。朱谦之宣称“历史虽不同于自然科学，仍然成其为社会科学之一，历史法则虽不同于自然法则，仍然有他独特的历史法则”。[①] 在老师的影响下，陈啸江也主张历史学是“探讨人群演化历程（并包过去、现在、未来）之法则的独立的科学”。[②] 师徒二人对史学社会科学属性的强调，主要针对宣称“史学便是史料学”的傅斯年一派。1920年代，北平学界弥漫着考据训诂之风，傅斯年认为“史学的工作是整理史料，不是作艺术的建设，不是做疏通的事业”。[③] 陈啸江批驳道：“所谓史料，若就其性质而言，与供给其他科学实验或研究的材料，毫无二致。所以，把史料学认做史学本身的人，与把实验室里陈列的材料认做科学，是同样可笑的。”“若把其重要性误认为同一性，结果不至否认历史是不止的。”[④] 陈啸江不否认史料的重要性，但反对将历史学降格为史料学，认为史料只是历史学的辅助学科。

在陈啸江看来，偏狭、零碎的考据学不能满足人们对完整而系统的历史知识的要求，只有借助社会科学理论方法的指导才能厘清事件之间的联系，认识历史变迁的规律。为此，他推崇多元的历史哲学理论，提出相对主义、唯物论辩证法和统计法是与“新史学有生死关系的三种理论”。其一，相对主义理论[⑤]使历史学像其他科学一样可以再验，为其成为一门科学提供了可能。其二，唯物论辩证法本身由历史研究得来，反过来用于考察历史便可“权衡一切事物，而理清其本来面目”。以前人们常常在故纸堆中评判、考辨事物的真伪，这样对科学的真实性有点可疑，现在则以唯物论辩证法作为“最高的思维原则”。其三，统计法的应用使新史学的科

---

① 朱谦之：《历史科学论》，《现代史学》第2卷第3期，1935年1月。关于朱谦之对历史学科学属性的论述，详参周文玖《朱谦之的史学理论及其史学史研究——以在中山大学的教研活动为中心》，《齐鲁学刊》2005年第1期。

② 陈啸江：《建立史学为独立的法则的科学新议》，载蒋大椿主编《史学探源——中国近代史学理论文编》，吉林教育出版社，1991，第542~545页。

③ 傅斯年：《史学方法导论》，中华书局，2015，第3页。

④ 陈啸江：《建立史学为独立的法则的科学新议》，载蒋大椿主编《史学探源——中国近代史学理论文编》，吉林教育出版社，1991，第531页。

⑤ 相对主义思潮兴起于20年代，作为实证主义史学思潮对立面出现的相对主义理论，“强调史学的主观性，重视理论的探讨和史观的建构，倡导史学的实用性”。（张书学：《中国现代史学思潮研究》，湖南教育出版社，1998，第35页）

学性更为巩固。根据统计齐一之法则，由事物一部分现象便可推及其整体状况；根据大量不变之法则，可得出事物具有的普遍规律和发展大势。[①]陈啸江提倡相对论与唯物论互补，辩证法与统计法并存，这体现了“现代史学”运动多种理论兼容并包的社会科学化色彩。

事实上，当时占据主流地位的新考据学人对社会科学化并不认同。傅斯年对社会科学的方法就非常抵触，他在1933年明确反对中研院将史语所和社会科学研究所合并。[②] 1942年，陈啸江申请中华教育文化基金会科学研究补助金，其倾向于社会科学化的史学研究计划被傅斯年斥责为“空洞无当”而根本不知史学研究为何物。[③] 然而，1930年代以后，社会科学化已经发展为一股势不可挡的潮流。北京大学、清华大学、中山大学、厦门大学等高校史学系都陆续开启史学社会科学化改革，陈啸江等新派青年学人无疑成为课程改革的亲历者。他们接受了专业的社会科学理论方法的训练，其“现代史学”研究从根本上促进了传统考订学转向叙述和分析层面。

二　反思社会史论战，推动社会经济史转型

20世纪20、30年代之交，社会史论战声势浩大地开展起来，产生了广泛的影响。对于依然充斥着“非考据不足以言学术”氛围的北平史学界，“面对学生的演讲如果不涉及社会性质之类的问题，就很可能会被轰下台”。[④] 继社会史论战高潮之后，《现代史学》杂志率先成为社会经济史研究路数反思与转折的阵地。[⑤] 陈啸江服膺唯物史观，在“现代史学”运动中尤其推崇社会经济史研究，因此而密切关注论战动向。[⑥] 他认为社会史论战总体而言能扫清不正确和不负责的言论，适合辩证的原则，逐渐将

① 陈啸江：《新中国的新史学运动》，《厦大周刊》第12卷第13期，1932年12月。

② 王学典、陈峰：《二十世纪中国历史学》，北京大学出版社，2009，第77、78页。

③ 傅斯年致中华教育文化基金董事会1942年5月19日，傅斯年档案，I. 266。引自潘光哲《傅斯年与吴晗》，《“傅斯年与中国文化”国际学术讨论会论文集》，2004。详见桑兵《近代中国的新史学及其流变》，《史学月刊》2007年第11期。

④ 桑兵：《近代中国的新史学及其流变》，《史学月刊》2007年第11期。

⑤ 关于“现代史学”派与社会经济史研究的转向，详见殷飞飞、陈峰《“现代史学”派与中国社会经济史研究的转向》《山东大学学报》（社会科学版）2020年第3期。

⑥《读书杂志》推出中国社会史论战专号，出版了四辑论战专题文章。陈啸江的文章本在入选之列，但由于篇幅过长，不得不临时被抽下。详见《编后》，《读书杂志·中国社会史论战第四辑》第3卷第3、4期合刊，1933年3月。

问题引到解决之路，但也缺乏学术合作的精神，搜集材料不够充分，所论争的议题往往范围太大，甚至在一篇短文中要泛论上下古今数千年的大事。[①] 具体而言，陈啸江对社会史论战的反思与深化主要表现在以下几点。

首先，批判公式化、简单化运用唯物史观。社会史论战将社会经济史研究推向高潮的同时也致使其研究路径存在若干症弊，最突出的问题是机械化运用唯物史观。陈啸江强调，唯物史观可信的地方很多，但并不是世界上唯一的科学理论，运用唯物史观时需“抽去其夸大的不合理的地方，阐明其特殊的未说及的部分，在一个原则之下，要容纳若干可能的小原则，补充若干的新原则，这样才不至有公式化的危险”。[②] 论战中很多学者主张生产方式决定社会发展形态，地理环境等其他因素只是起了边缘性作用。但陈啸江却指出，与生产方式相关的主要因素如劳动力、劳动手段、劳动对象各自有社会和自然的侧面，“而最初在历史上发生作用的，又每是自然的侧面”。[③] 也就是说，社会形态并非由生产方式简单决定，地理等自然因素也制约其发展。

参与社会史论战的部分学者受公式主义的影响，认为西方的历史分期公式同样适用于中国，奉马克思主义政治经济学理论为圭臬，尤其重视马克思在《〈政治经济学批判〉序言》中关于社会分期的论述——“亚细亚的、古代的、封建的和现代资产阶级的生产方式可以看作是经济的社会形态演进的几个时代”。[④] 关于秦汉迄于鸦片战争以前这段时期的社会性质，许多论战者将之归于封建社会或部分封建社会。[⑤] 陈啸江另辟蹊径，认为西方封建社会结束后进入资本主义社会，而中国自秦汉开始便走上了佃佣社会的独特道路。佃佣社会农业生产技术高度发达，地主和佃农之间签订契约为主要生产关系，是一种独立的非过渡型的特殊社会形态。关于陈啸

① 陈啸江：《中国社会经济史研究的总成绩及其待决问题》，《社会科学论丛》第3卷第1期，1937年1月。

② 陈啸江：《建立史学为独立的法则的科学新议》，载蒋大椿主编《史学探源——中国近代史学理论文编》，吉林教育出版社，1991，第536页。

③ 陈啸江：《中国地理对于中国经济史特殊发展之影响——“中国历史何以不能发生产业革命”之地理方面的解释》，《中山学报》创刊号，1941年11月。陈啸江的这种观点一定程度上受哥伦比亚大学国际社会研究所主任魏特夫的《地理学批判》（1929）一书的影响。

④ 《马克思恩格斯选集》第2卷，人民出版社，1995，第33页。

⑤ 如郭沫若认为春秋到清是封建社会，吕振羽主张秦至清中叶为封建地主制社会，翦伯赞、李达、邓拓赞同西周至鸦片战争之前为封建社会，马乘风也将周至清视为封建社会，熊得山认为夏代至最近都是延续的封建状态。

江的佃佣社会说，支持者如出身于厦门大学的王师复认为，对于封建社会结束后中国走上了一条怎样的歧路及何以走上歧路的问题，陈啸江的“见解比较近理”。[①] 傅衣凌评价道，公式主义的唯物史观“视中国社会及文化所在进展阶段甚低”，而佃佣社会说却能在“物的基础上给中国社会及文化以正确的位置”。[②] 反对者如清华大学杨联陞认为，中国社会发展形势是否特殊到需要为它另立一个名目还需要讨论。[③] 傅安华也批评佃佣社会的理论“根本全不能成立，用来解释中国社会更有些无稽了”。[④] 虽然学界对佃佣社会说褒贬不一，但此说可视为以陈啸江为代表的“现代史学”派学人对中国社会发展形态特殊性的早期探索。

其次，率先反思社会史论战中形成的宏观经济史、理论经济史路向，主张史料与理论兼顾、断代史与专题史并重，推动经济史研究的专业化和科学化。《现代史学》杂志在 1933 年第 1 卷第 3、4 期（合刊）率先发布“中国经济史专号”，集结了一批反思社会史论战、深化经济史研究的专题论文。朱谦之声明：“本期专号特别提出‘经济史研究’为现代史学之一大目标。”[⑤] 陈啸江率先检讨了论战期社会社会经济史研究存在的问题，呼吁重视资料搜集，注意细密研讨，力图转向精耕细作的专业化研究模式。1936 年，他先后推出两部断代经济史研究专著——《西汉社会经济研究》和《三国经济史》。《西汉社会经济研究》摒弃了论战时期经济史研究的长时段模式，详细考察了西汉时期农业生产技术及生产关系的发展情形、分配与消费的特征、商人资本的转化过程、佃佣社会的推移等具体的经济史实。“博引深思，鞭辟入里”“立说虽新而言皆有证”。[⑥]《三国经济史》被誉为继陶元珍《三国食货志》[⑦] 之后具有开创性的著作，是第一部研究三国经济史的学术专著。[⑧] 陈啸江书中引用了《三国志》等大批原始材料，

① 王师复：《中国社会与海军》，载翁军、马骏杰编著《民国时期中国海军论集》，山东画报出版社，2014，第 246 页。

② 傅衣凌：《中国佃佣制评论——关于佃佣社会说之意见》，《现代史学》第 2 卷第 1、2 期，1934 年 5 月。

③ 杨联陞：《陈啸江〈西汉社会经济研究〉的一斑》，《食货》第 4 卷第 6 期，1936 年 8 月。

④ 傅安华：《关于奴隶社会理论的几个问题》，傅安华著，安冰整理《傅安华史学论文集》，黄山书社，2010，第 194 页。

⑤ 朱谦之：《经济史研究序说》，《现代史学》第 1 卷第 3、4 期合刊，1933 年（月份不详）。

⑥ 《〈西汉社会经济研究〉出版预告》，《现代史学》第 2 卷第 1、2 期合刊，1934 年 5 月。

⑦ 陶元珍：《三国食货志》，商务印书馆，1935。

⑧ 余鹏飞：《二十世纪中国大陆三国经济史研究述评》，李凭：《魏晋南北朝史研究回顾与探索——中国魏晋南北朝史学会第九届年会论文集》，湖北教育出版社，2009，第 70、71 页。

邹鲁肯认为，“陈君这本书在资料方面，已极尽征引的能事，解释的眼光，尤有独到之处”。[①] 谷霁光评价道，《三国经济史》资料丰富、研究细密，说明中国经济史研究已走上正轨。[②]

三　检讨科学化之弊，重建史学与时代的关联

20世纪初期，“科学主义”盛行，中国学术界由此开启了一场科学启蒙和变革。“科学化”亦成为现代史学发展的主流趋势。梁启超率先提出“历史者，叙述人群进化之现象，而求得其公理公例者也”，[③] 主张科学的历史学旨在求得公理公例。随着新文化运动对“民主”“科学”的宣传，时人对“科学”的认识逐渐深化，史学界也从重视“史观”转变为注重“史法”。[④] 作为新文化运动主将的胡适引进了杜威的实验主义及赫胥黎的存疑主义，提倡运用科学的方法整理国故。傅斯年受胡适科学方法治史的影响，推崇实证主义，力图将历史学建设成如生物学、地质学一样的自然科学。实证主义方法遂取代公理公例成为评判史学科学与否的标准。这种崇尚实证的自然科学治史路径受到“现代史学”运动的批判。“现代史学”提倡史学研究要揭示公理公例，关怀社会现实，发挥史学经世致用的社会功能。

在陈啸江看来，宣称自然科学方法治史的胡、傅新考据学最大的弊端是与时代脱轨。他批评整理国故运动的结果“只是书肆里多出版一两本新书，而我们研究的结果，则能立即与现实生活发生关系”。[⑤] 认为新考据派“始终跳不出考古学，考据学底圈子”，把历史看作“破罐子”，只做些修补工作，“完全与现实脱离关系者然，宁不痛心至极！”[⑥] 继而申明，“现代史学”的意义在于“鉴古知今，知今捉来”，最大的特征是现实化，是“为人生而学问，而不是为学问而学问”。[⑦] 现代社会何故尚有封建势力？为何没有踏上资本主义道路？为何被帝国主义铁蹄蹂躏？当下的社会经济

① 陈啸江：《三国经济史·邹序》，国立中山大学文科研究所，1936，第1页。

② 谷霁光：《〈三国食货志〉、〈三国经济史〉（书评）》，《政治经济学报》第5卷第2期，1937年1月。

③ 梁启超著，夏晓虹、陆胤校《新史学》，商务印书馆，2014，第95页。

④ 朱发建：《中国近代史学“科学化”进程研究》，湖南师范大学出版社，2005，第60页。

⑤ 陈啸江：《新中国的新史学运动》，《厦大周刊》第12卷第13期，1932年12月。

⑥ 陈啸江：《编后》，《现代史学》第1卷第3、4期，1933年。

⑦ 陈啸江：《新中国的新史学运动》，《厦大周刊》第12卷第13期，1932年12月。

性质怎样？病源在哪里？陈啸江认为这些与社会现实密切相关的问题，需借助唯物辩证法等社会科学理论才能一一寻找来源，从而有圆满的解释。

尤其在抗战时期，“现代史学”运动的现实性指向对唤醒民众的爱国思想，抵御外来侵略有重大意义。《现代史学》杂志批判道，从“塘沽协定”至伪满洲国的建立，在民族危亡的关头“却有人卖弄迷古的情调，高倡复古的口号”，而忘记了历史“以寻求现代性的问题为中心”的任务。[①] 1940 年，陈啸江在《从社会史观点考察五四运动》一文里指出，中国近百年来因外受帝国主义的侵略、内受封建势力的阻碍，始终未能正常走上现代化即资本主义化道路。历来的各种文化运动、政治运动无一不是以反帝反封建为对象的，但从太平天国运动到五四运动，我们始终未能摆脱这两重枷锁而独立起来。在民族危亡的今日来纪念五四运动，目的是“重新鼓起五四运动的勇气，来完成历史所给予我们的两个重大的任务”。[②] 可以说，1937 年全面抗战以前的史学界主要受西方实证史学影响，科学的历史学等同于纯粹的史料学。全面抗战发生后这种考古考证的风气急剧转变，史学回应时代需求、追求现实关怀已经成为科学的历史学义不容辞的使命。正如朱谦之所说，“现代史学与从前史学的不同，即在从前史学以‘考古’为目的，现代史学则以‘考古’为方法，而以‘考今’为目的”。[③] 实证考古只是史学研究的方法，诠释现代才是其最终目的和意义。

四　余论

中国史学现代化演进几经流变，其中有三次变革最具里程碑意义：第一次以梁启超的《新史学》为主，第二次是胡适提倡的整理国故运动及傅斯年创建的史语所，第三次是马克思主义史学的勃兴。[④] 1930 年代，新考据派史学与马克思主义史学彼此泾渭分明、互相鄙弃。鉴于此，旨在综合两派之长的“现代史学”运动应运而生。[⑤] 事实上，会通各路新史学流派

① 《编后告读者君》，《现代史学》第 2 卷第 1、2 期，1934 年 5 月。

② 陈啸江：《从社会史观点考察五四运动》，《读书知识》第 1 卷第 2 期，1940 年 5 月。

③ 朱谦之：《考今》，《现代史学》第 5 卷第 1 期，1942 年 6 月。

④ 王汎森：《引论：晚清的政治概念与“新史学”》，载罗志田主编《20 世纪的中国：学术与社会 史学卷（上）》，山东人民出版社，2001，第 1 页。

⑤ “如以考证考古派的方法为‘正’，则史观派为‘反’，而‘现代史学’就是‘合’。”引自朱谦之《奋斗廿年》，《朱谦之文集》第 1 卷，福建教育出版社，2002，第 79 页。

是当时中国史学现代化演进的大势所趋。1937 年抗日战争全面爆发，不同史学流派融合的趋势愈加明显。正如周予同所论，“七七”事变以来，史学发展“大概不出于撷取疑古、考古、释古三派的优点，加以批判的综合，而渗透以高度的争取民族解放的信念”。①

高举科学化与现实化旗帜的“现代史学”运动持续十年之久，陈啸江在这场运动中起到了先锋作用。他负责编辑《现代史学》杂志，为“现代史学”运动摇旗呐喊；率先向占据主流史学地位的新考据派发难，批判他们将史学研究等同于辨伪考证；以形塑社会经济史研究的专业化、科学化范式为己任。随着抗日战争的胜利和新中国的诞生，马克思主义史学逐步发展壮大，“现代史学”运动随之搁浅。改革开放以后，史学界迎来百舸争流的新气象，经济史、社会史及文化史全面复兴，崇尚学科交叉的史学社会科学化潮流势不可挡，在某种程度上重新接续了 1930 年代陈啸江“现代史学”运动未竟的使命。

① 周予同：《50 年来中国之新史学》，载王学典、陈峰《二十世纪中国史学史论》，北京大学出版社，2010，第 142 页。

冲击与回应下的马克思主义史家历史教学活动

——以抗战时期的广西地区为中心

陈　澄

（北京师范大学历史学院，北京　100875）

摘　要：马克思主义史家群体在抗战时期频繁进入广西地区，展开历史教学。史家们主动回应复杂局势裹挟而来的冲击与机遇，在任教动机、就任途径和教学生态上因应施策。而在跌宕起伏的状态背后，是中国共产党对马克思主义史家一以贯之的支持，以及史家们担负起“战士”和“学者”的双重身份，始终坚持历史教学的现实性与学术性并存。

关键词：抗日战争　广西地区　马克思主义史学　历史教学

自九一八以来，马克思主义史家面对外患日亟、山河破碎，纷纷走出书斋，以笔做刀、以舌为枪。他们不仅著书立说来唤醒读者，有的直接走上教学第一线。以往对战时马克思主义史家及其历史教学活动的研究，以重庆、延安两地为主，极少提及广西地区。[①] 广西虽不比沐浴红色革命的

① 涉及马克思主义史家在延安地区历史教学活动的研究有，张剑平的《延安时期的干部历史教育》（《中国农业大学社会科学学报》1996年第1期）、洪认清的《抗战时期延安干部的历史教育》（《史学理论研究》2005年第1期）、田亮的《抗战时期史学研究》（人民出版社，2005）、胡占军的《中国共产党历史教育思想与实践研究》（中共中央党校出版社，2006）、于泳的《抗战时期延安地区马克思主义的史学研究》（北京师范大学硕士学位论文，2014）、石玉的《中国革命根据地教科书研究》（知识产权出版社，2015）等。涉及马克思主义史家在重庆地区历史教学活动的研究有，于文善的《抗战（转下页注）

延安，但也不同于直面白色恐怖的重庆。它是国统区里地方势力的聚集地、白色恐怖下的空白点、抗战时期的文化中心。马克思主义史家在广西的历史教学活动，也因地制宜地展现出鲜明特点。对广西地区历史教育活动的深入探究，将有利于补充对马克思主义历史教育多样性的认识。

一　流动与凝结：马克思主义史家团体在广西的活动概貌

以时间为线索，按照教育机构的不同，马克思主义史家在广西地区的历史教学活动可被大致分为三个时期。

1932 年至 1939 年是第一时期，马克思主义史家主要依托广西师范专科学院（以下简称“广西师专”）和广西大学文法学院（以下简称“西大”）展开历史教学。其中以 1934 年为界，前期以担任广西师专校长的杨东莼为核心；后期在教务长陈此生的带领下，邓初民与熊得山进入广西师专任教，分别教授中国社会史和中国通史。1939 年初至 1940 年底是第二时期，杨东莼和张健甫以培养当地新型干部的广西地方建设干部学校（以下简称“地干校”）为阵地，当时杨东莼任教务长，张健甫教授中国近代史。同期在桂地独立活动的还有汪士楷。他先是在 1940 年至 1941 年任国民党中央军第六分校黄杰校长夫妇的私人教师，随后又至国立桂林汉民中学任高中历史教员，教授中国史和世界史。1943 年至 1945 年是第三时期，马克思主义史家的历史教学阵地转移至广西国立桂林师范学院（以下简称“桂林师院”）①，陈竺同、宋云彬、汪士楷、谭丕模先后到校任教。

这些马克思主义史家，可按是否具有中共党员身份，划分成两类。其中作为公开或秘密的中国共产党员进行历史教学活动的马克思主义史家的有杨东莼和谭丕模。属于左翼进步史家的有陈竺同、宋云彬、汪士楷、张健甫、陈此生、熊得山、邓初民等。这些史家大多曾在中国共产党成立早

（接上页注①）时期重庆马克思主义史学研究》（华东师范大学博士学位论文，2011）、孙旭红的《抗战时期重庆马克思主义史学成果的传播》（《抗战史料研究》2013 年第 2 期）、谢辉元的《抗战时期国统区的马克思主义史学家群体》（《史学月刊》2015 年第 8 期）等。以马克思主义史家在广西地区的活动情况为研究对象，并进行集中探讨的，仅看到谢辉元《抗战时期桂林地区马克思主义史学家群体》（《广西社会科学》2016 年第 9 期）一文。

① 注意区别广西国立桂林师范学院（简称“桂林师院”）与广西胜利桂林师范学校（简称“桂林师范”）。前者是培养当地中等师资和教育行政人员的高等学校，后者是培养当地小学师资的学校。

期成为共产党员，但或在大革命失败后与党组织失去联系（如陈竺同、宋云彬），或在党内因左倾路线迫害而脱党（如张健甫），或因被视为参与“托派”活动而被开除党籍（如汪士楷），或党籍情况不明（如熊得山）。也有如邓初民这样在抗战期间一直接受中国共产党领导但直至新中国成立后才申请入党，以及陈此生逝世后被追认为共产党员的情况。尽管不少史家并不拥有共产党员身份，但都矢志不渝地在学术上以唯物史观为指导，在政治上追随马克思主义和中国共产党的革命道路。为直观展现这些史家早年学习与政治经历和在桂历史教学活动概况，制作了表1。

表 1

姓名和政治面貌	早年学习与政治经历	在桂历史教学活动概况
杨东莼（1900~1979）；中共党员	原名岂匏，号人杞，曾用名罗东莼，湖南醴陵人。 1919年进入国立北京大学文预科，其间参与五四运动、组织创办马克思学说研究会等。1923年加入中国共产党后不久与党组织失去联系，1925年重新入党。1927年大革命失败后与党组织失去联系，被迫游学日本并继续研究、著译马克思主义著作。1935年第三次入党，1942年冬与党组织再次失联，直至1961年重新入党。①	1932年任广西师专校长，直至1934年4月被桂系“辞职照准”，离开师专。 1939年初，担任地干校教育长，直至1940年5月第二次反共高潮前主动辞职离校。
谭丕模（1899~1958）；中共党员	曾用名谭洪，号披曚，笔名洛如、一泓、千因、孤君、曙光等，湖南祁阳人。 1922年进入北平高等师范学校国文系学习，开始接触马克思列宁主义。1930年，与吕振羽等人组织东方问题研究会，创办进步杂志《新东方》。1935年，组织北平自由职业者大同盟并任组织部长。1937年，与翦伯赞、吕振羽等人组织中苏文化协会湖南分会，任协会理事兼秘书。1937年底加入中国共产党。1942年因湖南溆浦地下党组被严重破坏，与党组织失联，直至1950年重新入党。②	1945年2月起，任桂林师院国文系主任，以其所著《中国文学史纲》为讲义，教授“中国文学史”课程。
陈此生（1900~1981）；中共党员（逝世后被追认）	1914年进入黄埔海军学校学习，但偏爱历史和文学，学习五年后因闹学潮而被学校革除。1928年，在杜君慧（中共早期党员）的引导下开始接触并系统学习马克思主义，1933年加入“左联”。1981年逝世后，中共中央追认其为中共党员。③	1935年，受广西时任省教育厅厅长李任仁邀请，出任广西师专教务主任一职。1936年广西师专解散后并入西大后不久，随后因广西政治气氛恶化而辞职离桂。

续表

姓名和政治面貌	早年学习与政治经历	在桂历史教学活动概况
邓初民（1889~1981）；左翼民主人士（新中国成立后入党）	原名邓经喜，字昌权，曾用名邓希禹，笔名田原、肥豚，湖北石首人。 1912年进入江汉大学，开始接触社会主义。1913年进入东京政法大学攻读政治学，受河上肇影响，接触马克思主义著作。在日期间结识林伯渠、李大钊等人。1926年，经董必武引导，开始接受党的直接领导。1928年，与李达等人创办《双十》月刊，开始系统钻研马克思主义。1930年，与熊得山、朱镜我等人创办由中国共产党领导的革命文化团体“社会科学家联盟”，并任联盟主席。直至1962年，加入中国共产党。[4]	1936年初至1937年夏，先后执教于广西师专和广西大学文法学院，以其所著《新政治学大纲》和《社会发展史纲》为讲义，教授政治学和中国社会史。
熊得山（1891~1939）；前中共党员	幼名学峻，又名康年，字子奇，湖北江陵郝穴人。 1907年赴日留学，先后就读于弘文学院和明治大学，并加入同盟会。1911年参加辛亥革命。五四运动后与胡鄂公等人创办马克思主义研究会，潜心探究马克思主义理论。1921年与胡鄂公等人在北京组织中国共产同志会，次年秋加入中国共产党。1923年受胡鄂公受贿问题牵连而被停止组织生活，至迟在第一次国共合作前党组织生活得到恢复。但此后党籍情况不详。[5]1929年，与李达、邓初民等人开办昆仑书店。1930年，与邓初民、朱镜我等人创办由中国共产党领导的革命文化团体“社会科学家联盟”。	1935年起先后在广西师专和西大任教。其间，以其所著《中国通史讲义》（即2007年出版的《中国社会史论》）为讲稿，教授中国通史课程。1939年2月于桂林病逝。[6]
张健甫（1898~1955）；前中共党员	曾用名张怀万、江汉波，又名张幄筹，湖北平江人。 1924年5月加入中国共青团，1925年加入中国共产党，历任中共河南省委秘书、安徽省委宣传部长和代理省委书记。1930年因与刘士奇等人就赣西南土地问题等发生激烈争论，于二七会议后离开党组织，并投身文化教育事业。[7]其政治名誉于十一届三中全会后恢复。	1939年至地干校任教，并在杨东莼1940年5月离校后，接任地干校代教育长一职，直至地干校停办。在校期间讲授“中国近百年史”课程，该课程讲稿于1940年整理成书《中国近百年史教程》发行，由广西省政府通令用作初中历史选修课本。

续表

姓名和政治面貌	早年学习与政治经历	在桂历史教学活动概况
陈竺同（1898~1955）；前中共党员	原名陈经，字啸秋，浙江温州人。 1919年进入南京支那内学院，师从佛学大师欧阳竟无学习印度哲学。1927年加入中国共产党，大革命失败后因遭通缉而脱党。1928年赴日留学，进入东京帝国大学研究院，专攻中印文化交流史。⑧	30年代受杨东莼邀请，离沪赴桂，进入广西师专任教。 1943年，任桂林师院史地系首任系主任兼历史教授，教授“亚洲诸国史”等课程。
宋云彬（1897~1979）；前中共党员	字佩韦，笔名宋佩韦、无我，浙江海宁人。 1924年加入中国共产党。1926年调任黄埔军校政治部编纂股长，并结识周恩来、恽代英、萧楚女等中共党人。“七一五”反革命事变后脱党，专心出版事业。1935年参加上海文化界救国会，再次投身政治社会活动。1938年就任于武汉国民政府军委政治部第三厅，与老舍等人创办中华全国文艺界抗敌协会。⑨1957年被错定为右派分子，1979年得以平反。	1943年至桂林师院任历史教授，开设“中国近代史”课程。1944年撤离至重庆。
汪士楷（1894~1959）；前中共党员	曾用名汪泽楷，化名杜叔林、杜竹君，笔名孤竹、万武之，湖南醴陵人。 1917年考入湖南省立法政专校。1918年开始接触、信仰马克思主义。1919年留法期间秘密加入法国共产党，并介绍邓小平入党。1923年在莫斯科东方大学学习期间转为中国共产党。1928年因在中共六大上的发言，被视为陈独秀的代言人，次年被开除党籍。随后加入陈独秀创办的“无产者社”，直至1931年主动宣布与该社脱离关系。1935年遵义会议后毛泽东在党内领导地位得到确定，汪士楷决心成为党外追随者，直至去世。1958年因“历史反革命罪”被捕，1979年撤销错误判决并恢复政治名誉。⑩	1933年8月应杨东莼校邀请，化名杜敬斋至广西师专，教授政治经济学，直至1934年清明节前夕离开。 1940年再次进入广西，为国民党中央军第六分校黄杰校长夫妇作私人教师，讲授社会发展史和诗经。 1941年被聘为桂林国立汉民中学高中历史教员，教授中国史和世界史。 1944年受陈竺同邀请，至桂林师院讲授世界史。

注：①杨东莼的生平经历由《湖北民进人士》《杨东莼大传》等整理而来。其在广西师专和广西地干校的教务教学工作可参考《杨东莼论文卷》《杨东莼专著卷》《民国师范：民国时期广西师范大学教授故事集》《师大故人》《三十年代广西师专》等著作。

②谭丕模的生平简历系参稽《湖南历代人名词典》和谭丕模子女在《国立桂林师范学院实录》中的回忆而成。其在桂林师院的教学活动参看《师大故人》《民国师范：民国时期广西师范大学教授故事集》。

③陈此生的生平经历，可参看《文史资料选编第37辑》中《我的自述》一文。其在广西师专的教务教学活动可参考《桂林文史资料第20辑》《师大故人》等著作。

④有关邓初民生平简历，可参考《中国近现代高等教育人物辞典》和《邓初民传略》。其在广西桂林的历史教学活动可参考《师大故人》《抗战时期文化名人在桂林》《桂林文史资料第37辑》等。

⑤关于熊得山的党籍问题多有争论。有研究认为熊得山不久后脱党，但也有人认为目前并无在第一次国共合作后的证实熊得山与中国共产党关系的权威资料，故无法确定熊得山是否脱党或保留党籍。详细情况可参见《熊得山：早期的社会活动者》。

⑥关于熊得山的生平，可参看《湖北省志人物志稿》第2卷、《江陵文史资料第一辑》。其在桂林地区的历史教学经历系参考《民国师范：民国时期广西师范大学教授故事集》《师大故人》等多种史料而来。

⑦关于张健甫的简历，系参考《平江县志》《江汉波，为何从职业革命者转身学者》等整理而来。其在广西桂林的学术活动可参见《桂林抗战文化研究文集6》《桂林抗战文化综论》《广西文史资料选辑第17辑》。

⑧陈竺同的简历主要依据《温州市志》，其在桂林师院的历史教学活动由对《师大故人》《忆吾师陈竺同先生》《国立桂林师范学院实录》等参稽而来。

⑨《影响中国的海宁人》中对宋云彬的生平做了清晰记载，可做参考。其在广西桂林的学术和教学活动由《师大故人》《宋云彬日记》等爬梳而来。

⑩关于汪士楷的生平，可参考《湖南省志·第三十卷·人物志·下册》《株洲文史·第17辑·劳人汪泽楷》《劳人日记》《劳人汪泽楷》等。其在桂林师院的历史教学活动依据《株洲文史·第17辑·劳人汪泽楷》《民国师范：民国时期广西师范大学教授故事集》《师大故人》《国立桂林师范学院实录》中的回忆资料整理而来。

二　波峰与波谷：马克思主义史家面对多变局势的因应

在目不暇接的人员去留和阵地更替背后，是马克思主义史家及其历史教学活动在任教动机、就任途径和教学生态上的波动变化。这些变化三位一体，都源于广西复杂局势与马克思主义史家间微妙的双向互动。

（一）任教动机：从传播革命到抗日救亡再到躲避兵燹

马克思主义史家因其不断变动的任教动机来到广西，来去匆匆却又前赴后继。在广西师专、西大和地干校时期，马克思主义史家有着明显的革命性任教动机，力求改造社会、救亡图存。1937年前，马克思主义史家希望的是打开广西年轻人的头脑，传播马克思主义的进步思想，将民主之风带入偏隅桂地。在广西师专的开学典礼上，杨东莼称自己“远从上海来，一不是想来赚钱，二不是想来培植个人势力”，而是要在偏僻荒凉的广西传播马克思主义、点燃革命的星星之火。[①] 当时与杨东莼共事的经济学家

① 周洪宇等：《杨东莼大传》，华中师范大学出版社，2014，第107、110、112页。

薛暮桥，在回忆时也称："杨东莼办学的目的，是培养一批信仰马克思主义的革命青年。"① 陈此生在收到师专邀请后，与邓初民等人商量，"认为利用李宗仁、白崇禧和蒋介石的矛盾，向青年们灌输一些新思想，还是有益的"②，才下定决心奔赴广西。这一时期马克思主义史家是为未来播撒思想的火种。1937 年后的西大和地干校期间，史家们的任教动机进一步具化为通过宣传进步思想，培植抗日救亡的革命力量。"八一三"事变后，抱病之躯的熊得山坚持由沪赴西大任教。他对友人说："日军已深入中国，这是每一个中国人都应该站在自己的岗位，抱着牺牲决心而积极抵抗的。"③ 杨东莼称自己愿"再作冯妇"，担任地干校教育长，就是要将进步文化人士安排进地干校，好在当地培养真正的抗日骨干。④

桂林师院期间，史家们的任教动机除了抗日救亡，更多了对躲避战乱和补贴家用的考量。这在后人对多位史家的追忆中，不约而同地得到印证。谭丕模在欣然前往桂林师院任教时，正因没有经济来源而生活困顿。⑤ 同样因生活拮据而希望谋得教职的还有宋云彬，以及因新添女儿而生活艰难的汪士楷。

（二）就任途径：从桂系礼聘到学者抱团

以皖南事变为界，马克思主义史家在广西的任教途径差别极大。皖南事变前，史家们基本是由桂系领袖和民主人士，或直接或间接地礼遇、外聘而来。⑥ 杨东莼与白崇禧的作战室主任参谋刘斐是同乡同学，后者直接向白崇禧和李任仁引荐杨东莼来做广西师专校长。1932 年杨东莼由沪赴桂

① 薛暮桥：《关于广西师范专科学校的回忆》，《薛暮桥文集》第 12 卷，中国金融出版社，2011，第 77 页。

② 盛此君：《忆师专》，载桂林市政协文史资料委员会编《桂林文史资料·第 20 辑·三十年代广西师专》，漓江出版社，1997，第 110 页。

③ 南湖（胡愈之）：《纪念熊得山先生》，《申报》1941 年 2 月 13 日。

④ 杨东莼、周洪宇主编《忆"广西地干校"》，《杨东莼论文集》，华中师范大学出版社，2014，第 539~540 页。

⑤ 谭得俅、谭得伶：《谭丕模在桂林师院的教学与学术活动》，载张谷、魏华龄等编《桂林文史资料·第 36 辑·国立桂林师范学院实录》，漓江出版社，1997，第 84 页。

⑥ 关于当时桂系高价聘请外省学者一事，可参考《熊得山：早期的社会活动者》中所说：当时的广西当局也有雄心大志，虽然治理一个穷省，对外省来应聘的教授工资却是发的国币，本省教授则发省币。国币与省币币值之比是一比二，实际上外省教授的工资就相当于本省教授的两倍。

后，招揽汪士楷、朱克靖等进步人士任教。[1] 1935 年任广西师专教务主任的陈此生，由李任仁多次邀请而来为师专掌好舵。后者反复叮嘱，让陈此生务必“物色几个好教授”。[2] 邓初民、熊得山等人在陈此生的介绍下，收到时任广西省政府主席黄旭初的任教聘函。地干校时期，杨东莼再次受桂系高层盛邀。筹办地干校的黄旭初在得知杨东莼途经桂林后，急切挽留杨东莼出任教务长。随后，经杨东莼安排，马克思主义史家张健甫及多名中共党员成为地干校授课教员。同一时期在广西独立活动的汪士楷，虽未受桂系招徕，但也在国民党进步人士李明灏的推荐下，成为国民党中央军校第六分校黄杰的私人教师。李明灏在私人关系上与汪士楷是同乡同学，同时也是中国共产党安排在国民党内部的高级情报员。

皖南事变后，桂系不再邀请马克思主义史家赴桂任教。史家们能在颠沛流离中谋得教职，离不开桂林师院为实现教育救国而广纳贤才的宗旨，以及学者们在战火纷飞中的守望相助。他们或受桂林师院院长曾作忠和教务长林砺儒的直接邀请，或由已在师院任职的其他学者引荐到校。1943 年，有留学经历的陈竺同，成为曾作忠和林砺儒的重点引进对象，担任史地系教授兼主任。[3] 同年，宋云彬经国文系主任吴世昌推荐进入师院，讲授“中国近代史”课程。[4] 1944 年，谭丕模和汪士楷先后与桂林师院师生相遇。汪士楷在陈竺同的举荐下，从桂林国立汉民中学转至桂林师院作历史教授。汪、陈二人曾同在广西师专任教，有同事之谊。[5] 谭丕模既与曾作忠是北京师范大学的同窗，更与林砺儒有师生之情。曾、林二人遇到谭丕模后，盛邀他担任国文系教授兼系主任。[6]

（三）教学生态：在宽松开明与遏抑打压间反复切换

广西的政治氛围相较其他国统区更自由，“文化人像候鸟那样，大部

① 周洪宇等：《杨东莼大传》，华中师范大学出版社，2014，第 105~107 页。

② 陈此生：《我的自述》，载中国人民政治协商会议北京市委员会文史资料研究委员会编《文史资料选编 第 37 辑》，北京出版社，1989，第 66 页。

③ 王枏、黄伟林编《曾作忠：首开广西国立师院先河》，《师大故人》，广西师范大学，2017，第 163 页。

④ 王枏、黄伟林编《吴世昌：绀山碧水供清思》，《师大故人》，广西师范大学，2017，第 204 页。

⑤ 王枏、黄伟林编《汪泽楷：劳人草草》，《师大故人》，广西师范大学，2017，第 64 页。

⑥ 谭得俅、谭得伶：《谭丕模在桂林师院的教学与学术活动》，载张谷、魏华龄等主编《桂林文史资料·第 36 辑·国立桂林师范学院实录》，第 84 页。

分聚集到当时政治气候适宜的桂林”。[①] 但桂系和国民党中央从未放弃对桂地文教事业的监视和限制，马克思主义史家在广西面临着复杂多变的历史教学生态。

在广西师专和西大时期，马克思主义史家面临的教学生态从自由与限制并存，逐步下滑至举步维艰。福建事变结束前，桂系只在暗中监视马克思主义史家。桂系特工头目王公度派门徒冒充并收买学生，监听、监视以杨东莼为首的进步教师。[②] 杨东莼不得不谨慎提防，多次拒绝在师专内发展中共党员和建立党支部的提议。[③] 但整体看来，桂系尚未公然干涉。史家们在较为宽松的教学生态中积极传播进步思想。杨东莼把广西师专“办得像马克思主义学院”[④]，一方面安排进步教师，以马克思主义观点讲授“社会发展史”和“中国社会史”课程；另一方面购置多本马克思主义史著供学生自学，如邓初民所著《社会进发展史纲》和王纯一编译的《西洋史要》等。[⑤] 福建事变后，教学空间被急速压缩。白崇禧和李宗仁不仅将杨东莼等进步人士悉数撵走，还意欲通过政治恫吓和军事管理，清洗学生的进步思想。[⑥] 师专的历史教学生态直到陈此生担任教务长后，才得到部分改善。此时桂系的控制力度，从暗中监视升级为实际打压。王公度支持的“托派”教师们为维护军阀统治，从思想上攻击马克思主义史家，否定他们对官僚资产阶级和地主阶级的革命理论。[⑦] 但阵容强大的进步教师不畏“托派”的攻击，以熊得山为代表的马克思主义史家，仍能“明目张胆”地在课堂上向学生讲授马克思主义史学。两广事变结束后，史家们的

---

① 谢加因：《四十年前的回忆》，载广西社会科学院主编《桂林文化城纪事》，漓江出版社，1984，第536页。

② 严沛：《杨东莼与广西师专》，载桂林市政协文史资料委员会编《桂林文史资料 第15辑》漓江出版社，1990，第177、178页。

③ 王枬、黄伟林主编《杨东莼：在桂林缔造“小莫斯科”》，《师大故人》，广西师范大学，2017，第39、40页。

④ 薛暮桥：《关于广西师范专科学校的回忆》，《薛暮桥文集》第12卷，中国金融出版社，2011，第78页。

⑤ 陈大文：《三十年代的广西师专》，载中国人民政治协商会议广西壮族自治区委员会文史资料研究委员会编《广西文史资料选辑 第9辑》，广西南宁地区印刷厂，1981，第129页。

⑥ 路璠、何砺锋：《三十年代的广西师专综述》，载桂林市政协文史资料委员会编《桂林文史资料·第20辑·三十年代广西师专》，漓江出版社，1992，第28页。

⑦ 陈大文：《三十年代的广西师专》，载中国人民政治协商会议广西壮族自治区委员会文史资料研究委员会编《广西文史资料选辑 第9辑》，广西南宁地区印刷厂，1981，第138~142页。

教学生态急转直下。桂系先是严格监视、控制进步师生，随后决心将“西大教授思想不正确者彻底去之”。[①] 据千家驹回忆，1937 年初“邓、熊仍在西大任教，处境颇为孤立”。[②] 尽管邓初民向黄旭初申诉，称学术性的教学应当允许讲授马列主义，但还是只能“在校内作象征性的教课”。[③] 至 1937 年暑假，邓、熊二人便都收到解聘消息。可见教学生态恶化速度之快。马克思主义史家在西大的教学活动举步维艰，直至毫无立足之地。

地干校成立后，马克思主义史家在广西的教学生态重获极大解放，甚至超过广西师专初期。当时除军事教练，整个地干校都由中共掌握。[④] 极个别暗中监视、破坏的军统特务和“托派”分子也很快被辞退、开除。史家们如火如荼地讲授马克思主义史学。杨东莼视历史教育为培养革命信仰的重要方式，将中国近代史课程设为必修科目。[⑤] 在每周的“总理纪念周”上，杨东莼运用近三分之一的篇幅，向全校师生职员和桂林的文人政客，作中国近代史“历史的教训和任务”的教育报告。[⑥] 中国近代史课程教员张健甫以反帝反封建的革命运动为主线，向学生介绍并分析中国从鸦片战争至全面抗战的历史进程和社会性质变化，宣传马克思主义史学的革命观点。[⑦] 但第二次反共高潮前夕，原本蒸蒸日上的历史教学生态在特务监视告密和桂系高层施压的下急速恶化。杨东莼 1940 年 6 月辞职，张健甫接替前者的工作，但“干得很不理想”。[⑧]

好在桂林师院成立后，史家们利用这个隐蔽的学术阵地积极开展活

---

① 廖富荪：《广西师专和广西大学文法学院的始末》，载中国人民政治协商会议南宁市委员会文史学习文员会编《南宁文史资料 第 20 辑》，1997，第 11、12 页。

② 千家驹：《在桂林的八年》，载广西社会科学院编《桂林文化城纪事》，漓江出版社，1984，第 614 页。

③ 邓初民：《九十述感》，载中国人民政治协商会议湖北省委员会文史资料研究委员会编《湖北文史资料 第 3 辑》，第 22 页。

④ 杨东莼：《忆“广西地干校”》，载周洪宇编《杨东莼文集·论文卷》，华中师范大学出版社，2014，第 539 页。

⑤ 杨东莼：《广西地方建设干部学校的自我批判》，载周洪宇编《杨东莼文集·论文卷》，华中师范大学出版社，2014，第 464 页。

⑥ 杨东莼：《杨教育长报告集第三辑》，载周洪宇编《杨东莼文集·专著卷（下）》，华中师范大学出版社，2014，第 1461~1504 页。

⑦ 参考张健甫在地干校必修课的讲义。该讲义在 1940 年以《中国近百年史教程》为名，正式出版。

⑧ 陈宪章：《杨东莼主办的广西地方建设干部学校》，载中国人民政治协商会议广西壮族自治区委员会文史资料研究委员会编《广西文史资料·第 30 辑·新桂系纪实》，第 100 页。

动，教学生态又回到控制打压与进步自由并存的状态，但总体还是后者占上风。① 为钳制民主进步之风，重庆政府一边试图通过高等学校教师必须登记在册的方式，打压高校里的进步人士；一边派遣三青团骨干分子乔装学生，混入师院内部，迫害进步师生，抢夺对学校的领导权。② 但这些都因进步力量的勇敢斗争而未得逞。院长曾作忠和教务长林砺儒坚持自由学术、民主治校、教育抗战。史家们在这样生机勃勃的学术和政治氛围下，不约而同地加紧宣传统一抗战、控诉日军暴行。

（四）冲击与回应：马克思主义史家与复杂局势间的双向互动

马克思主义史家在历史教学活动上的一波三折，源于史家与局势间的双向互动。面对复杂局势带来的机遇与冲击，史家们既能抓住有利条件，最大限度地传播马克思主义革命史观和唯物史观等进步思想；也能在局势由晴转阴时，审时度势地鸣金收兵、保存实力。

皖南事变前，广西的政治和学术氛围受蒋桂矛盾主导。蒋桂之间始终无法同心同德，几度兵戎言和。每当桂系防蒋反蒋时便作开明姿态，让广西成为进步势力的渊薮，借此扩大政治影响力。在 1929 年蒋桂战争中失利并元气大伤的桂系，为能东山再起进而问鼎中原，自 1932 年推行“三自三寓政策”（自卫、自治、自给；寓兵于团，寓将于学，寓征于募），1934 年进一步制定颁布《广西建设纲领》，以“实施适应政治、经济、军事需要的教育”为宗旨，以“建设广西，复兴中国”为目标。③ 广西当局由此筹办广西师专并积极邀请进步学者。在 30 年代的国统区“没有哪一所高等学校集中了像广西师专这么多的进步教师”。④ 全面抗战后，蒋介石在“八一三”淞沪会战中借日军消耗桂军的做法，让桂系寒心又畏惧。为防止被蒋氏侵吞，桂系反应迅速，⑤ 先是 1937 年 10 月成立“广西建设研究

① 张谷：《国立桂林师范学院实录》，载张谷、魏华龄等编《桂林文史资料·第 36 辑·国立桂林师范学院实录》，漓江出版社，1997，第 5 页。

② 王枬、黄伟林编《宋云彬：妙笔生花 宣传抗日》，《师大故人》，广西师范大学，2017，第 226 页。

③ 朱方桐：《桂林教育史》，广西师范大学出版社，2015，第 303 页。

④ 陈大文：《陈此生在桂林》，载魏华龄、王玉梅编《桂林文史资料·第 37 辑·人物专辑》，丽江出版社，1998，第 259 页。

⑤ 关于桂系认为蒋介石不可靠，必须网罗进步人士，与各党派联系，以防被蒋氏压制侵吞。参见李任仁著《回忆广西建设研究会》一文，载中国人民政治协商会议广西壮族自治区委员会文史资料研究委员会编《广西文史资料选辑 第 4 辑》，1982，第 78~90 页。

会”，李宗仁称要用“公开合法存在的组织来团结一班同情我们的人”。[①]至1938年底，桂系在“行新政、用新人”的口号下筹办地干校，借进步力量来培植新型基层干部。这些因反蒋而故作开明的举措，也就解释了马克思主义史家为何多次受到桂系的礼遇外聘，并认为能在这个边陲之地播下革命火种。

但民主革命的历史教学生态不能全部归功于桂系的开明，马克思主义史家不是桂系政治目的下的提线玩偶。相反，史家们积极利用开明政策，主动扩大局面优势。广西师专前期，杨东莼揭橥“自由研究、集体主义”的教育口号，分别应对害怕马克思主义的桂系统治者和信奉生产教育救国论的师专筹办主任唐现之。[②]这才奠定了广西师专宽松民主、革命朝气的氛围。广西师专中期，马克思主义史家们一方面倡议并助力创办师专校刊《月牙》，为革命进步思想提供校内宣传阵地；另一方面，马克思主义史家和进步学者一起，向师专内的“托派”发起抗争并获得胜利。[③]此外，陈此生还直接聘请了中共优秀革命活动家杨潮任教。在马克思主义史家和其他进步学者的积极争取下，师专才能笼罩在革命进步氛围中。[④]地干校能有“江南的陕北公学”和“南方的抗大”的盛誉，更离不开杨东莼的苦心经营。杨东莼就任前便与广西当局约法三章，从合法性上杜绝桂系对地干校人员和教学安排的干涉，最大限度地利用桂系的开明姿态。[⑤]为尽可能实现地干校的革命价值，杨东莼特意请教主持延安教育工作的老革命家徐特立。二人借鉴“陕北公学”和“抗大”的经验为地干校制定办校方针。[⑥]

但桂系只想捞取政治资本，对中国共产党和其他进步力量充满不信任。每当受蒋氏拉拢时，或当进步力量似有燎原之势时，桂系便会跳将出来，钳制包括马克思主义史家的教学活动。史家们只能偃旗息鼓、保存力

① 陈绍先：《广西建设研究会的成立和结束》，载中国人民政治协商会议广西壮族自治区委员会文史资料研究委员会编《广西文史资料选辑 第4辑》，1982，第69页。

② 董咸熙：《回顾广西师专初办时期》，载中国人民政治协商会议广西壮族自治区委员会文史资料研究委员会编《广西文史资料选辑 第27辑》，1989，第14~16页。

③ 陈此生：《我的自述》，载中国人民政治协商会议北京市委员会文史资料研究委员会编《文史资料选编 第37辑》，北京出版社，1989，第66页。

④ 陈大文：《陈此生在桂林》，载魏华龄、王玉梅编《桂林文史资料·第37辑·人物专辑》，漓江出版社，1998，第259~261页。

⑤ 周洪宇等：《杨东莼大传》，华中师范大学出版社，2014，第17页。

⑥ 周洪宇等：《杨东莼大传》，第184页。

量。所以福建事变时，当中共红军并未援助李济深成立的福建人民政府，认为联共反蒋无望的白崇禧会立即“请走”杨东莼，并严厉批评“左倾”的马克思主义史学教学。[①] 两广事变后与蒋妥协的桂系，短期内没有利用开明抗日旗号的需求。桂系害怕革命风气与日俱增的广西师专会危及其统治，便即刻停办师专，陈此生、邓初民和熊得山等马克思主义史家们也被弃如草芥。[②] 1940 年起，桂系的经济政治逐渐被蒋介石的打拉政策折服。随着蒋桂合流、广西地区政治氛围收紧，地干校的集体性历史教学活动难逃终止厄运。政治嗅觉敏锐的杨东莼早早离职，并协助其他中共党员撤离。运用马克思主义观点为国民党官员讲学的汪士楷“也因政治方面压力而很快辞职”，转而去往当地中学。[③]

皖南事变后，战争取代蒋桂间矛盾，成为左右马克思主义史家在广西历史教学活动的推手。桂林师院筹办自 1941 年，但直至 1943 年马克思主义史家才陆续到校。1943 年，陈竺同因太平洋战争爆发，颠沛流离至桂林。1944 年夏，谭丕模和汪士楷先后因日军对湘桂黔的大举，被迫中止教学而一路逃难，直至遇到桂林师院的师生。但避战不代表缴械投降。史家们旋即用学识、口舌做刀枪，激发学生的爱国主义情愫。这让师院不仅经受住了物质条件极差和战乱流离的双重考验，反而展现高昂的精神面貌。[④] 宋云彬在课堂上指责日本对中国的资源掠夺和军事政治进攻，在课下与进步学生一起撰写、发表“鞭挞和抨击国民党的黑暗统治的文章”。[⑤] 谭丕模一到师院，“就利用各种机会愤怒控诉日本侵略者枪杀无辜群众的暴行和国民党反动派的卖国行径”，还积极辅导学生学习《论联合政府》，“号召全国团结一致，将日本帝国主义赶出中国”。[⑥]

---

① 路璠、何砺锋：《三十年代的广西师专综述》，载桂林市政协文史资料委员会编《桂林文史资料·第 20 辑·三十年代广西师专》，漓江出版社，1992，第 21、22 页。

② 廖富荪：《广西师专和广西大学文法学院的始末》，载中国人民政治协商会议南宁市委员会文史学习文员会编《南宁文史资料 第 20 辑》，1997，第 8、10 页。

③ 汪向明：《回忆和追思》，载中国人民协商会议湖南省株洲市委员会文史资料研究委员会编《劳人·汪泽楷》，株洲市三湘印刷厂，1993，第 131 页。

④ 张谷：《国立桂林师范学院实录》，载张谷、魏华龄等编《桂林文史资料·第 36 辑·国立桂林师范学院实录》，漓江出版社，1997，第 4、5 页。

⑤ 王枬、黄伟林编《宋云彬：妙笔生花 宣传抗日》，《师大故人》，广西师范大学，2017，第 226 页。

⑥ 吴天佑：《谭丕模教授在桂林师院》，载魏华龄、王玉梅编《桂林文史资料·第 37 辑·人物专辑》，漓江出版社，1998，第 248 页。

三　战士与学者：马克思主义史家活动的双重内核

马克思主义史家在广西的历史教学活动，尽管表现出跌宕起伏的状态，但内核稳定。史家们接受来自中共的影响和支持，在历史教学中担负着“战士”和“学者”的双重身份。

（一）中国共产党的持续支持

在桂活动的马克思主义史家大多不是中共党员，但中国共产党对史家及其历史教学活动的影响和帮助如影随形。

广西师专初办时，广西中共党组因红七军、红八军的起义失败而瘫痪，而无法为马克思主义史家的历史教学提供有效帮助。杨东莼和其他进步教师便主动学习、拥护中共“六大”精神，并决心以此培养当地革命青年，让广西师专成为宣传马克思主义的红色师专。[①] 随着中共南方局和桂林八路军办事处（以下简称“桂林八办”）的成立，史家们在地干校的教学活动得到了中共的莫大支持和指导。白崇禧和李宗仁是在周恩来的建议下，决心放弃过时的民团干校，转而建立新式地干校的。杨东莼是在请示过桂林八办负责人李克农，并经李克农向上级汇报批准后，才答应担任地干校教育长的。杨东莼为防止教学活动受国民党干涉而与黄旭初定下的约法三章，也出自李克农指示。[②] 除了接受中共对地干校的直接领导和安排，杨东莼还将毛泽东在党的六届六中全会提出的战时教育政策，与地干校的教学相融合，主动贯彻党的教育方针。[③] 皖南事变后，广西省工委并没有因接连遭受损失而放弃桂林师院，[④] 而是“通过各种渠道影响并支持师院办学”。[⑤] 在师院隐蔽下来的地下党员们，与马克思主义史家并肩作战。

---

① 路璠、何砺锋：《三十年代的广西师专综述》，载桂林市政协文史资料委员会编《桂林文史资料·第20辑·三十年代广西师专》，漓江出版社，1992，第12页。

② 开诚：《中共隐蔽战线的卓越领导人李克农》，中共党史出版社，2018，第185页。

③ 周洪宇等：《杨东莼大传》，华中师范大学出版社，2014，第182页。

④ 在桂林八办撤离广西后，广西党组在1942年“七九”事件中遭叛徒出卖，国民党顽固派大肆逮捕中共党员。广西省工委甚至一度与上级党组失联。具体情况参考刘绍卫著，《中国共产党与广西抗战——政治交往理性的实践》，广西人民出版社，2006，第45~47页。

⑤ 张谷：《国立桂林师范学院实录》，载张谷、魏华龄等编《桂林文史资料·第36辑·国立桂林师范学院实录》，漓江出版社，1997，第4页。

（二）现实性和学术性并存的稳定内核

谭丕模1944年在桂林师院开导文学家张毕来时说："搞政治就是通过搞学问来实现，两者是完全统一的。"[①] 这句话用来概括马克思主义史家在广西的历史教学活动，也十分恰当。纵观整个抗战时期，史家们展开历史教学活动的内核十分稳定：现实性与学术性始终并存。这也完美证实了，马克思主义史家承担着革命"战士"与历史"学者"的双重身份。

在广西活动的马克思主义史家们，并不将历史教学看作单纯的知识传播，而是利用教学为现实服务。这种现实性基调自杨东莼建设广西师专时称要"从无产阶级的政治出发，而不是单纯从学术研究出发"，[②] 便已经奠定。具体而言，历史教学的现实性有两种表现：教学观念上的革命性和内容表达上的通俗性。

马克思主义史家在教学观念上的革命性，可概括为：战时的历史教学要与中国革命相结合。这一方面是主张通过历史教学来激发学生的爱国情怀，通过宣传反帝反侵略运动来加强团结抗日的勇气。反对不讲政治的"改良主义教育救国论"，反对在教学中过分强调侵略过程而使人丧失斗志。另一方面是主张通过历史教学坚定学生抗战必胜的信念。

杨东莼始终贯彻战时教育观念，把历史教学同抗战救国紧密联系，认为教育工作者在战时不仅要支持全民族抗战，还要做好政治启蒙工作。[③] 广西师专时期，杨东莼十分反对唐现之的教育救国论。后者认为可以在不触动政治经济制度的前提下，通过"办好教育、发展农业生产"来解决社会问题。杨东莼坚持，只有教育学生反帝反封建，"才能改变中国的落后面貌"。[④] 地干校时期，杨东莼在历史课程上只设置了中国近代史科目。其目的就是让学生通过革命运动史，快速了解中国革命的性质和任务，以及团结御侮才是反抗侵略最有效的方法。[⑤] 熊得山在探讨中国的历史和革命问题时，不仅从一般原则上提出历史研究的任务，就是以历史的运动法则

---

① 张毕来：《张毕来自述》，载高增德、丁东编《世纪学人自述》第5卷，北京十月文艺出版社，2000，第40页。

② 周洪宇等：《杨东莼大传》，华中师范大学出版社，2014，第127页。

③ 杨东莼：《要从战时教育中树立起新文化的基础》，载周洪宇编《杨东莼文集·论文卷》，华中师范大学出版社，2014，第386页。

④ 周洪宇等：《杨东莼大传》，华中师范大学出版社，2014，第115、118页。

⑤ 杨东莼：《广西地方建设干部学校的自我介绍》，《杨东莼文集·论文卷》，载周洪宇编《杨东莼文集·论文卷》，华中师范大学出版社，2014，第429、430页。

为准，改造并推动历史，[1] 而且反复强调，搞革命要“明白自己的国家民族从过去发展到现在的具体情景”。[2] 汉民中学的学生在回忆汪士楷时，称他善于将历史教学与实际相结合，时刻提醒青年人只有彻底革命才能救中国。[3] 邓初民在其富有“战斗性”的讲学中，尤其批判蒋介石对日妥协的反动统治。[4] 除了通过教学活动间接展现革命性的历史教学观，还有史家直言历史教学就是以激发民众抗战到底的意识为目的。宋云彬称抗战时期的中学历史教学，就是要让学生明晰日本灭亡中国的历史背景和中华民族团结抗战的历史任务。[5] 张健甫切中时弊地批评历史教科书在取材编纂上重侵略而轻反侵略的做法，认为这会让意志不坚定的学生对民族、国家心怀沮丧，强调历史课程是“发扬民族意识、提高民族思想之最有力的工具……以激励其（青年学生）爱民族爱国家的热情”。[6]

史家们还希望通过历史教学让学生对革命前途保持坚定信念。汪士楷劝诫学生不要因日军轰炸屠杀而心生悲观、颓废，要坚信“中国是有几千年文明的古国，绝不会灭亡”。[7] 宋云彬和张健甫则直接对中学历史课程提出要求。宋云彬称，是“历史的必然”而非“历史的偶然”，决定了中华民族必将在持久的统一抗战后，夺得对日本反侵略的最终胜利。要让民众坚信抗战必胜，“非学习历史不可”。因此，历史课程要向青年学生讲清楚“中国必然从半封建半殖民地社会中解放出来而进入另一社会阶段的历史根据”，以及按照历史发展的一般规律，日本帝国主义的侵略最终必然崩溃。[8] 张健甫则从中国近百年来从未停止反侵略斗争的激昂史实出发，指

① 熊得山在其《中国社会史论》的开篇绪论中，便强调了“吾人研究历史的任务”。该书是熊得山以自己在广西师专和广西师大的教学讲义为蓝本的。参考《中国社会史论·绪论》，上海书店出版社，2010，第1页。

② 胡曲园：《悼熊得山先生》，《译报周刊》1939年第1卷第21期。

③ 谭芳泽：《知史自爱国 师教犹在耳——忆汪士楷老师》，载刘云辉等编《劳人汪泽楷》，中国人民政治协商会议株洲市委员会文史资料研究委员会，1993，第92页。

④ 廖富苏：《邓初民先生在桂林》，载魏华龄、王玉梅编《桂林文史资料·第37辑·人物专辑》，漓江出版社，1998，第242页。

⑤ 宋云彬：《伟大的历史变革时代的本国史教学问题》，《改进》1939年第1卷第9/10期，第376页。

⑥ 张健甫：《中学历史教育的检讨和商榷》，《建设研究》1942年第6卷第5期，第55~56页。

⑦ 谭芳泽：《知史自爱国 师教犹在耳——忆汪士楷老师》，载刘云辉等编《劳人汪泽楷》，中国人民政治协商会议株洲市委员会文史资料研究委员会，1993，第92页。

⑧ 宋云彬：《伟大的历史变革时代的本国史教学问题》，《改进》1939年第1卷第9/10期，第375~377页。

出历史教学必须向学生说明“中国民族之绝对不可征服性”，以及这些斗争都让中华民族“愈益接近胜利独立的前途”。[①]

马克思主义史家在桂地开展历史教学活动时的另一大现实特征，表现为内容表达上的通俗性。这一特征可从当时马克思主义史家上课时，自己编写的讲义中得到佐证。如邓初民在广西师专所使用的《中国社会史教程》、张健甫在地干校时编写的《中国近百年史教程》以及宋云彬在桂林师院前后出版的《开明中国历史讲义》和《中国近百年史》等。这些教材大都语言平实浅显，叙述化繁就简。宋云彬曾在教材自序中坦言，“在这动荡时代，东播西迁，生活既不安定，找参考书也不容易”，所以难以写成完备详细的学术性著作。[②] 但这种通俗性，不仅源于史家个人受动荡境遇影响，而不便进行“窄而深的学术研究”[③]，更重要的是这些学识渊博的马克思主义史家，在“文化大众化”和“一切从实际出发”的号召下，切实考量了当地受教育者程度低的现实情况，没有故作姿态地教授高深内容。尤其是在广西师专至地干校时期，马克思主义史家面对的学生大多是穷苦出身的农民子女，虽然受过一定教育，但历史知识普遍缺乏。宋云彬在统计桂林当地中学历史学科统考成绩时，发现学生中十之八九的成绩在二十分以下，感叹中学生历史程度竟“低落到如此，确是一个严重问题”。[④] 直接对学生历史程度表示担忧的还有张健甫。他回忆地干校时称学生们对史实大抵“糊里糊涂”，在历史测验中成绩三十分以下者竟占百分之九十五。他认为晦涩难懂、内容艰深的历史教学不利于学生的理解和记忆，要注重教学的内容深浅和文字通俗性。[⑤] 由此可见，正是因为马克思主义史家正视了当地受教育者的现实水平，为了更好地让学生获得知识，才有了内容表达上的通俗性。无论是教学观念上的革命性还是内容表达上的通俗性，马克思主义史家都希望利用广西政治氛围相对自由、具有革命土壤的现实，在开民智的基础上激发当地青年学生革命抗日。这些史家的教学，自然不同于那些偏重学术的学院派史家。

---

① 张健甫：《中学历史教育的检讨和商榷》，《建设研究》1942 年第 6 卷第 5 期，第 55 页。

② 宋云彬：《中国近百年史·序》，香港新知书店，1948。

③ 谢辉元在《抗战时期桂林地区马克思主义史家群体》（《广西社会科学》2016 年第 9 期）中，称在广西地区的马克思主义史家是因常年漂泊而缺乏金钱、时间和资料来进行深刻的学术研究。这一论断有其合理性。

④ 宋云彬：《中学生程度低落问题》，《中学生》1942 年第 55 期，第 27 页。

⑤ 张健甫：《中学历史教育的检讨和商榷》，《建设研究》1942 年第 6 卷第 5 期，第 51、56 页。

值得注意的是，马克思主义史家并没有因服务现实政治，而放弃对学术素养的要求。史家们不仅注重用科学的、学术的观点和态度向学生们传授历史知识，而且尽力培养学生的学术思维和能力。如宋云彬、张健甫、汪士楷、谭丕模等人，所教授的具体课程各不相同，但都保持着用马克思主义史学观为学生分析历史的学术自觉性。张健甫和宋云彬都曾直接对当时中学历史教材的科学性进行指摘，认为这些教本仍旧采取换汤不换药的传统分期法，没能从本质上理解各阶段历史的特性。张健甫不仅直言常见教材中，不以社会经济的发展阶段为标准的历史分期法，是“很不科学的不合逻辑的”，而且批评教材中只穷举诸多零碎史实的做法。认为若不以社会经济形态为核心去解读各历史时期的社会特质和发展过程，会让读者“茫无头绪”，无法理解历史中的因果关系。[①] 宋云彬称，用人为分期代替历史自身分期的生硬做法，源于对历史关联性的认知匮乏，主张要“以人类历史发展的一般法则来分阶段让学生正确理解历史发展……使学者正确地理解历史发展的合理性”。并强调在历史教学时，要从社会经济基础去解释社会政治形态和意识形态，要从占主导地位的社会经济生产关系去认清各历史时期的本质。[②] 汪士楷、谭丕模等史家，亦将这种马克思主义史观直接融入历史教学行动。张毕来在追忆汪士楷在桂林师院的教学时，称后者“从不隐晦自己的马列主义立场、观点，在师院授西洋史课程时，从来就是以历史唯物主义的观点忠实传授”。[③] 谭丕模同样注重从社会的政治经济背景出发，为学生解读中国文学史，并告诫学生不能将历史问题简单化。[④]

在自觉运用唯物史观的同时，马克思主义史家在历史教学中保持严谨的学术态度。后人在追忆这些史家的历史课堂时，大都评价这些史家自身学识渊博、造诣深厚，对待教学谨慎考据、刻苦努力。张健甫直言不讳地将历史教员的学术水平与学生的历史成绩相挂钩。胡愈之在悼念熊得山时，评价后者不仅“旧学根底本极良好”，在社会主义方法论上也“颇具

① 张健甫:《中学历史教育的检讨和商榷》,《建设研究》1942 年第 6 卷第 5 期，第 54 页。

② 宋云彬:《伟大的历史变革时代的本国史教学问题》,《改进》1939 年第 1 卷第 9/10 期，第 375、376 页。

③ 张毕来:《一生无长物，举世少知音——忆故友汪士楷教授》，载张谷、魏华林编《桂林文史资料 · 第 36 辑 · 国立桂林师范学院实录》，漓江出版社，1997，第 172 页。

④ 1947 年首次出版的《中国文学史纲》，就是以谭丕模当时在桂林师院时的讲义为蓝本。根据该书中的辩证唯物主义和历史唯物主义观点，以及后来学生对谭丕模的回忆，可以基本确定谭丕模的教学情况。

心得”，同时对学术研究“谨严精到，绝少铺张扬厉或轻言武断等弊”，对教学花费颇多精力、“决不肯潦草敷衍”。① 学生们对陈竺同在教学时的旁征博引、谨慎考据和扎实的史料功底，印象颇深且深感敬佩。② 在回忆汪士楷时，学生称他在教学中，不仅是一丝不苟地“备课、讲授和辅导”，对大量的史料和各学派意见也是信手拈来。③ 同样因研究精湛、材料丰富、见解精辟，而让学生折服的还有谭丕模。④ 这都展现出马克思主义史家作为学者，脚踏实地的学风和融会贯通的功底。

作为学者型教师，马克思主义史家不只是向学生灌输知识和观念，更是以授人以渔的心态，努力塑造学生勇于独立思考和创新的能力，传授治史的方法。宋云彬在上课时，爱用“对话式教学方法”，引导学生主动发现疑难之处，与学生讨论政治、哲学方面的话题。⑤ 为了让学生养成分析和解决问题的能力，谭丕模经常告诫学生“不要吃别人吃过的馍，不要唱别人唱熟了的调，要进行独立思考，自己去开拓新的领域”。⑥ 汪士楷更是手把手地带领初学历史的学生们，用辩证唯物主义和历史唯物主义的观点和方法，去搜集史料、分析历史事件和人物。因此可以说，虽然在广西活动的马克思主义史家在学术成就上可能无法与学院派史家比肩而立，但他们从未丢弃自己作为学者的学术性。

---

① 南湖（胡愈之）：《纪念熊得山先生》，《申报》1941 年 2 月 13 日。

② 王枬、黄伟林编《陈竺同：民主进步运动的践行者》，载《师大故人》，广西师范大学，2017，第 191 页。

③ 何勇、岑寂：《忆汪士楷教授》，载张谷、魏华龄等主编《桂林文史资料·第 36 辑·国立桂林师范学院实录》，漓江出版社，1997，第 174、175 页。

④ 王枬、黄伟林编《谭丕模：屈原是落后的进步者》，载《民国师范 民国时期广西师范大学教授故事集》，广西师范大学出版社，2012，第 163 页。

⑤ 王枬、黄伟林编《宋云彬：妙笔生花 宣传抗日》，《师大故人》，广西师范大学，2017，第 223、226 页。

⑥ 谭得俅、谭得伶：《谭丕模在桂林师院的教学与学术活动》，载张谷、魏华龄等编《桂林文史资料·第 36 辑·国立桂林师范学院实录》，第 88 页。

外国史学研究

阿里安笔下的亚历山大形象

张　驽

（北京师范大学历史学院，北京　100875）

摘　要：《亚历山大远征纪》是研究亚历山大的重要史料。阿里安在书中塑造了亚历山大的英雄形象、国王形象和将军形象，目的是树立文学、道德与事业的典范，以此提高亚历山大以及作者本人的历史地位。这些形象体现了作者的个人经历、罗马帝国的社会现实与希腊的文化传统，是阿里安求真与求善思想相结合的产物。

关键词：阿里安　《亚历山大远征纪》　亚历山大

马其顿的亚历山大三世（即亚历山大大帝，公元前356年~前323年）是世界历史上著名的君主，在十余年间建立了横跨三大洲的庞大帝国。他是公元前4世纪后期西方历史的核心人物，是学者关注的焦点。最早记录亚历山大远征的是他的随从和部将。这些记载属于亚历山大研究的原始资料，但均已散佚。现代学者研究亚历山大主要依靠五位“亚历山大史家”[①]的作品。由于史源、立场与写作手法的不同，这五位史家作品中的亚历山大形象各有差异，进而影响现代学者对亚历山大的判断。其中，阿里安（约89~?）的《亚历山大远征纪》[②]（以下简称《远征纪》）在现代逐渐

---

① 这五位史家分别是狄奥多罗斯（Diodorus）、普鲁塔克（Plutarch）、库尔提乌斯（Curtius）、阿里安（Arrian）和尤斯廷（Justin）。

② 阿里安这部著作的标题为 *Ἀλεξάνδρου ἀνάβασεως*（*Anabasis of Alexander*）。汉语学界通常将其译作《亚历山大远征记》，如商务印书馆李活译本。按“纪”和“记”都有“历史记载”的含义，在某些语境下可以通用。但“纪”有“纲领”的含义，倾向于表达将各种材料汇集到一起整理之后的结果，侧重于后人对前代历史的书写。而“记”侧重于对当下事件、言行的记录。因此本文将标题译作“远征纪”。

受到学界的重视。现代学者相信阿里安的记载真实可靠，将《远征纪》归入亚历山大史料的“良好传统”。[①] 本文将立足《远征纪》，分析阿里安对亚历山大形象的塑造，借此进一步阐明阿里安《远征纪》的书写特点。

一 英雄形象

亚历山大与英雄的关系是古典史家热衷探讨的话题。根据古希腊和马其顿的传说，亚历山大的父系是赫拉克勒斯的后裔，母系是阿喀琉斯的后裔。亚历山大本人也受到父母和老师的影响，把自己看作阿喀琉斯，钟爱荷马的《伊利亚特》，追求英雄式的生活。[②] 阿里安在《远征纪》中延续这种观点，塑造亚历山大的英雄形象，关注亚历山大的神性。

阿里安首先承认亚历山大是神灵和古代英雄的后代，关注亚历山大的世系。在特洛伊时，亚历山大“向普里阿摩斯献祭”，请求“饶恕纽多利马斯（阿喀琉斯之子）的后裔，也就是亚历山大自己”。他还专门来到阿喀琉斯的墓前献花。[③] 在伊苏斯之战前，他免除了马卢斯城的赋税，因为“马卢斯城是阿尔戈斯的殖民地，而亚历山大是阿尔戈斯赫拉克勒斯的后代”。[④] 在埃及，他想将自己的身世追溯到阿蒙神那里。他在神庙里“听到了符合心意的回答”，正式成为阿蒙神的后代。[⑤] 在印度决定全军班师后，他“按照习俗，向祖先赫拉克勒斯、阿蒙神及其他神明祭酒”。[⑥] 作为神灵的后代，亚历山大在远征过程中也多次受到神的眷顾。潘菲利亚的海岸边有一条路，吹南风的时候无法通行。亚历山大率军沿海岸前进的时候，风向却突然由南转北。他觉得这是天意。[⑦] 亚历山大在埃及前往阿蒙神庙的

① Philip A. Stadter, *Arrian of Nicomedia*, The University of North Carolina Press, 1980, preface, p. 7; *Arrian*, with an English Translation by P. A. Brunt, vol. 1, Loeb Classical Library, Harvard University Press, 1976, introduction, p. xxxiv; Elizabeth Baynham, *The Ancient Evidence for Alexander the Great*, in *Brill's Companion to Alexander the Great*, edited by Joseph Roisman, Brill, 2003, p. 3; A. B. Bosworth, *From Arrian to Alexander*, Oxford: 1988. p. 13; 汤普森：《历史著作史（第一分册）》，谢德风译，商务印书馆，1988，第 65 页；陈恒：《亚历山大史料的五种传统》，《史学理论研究》2007 年第 2 期，第 75 页。

② 参见 Plutarch, *Life of Alexander*, 2, 5。

③ Arrian, *Anabasis of Alexander*, 1. 11. 8-1. 12. 1.

④ Arrian, *Anabasis of Alexander*, 2. 5. 8.

⑤ Arrian, *Anabasis of Alexander*, 3. 3. 1-2, 3. 4. 5.

⑥ Arrian, *Anabasis of Alexander*, 6. 3. 2.

⑦ Arrian, *Anabasis of Alexander*, 1. 26. 1-2.

路上要穿越一片沙漠，那里环境恶劣，水源匮乏，路途不明。但是在亚历山大行进的过程中，天忽然降大雨，两条蛇（又说两只乌鸦）在前面引路，带着他的队伍顺利抵达了绿洲，后来又带他们原路返回。阿里安说各史家在细节上说法不一，但无论真相如何，这都是亚历山大敬神的回报。① 因此，在全书的结尾，阿里安说亚历山大能取得如此的成就“定有神灵相助”。②

阿里安认为亚历山大志向远大，渴望建立超越神灵和英雄的业绩。阿里安描写亚历山大在特洛伊给阿喀琉斯献花的行动，借此表达了亚历山大对事业的追求，以此作为征服波斯、建功立业的开始。③ 在叙利亚海岸，亚历山大梦见赫拉克勒斯拉着他的手带他进入推罗城。占卜也说这是同赫拉克勒斯一样建立功勋的好机会。④ 在埃及，他拜谒阿蒙神庙的一个原因是想追随祖先赫拉克勒斯和珀尔修斯的足迹，他认为既然他们曾经去过那里，那么自己也一定要去。⑤ 在中亚，他想占领阿尔诺斯山的巴兹拉城，是因为“连宙斯之子赫拉克勒斯都没能攻克这里”，而结果是“连赫拉克勒斯都未能占领的山，就这样被亚历山大打下来了”。⑥ 印度有一座奈萨城，据说是狄俄尼索斯所建。当地居民请求亚历山大保护这里，不要彼此争斗。他相信这一传说，认为自己“已经来到了狄俄尼索斯曾经来过的地方，甚至还会走得更远”，觉得“马其顿人一定能跟他共患难，因为这是超越狄俄尼索斯的好机会”。为此他专门去看了狄俄尼索斯的纪念物——迈卢斯山上的常青藤和月桂树。⑦ 后来他听说“阿拉伯只信奉两位神灵：乌拉纳斯和狄俄尼索斯”，就觉得自己理应成为阿拉伯人尊奉的第三个神，“因为他在各个方面都要超越狄俄尼索斯”。⑧ 在亚历山大去世前夕，他的好友赫菲斯提昂先他而去。他十分悲痛。阿里安评论说：“考虑到亚历山大从小就想和阿喀琉斯一争高下，我倒是相信亚历山大伏在赫菲斯提昂的遗体上，剪掉了自己的头发。”“赫菲斯提昂的离去对亚历山大打击不小。而阿喀琉斯也是如此，他更愿意死在帕特洛克罗斯之前。”这是亚历山大事业的顶峰。阿里安认为，对亚历山大来说，在此时离开人世“要比像普

---

① Arrian, *Anabasis of Alexander*, 3. 3. 4-6.
② Arrian, *Anabasis of Alexander*, 7. 30. 3.
③ Arrian, *Anabasis of Alexander*, 1. 12. 1-4.
④ Arrian, *Anabasis of Alexander*, 2. 18. 1.
⑤ Arrian, *Anabasis of Alexander*, 3. 3. 1-2.
⑥ Arrian, *Anabasis of Alexander*, 4. 28. 1, 4. 30. 5.
⑦ Arrian, *Anabasis of Alexander*, 5. 1. 1-5. 2. 7.
⑧ Arrian, *Anabasis of Alexander*, 7. 20. 1.

通人那样自然离去更好”。[①] 总体来看，亚历山大对不同英雄的模仿与超越同远征的各个阶段相呼应。阿里安将亚历山大的这种心理视为其远征的动机。亚历山大的成就越来越大，最终无人可及，所以阿里安说：“就算没有对手，亚历山大也会想办法超越自我。”[②] 亚历山大的远征，就是不断超越英雄、神灵以及他自己的过程。

阿里安还通过描写亚历山大渴望荣誉、重视军功的性格来塑造他的英雄形象。在欧皮斯城，亚历山大面对哗变的马其顿人曾经说过这样一段话：“我身体的每一处，至少是前身，就没有完好无损的地方。什么武器都在我身上留下过伤痕。我受过剑伤，也中过箭矢，挨过弹弓，还屡次被石头砸，被棍子打。”[③] 亚历山大经历的最激烈的战斗是攻打印度的马里亚人。当时亚历山大与三名随从首先登上马里亚人的堡垒，但因为梯子断了，他们无法获得后援。他觉得与其留在那里等死，不如跳进城内与敌人厮杀，这样就算牺牲也是光荣的，值得后人景仰，所以他毅然跳进城中，“紧靠着城墙，挥剑杀敌，甚至还在乱战中砍死了敌人的首领”。最后他被敌人射伤肺部，命悬一线，经抢救得以脱险。有一位智者告诉他：“功勋卓著，方为英雄。”[④] 亚历山大为了荣誉可以不顾性命，虽然受了重伤，却能奇迹般地恢复健康。这样的经历也给亚历山大的人生增添了传奇的色彩。

塑造亚历山大的英雄形象是《远征纪》的特色。在“第二序言”中，阿里安说：“亚历山大认为阿喀琉斯很幸运。因为阿喀琉斯有荷马为他保存功业，让他流芳百世。事实上，亚历山大也的确有理由羡慕阿喀琉斯。亚历山大在其他方面都很走运，但只在这一个方面尚显不足……没有哪个希腊人或异族人像亚历山大这样有如此辉煌的成就。正是出于这个原因，我决定书写亚历山大的历史。将亚历山大的事迹讲给世人听。”[⑤] 亚历山大征服波斯乃至世界的行动，可以同阿喀琉斯的功业相媲美。既然他的成就已无人能及，那么他理应成为史诗的主角，值得后人歌颂。在阿里安看来，虽然“有这么多人都记载过亚历山大的历史”[⑥]，但他们的作品不但没

---

① Arrian, *Anabasis of Alexander*, 7.14.4, 7.18.7-8.

② Arrian, *Anabasis of Alexander*, 7.1.4.

③ Arrian, *Anabasis of Alexander*, 7.10.1-2.

④ Arrian, *Anabasis of Alexander*, 7.9.1-7.13.5

⑤ Arrian, *Anabasis of Alexander*, 1.12.4.

⑥ Arrian, *Anabasis of Alexander*, preface, 2.

能充分颂扬亚历山大，甚至反过来批评亚历山大。这些作品与亚历山大本人并不相称。阿里安抓住了这一创作契机，认为既然亚历山大与自己的故乡和事业密切相关，那么自己就有责任弘扬亚历山大的功绩。因此他决定将亚历山大的历史呈现给世人。他将亚历山大视作英雄。而在希腊文化中，只有荷马这样的文学巨匠才能歌颂英雄。阿里安自幼接受希腊文化教育，熟悉希腊文学与史学的典故和书写模式。他深知作品的内容与作者本人息息相关，所以想借助亚历山大的成就提升自己的地位，通过撰写《远征纪》来做亚历山大的“荷马”。因此，阿里安延续了荷马的文学传统，也延续了希罗多德与修昔底德等人的史学传统，记载伟大人物的伟大事业。亚历山大征讨四方的经历，就不只是某位出色的将军打了几场胜仗而已，更是一名英雄建功立业的过程。因此，阿里安不像普鲁塔克那样，只局限于描写“琐事”。①

二　国王形象

《远征纪》大致以波斯帝国灭亡为界分为两部分。在远征前期，亚历山大是马其顿人和希腊人的国王，目的是率领联军进攻波斯帝国。在远征后期，亚历山大成为帝国的国王，想征服全世界。随着征服对象和范围的变化，亚历山大的国王形象发生了明显的变化。

阿里安在远征的前期塑造了一个宽容、仁慈的国王形象。亚历山大是远征波斯的“联军司令”。② 底比斯叛乱时，亚历山大正在北方征讨蛮族。他得到消息，认为此事不可大意，担心底比斯的叛乱会导致雅典、斯巴达等其他城市的动荡。因此他急速回军，突然出现在底比斯城下。但他没有立刻进攻，“想给底比斯人更多的时间，去反省自己的错误，希望对方可以派个使者过来开诚布公地谈”。然后他在卡德米亚卫城外面驻守，目的是援助被困的守军，此时“他仍然希望与底比斯人和平共处，不愿相互对

---

① Plutarch, *Life of Alexander*, 1.3. 参见 A. B. Bosworth, *A Historical Commentary on Arrian's History of Alexander*, vol. 1, Oxford University Press, 1980, introduction, pp. 34 – 38; A. B. Bosworth, *A Historical Commentary on Arrian's History of Alexander*, vol. 2, Oxford University Press, 1995, p. 5; Philip A. Stadter, *Arrian of Nicomedia*, The University of North Carolina Press, 1980, pp. 60 – 66; Vasileios Liotsakis, *Alexander the Great in Arrian's Anabasis*, De Gruyter, 2019, p. 11 & pp. 163–166。

② Arrian, *Anabasis of Alexander*, 1.1.1.

抗”。有些明智的底比斯人想同亚历山大和解，但造反者和彼奥提亚同盟的官员不同意。“即便如此，亚历山大依然不攻城。”[①] 阿里安共三次强调亚历山大的忍耐，表明亚历山大的态度：与底比斯人对抗并非亚历山大的主观意愿，而是出于对局势的考量。接下来正式下令进攻的也不是亚历山大本人。因为部下帕尔迪卡斯擅自出击，马其顿士兵陷入被包围的危险境地，亚历山大为了救援己方部队，才命令方阵迎敌。这是情势所迫的无奈之举。在击败底比斯之后，关于如何处理局面，亚历山大也没有亲自定夺，而是把底比斯的命运交给盟友们决定。[②] 相似的情况出现在围攻哈利卡纳苏斯期间。亚历山大依然是为了保护部下才下令进攻，而在城墙出现缺口的时候，亚历山大罕见地放弃了一举获胜的时机，想要保全城市并且签订和约。甚至在波斯人烧毁房舍之后，亚历山大也要保护市民。[③] 阿里安把他看作希腊人的保护者，塑造了亚历山大的正面形象。

随着远征不断深入，亚历山大的形象也开始发生变化。曾经的亚历山大与马其顿人是相对平等的。亚历山大允许士兵返乡与家人团聚，还相信自己的医生不会被敌人收买。[④] 这些行为使他深得马其顿人拥戴。但是在波斯帝国灭亡之后，阿里安认为亚历山大开始受到蛮族习俗的影响。曾经宽容大度的国王被东方化的专制君主所取代。在埃及的时候，亚历山大不相信菲罗塔斯会参与谋反。后来亚历山大却因菲罗塔斯“知情不报”而严厉地批评了他。马其顿人顺势将菲罗塔斯处死。此时亚历山大怀疑菲罗塔斯之父帕曼纽也参与了此事，就派手下处死了这位老将。曾经“相信朋友、不怕死”的亚历山大开始变得猜疑而专断。[⑤] 后来，亚历山大将杀害大流士的凶手贝苏斯残忍折磨至死。阿里安“不赞同这种极端的刑罚，因为残毁躯体是蛮族的习俗”。他承认亚历山大的成就，但也认为亚历山大开始不能“控制自己”。[⑥] 有一次亚历山大忘记献祭狄俄尼索斯。此时的他已经染上了酗酒的风气。在酒宴上，克利图斯批评那些奉承亚历山大的小人，还说亚历山大的成就是全体马其顿人共同努力的结果。亚历山大很愤怒，失手将克利图斯刺死。但亚历山大不像其他国王一样掩盖自己的错

---

① Arrian, *Anabasis of Alexander*, 1.7.4-11.

② Arrian, *Anabasis of Alexander*, 1.8.1-8, 1.9.9-10.

③ Arrian, *Anabasis of Alexander*, 1.21.4, 1.23.1-6.

④ Arrian, *Anabasis of Alexander*, 1.24.1-2, 2.4.7-11.

⑤ Arrian, *Anabasis of Alexander*, 3.26.1-4.

⑥ Arrian, *Anabasis of Alexander*, 4.7.3-4.

误，而是几天不吃不喝，反省自己。阿里安觉得这一举动值得称赞，认为亚历山大不会搪塞狡辩，而是能勇于承认自己是人不是神。[1] 亚历山大想在马其顿人和希腊人中间推行鞠躬礼。这种礼节在波斯人看来是正常的，但在马其顿人和希腊人看来则非常不妥。因为在希腊文化中，只有神灵才能享受鞠躬礼。因此他的提议遭到卡利斯提尼的反对。他虽然对卡利斯提尼很不满，但碍于马其顿人集体的态度，此事只能不了了之。后来在处理赫摩劳斯的谋反事件时，他认为卡利斯提尼也参与其中，借机将卡利斯提尼处死了。[2] 几年之后，在欧皮斯城，亚历山大想解散马其顿士兵，并且按照马其顿人的方式训练波斯青年。他甚至还将波斯人与马其顿人同等看待。他的做法招致了马其顿人的不满，于是他处决了一些马其顿人，马其顿人与亚历山大之间的平等关系彻底破裂。不过最终，亚历山大顾及旧情，与部下和好，[3] 这件事情看上去有了一个相对圆满的结局。

亚历山大的国王形象大体是正面的，但其中蕴含了阿里安对亚历山大的道德评价。他试图回答国王应该如何行事这一问题。他以斯多葛学派的立场评判亚历山大的行为，认为人是否幸福与能否控制自己息息相关。亚历山大的确是个成功的征服者，但在远征的后期，他无法控制自己的欲望。通过亚历山大形象的转变，阿里安一方面表达了自己的不满，另一方面也替亚历山大掩盖罪责。如果说英雄形象表达了亚历山大的神性，那么国王形象就体现了亚历山大的人性。既然每个人都会犯错误，那么亚历山大的行为就是可以理解的，不必苛责。阿里安尽量不直接批评亚历山大，为的是不损害亚历山大的光辉形象，并且舒缓他人对亚历山大的批评。

三　将军形象

《远征纪》虽然不拘于描写亚历山大征战四方的过程，但军事活动无疑是其核心内容。[4] 在阿里安眼中，亚历山大是理想的将军。在《远征纪》末尾，阿里安这样评价亚历山大的为将之道："他能在尚无征兆的时候果断采取行动，也十分擅长根据手头的线索推测将要发生的事情。在布阵、指挥和配发装备方面，他是个天才。他十分懂得激励士兵的斗志，给他们

① Arrian, *Anabasis of Alexander*, 4. 8. 2–4. 9. 6.

② Arrian, *Anabasis of Alexander*, 4. 9. 9–4. 14. 3.

③ Arrian, *Anabasis of Alexander*, 7. 8. 1–3, 7. 11. 1–8.

④ 参见刘家和为《亚历山大远征记》（李活译，商务印书馆，1979）所作序言第 ii 页。

希望，用自己的大无畏精神驱散他们的恐惧。要采取行动时，他毫不迟疑，一马当先；又能十分巧妙地抓住机遇，先发制敌。”[①] 这段话是阿里安对亚历山大将军形象的概括。

阿里安认为，亚历山大有勇有谋且不循常理。在格拉尼库斯河战役之前，亚历山大得知波斯军队已经列阵，就下令准备迎敌。老将帕曼纽建议亚历山大暂时扎营，等到黎明时分再进攻，他的理由是己方兵力占优，当下的地形不利于战斗，白天突袭可以趁敌方不备，且第一场大规模战役的结果至关重要。但亚历山大回答说，格拉尼库斯河这种小河不能阻挡他的脚步，立即战斗能满足他冲锋陷阵的欲望，还能打击敌方士气。[②] 他不去考量战场情势。对比来看，狄奥多罗斯没有记录二人的对话，而且说战斗发生在第二天黎明。我们可以推测亚历山大或许听从了帕曼纽的建议，但阿里安为了塑造亚历山大的形象而没有采纳这一说法。[③] 在高加美拉战役之前，帕曼纽建议亚历山大突袭敌军，觉得这样可以引起骚乱，对己方有利。但亚历山大认为“那是偷来的胜利，不光彩。既然他是亚历山大，就要正大光明地决斗，而不是搞一些偷偷摸摸的事情”。[④] 阿里安分析了亚历山大这样做的原因：夜间战斗胜负难料，很可能对己方不利，而且突袭不能代表实力。阿里安在描写这两场战役时，将理性思考的过程同决策者本人分开。亚历山大那些看似不合逻辑的决定反而让他获得了战斗的胜利。这种写法让其他将领，包括阿里安本人都成为亚历山大的陪衬，说明只有亚历山大才是天才的统帅，而其他人只是平庸的将军。

阿里安也将亚历山大看作优秀的指挥官。他料敌如神，能针对不同的战场形势灵活变换战术。这是亚历山大最重要的品质之一。无论是阵地战、围城战，还是游击战，亚历山大都能自如掌握。[⑤] 亚历山大曾在马其顿北部攻打色雷斯人。当时敌方将马车排列在山崖上，想趁马其顿人登山的时候把马车推下去。面对这种困境，亚历山大认为别无他法，只能冒险登山。他让重装步兵走在前面。当马车从山上砸下来时，部队要分散站

① Arrian, *Anabasis of Alexander*, 7.28.1-2.

② Arrian, *Anabasis of Alexander*, 1.13.6-7.

③ 参见 Peter Green, *Alexander of Macedon*, 356-323 *B.C.*, Berkeley and Los Angeles: University of California Press, 1991, pp.495-496。

④ Arrian, *Anabasis of Alexander*, 3.10.1-2.

⑤ *Alexander the Great: A Reader*, edited by Ian Worthington, London and New York: Routledge, 2003, p.178; Philip A. Stadter, *Arrian of Nicomedia*, The University of North Carolina Press, 1980, p.90.

立；如果地形狭窄，则应把盾牌紧靠在一起护住身体，最大限度减缓车辆的冲击力。这样的策略带来的结果是马其顿一方无人伤亡，进一步鼓舞了士气。[①] 阿里安在叙述亚历山大的战术策略时，总是首先交代战前双方的兵力布置，描写战场情形，然后写亚历山大如何针对敌军部署调整己方阵型，最后记载这样的战术带来的结果。他常用“一切均如亚历山大所料”这样的话来评价亚历山大的用兵策略，体现亚历山大高超的军事才能。

阿里安还描写亚历山大注重士气，爱护士兵，也尊重对手。格拉尼库斯河之战后，亚历山大为阵亡的将士铸造铜像，并免除他们父母儿女的税。他还亲自探望每一位伤员，询问他们的受伤情况，听他们夸耀各自的功绩。他也举办葬礼，安葬波斯指挥官以及希腊雇佣军。[②] 伊苏斯之战后，亚历山大的腿受了伤，但他依然去看望伤者。他还收集阵亡将士的遗体，为他们举办葬礼。对于每个人的英勇事迹，他都亲自致辞褒奖，并按照功勋大小分发奖赏。他保护大流士的家人，让他们保留原有的头衔，给他们相同的待遇。[③] 甚至有传闻说，大流士觉得如果自己没办法继续统治国家，就要让亚历山大接替他的位置（虽然阿里安不相信这件事的真实性）。[④] 在伽德罗西亚沙漠，亚历山大的部队因为缺水而危在旦夕。有些士兵在泉缝里面找到很少一点水，用头盔装着送给亚历山大。亚历山大称赞了这些士兵，然后当着所有人的面将水泼出去，众人群情振奋，就好像他们自己喝到了水一样。阿里安认为这是亚历山大最值得赞扬的高尚行为，充分表现了他的“忍耐和自制”。[⑤]

在描写战役的过程中，阿里安为了突出亚历山大的将军形象，故意强调甚至夸大指挥官的作用。亚历山大对战局的掌控同大流士形成了鲜明对比。在伊苏斯之战中，亚历山大本人四处奔走，呼喊着每一位马其顿将士的姓名，鼓舞士气，而且下令全军谨慎前进，以免打破阵型。这种与将士共患难的行动与大流士相反。大流士看见“他的左翼受到亚历山大的猛攻而混乱不堪，又与其他部队失去了联系，第一个毫不迟疑地坐车逃跑了”，而波斯的士兵“直到发现大流士已经逃跑了，发现雇佣军也被方阵击溃

① Arrian, *Anabasis of Alexander*, 1.1.6-10.

② Arrian, *Anabasis of Alexander*, 1.16.4-6.

③ Arrian, *Anabasis of Alexander*, 2.12.1-8.

④ Arrian, *Anabasis of Alexander*, 4.20.1-3.

⑤ Arrian, *Anabasis of Alexander*, 6.26.1-3.

了，才开始撤退”。[①] 同样，在高加美拉战役中，“大流士早已吓得魂不守舍。眼前的场景更是让他心惊胆战。他又像上次一样第一个坐着车回头就跑”。反而波斯的士兵“还不知道大流士已经逃走，仍然在和亚历山大左翼周旋，攻击帕曼纽的阵列”。[②] 波斯人战败不是因为士兵的无能，而是因为大流士的胆怯。阿里安通过强调指挥官的作用表达了亚历山大决定战斗胜负的地位，弱化了士兵的作用。

结　语

阿里安塑造亚历山大的三种形象，目的是树立典范，想通过自己的作品矫正时人对亚历山大的不当印象，并提出为人处世的标准，进一步提高亚历山大乃至自己的地位。这三种形象结合了阿里安的个人经历、罗马帝国的社会现实以及希腊的文化传统，既是亚历山大也是阿里安本人三重身份的体现。亚历山大的英雄形象反映了阿里安的文学家身份。琉善称阿里安“终身致力于文化”。[③] 阿里安欲凭借《远征纪》超越其他希腊作家，确立自己的文学地位。而亚历山大的国王形象体现了阿里安的哲学家身份。作为爱比克泰德的弟子，阿里安深受斯多葛哲学的影响，以“忍耐”为价值判断的标准，评价亚历山大的行为。亚历山大的克制与反省让他成为道德的典范。阿里安一方面羡慕他的成就，另一方面批判他的欲望。这种看似矛盾的心态，实际上是斯多葛哲学思想与公元二世纪罗马帝国重新扩张的社会现实相碰撞的结果。而亚历山大的将军形象则是事业的典范，体现了阿里安的军事家身份。对土地与荣誉的渴望既是亚历山大也是阿里安自己的追求。与其他亚历山大史家不同，阿里安曾亲自带兵出征，也写过《对阿兰尼人的战斗队形》《兵法》等军事作品。[④] 因此阿里安深谙军务，在描写战斗场面时能在一定程度上避开夸张与想象的成分，从军事的角度深入剖析亚历山大的战略与战术，这样塑造的将军形象同其他作品相比更有说服力，提升了《远征纪》的史学价值。

总体来看，《远征纪》塑造的是亚历山大个人的形象，而非远征军的群像。在阿里安看来，亚历山大史既是英雄的成长史，也是将军的征战

---

① Arrian, *Anabasis of Alexander*, 2. 10. 2-3, 2. 11. 1-5.

② Arrian, *Anabasis of Alexander*, 3. 14. 3-6.

③ Lucian, *Alexander the False Prophet*, 2.

④ Philip A. Stadter, *Arrian of Nicomedia*, The University of North Carolina Press, 1980, p. 1.

史，更是国王的统治史。阿里安没有像普鲁塔克那样赋予亚历山大使命感，把他视作希腊文化的传播者，也没有像狄奥多罗斯那样将他的征服置于普遍历史的一个阶段。这种关注个人形象的写作手法，反映了希腊世界的变化。亚历山大个人的统治改变了传统希腊社会。现存的亚历山大史家的作品都集中出现在罗马共和国晚期至帝国初期这一时间段。罗马社会由共和制向元首制的转变让亚历山大重新成为人们的关注点。

《远征纪》中的亚历山大形象，是史家“求事实之真”与“求道德之善”相结合的结果，用阿里安自己的话来说就是“忠于事实，于人有益”。[①] 不可否认，无论是英雄还是道德楷模，《远征纪》中的亚历山大形象都只是阿里安心目中的理想形态。这种书写模式不能用现代意义上的史学求真来解释。“求善”甚至在一定程度上牺牲了“求真”。亚历山大的形象服务于阿里安的写作目的。为了塑造典型，阿里安运用隐恶扬善的手法，在不损害亚历山大形象的前提下委婉表达自己的批评。这种思想有深刻的历史传统。亚历山大本人的政治宣传活动为后世的写作奠定了基调。因此与亚历山大相关的文献总体上都是对亚历山大的颂扬，少有批评。史家出于自己的立场和写作目的，会对亚历山大的形象进行再创造。阿里安以托勒密、阿里斯托布卢斯等人的作品为基本材料，吸纳其他作家的合理成分，再结合自己的创作目的，撰写了亚历山大史。因此，阿里安的《远征纪》既没有照抄托勒密，也不完全是阿里安的杜撰。《远征纪》是亚历山大形象发展过程的重要环节，体现了历史文献与现实社会的统一。

---

① Arrian, *Anabasis of Alexander*, 7. 30. 2.

奥罗修斯的战争观

——以《反异教徒历史七书》为研究中心

莫　凡

（北京师范大学历史学院，北京　100875）

摘　要：奥罗修斯的战争观是奥罗修斯史学思想中的重要内容。奥罗修斯在《反异教徒历史七书》中将历史上发生的战争分为两个阶段进行述评。对于基督教时代之前的战争，奥罗修斯强调战争的起因不正当、数量多、持续时间长、波及范围广、作战规模大和伤亡惨重，将这一时期的所有战争都归为上帝对人类罪孽的审判，是灾难的一部分。对于基督教时代的战争，奥罗修斯突出战争的数量少、持续时间短、损失轻微以及战争结果与基督信仰紧密相关，将这一时期的所有战争都总结为上帝对人类质疑和不敬基督的警示。奥罗修斯利用世俗史料述评战争，但采取与古典史家全然不同的新视角，重新定义战争在不同时期的性质，彰显上帝在所有战争中的决定性意义，实现为基督教辩护的写作意图。

关键词：奥罗修斯　《反异教徒历史七书》　战争观　基督教

公元410年，阿拉里克率领西哥特人洗劫了号称“永恒之城”的罗马城。当时仍然存在的一批非基督徒将此事归咎于罗马传统的众神祇被基督徒的上帝取代。面对基督教陷入的信任危机，奥古斯丁决定创作《上帝之城》来回应。在完成《上帝之城》的前十卷后，奥古斯丁意识到需要一部世俗的历史作品作为补充，用历史事实来证明罗马城被外族攻破这一灾难并非前所未有。奥古斯丁选中了他的朋友兼学生奥罗修斯来完成这一任务。

奥罗修斯（Paulus Orosius，又译奥罗修）的出生时间在公元 375 年至 380 年之间，他出生在葡萄牙的布拉加（Braga，当时属于罗马帝国治下的西班牙境内）。[①] 公元 413~414 年，奥罗修斯离开西班牙，前往阿非利加，并结识了奥古斯丁。随后，奥罗修斯接受奥古斯丁布置的任务，在 417~418 年完成了《反异教徒历史七书》（以下简称《历史七书》）。《历史七书》是一部囊括了从创世至公元 417 年的世俗历史著作。关于奥罗修斯完成《历史七书》后的经历，学者们至今无从知晓。

然而，随后几个世纪的史学发展很快便表明了奥罗修斯与《历史七书》的深远影响。《历史七书》作为第一部持基督教观点的古典世界历史著作，成为中世纪学者了解古代信息的主要史料来源。但到了近代中后期，学界对奥罗修斯的评价开始发生剧烈变化。学者们普遍认为《历史七书》是没有价值的，只是一部伪装成历史的神学作品，而不是真正的历史；奥罗修斯也不是一名合格的历史学家，只知牺牲历史记载的准确性来实现他的护教目的。这些评价使奥罗修斯及其作品长期被学界否定和忽视。直到 20 世纪后半叶，学者们才再次意识到《历史七书》的各方面价值，逐步恢复对奥罗修斯的学术研究兴趣。

根据奥罗修斯的自述，奥古斯丁最初是要求奥罗修斯搜集材料，撰写一部灾难汇编，来证明灾难的数量和程度事实上是随着基督教时代的到来而不断减少和降低的。[②] 因此具有负面性质的各类历史事件是《历史七书》文本叙述中的主要内容。而其中，奥罗修斯着墨最多的便是战争。“古典史学自希罗多德、修昔底德和色诺芬之后，将战争作为历史叙事的母题成为一种传统。”[③] 奥罗修斯没有忽视对战争的记述和评价，并提出以全新而又连贯统一的标准去重新评价战争，形成了独有的战争观，完全颠覆了世俗史家对战争的书写和诠释。英国学者维克托利娅·莱奥纳德（Victoria Leonard）在她的博士学位论文《奥罗修斯〈反异教徒历史七书〉中的君权与一神论中的上帝》中专辟一章分析了奥罗修斯笔下的战争。她将后殖

① 关于奥罗修斯的生平和奥罗修斯的作品在后世的接受情况，主要参考德费拉利（Roy J. Deferrari）于 1964 年出版的《历史七书》的英译本导言。Paulus Orosius，*The Seven Books of History Against the Pagans*，with an English translation by Roy J. Deferrari，Washington：The Catholic University of America Press，1964，Introduction.

② Paulus Orosius，*The Seven Books of History Against the Pagans*，1. prologue.

③ 李隆国：《透过战争说和平：奥罗修与基督教史学的转型》，《历史研究》2009 年第 2 期，第 177 页。

民史学的理论应用到对《历史七书》的书写分析中，认为奥罗修斯从被征服者的视角为罗马的扩张过程提供了一个不同的历史版本。[①] 李隆国在《透过战争说和平：奥罗修与基督教史学的转型》中比较了奥罗修斯和古典史家分别是如何叙述战争的，指出在奥罗修斯看来，战争的胜负始终由上帝来决定，同时批评奥罗修斯对战争的叙述因欲替基督教辩护而存在失实的情况。[②]

本文是在这些已有研究的基础上，力图更加全面地分析奥罗修斯笔下的各类战争具备的性质和特点，归纳奥罗修斯全新而又自成体系的战争观，总结奥罗修斯通过书写和评价战争而想要达到的护教目的。由于奥罗修斯将历史上发生的战争分为两个阶段，他以罗马帝国开启和基督诞生为划分的时间点，"将离基督恩典更近的基督教时代和先前的混乱不堪的无信仰时代区分开来"，[③] 并对两个时间段内的战争有着截然不同的认识，因此本文也遵循奥罗修斯的划分方式，分基督教时代之前的战争和基督教时代的战争两部分，来呈现和分析奥罗修斯的战争观。

一　奥罗修斯对基督教时代之前的战争的认识

古典作家在叙述战争时，除了提及战争对战败者的负面影响，亦用较多篇幅描述在战争中显现的国家成功扩张、个人英雄主义等积极内容。但在奥罗修斯的笔下，基督教时代之前的所有战争只是灾难，没有任何可值得褒扬的内容。奥罗修斯从战争的起因、过程、结局和影响等多个方面来诠释战争在这一时期的灾难性，彻底颠覆了世俗史家对战争的定义和评价。

首先，基督教时代之前的战争有着各式各样的起因，但无论起因如何，奥罗修斯认为这些战争均是不正当且无意义的。"人们仅仅是出于狂乱的愤怒而四处挑起战争。"[④]

在对外战争中，奥罗修斯将战争的起因归为四种。一是统治者为扩充领土而发动战争，欲征服他国，增加统治区域。例如，亚历山大在东征的

---

① Victoria Leonard, *Imperial Authority and the Providence of Monotheism in Orosius's Historiae adversus paganos*, PhD dissertation, Cardiff University, 2014, pp. 195-230.

② 李隆国：《透过战争说和平：奥罗修与基督教史学的转型》，第 175~185 页。

③ Paulus Orosius, *The Seven Books of History Against the Pagans*, 7. 43.

④ Paulus Orosius, *The Seven Books of History Against the Pagans*, 3. 2.

过程中，“前往印度，想将帝国的边界扩展至东方的尽头——东方大洋处”。[①] 二是统治者欲利用战争来掠夺其他国家或民族的人力。例如，奥罗修斯称罗慕路斯是为掠夺萨宾妇女，而向萨宾人发动战争，“用她们的父亲和丈夫的鲜血来给她们做嫁妆，可耻地迎娶萨宾妇女”。[②] 又如，奥罗修斯称腓力入侵塞萨利是为了兼并对方的骑兵队伍，“他并不是喜欢取胜的感觉，而是想得到塞萨利的骑兵，来增强自己的军事实力”。[③] 三是国家在受到外来的攻击或威胁后，选择发动战争来报复和惩罚对方。例如，奥罗修斯在讲述皮洛士战争时，便指出是因为他林敦人先无端袭击罗马舰队，才导致罗马军队入侵他林敦。[④] 四是借口协助盟友而发动战争。比如奥罗修斯称雅典人和斯巴达人均以援助盟友为借口，编组军队前往西西里继续交战，“在为盟友而战的借口下，雅典人和伯罗奔尼撒人将战火烧至国外”。[⑤]

在对内战争中，奥罗修斯将战争的起因归为如下三种。一是由于对统治权的争夺而引发内战。奥罗修斯称罗慕路斯便是通过发动内战而夺得罗马的统治权，“以外祖父的血献祭他的王国，以弟弟的血献祭罗马城的城墙，以岳父的血献祭罗马城的神殿”。[⑥] 二是统治者因统治地位受到威胁或挑战，从而挑起内战欲打压政敌和保全自身。例如罗马共和国晚期苏拉同马略的战争，以及随后的一系列罗马内战，在奥罗修斯看来，均是源自统治者对手中已有权力的不满足。[⑦] 三是国内普通公民或是奴隶不满统治者，从而发动内战希望掀翻现有统治，如罗马共和国晚期的西西里奴隶战争和斯巴达克战争。可见奥罗修斯在分析基督教时代之前的战争起因时，不断强调这些战争的爆发都是源自人类不合理的欲望，从而判定所有战争都是非正义、非必需的，是完全可以避免的。

其次，奥罗修斯在描述战争的过程时，只叙述负面性的内容，例如暴行、屠杀和奴役等，完全剔除战争中同时存在的勇气、牺牲等具有正面意义的内容。奥罗修斯从多个角度来说明基督教时代之前的战争的特点，表明这一时期的战争对人类而言只是巨大的灾难，不包含任何积极意义。

---

① Paulus Orosius, *The Seven Books of History Against the Pagans*, 3.19.

② Paulus Orosius, *The Seven Books of History Against the Pagans*, 2.4.

③ Paulus Orosius, *The Seven Books of History Against the Pagans*, 3.12.

④ Paulus Orosius, *The Seven Books of History Against the Pagans*, 4.1.

⑤ Paulus Orosius, *The Seven Books of History Against the Pagans*, 2.14.

⑥ Paulus Orosius, *The Seven Books of History Against the Pagans*, 2.4.

⑦ Paulus Orosius, *The Seven Books of History Against the Pagans*, 5.19.

一是战争数量多。例如奥罗修斯在记载亚述帝国的统治时，称“亚述人的王国一共持续了 1160 年，经历过大约 50 位国王的统治。在这么多年间，战争从未停止过”。[①] 又如奥罗修斯称罗马在共和时期四处征战，经常同时参与多场战争。“罗马建城后的 673 年，战争的硝烟依旧随处可见。第一场战争发生在西班牙。第二场战争发生在潘非利亚。第三场战争发生在马其顿。第四场战争发生在达尔马提亚。”[②] 奥罗修斯强调这一时期战争不仅多，而且经常同时在各地爆发，令人类被迫承受加倍的伤害。“这些有着不同起因、借口、性质和暴行的大战并非一个接着一个地来，而是像汹涌的海浪一样，从不同的方向同时涌到一起。”[③]

二是战争持续时间长。如斯基泰人在亚细亚境内持续作战 15 年，“这十五年间，亚细亚不曾享受过任何和平”，[④] 又如第二次布匿战争持续了 17 年。[⑤] 战争持续的时间越久，对作战双方造成的损害也就越大，而持续数十年的战争更是有可能耗尽一个国家的人力和财力，“在之后的五十年中，陆战和海战齐上阵，但一直没有一个明确的战果，直至斯巴达的力量被耗尽”。[⑥]

三是战争波及范围广。例如奥罗修斯在叙述伯罗奔尼撒战争时，称“随着这场战争持续多年不曾停歇，雅典人、拉栖代蒙人、阿卡迪亚人、维奥蒂亚人、底比斯人，最终乃至希腊、亚细亚、波斯、埃及、利比亚以及一些大型岛屿，都同时从陆上和海上发动战争”，[⑦] 直言战争涉及的地域范围之广。马其顿战争亦被奥罗修斯列入参战国家数量最多的战争之一。“罗马一方的辅助军有：意大利全境、埃及国王托勒密、卡帕多西亚的阿拉阿里特、亚细亚的欧迈尼斯和努米底亚的马西尼萨。而色雷斯人和他们的国王柯提斯与伊利里亚人和他们的国王根提乌斯，则支持佩尔修斯和马其顿人。”[⑧] 在奥罗修斯看来，战争波及的范围越广，陷入战争的民族和国家越多，战争带来的苦难就越深沉，混乱就越严重。

四是战争规模大。奥罗修斯在记载薛西斯进攻希腊时，称薛西斯准

---

① Paulus Orosius, *The Seven Books of History Against the Pagans*, 1. 12.

② Paulus Orosius, *The Seven Books of History Against the Pagans*, 5. 23.

③ Paulus Orosius, *The Seven Books of History Against the Pagans*, 5. 24.

④ Paulus Orosius, *The Seven Books of History Against the Pagans*, 1. 14.

⑤ Paulus Orosius, *The Seven Books of History Against the Pagans*, 4. 20.

⑥ Paulus Orosius, *The Seven Books of History Against the Pagans*, 1. 21.

⑦ Paulus Orosius, *The Seven Books of History Against the Pagans*, 3. 2.

⑧ Paulus Orosius, *The Seven Books of History Against the Pagans*, 4. 20.

备了“七十万名波斯士兵、三十万名盟军、1200艘战船和3000艘运输船”,[1] 并表示这场远征的庞大规模对基督教时代的罗马人来说是无法想象的。[2] 即使在描述内战时，奥罗修斯也会突出作战规模的庞大。例如奥罗修斯在叙述庞培同恺撒交战时，指出庞培“将四万名步兵和六百名骑兵放在左翼，将五百名骑兵放在右翼。另外阵营里还有许多国王、大量罗马骑士和元老，以及一支庞大的轻步兵队伍”。[3]

最后，奥罗修斯会从多个角度展现基督教时代之前的战争的悲惨结果，无论是战胜方还是战败方，都会遭受严重损失，甚至被灭族或灭国。

一是奥罗修斯强调战败方蒙受的巨大损失，尤其谴责了罗马在共和时期对外扩张战争中对其他国家或民族造成的破坏，或是罗马在扩张过程中数次战败而使罗马自身折损。例如在皮洛士战争中，奥罗修斯称皮洛士一方最终有33000人被杀，1300人遭俘。[4] 在第二次布匿战争中，根据奥罗修斯的记载，罗马在特拉西梅诺湖战役中折损了25000名士兵，另有6000人被俘;[5] 而在坎尼之战中，更是有44000名罗马人阵亡，“罗马人不曾被歼灭得如此彻底”。[6]

二是奥罗修斯指出战胜方虽取得了战争的胜利，但在作战过程中也付出了惨重的代价，从而完全否定了在战争中获胜的积极意义。如奥罗修斯在叙述克里特人和雅典人的战争时，称克里特人是在“双方都伤亡惨重的情况下，赢得了染血的胜利”。[7] 在叙述罗马共和时期的对外战争时，奥罗修斯更是强调罗马在取胜的同时付出的巨大代价，完全否定了对外扩张对罗马自身崛起和发展的积极意义。比如奥罗修斯称罗马虽取得了维爱战争的胜利，但胜利者和失败者都损失惨重，以至于执政官“拒绝接受元老院授予他的胜利，称大部分罗马士兵都已战死。……共和国遭受了如此之大的损失。这应当是一个哀悼的时期”。[8] 奥罗修斯批评世俗史家故意忽略战胜方的伤亡人数，不提胜利者的折损，以免破坏获胜的荣耀，奥罗修斯本人则同世俗史家截然不同，会忠实地记录胜利者的损失，表明这亦是战争

① Paulus Orosius, *The Seven Books of History Against the Pagans*, 2.9.
② Paulus Orosius, *The Seven Books of History Against the Pagans*, 2.9.
③ Paulus Orosius, *The Seven Books of History Against the Pagans*, 6.15.
④ Paulus Orosius, *The Seven Books of History Against the Pagans*, 4.2.
⑤ Paulus Orosius, *The Seven Books of History Against the Pagans*, 4.15.
⑥ Paulus Orosius, *The Seven Books of History Against the Pagans*, 4.16.
⑦ Paulus Orosius, *The Seven Books of History Against the Pagans*, 1.13.
⑧ Paulus Orosius, *The Seven Books of History Against the Pagans*, 2.5.

的一部分。[①] 但奥罗修斯的实际目的是增加证据来证明战争的灾难性和负面性。而在叙述罗马共和国时期的内战时，奥罗修斯更是表明在内战中，无论是哪方取胜，最终牺牲的都是罗马人，甚至会造成弑亲的悲剧，认为内战的实质是“以伤害罗马的方式征服罗马”。[②] 例如奥罗修斯在叙述马略派同苏拉派的内战时，记述了一名士兵杀死了敌方阵营中的一名士兵，在摘下对方的战盔后发现竟是自己兄弟，他无法接受自己的弑亲行为，“当场将剑刺入自己的胸膛，诅咒着内战，带着眼泪和鲜血，倒在了兄弟的尸体上”。[③]

三是奥罗修斯通过国家在战争中覆灭的事实来证明战争会让国家陷入崩溃和灭亡的命运，甚至陷入被奴役的惨况，从而表明基督教时代之前的战争最终只会给人类带来痛苦和折磨，而不会有任何真正并持久的喜悦和成就。例如奥罗修斯称迦太基在第三次布匿战争后“变成了一个巨大的葬堆。它的人民坠入绝望的深渊，纷纷跳入火堆中。现在，它变成一个被拆除了城墙的小城，它的痛苦之一便是聆听自己过去的伟大”。[④] 再如奥罗修斯记述波斯人被亚历山大所率的军队击败后，被人奴役，“波斯人的自信被这场战役摧毁殆尽，以至于之后再无波斯人敢进行反抗。统治帝国多年的波斯人现在平静地戴上奴役的枷锁”。[⑤]

奥罗修斯利用世俗史料从多方面否定了世俗史家对战争的呈现和评价，对基督教时代之前的战争进行了全面的谴责。“尽管对战争的哀叹在古典作品中并不罕见，但奥罗修斯在《历史七书》中所呈现的对战争全面而持久的批判是前所未有的。这种创新一旦和基督教相结合，便会产生巨大的影响。”[⑥] 奥罗修斯强调不存在正义的战争，所有的战争都是负面的，具有强大的破坏力；战争给人类带来的只有杀戮、流血、暴力、奴役和生离死别。奥罗修斯对基督教时代之前的战争的系统叙述着重对罗马的早期历史进行了完全的颠覆。奥罗修斯完全否定了罗马扩张的积极意义，颠覆了世俗史家长期以来所塑造的罗马早期的强大和光辉的形象。奥罗修斯完

---

① Paulus Orosius, *The Seven Books of History Against the Pagans*, 4.1.

② Paulus Orosius, *The Seven Books of History Against the Pagans*, 6.12.

③ Paulus Orosius, *The Seven Books of History Against the Pagans*, 5.19.

④ Paulus Orosius, *The Seven Books of History Against the Pagans*, 5.1.

⑤ Paulus Orosius, *The Seven Books of History Against the Pagans*, 3.17.

⑥ Victoria Leonard, *Imperial Authority and the Providence of Monotheism in Orosius's Historiae adversus paganos*, p.203.

全不提罗马在扩张过程中不断增强的实力，而只是强调战争的惨重损失，批评罗马对其他国家和民族造成的伤害，强调罗马自身付出的代价和牺牲，称罗马的扩张只是对人类的纷扰。“一个关于早期和中期的罗马共和国历史的替代视角正在被提出”,① 以此来实现奥罗修斯创作《历史七书》的根本目的，即证明基督教时代之前的人类世界事实上充斥着各种灾难，远远不如基督教时代和平稳定，否认非基督徒的“今不如昔”的论调。

二　奥罗修斯对基督教时代的战争的认识

在进入基督教时代之后，奥罗修斯对战争的全盘否定态度立刻发生了逆转。一方面，奥罗修斯称战争数量已极大限度地减少，主要是因为罗马人转向基督信仰，开始追求和平，得到了上帝的肯定与眷顾。另一方面，奥罗修斯开始对战争给予肯定和赞扬，称战争是上帝警示人类的有效手段。奥罗修斯同样从战争的起因、过程、结局和影响等方面来叙述和评价基督教时代的战争，并反复比较两个时代的战争，突出基督教时代的战争的正当性和温和性，并揭示战争同基督教的紧密联系。

首先，奥罗修斯在《历史七书》各卷中反复提及进入基督教时代后，战争数量大幅减少，和平持续存在，与基督教时代之前战争频发、冲突不断的状况形成鲜明对比，并指出这一长久稳定的和平状态得益于上帝的恩赐和罗马人开始信仰基督教。奥罗修斯先是指出真实的和平状态的实现事实上是在罗马帝国开启之后，尤其是在奥古斯都凭借上帝的暗中支持，通过一系列必要的对外战争，成功实现罗马帝国的统治之后。“各个民族都遵守罗马的法令，更喜欢罗马的法律而非自己的武器，推翻自己原本的首领，要求由罗马人任法官。最终，每一个种族、所有行省、数不胜数的城市、数不尽的民族和每一块土地都有同一个诉求：自由且光荣地保卫和平，在协商中谋求共同利益。”② 在此基础上，奥罗修斯进而表示奥古斯都的统治时期之所以能出现前所未有的和平，是因为上帝在为基督诞生做准备，希望基督能诞生在一个极度和平的国度中。“就在这一年，当奥古斯都在上帝的授意下，在地上建立起最坚固、最稳定的和平体系后，基督诞

① Victoria Leonard, *Imperial Authority and the Providence of Monotheism in Orosius's Historiae adversus paganos*, p. 215.

② Paulus Orosius, *The Seven Books of History Against the Pagans*, 3. 8.

生了。"[①] 而当叙述进入基督诞生后的时代，奥罗修斯则强调是上帝和基督的力量使人类无法主动破坏和平，不能随心所欲地发动战争。例如奥罗修斯称卡里古拉"带着规模庞大到令人难以置信的随从队伍，出发去为无所事事的罗马军队寻找敌人。他一路穿过高卢和日耳曼……最后找不到开战的理由，便回到罗马"。[②] 又如当达尔马提亚的总督收买军队密谋发动内战时，却在出发前发现"无论如何都无法拔起或移动军旗"，[③] 从而悔过自新，放弃蓄势待发的内战。可见在奥罗修斯的笔下，非正义和非必要的战争不可能出现在基督教时代。战争的开启和出现已不受人类意志的控制。奥罗修斯指出人们不再选择用战争去侵略其他国家或民族，而是追求和平相处，这不是因为基督教时代的人们失去了战斗力，而是因为人们听从了上帝的教导，压制内心好战的冲动，避免了战争的爆发。奥罗修斯以罗马帝国时期的外族为例，称外族"明明可以依靠战争获得每一寸土地，却在上帝的仁慈的感召下，选择在所有地方谋求同罗马人和平相处，并主动将人质归还给罗马人"。[④] 在奥罗修斯的笔下，基督教时代与罗马人共同谋求和平的外族，和罗马共和时期与罗马人争斗不断的外族形成了鲜明对比，他将这一积极变化归功于基督教，是上帝信仰令不同国家和民族的人们团结到一起。

其次，奥罗修斯并未在文本中完全忽略基督教时代存在的战争，而是用了与世俗史家不同的处理方式去解释这一时期为何仍会存在战争。奥罗修斯分析了基督教时代战争的一系列特点，与上文提到的基督教时代之前的战争的特点存在明显的差别。

一是战争爆发的起因合理。基督教时代之所以会出现战争，并非出于人为因素，而是来自上帝的惩罚。若统治者不敬基督或统治者的道德品行极其败坏，上帝就会安排战争来警示和惩罚人类。例如尼禄在统治期间暴虐无道，犯下各种罪行，甚至迫害基督徒，试图消灭基督教，上帝便让战争在罗马帝国境内发生。边境行省不断受到外族滋扰，"灾难来到不列颠。两个主要城市被洗劫。当地的罗马公民和他们的盟友惨遭屠戮。……亚美尼亚的一些行省被夺走"。[⑤] 罗马再次陷入内战，"加尔巴立刻在西班牙发

① Paulus Orosius, *The Seven Books of History Against the Pagans*, 6. 22.
② Paulus Orosius, *The Seven Books of History Against the Pagans*, 7. 5.
③ Paulus Orosius, *The Seven Books of History Against the Pagans*, 7. 6.
④ Paulus Orosius, *The Seven Books of History Against the Pagans*, 1. 17.
⑤ Paulus Orosius, *The Seven Books of History Against the Pagans*, 7. 7.

动叛变。待加尔巴被推翻后，位于罗马的奥托、位于日耳曼的维特利乌斯和位于叙利亚的苇斯帕芗同时夺取帝国权力”。[①] 上帝用这些战争来惩罚罗马人，“弥补罗马近来对基督教造成的伤害”。[②] 被非基督徒直接用来攻击基督教的帝国时期纷繁不断的外族入侵，亦被奥罗修斯解释为上帝对罗马人的惩罚。“在上帝的准许下，所有被驱赶至帝国边境之外的部落突然纷纷打破锁链，侵入罗马的土地。”[③]《历史七书》的直接创作动机，便是公元410年哥特人入侵罗马，在奥罗修斯看来，因为当时“整个罗马城都充斥着对上帝的亵渎。基督之名在各处都遭到辱骂，仿佛它是时代的灾祸”[④]，所以上帝才安排哥特人来惩罚罗马人。

二是战争持续时间短，造成的损失小、伤亡少。根据奥罗修斯的记述，基督教时代的战争经常刚开始就结束。这时的战争更多的是一种来自上帝的警告，提醒人类应当虔诚信仰基督教，而非如基督教时代之前的战争那般是真正的审判。“上帝的愤怒很快变成了怜悯，认为初露惩罚的迹象要好于倾尽全力的惩罚。”[⑤] 若人类能在战时及时向上帝或基督祈祷，则战争会结束得更快。“人们可在教堂里向人类的审判者基督祈祷，甚至是代表自己的敌人和迫害者进行祈祷。”[⑥] 例如当罗马军队在战争中因缺水而陷入困境时，“一些士兵展示出坚定不移的信仰，突然进行祈祷，公开呼唤基督的名字。暴雨立刻倾盆而下，不仅令罗马人安全地获得补给，还使蛮族惊恐于接连不断的闪电。……蛮族调头逃跑时，罗马人发起了进攻，依靠基督的强力援助和少数新兵，将蛮族全部歼灭”。[⑦] 可见信仰基督不仅能使罗马一方反败为胜，还能使战争尽快结束。这一时期的外族入侵相较于基督教时代之前的外族入侵，在时间上更为短暂，在过程上更加温和，远不如之前的暴虐残忍。例如，对比公元410年哥特人入侵罗马与共和时期高卢人入侵罗马，奥罗修斯指出高卢人的入侵持续了六个月，而哥特人的入侵只持续了三天。高卢人杀害或俘虏了绝大部分罗马市民，而哥特人则在阿拉里克的要求下尽量避免伤害罗马人的性命。“高卢人消灭了罗马

① Paulus Orosius, *The Seven Books of History Against the Pagans*, 7.8.
② Paulus Orosius, *The Seven Books of History Against the Pagans*, 7.8.
③ Paulus Orosius, *The Seven Books of History Against the Pagans*, 7.22.
④ Paulus Orosius, *The Seven Books of History Against the Pagans*, 7.37.
⑤ Paulus Orosius, *The Seven Books of History Against the Pagans*, 7.22.
⑥ Paulus Orosius, *The Seven Books of History Against the Pagans*, 7.8.
⑦ Paulus Orosius, *The Seven Books of History Against the Pagans*, 7.15.

市民，摧毁了罗马城，几乎将罗马化为灰烬。哥特人放弃了抢掠，将一个个茫然失措的市民赶入避难所，即城里的各大圣所。……我敢说，第一次陷落时得救的人数，和第二次陷落时丧命的人数差不多。”[①] 高卢人在彻底摧毁罗马城，向罗马人索取了一千磅黄金之后才撤离罗马城；而哥特人在进入罗马城的第三天便主动离开，并未对罗马城造成过多破坏。

三是奥罗修斯指出基督教时代战争的输赢与作战双方是否信仰基督教有紧密联系。哪方信仰基督教，哪方就能轻松赢得胜利。奥罗修斯用多个例子证明，在作战过程中，信仰基督教的将领能够凭借上帝的力量以少胜多，不费吹灰之力就获得胜利。例如当马西泽尔同吉尔多交战时，马西泽尔凭借“日夜不停地祷告、禁食和吟唱圣诗”[②]，顺利取胜，“未经战斗，七万名敌人便被击败”。[③] 尤其是信奉基督教的罗马统治者，凭借信仰可以非常轻松地取得战争的胜利，几乎不需要付出任何代价和承受任何损失，在和平中便可取胜。“在基督徒帝王进行的战争中，对上帝的虔诚礼拜、深刻忏悔，是胜利的根本保证，为上帝而战，即为信仰而战，才会有胜利。”[④] 例如奥罗修斯极为推崇的狄奥多西，便是依靠上帝的力量成功应对一场又一场战争，“几乎所有战争都是以干净利落、兵不血刃的神圣胜利告终”。[⑤] 另外，奥罗修斯指出在基督教时代的战争中，被战争波及的所有人亦可凭借基督信仰而躲过战争带来的灾难。例如在描述阿拉里克对罗马城的入侵时，奥罗修斯指出，阿拉里克进入罗马城后，明确下达命令，要求“凡是躲进各个圣所的人，尤其是使徒圣彼得和圣保罗的教堂，一律不得侵犯”。[⑥] 奥罗修斯记录了甚至有许多非基督徒混入基督徒的队伍，暂时伪装成基督徒，得到哥特人的保护，“尽管并非拥有信仰，却以声称信仰的方式暂时拯救了自己”。[⑦]

如上所述，奥罗修斯称基督教时代的战争“因如此虔诚的需要而开启，在这般上帝恩赐的帮助下轻松地结束，并在善意和宽恕中得到平息，既没有大规模的屠杀，也没有胜利后血腥的报复”。[⑧] 奥罗修斯并未选择完

---

① Paulus Orosius, *The Seven Books of History Against the Pagans*, 2. 19.

② Paulus Orosius, *The Seven Books of History Against the Pagans*, 7. 36.

③ Paulus Orosius, *The Seven Books of History Against the Pagans*, 7. 36.

④ 李隆国：《透过战争说和平：奥罗修与基督教史学的转型》，第 179 页。

⑤ Paulus Orosius, *The Seven Books of History Against the Pagans*, 7. 35.

⑥ Paulus Orosius, *The Seven Books of History Against the Pagans*, 7. 39.

⑦ Paulus Orosius, *The Seven Books of History Against the Pagans*, 7. 39.

⑧ Paulus Orosius, *The Seven Books of History Against the Pagans*, 7. 35.

全忽视基督教时代出现的战争，一味强调和平，而是选择用亲基督教的方式来诠释这一时期的战争，尤其强调战争胜负同是否信仰基督教之间的关系。奥罗修斯认为在基督教时代战争开始具有正义性质，本质上属于上帝的警示和惩罚。另外，上帝能使虔诚的基督徒甫一开战便取得最终的胜利，而无须付出任何代价。“当基督教成为唯一的官方宗教后，和平与战争之间的区别随即消失。这是因为上帝允许战争拥有和平的胜利。”① 此外，奥罗修斯在叙述外族与罗马的战争时，认为信仰基督教的外族指挥官对罗马发动的战争，实质上是上帝对罗马帝国的温和惩罚，即上帝以外族的入侵战争为工具，来惩罚和警告罗马人中仍然存在的非基督徒。

结　语

奥罗修斯在《历史七书》中将战争分为两个阶段进行述评，突出基督教时代之前的所有战争的负面意义和非必要性，强调基督教时代的和平，以及仍然存在的战争的正当性和警示意义。但究其根本，无论哪一时期的战争，在奥罗修斯看来都源自上帝的安排。“若不是来自上帝的愤怒和敌意，过去的时代不会如此悲惨和混乱不堪。但如果没有上帝的仁慈和怜悯，我们当下的时代也不会如此井然有序。”② 战争的出现和消失本质上都是受上帝控制。基督教时代之前战争频发、不曾停歇，是上帝对人类犯下的各式罪行并不知通过信仰基督教来减轻罪恶的审判。“当时在世界的任何角落都还没有教会，自然无法通过信徒的祈祷来减轻这个世界应受的惩罚。”③ 基督教时代战争大幅减少，则是上帝对开始信仰基督教的人类的宽恕和怜悯。至于在基督教时代内仍然存在的少量战争，则被奥罗修斯解释为上帝对仍然存在的一批非基督徒不敬基督教的惩罚。而且这种以战争为手段的惩罚同基督教时代之前的同类审判又大不相同，本身更加温和，更多是一种警示。人类亦可通过及时向上帝和基督祈祷而使战争尽快结束，赢得战争的胜利。“上帝的审判总是带有双重目的。当他寄希望于它时，

① G. Zecchini, "Latin Historiography: Jerome, Orosius and the Western Chronicles", in Gabriele Marasco ed., *Greek & Roman Historiography in Late Antiquity, Fourth to Sixth Century A. D.*, London & Boston: Brill, 2003, p. 326.

② Paulus Orosius, *The Seven Books of History Against the Pagans*, 2. 18.

③ Paulus Orosius, *The Seven Books of History Against the Pagans*, 6. 1.

他便得到帮助。当他对它不屑一顾时，他便遭到杀害。”[①] 可见奥罗修斯的战争观实质上仍是以上帝的意志为出发点，是奥罗修斯的护教思想在书写战争中的应用和衍化，目的在于表明战争是上帝向人类发出的信号，是上帝表达意志的工具，亦是上帝彰显全能力量的媒介。

奥罗修斯通过对战争的系统论述，试图证明历史上的各类战争远比眼前的战争更为严重，说服非基督徒读者相信上帝的力量和接受“薄古厚今”的观点，发挥为基督教辩护的作用。奥罗修斯从战争的角度在本质上改写了古代历史。一个全新的有益于基督教的世俗历史版本被呈现出来。奥罗修斯利用世俗史料，全盘否定了世俗史家对基督教时代之前的战争中荣耀部分的肯定和夸赞，将战争视为最严重的灾难。但与此同时，奥罗修斯又利用世俗史料，将基督教时代的战争解释为上帝正义的警告和惩罚，完全抹去了战争的灾难性，凸显了战争存在的合理性。这是奥罗修斯的战争观中最突出的创新之处，与奥罗修斯之前的所有古典史学形成了鲜明的对比，是奥罗修斯以世俗史料来挑战和批判古典史学的典型代表。“奥罗修斯的撰述既不是纯粹的古典风格，也非全然的基督教论战式的创新，而是将他自己的新要素同护教作品以及古典作品中已有的修辞技巧相结合。”[②] 但必须注意的是，出于护教的目的，奥罗修斯的战争观带有明显的意识形态色彩。“奥罗修斯在《历史七书》中对战争的关注从来都不是中立的，而是牢牢植根于一个修辞性的论点中。”[③] 奥罗修斯只是想利用对战争的述评来证明基督教并非罗马城在公元 410 年沦陷的罪魁祸首。相反，正是基督教使世间的战争在罗马帝国时期大幅减少，并使战争不再是灾难的一部分。我们可以从奥罗修斯的文本中分析奥罗修斯书写战争的方式和他认识战争背后所折射出的价值观与历史观，但我们无法倚赖《历史七书》来重现史实。我们仍应认识到奥罗修斯在《历史七书》中对一系列有关战争的数据及相关记载的有意处理和变化。事实上，奥罗修斯的护教宗旨全程指导着《历史七书》的写作。

---

① Paulus Orosius, *The Seven Books of History Against the Pagans*, 7.36.

② Mattias Gassman, “The Roman Kings in Orosius' *Historiae adversum Paganos*”, *The Classical Quarterly*, vol. 67 (2), 2017, p. 625.

③ Victoria Leonard, *Imperial Authority and the Providence of Monotheism in Orosius's Historiae adversus paganos*, p. 196.

罗马帝国衰亡问题研究：兴起、嬗变与趋向

孙振民
（北京师范大学历史学院，北京　100875；
菏泽学院人文与新闻传播学院，山东菏泽　274009）

摘　要：罗马帝国的衰亡一直是学界关注的重点问题，相关研究范式也在不断转变。表面上看，学者们的主要论调从“罗马帝国衰亡”转变为“罗马世界转型”，其后又回归到“罗马帝国衰亡”。然而，研究范式的转变，隐含的是对“罗马帝国”概念的不同界定，相应的研究对象和解释框架也大异其趣。整体上看，研究对象从帝国到文明，研究视角从帝国史到全球史，渐渐呈现从因果关系寻找“因素”，到从互动关系开展整体性研究的转变。随着国内外学者意识到“欧洲中心论”在史学研究中的局限与狭隘，“去中心化”成为新的研究趋势。在全球化视野下，对罗马帝国命运的研究呈现出体系更加复杂多样、多中心、多层次的研究格局，但其中的理论尚需继续探索。

关键词：罗马帝国　罗马文明　帝国史　全球史

罗马文明对西方世界有着巨大而深远的影响，因此，公元476年奥古斯都路斯的退位，在历史研究中成为一个标志性的事件，人们对此做出各种解读，得到观点迥异的结论。其中影响较大的有“衰亡说”“中断说”，也有“转型说”“连续说”，还有“古代晚期说”等。这些观点的背后，既有对“罗马”界定的不同，也有研究对象和评价体系的差异，甚至看似相同的结论，也有着不同的研究内容和解释框架，譬如“衰亡说”既着眼

于政权的转移，也着眼于文明的衰微。探究这些研究成果，不仅可以廓清“罗马帝国衰亡”问题研究的学术脉络和研究范式，考察未来学界研究取向；还能洞悉推动史学发展的动力，为当今中国史学话语体系的构建提供些许薄见。不当之处，敬请学界指正。

一　争论与反思：罗马帝国衰亡问题研究的兴起

罗马帝国的衰亡，在一些罗马帝国晚期史家的笔下，似乎早有征兆。四世纪的史学家阿米安·马赛里努斯不惜笔墨地展示了帝国国力衰退、危机四伏的统治乱象。[①] 作为西罗马帝国灭亡的亲历者，佐西莫斯也试图阐述这不幸背后的原因。[②] 他们的叙述既有对罗马未来命运的深深忧虑，也有对罗马帝国复兴的期待，成为罗马帝国衰亡论早期的主要引导。

文艺复兴时期，古典文化的复兴再次将罗马帝国的命运拉进了人们的视野，罗马帝国兴衰问题的研究又成为史家思考的焦点。理性主义的兴起与新兴的考古学，使得这一时期的史学研究得到了更为丰富的史料支撑，研究方法和理论也更为严谨。拥有扎实史料功底的比昂多就首次以罗马帝国衰亡为题撰述了《罗马帝国衰亡以来史》,[③] 使其成为一个严肃的史学论题，展示了文艺复兴时期正在形成的民族意识。

进入 18 世纪，历史研究视野扩大，史料取材范围扩张，史学与社会学、心理学等学科交叉融合，对罗马帝国命运的研究由传统的政治军事史，转变为以文明为基点，关注社会结构、文化宗教等内容的全新模式。[④] 伏尔泰、孟德斯鸠等人分别从蛮族入侵与宗教纠纷[⑤]、政治制度和风俗善恶[⑥]等角度阐释了罗马帝国衰亡的原因。虽然他们持论各异，但都意识到社会发展规律制约着国家的命运。毋庸讳言，这一时期西方史家的研究并没有摆脱佐西莫斯等人构建的研究框架，研究体系仍然是相对零散和不系统的。

---

① Ammianus Marcellinus, *History of Rome*, 15. 3. 1; 28. 2. 1; 34. 14. 3; 14. 7. 13; 14. 9. 9.

② Zosimus, *New History*, 1. 57-58.

③ Denys Hay, "Flavio Biondo and the Middle Ages", *Proceedings of the British Academy*, 1959, Vol. 45, pp. 97-128.

④ 〔英〕古奇：《十九世纪历史学与历史学家》（上卷），耿淡如译，商务印书馆，1989，第 82~83 页。

⑤ 〔法〕伏尔泰：《风俗论》（上册），梁守锵译，商务印书馆，2000，第 346 页。

⑥ 〔法〕孟德斯鸠：《罗马盛衰原因论》，婉玲译，商务印书馆，1995，第 1 页。

18世纪后期的爱德华·吉本成功地把因果律引入罗马帝国命运研究中。在他看来，任何帝国都存在一个由兴而盛而衰的必然过程，罗马帝国的衰败也是腐败加剧、对外扩张激发的社会危机而产生的必然结果。[①] 吉本是一位民族主义情怀深厚的史学家，他的论断反映了他对大英帝国未来命运的担忧，并期望从最伟大文明的衰亡中，寻求反思和借鉴的意义。[②] 循着吉本之思路，蛮族入侵毁坏了古代的文明，基督教改变了罗马人的精神面貌。[③] 罗马帝国的衰亡是自由丧失、理性湮灭和野蛮肆虐的结果。可以说，吉本的研究既完成了对前人认识的总结，也奠定了衰亡论研究的一般范式，几乎主导了后来两百年间对这个问题的研究方向。

与吉本的观点截然相反，19世纪的历史学家J.B.伯里认为必然性的思考模式不能解释罗马帝国衰亡的问题。在他看来帝国权力的缓慢崩溃是一系列偶然事件的结果，没有任何一种原因可以说明它的衰亡是不可避免的。[④] 有意思的是，伯里虽然在罗马帝国衰亡问题上试图标新立异，并尝试修正吉本的观点，但在他策划的《剑桥中世纪史》中，却仍然采用了吉本的基本观点。[⑤]

从文艺复兴到启蒙运动时期，理性逐渐成为不断推动社会发展的动力。这使西方学者能从更深层次对民族国家意识的发展和对历史的进程进行思考。他们自觉地运用历史批判和理性分析的方法考证史料、重构历史，使"罗马帝国衰亡"问题的研究不断系统化和理论化。这一时期西方学者从政治军事层面，构建了衰亡论的主体研究框架。

马克思、恩格斯基于罗马帝国衰亡的事实，认为随着社会经济矛盾的不断加深，罗马奴隶制已经不能适应生产力的发展，西罗马帝国最终走到了尽头。[⑥] 与吉本悲观的论调不同，他们敏锐地意识到罗马帝国是生产力

① 〔英〕吉本：《罗马帝国衰亡史》（第三卷），席代岳译，吉林出版集团，2008，第410页。

② G. W. Bowersock, "The Vanishing Paradigm of the Fall of Rome", *Bulletin of the American Academy of Arts and Sciences*, 1996, Vol. 49 (8), pp. 29-31.

③ 刘林海：《史学界关于西罗马帝国衰亡问题研究的评述》，《史学史研究》2010年第4期，第87页。

④ J. B. Bury, *History of the Later Roman Empire, AD 395-565*, London: Macmillan, 1923, p. 313.

⑤ 李隆国：《从"罗马帝国衰亡"到"罗马世界转型"——晚期罗马史研究范式的转变》，《世界历史》2012年第3期，第115页。

⑥ 《马克思恩格斯文集》（第四卷），人民出版社，2019，第147~189页。

进一步发展的结果，是新历史的开始。[①] 马、恩的研究从生产力的角度论证了罗马帝国衰亡的必然性。

二 挑战与转型：罗马帝国衰亡问题研究的嬗变

19世纪末20世纪初，启蒙理性和工业革命在推动资本主义高速发展的同时，也带来了种种社会危机。现实需要历史对这些问题做出回答，而传统史学对此无能为力，因此以超民族国家的文化或文明的兴衰为研究内容，探索历史新研究范式，就成为史学界的一种新趋势。这种变化促使罗马帝国衰亡问题研究视角发生了转换，研究对象也从作为一个国家的罗马转变为作为一个文明的罗马。

亨利·皮朗就从文明延续的角度出发，否定了吉本的衰亡论，认为西罗马帝国灭亡后，面向地中海的罗马文明并没有灭亡。罗马文明要一直持续到7世纪阿拉伯人入侵，地中海贸易的统一性遭到破坏后才真正灭亡。[②] 皮朗的研究不仅将罗马帝国衰亡问题从政治军事史延伸到社会经济领域，还将研究范围从民族国家扩大到整个地中海地区的文明。

道普什以皮朗的研究为基础，进一步扩大了研究范围。他指出日耳曼人虽然赢得罗马世界，但并未导致罗马的衰落，罗马制度和文化一直延续到中世纪，欧洲的国际贸易也从地中海地区扩展到中欧、西欧和北欧等地。[③] 皮朗与道普什等人从长时空的角度对罗马帝国衰亡进行了连通性和结构性分析，认为古典时期和中世纪之间并不存在明显文明断裂。

随着社会人类学的兴起，对社会普通群体的研究成为历史书写的主题。林恩·怀特不仅将研究范围扩展到阿拉伯帝国和拜占庭帝国等更广阔的区域，还采取了自下而上的研究视角，聚焦于普通民众与日常经济生活，利用丰富的史料，力证罗马帝国后期的社会经济层面并没有发生严重

---

① Elzbieta Jastrzebowska, "Late Antiquity by Gordon Childe: Sources and Inspirations", *European journal of archaeology*, 1996, Vol. 12 (1-3), p. 160.

② 〔法〕亨利·皮雷纳：《中世纪的城市》，陈国樑译，商务印书馆，2006，第1~5页；王晋新：《皮朗与“皮朗命题”——对西方文明形成时期的重新审视》，《世界历史》2008年第3期，第137页。关于Henry Pirenne的译名，本文遵照王晋新等学者译为皮朗，但在引用相关译著时，仍然遵从译著所用译名。

③ Alfons Dopsch, *The Economic and Social Foundations of European Civilization*, trans. M. G. Beard, Nadine Marshall, Routledge, 1937, pp. 327-338.

裂变，只不过是在罗马世界发生了一些意义深远的转型。[①] 他的研究不仅体现了这一时期史学交叉、融合的发展趋向，还反映了多元主义研究理念的形成。这标志着新的研究范式转型论诞生。

此后，贝尼斯、琼斯、钱伯斯等人继续完善和发展转型论，他们不再从政权更迭和“兴”与“衰”的角度来看待帝国晚期的历史，他们研究的对象也转换为文明构成的主体——底层民众、社会生产工具发展、社会结构的变化、内部组织结构等。随着立场和视角的不同，论证的结果也与传统研究者的观点相左，甚至有的学者断言衰亡论已经过时。[②] 随着这些学者的研究及其影响的扩大，转型论逐渐取代了衰亡论。但转型论也存在明显不足，忽视了各类社会结构主体的互动研究。

彼得·布朗的研究视野更加宏伟，他以之前学者们忽视的拜占庭帝国作为叙述主体，将文化的变迁与转型作为时代变化的核心因素，指出基督教使整个罗马处于不断转型的状态，[③] 并将这个特殊的时代精炼为“古典晚期”。[④] 布朗的研究极大拓展了学术界对这个问题的认知，随后卡梅伦重新界定了“衰落”的标准，把晚期罗马帝国放在更长的时间中考察，认为古代晚期是一个多元文明冲突交融和创新的时代。[⑤] 新编《剑桥古代史》显然吸纳了学术界的最新动态，认为古代晚期是一个繁荣昌盛的时代。[⑥] 与此同时，《晚期罗马帝国人物志》也放弃了476年西罗马帝国灭亡的传统观念，将时间延续至7世纪。《牛津晚期古代指南》则将古代晚期时间拓宽到从公元2世纪到公元8世纪，还将研究空间放宽到与罗马帝国互动的地区，考察了它们之间的经济、政治和文化的联系，认为这是一个充满

① Lynn White, “*The Transformation of the Roman World: Gibbon's Problem after Two Centuries*”, Berkeley: University of California Press, 1966, pp. 293-301.

② G. W. Bowersock, “The Vanishing Paradigm of the Fall of Rome”, p. 42.

③ Peter Brown, “*The World of Late Antiquity: From Marcus Aurelius to Muhammad*”, London: Thames and Hudson, 1971, p. 9.

④ 这一概念最早出现于1901年奥地利艺术史学家A. 李格尔的《罗马晚期的工艺美术》中，他将罗马之后直至查理大帝的时段称为“古代晚期”。参见A. 李格尔《罗马晚期的工艺美术》，陈平译，湖南科学技术出版社，2001，第54页。

⑤ Averil Cameron. *The Later Roman Empire: AD 284-43* Cambridge, Mass, and London: Harvard: Harvard University Press, 1993, pp. 192-94.

⑥ Averil Cameron, Bryan Ward-Perkins, Michael Whitby. *The Cambridge Ancient History Volume 14: Late Antiquity: Empire and Successors, AD 425-600*, Cambridge: Cambridge University Press, 2001, p. xvii

活力的时代。[1]

“罗马世界转型”的研究范式认为西罗马帝国的灭亡是其作为政治实体的结束，但作为一个文明整体的罗马世界则一定程度上实现了延续和转型。古代晚期理论打破了衰亡论中以“民族国家”为核心的研究范式，从文明发展的角度探讨了罗马帝国晚期到中世纪早期这段历史时期的社会发展模式。但对于西罗马帝国灭亡这一基本历史事实的忽略，对传统的政治、军事、经济领域的忽视，[2] 不仅让古代晚期论备受质疑，也为衰亡论再度成为学界研究主题留下了空间。

概而言之，20 世纪以来，科学技术的进步在给人类带来巨大福利的同时，也让人类饱受战争、灾难和贫困之苦。严峻的现实打破了启蒙运动以来西方学者长期信奉的人类具有统一的历史的观念，文化多元主义和去精英化思想逐步成为历史书写的主题。在这个时代背景下，从以国家为中心的史学范式向跨学科的社会和文化史转变是国际性发展趋势。[3] 这种新史学的发展趋势使学者们认识到从古代到中世纪的延续性，并认为历史过程的复杂与多元结构不能用目的论的简单叙述方式来书写。[4] 再加上年鉴学派长时段理论的作用，古代晚期的历史似乎越来越多地和转型而非衰落与灭亡联系在一起了。[5]

不过，在 20 世纪，“罗马帝国衰亡”研究范式仍有进一步发展。西方马克思主义学者的研究颇有代表性。德圣克罗瓦指出有产阶级的冷漠和自私是罗马帝国衰亡的主因。[6] 柴尔德认为罗马帝国不仅没有解放任何新的生产力，也没有从根本上改变希腊时代的经济结构，反而因为采取的强制政策导致了罗马帝国极权制和神权制的产生、城市生活的消失、人口数量

---

① Scott Fitzgerald Johnson (Ed.) *The Oxford Handbook of Late Antiquity*. Oxford: Oxford University Press, 2012, p. xlv.

② Bryan Ward-Perkins, "*The Fall of Rome: And the End of Civilization*", Oxford: Oxford University Press, 2005, pp. 170-172.

③ 〔美〕格奥尔格·伊格尔斯、王晴佳：《全球史学史：从 18 世纪至当代》，杨豫译，北京大学出版社，2011，第 171 页。

④ Humphries M. "Late Antiquity and world history: Challenging conventional narratives and analyses", *Studies in Late Antiquity*, 2017, Vol. 1 (1), pp. 18-19.

⑤ 晏绍祥：《古典历史研究史》（下卷），北京大学出版社，2013，第 257 页。

⑥ G. E. M. de Ste. Croix, *The Class Struggle in the Ancient Greek World*, Ithaca, New York: Cornell University Press, 1989, pp. 409-487.

的下降。这使古典文明在日耳曼人入侵的150年前已经在经济和科学上灭亡了。[①] 与西方马克思主义学者不同，苏联学者更加强调落后的奴隶制所起的决定性作用。奴隶制度导致的生产力衰落、阶级和民族矛盾激化，使罗马帝国不可避免地走向了衰落。[②] 科斯敏斯基等则进一步认识到罗马帝国内部经济和民族关系不稳固所造成的负面影响。[③]

三　回归与创新：罗马帝国衰亡问题研究的新趋向

20世纪90年代之后，罗马帝国衰亡问题研究出现了新的变化。这种变化主要体现在两方面：一方面是“衰亡”理论被重新拾起，政治军事史研究回归；另一方面是在全球史观的影响下，部分学者试图从环境、气候等因素来探究罗马帝国的衰亡。

衰亡论的再度兴起得益于对考古材料和文献资料的新解读。利贝许茨认为公共资源的浪费和使用不当导致了罗马帝国从公元2世纪便已呈现衰亡的迹象。[④] 珀金斯痛陈日耳曼人的入侵给罗马帝国带来了更多的战争和冲突，融合的失败最终摧毁了一个伟大的文明，[⑤] 彼德·希瑟从文明冲突的角度得出无节制的侵略导致罗马帝国衰亡的论断。[⑥] 而米切尔也指出罗马帝国的衰亡是对帝国晚期税源减少、财政枯竭、军力下降、人口减少和瘟疫等现实状况的回应。[⑦] 南川高志认为当帝国内的居民不再认同自己的罗马人身份时，罗马帝国就已经衰亡。[⑧]

---

① V. Gordon Childe, *What Happened in History*, Harmondsworth: Penguin Books Ltd, 1942, pp. 270-293.

② 参见〔苏〕米舒林编著《古代世界史》，王易今译，中国青年出版社，1954，第288页；〔苏〕卡里斯托夫、乌特钦科编《古代的罗马》，萧家琛等译，人民教育出版社，1957，第365页；〔苏〕塞沃斯强诺娃《古代罗马》，子虚译，生活·读书·新知三联书店，1959，第34~35页。

③ 〔苏〕科斯敏斯基、斯卡斯金《中世纪史》（第1卷），朱庆永等译，1957，第28页。

④ J. H. W. G. Liebeschuetz, “*Decline and Fall of the Roman City*”, Oxford: Oxford University Press, 2001, p. 401.

⑤ Bryan Ward-Perkins, “*The Fall of Rome: And the End of Civilization*”, p. 183.

⑥ 〔英〕彼得·希瑟：《罗马帝国的陨落：一部新的历史》，向俊译，中信出版社，2016，第547页。

⑦ Stephen Mitchell, *A History of the Later Roman Empire, AD 284-641*, West Sussex: Wiley-Blackwell, 2014, pp. 466-482.

⑧ 〔日〕南川高志：《罗马帝国的衰亡》，王宗瑜译，中信出版集团，2019，第207页。

罗马帝国衰亡问题研究范式的转变，既体现了西方政治军事史研究传统的回归，也体现了西方学界对自身文明所遭遇到的腐败、难民、战争等问题的深层次思考。这种思考有着强烈的现实关怀基础，在他们的笔下，“罗马帝国”其实是当代的“新罗马帝国”，是西方价值观的投影，反映了西方文明在应对外来挑战时，对自身是否会步入罗马帝国后尘的一种担忧。

近年来，随着全球史观的发展，从经济、地理、生态、人口和环境等大范围历史事件来分析世界变迁的研究范式逐渐受到史学界的关注。早在1976年，麦克尼尔就从疫病传播这一特定的角度考察了超越民族、政治、地理和文化等界限的历史进程，将疫病史的研究纳入历史诠释的范畴，[①]也使得罗马帝国衰亡问题研究出现了“全球转向”。在20世纪90年代末期以及21世纪的前十年，涌现了一批将帝国命运与瘟疫、环境联系在一起的研究成果。[②] 这些研究成果将帝国晚期气候变迁、瘟疫传播、人口迁徙等纳入罗马帝国衰亡问题的研究范围。

凯尔·哈珀从全球化视角出发，首次较为系统地阐述细菌、病毒、火山、气候变化等自然与生物学的“非人因素”怎样导致帝国的衰亡。[③] 他认为从约公元前200年到公元150年优越的气候促进了罗马的发展与扩张，但也带来了细菌与瘟疫。公元2世纪晚期的瘟疫严重破坏了政府运行体制，侵蚀了帝国的根基。公元3世纪骤变的气候使罗马帝国多次爆发粮食危机。盲目扩大耕种面积不仅没让危机得到有效解决，反而破坏了生态环境，加速了传染病的扩散。同时因气候恶化而不断南迁的日耳曼人也在不断冲击罗马帝国。最终在内外交困中，庞大的罗马帝国轰然倒塌。

哈珀的研究超越了民族国家、文明形态的研究层次，从气候变迁、贸易往来和疾病流传等维度阐释了自然环境在毁灭人类最辉煌文明之一的过程中发挥了重要作用，并敏锐地认识到在全球化迅速发展的今天，大自然

---

① 〔美〕威廉·麦克尼尔：《瘟疫与人》，余新忠、毕会成译，中国环境科学出版社，2010，第4页。

② Graham Webster, *The Roman Imperial Army of the First and Second Centuries A. D.*, Oklahoma: University of Oklahoma Press, 1998; R. P. Duncan-Jones, “The Impact of the Antonine Plague”, *Journal of Roman Archaeology*, Vol. 9 (1996), pp. 108–136; Sergio Sabbatani, Sirio Fiorino, “The Antonine Plague and the Decline of the Roman Empire”, *Le Infezioni in medicina*, Vol. 17 (2009), pp. 261–275.

③ 〔美〕凯尔·哈珀：《罗马的命运：气候、疾病和帝国的终结》，李一帆译，北京联合出版公司，2019，序言第8页。

的复仇已经开始。

罗马帝国衰亡问题研究的新趋向，实际上是20世纪90年代以来两极格局解体、全球化发展的产物。时代的变化导致历史研究视角的调整，人类共同面临的全球性问题不仅回归到政治经济史的研究，也促使人类从更宏观、更整体的角度去研究历史发展进程。

四 回声与争鸣：中国学术界对罗马帝国衰亡问题的研究

相比于近代西方学术界对罗马帝国衰亡问题讨论的盛况，晚清时期的中国学者鲜有人对此问题发表观点。然而鸦片战争的失败让部分有识之士觉醒，他们试图通过了解西方国家的历史来探寻其崛起的背后动力，以此寻求救国之道。萧应椿、王树枏、魏源、唐才常等学者从内政、军事、宗教等角度阐析了罗马帝国衰亡之因。① 这是中国学者首次涉及罗马帝国衰亡问题。

民国时期，随着中西学术交流增多，西方学界在罗马帝国衰亡问题上的研究转变也影响到了国内学界。民国时期，中国新史学派奠基人何炳松在国内率先提出了罗马帝国并没有衰亡，罗马文化被日耳曼所承袭的观点。② 但他的观点并不被当时学界普遍认可。钱穆就认为西罗马帝国灭亡标志着古罗马文明的彻底终结，给出了罗马之后再无罗马的论断。③

新中国成立后，中国学者在罗马帝国衰亡问题上，普遍认同苏联学者科瓦略夫的观点，认为奴隶革命和蛮族入侵一起摧毁了西罗马帝国。④ 改革开放后，国内学者充分运用唯物史观对罗马帝国衰亡问题进行了深入阐释。杨共乐以马列原著和古典著作为基础，从生产关系发展和所有制形式变革的角度进一步完善和补充了马恩经典阐释，认为罗马帝国衰亡是奴隶制危机、阶级矛盾、外族入侵等多种因素综合作用的结果。特别值得一提的是，杨共乐还借鉴西方学术界的最新成果，从集体心理学角度分析了罗

① 刘澍：《晚清人士对意大利昔日盛衰的历史对比与书写意识》，《历史教学》2020年第4期，第37~40页。

② 何炳松：《世界简史》（上卷），中国工人出版社，2007，第163页。

③ 钱穆：《国史大纲》（上册），商务印书馆，2010，前言第19页。

④ 〔苏〕科瓦略夫：《古代罗马史》，王以铸译，上海书店出版社，2007，第851~864页。

马帝国崩溃的原因。[①] 刘林海不仅从帝国是否衰亡、衰亡的原因，蛮族与罗马的关系等层面介绍了国外的研究成果，还分析了这些问题探讨背后的推动力。[②] 李隆国从研究范式转变的角度，探析了西方学界关于“罗马帝国衰亡”和“罗马世界转型”两种互补竞争模式。[③] 侯树栋关注了古代晚期和中世纪早期史研究领域新论断、新取向，认为这是史学与时代互动的结果，反映了欧美历史科学与意识形态之间紧密而复杂的关联。[④]

中国学界不仅对国外的理论进行了吸收和借鉴，还利用中西比较的方法，将罗马史的研究与中国具体的历史研究结合起来。梁作干通过对西晋与西罗马帝国的比较，认为它们的灭亡都具有划时代的意义，也是内外矛盾长期积累的结果。[⑤] 张齐政通过比较汉帝国和西罗马帝国的命运，指出汉文化的内聚力和辐射力要比古罗马文化更为强大。[⑥] 刘家和等通过 3~6 世纪中西历史及文明发展比较，指出西方文明断裂，中国文明历经危机而得以连续发展的原因，在于双方的政治、民族及文化等结构的差异。[⑦] 潘岳通过秦汉与罗马治理体系的比较，认为罗马帝国从其开端就蕴含着一系列结构性的缺陷和致命性的政治疾病，其衰落从击败迦太基成为霸主时就已经开始了；还认为学界比较研究的意义在于“中国如能与西方完成文明对话，就会为所有古老文明互融互鉴开辟出一条近路”。[⑧]

可以看出，国外的史学理论和方法对中国学界在罗马帝国衰亡问题上的研究产生了重要的影响，但中国学者并没有照搬西方学界的观点，而是依据中国的史学传统，对其进行了吸收借鉴。这也使中国学界在这

---

① 杨共乐：《罗马史纲要》（修订版），商务印书馆，2015，第 290~322 页。

② 刘林海：《史学界关于西罗马帝国衰亡问题研究的评述》，第 87 页。

③ 李隆国：《从“罗马帝国衰亡”到“罗马世界转型”——晚期罗马史研究范式的转变》，第 113 页。

④ 侯树栋：《晚期古代和中世纪早期史研究中的新价值取向》，《北京师范大学学报》（社会科学版）2019 年第 5 期，第 93 页。

⑤ 梁作干：《论早期文明与古典文明——兼论汉晋帝国与罗马帝国的历史地位》，《暨南学报》（哲学社会科学）1986 年第 4 期，第 50~59 页。

⑥ 张齐政：《也谈西罗马帝国灭亡的原因——兼与汉帝国比较》，《株洲师范高等专科学校学报》2001 年第 4 期，第 27 页。

⑦ 刘家和、刘林海：《3—6 世纪中西历史及文明发展比较研究》，《北京师范大学学报》（社会科学版）2019 年第 5 期，第 73 页。

⑧ 潘岳：《秦汉与罗马》，《中央社会主义学院学报》2020 年第 6 期，第 27 页。樊鹏：《理解帝国权力运行——读潘岳先生〈秦汉与罗马〉一文的思考》，《中国政治学》2020 年第 4 期，第 107 页。

一问题的研究上，与西方学界呈现出明显的不同步性和异质性。这种差别不仅在于中西史学研究理念、方式的差异，更重要的是所处的时代背景不同。

结 语

关于罗马帝国衰亡问题的学术研究史，古典史学家们奠定了帝国衰亡的书写框架，文艺复兴和启蒙运动则唤醒了他们对“文明”概念和内涵的认知，西方学者希望能对罗马帝国的衰亡进行反思，并加以借鉴。因此，罗马文明的衰亡成为文明走向衰亡的象征，也成为西方世界对文明生命力轨迹认知的一种模板。随着西欧近代以来的强势崛起，逐渐构建起完备的制度体系、法律体系、治理体系，西方学者据此认为自身所处的帝国与其他文明相比显然更具优越性。因此优良的内部系统不是帝国走向终结的罪魁祸首，于是他们将目光放在了外部因素的影响上。在此背景下，吉本缔造了罗马帝国衰亡的经典话语体系，并支配学术界对这个问题的认识长达两百余年。

从 20 世纪 20 年代开始，经过亨利·皮朗、林恩·怀特、彼得·布朗等人共同的努力，强调文明连续性的“罗马世界转型”研究范式逐渐占据了学界主导地位。这种研究范式打破了以西方中心论思想构建的“罗马帝国衰亡”研究范式，与战后政治民主化浪潮是一致的。因此，他们在研究中摈弃了带有强烈价值判断的“衰亡”，采用了更中性的“转型”，在实际操作中，将更加宏伟的版图纳入他们的叙事框架中，也更加注重书写不同文明之间的冲突与互动。

但到 20 世纪末期，“罗马世界转型”研究范式因为过于强调延续性与结构性的转变，以至于在某种程度上忽视了剧烈的军事变动，其局限性也日益明显。在新的时代环境之下，珀金斯、彼得·希瑟、米切尔等人重新回归到传统的研究模式。加上这一时期全球史观的兴起，在新理论、新材料以及新技术手段推动之下，以凯恩·哈珀为代表的学者们，突破了文明与地域的束缚，建立了大范围、长时段的宏观叙事模式，给传统的“衰亡论”注入了新的研究活力。

中国学界罗马帝国衰亡问题的研究起步较晚，但先辈们的成果，却处处透露出特殊的时代环境对研究趋势的导向。在经世致用、救亡图存思想影响下，晚晴士人试图通过分析罗马帝国衰亡的原因，找到挽救中华民族危机的良方，有着较强的趋利与现实关怀属性。进入20世纪，新史学的传播一度引起了中国学界对罗马帝国衰亡问题的争议，但动荡的时代环境很快湮灭了微弱的学术争锋。新中国成立后，尤其是在改革开放后，随着对马克思主义更深层次的认知，西方学术理论的引入，中国学界对罗马帝国衰亡问题的研究越来越深入，并结合中国传统史学，形成了具有中国特色的学术研究道路。

《圣伯丁年代记》浅探

——兼论加洛林年代记的特点*

陈素娟

（淮北师范大学历史文化旅游学院，安徽淮北　235000）

摘　要：《圣伯丁年代记》是加洛林王朝中期以后尤其是关于西法兰克王国历史的主要史料，其写作经历了从宫廷著史到私家作品的发展，兼具教会著史与私家著史的双重性质。这些特点，反映出加洛林时期年代记作者著史意识的凸显，其写作受到加洛林王朝的政治局势和政治斗争的影响，体现出宗教服务于世俗政治的功用。

关键词：《圣伯丁年代记》　年代记　加洛林　普鲁登提乌斯　兴克马尔

《圣伯丁年代记》（*the Annals of St-Bertin*）是加洛林时代重要年代记之一，涵盖830~882年的加洛林王朝历史，是有关9世纪法兰克王国，尤其是秃头查理统治时期西法兰克王国历史的重要资料，对研究加洛林王朝晚期史具有重要价值。

西方历史学界对这一史料进行了大量考证和辨析，其中英国著名史学家简内特·L. 纳尔逊教授的成就最大。20世纪80年代，她发表《圣伯丁年代记》一文，从历史的角度讨论了史学界关于这一史料的争议，重新构建了历任作者尤其是普鲁登提乌斯和兴克马尔的写作背景、意图及写作特

* 本文为2019年度教育部人文社会科学研究青年基金项目“加洛林王朝后期（843~987）领地大公国研究”（19YJC77003）、教育部人文社会科学重点研究基地重大项目“中古西欧史学研究”（14JJD770029）的阶段性成果。

点，认为《圣伯丁年代记》并非加洛林统治者用于政治宣传的工具，其目标读者并非同时代人，其对后世历史学家的影响远比对时人的影响大。[①]随后，她又相继发表两篇论文，探讨了《圣伯丁年代记》中所体现出来的丰富政治意识和实践。[②] 1991 年，纳尔逊将《圣伯丁年代记》译成英文，并撰写了长篇导言，详细探析了《圣伯丁年代记》的背景、作者、内容、编著方式、版本信息等，成为中世纪史研究者探究该史料的重要参考。[③]

国内相关研究相对较少，王晋新的《〈圣伯丁年代记〉探微》[④] 一文从时代背景、基本面貌、性质属性及史学价值方面对其进行了较深入的讨论。讨论西方史学史问题的文章或者著作中也偶有提及此书。[⑤] 本文尝试在前人研究成果的基础上，进一步探析这部重要史料，分析其写作特点，讨论加洛林年代记的特点，以丰富加洛林时代史学研究，加深对中世纪早期西方史学的理解。

一 《圣伯丁年代记》作者与基本内容

1. 书成于众家之手

《圣伯丁年代记》因其最初版本的发现地而得名，是《法兰克王室年代记》的续篇之一，主要记载加洛林王朝中期以后尤其是分裂后的西法兰克王国历史，与描述东法兰克王国历史的《福尔达年代记》堪称姊妹篇。其所载内容起于 830 年，终于 882 年，跨度长达 52 年。关于其作者，学术

---

① J. L. Nelson, "the Annals of St. Bertin", in *Politics and Ritual in Early Medieval Europe*, London and Ronceverte: The Hambledon Press, 1986, pp. 173-194.

② J. L. Nelson, "A Tale of Two Princes: Politics, Text, and Ideology in a Carolingian Annal", in *Studies in Medieval and Renaissance History* 10, New York, 1988, pp. 105-141; "Hincmar of Rheims on King-Making: the Evidence of the Annals of St. Bertin, 861-882," in *Coronations: Medieval and Early Modern Monarchic Ritual*, Ed. Janos M. Bar, Berkeley and Los Angeles, CA. 1990, pp. 16-32.

③ J. L. Nelson, "Introduction of The Annals of St-Bertin", Nelson J. L. (Trans. and Annotate), *the Annals of St-Bertin: Ninth-Century Histories*, Manchester: the Manchester University Press, 1991, pp. 1-19.

④ 王晋新:《〈圣伯丁年代记〉探微》,《古代文明》2021 年第 1 期，第 39~50 页。

⑤ 参见赵立行《西方史学通史第三卷中世纪时期：公元 5 世纪至 14 世纪初》，复旦大学出版社，2011，第 106~108 页；王晋新《〈福尔达年代记〉探析》,《东北师大学报》2019 年第 2 期；朱君杙《从王室宫廷到大主教区——论加洛林时代大年代记修撰中心的转移》,《历史教学》2016 年第 18 期；朱君杙《加洛林时代史学成就探究》，东北师范大学博士论文，2013。

界普遍认为先后有三位：虔诚者路易的宫廷牧师富尔克（Fulco）、特鲁瓦的普鲁登提乌斯（Prudentius of Troyes）和兰斯大主教兴克马尔（Hincmar of Reims）。

虔诚者路易的宫廷牧师富尔克是《圣伯丁年代记》的第一位作者。此人曾在宫廷首席牧师希尔杜因手下任职并接受写作训练。830 年，希尔杜因支持地方贵族叛乱，被虔诚者路易革职，富尔克成为宫廷牧师。835 年，兰斯大主教艾博因参与叛乱被逮捕入狱，富尔克升任兰斯大主教。效忠虔诚者路易之时，他着手编写 830~835 年的年代记的相关条目。《圣伯丁年代记》拉丁文版的编者列维兰结合语言风格、人名地名的使用习惯，认定 835 年是富尔克写作的截止时间。[①] 当然，学术界也有不同意见。如纳尔逊教授认为，830~835 年的年代记也可能并非富尔克一人所作，而是由其领导的团队完成。[②]

第二位作者特鲁瓦的普鲁登提乌斯写作了 835~861 年的条目。普鲁登提乌斯出身于西班牙，后逃难来到法兰克。820 年左右，他进入虔诚者路易的宫廷，受梅斯大主教兼宫廷牧师德罗戈的委任，承担起年代记的编修任务。因为长期身居路易宫廷，普鲁登提乌斯掌握绝佳的信息来源，能够在较短时间内获悉并记载帝国境内发生的重大事件。其写作可以分为前后两个阶段：前期主要围绕统治者——虔诚者路易进行，记载了路易的征战、功绩、与诸子的关系等；后期由于作者在政治、地理以及个人关系上远离宫廷，其所记述的核心内容也随之发生变化。

兰斯大主教兴克马尔是该年代记的第三位作者。他是西法兰克大贵族，早年曾在希尔杜因手下工作，后成为秃头查理的主要支持者和顾问，具有崇高的政治地位和卓越的政治敏感。861 年，普鲁登提乌斯去世，其包括《圣伯丁年代记》在内的个人财产被转移到国王手里。兴克马尔获得“首次阅读普鲁登提乌斯所撰写的年代记”的机会，他向秃头查理恳求借阅这本书，进行抄录，并决定续写。[③] 据纳尔逊教授分析，有两

---

① J. L. Nelson, “Introduction of The Annals of St-Bertin”, p. 6.

② J. L. Nelson, “Introduction of The Annals of St-Bertin”, p. 7.

③ J. L. Nelson, “Introduction of The Annals of St-Bertin”, p. 10. 关于兴克马尔是否从 862 年开始写《圣伯丁年代记》，麦基特里克认为：“虽然兰斯的兴克马尔在《圣伯丁年代记》中谈到了特鲁瓦的普鲁登提乌斯什么时候停止写作，但是我们也不能就此判定兴克马尔是在 862 年开始写作的。” 参见 R. McKitterick, *Charlemagne: The Formation of a European Identity*, Cambridge University Press, 2008, p. 55。

个因素促使兴克马尔续写《圣伯丁年代记》：第一，早在跟随希尔杜因工作之时，兴克马尔就阅读过《法兰克王室年代记》及富尔克写的《圣伯丁年代记》，对前辈所记载的峥嵘岁月充满了怀旧之情；第二，兴克马尔于 861 年完成了两部重要的作品，续写《圣伯丁年代记》成为其新的任务。①

2. 基本内容

作为《法兰克王室年代记》的续作，《圣伯丁年代记》继承了前者的写作传统，以记载“国王的事迹”为己任。帝国分裂后，主要集中记载秃头查理统治时期的历史，兼及东、中法兰克王国的一些信息。国王的巡游、庆祝圣诞节和复活节的地点、大会议的召开、礼物的分发等是《圣伯丁年代记》关注的内容。从中既可以看到加洛林王朝从帝国向王国演变、西法兰克王国从建立到近乎解体的过程，也可以看到 9 世纪以后加洛林王朝与周围地区的交往与冲突，还可以了解作为基督教世界中心的法兰克与异教邻国之间的关系。《圣伯丁年代记》的作者都曾大费笔墨，记载北欧维京人对法兰克王国的侵袭以及法兰克人的回应，从年代记的历年条目看，841 年后，只有 874 年和 875 年未曾提及维京人的活动。

相较于《福尔达年代记》，《圣伯丁年代记》信息量更大，既有加洛林王朝上层政治制度的发展、政治结构的变化，也书写普通人的日常生活，包括金钱、市场、外交、船只、蜂蜡等，甚至涉及作者们对于国王政策的批评意见。这些宝贵的资料，为后世研究这一时期的西欧历史，尤其是加洛林王朝的社会状况与政治发展，提供了重要参考。

二 《圣伯丁年代记》的写作特点

1. 从宫廷著史到私家著史的转变

751 年，加洛林王朝建立后，在盎格鲁—撒克逊年代记编修传统的影响之下，欧洲大陆年代记写作逐渐流行。查理曼在位期间，组织了宫廷神职人员团队，进行年代记写作。794 年以后，亚琛逐渐成为皇室久居之地，宫廷成为年代记写作中心。虔诚者路易统治时期，宫廷牧师负责《法兰克王室年代记》的续写工作。其中体现出来的政治和宗教偏见，使人们通常

---

① J. L. Nelson, “the Annals of St. Bertin”, in *Politics and Ritual in Early Medieval Europe*, p. 186.

将其归为“官方修史”。[1]《圣伯丁年代记》最初也是由宫廷牧师在宫廷里完成的，但是，随着形势发展，其写作地点逐渐转移到宫廷之外，[2] 纳尔逊教授曾指出，“只要年代记一直在宫廷里写作，其体现出来的连续性就会超越个体作者或者群体作者之间的差别。更为明智的方法是将《圣伯丁年代记》分成在宫廷写作的部分和在其他地方写作的内容”。[3] 这一观点具有一定的合理性，反映出写作地点的变化对年代记写作的影响，即随着写作地点的变化，《圣伯丁年代记》逐渐从宫廷著史成为作者的私人作品。

843 年，普鲁登提乌斯接任特鲁瓦主教，远离了秃头查理的宫廷，其获取资料和信息的难度加大，写作的难度随之加大，因而年代记 844～849 年的条目，显得混乱和零散，没有提及同时期其他史料中记载的一些事件。此外，其对异端神学家哥特沙克的同情立场、与兴克马尔因为后者在特鲁瓦所拥有的教堂归属问题而产生的矛盾，使得普鲁登提乌斯更多地表达了个人的立场，甚至表达了对秃头查理的批评。在 846 年的条目中，他直言不讳地批评查理在埃佩尔奈召开的大会议上忽视主教告诫：

> 六月，查理违反常规在兰斯附近的埃佩尔奈召集大会议。会上，国家主教关于教会事务的最必要的告诫被视为无关紧要：自基督教时代开始以来，几乎从未发现对主教的尊敬被如此完全忽视。[4]

846 年，秃头查理与维京人首领谈判，签订和约，对此，普鲁登提乌斯也提出了批评：

> 查理与格里弗里德在某些约定的条件下讲和。而其余的丹麦人则定居在那里，一直到三月，因为他们完全不受约束，所以不必感到丝毫的焦虑，更加野蛮，大肆蹂躏、焚烧、俘虏。[5]

---

① 《法兰克王室年代记》原题为《大洛什年代记》，因为德国历史学家兰克注意到其“官方性”特点，认为它表达的是加洛林家族的立场，所以将其改名为《法兰克王室年代记》，被后世学者所沿用。

② 朱君杙曾撰文分析加洛林大年代记撰修中心的转移及其原因，参见《从王室宫廷到大主教区——论加洛林时代大年代记撰修中心的转移》，《历史教学》2016 年第 18 期。

③ J. L. Nelson, “the Annals of St. Bertin”, in *Politics and Ritual in Early Medieval Europe*, p. 176.

④ J. L. Nelson (Trans. And Annotate), *The Annals of St-Bertin: Ninth-Century Histories*, p. 63.

⑤ J. L. Nelson (Trans. And Annotate), *The Annals of St-Bertin: Ninth-Century Histories*, p. 74-75.

在855年的条目中，普鲁登提乌斯又间接批评秃头查理对于异端的态度："许多违背天主教信仰的事情在查理的王国里发生，而他自己也意识到了。"① 在856年的条目中，他写道："几乎查理王国内所有的伯爵都与阿奎丹人结成了反对他的阴谋，他们邀请日耳曼国王路易来实现他们的计划。"② 普鲁登提乌斯写编年史的方式，与其说是由抽象的原则决定的，不如说是由他个人的政治忠诚和关系决定的。

作为兰斯大主教，兴克马尔远离查理宫廷，他的写作反映出法兰克教会高层的观点，代表的是个人的独特见解。在写作中，兴克马尔直白地表达了对一些人和事的看法：他批评图卢兹人"一贯背信弃义"；③ 他将路易二世的权臣贝加莫主教哈甘诺描述为"既狡猾又贪婪的意大利主教"。④ 甚至在写秃头查理的妻叔康拉德伯爵时，兴克马尔的讽刺也极为直白，说"他为人傲慢，对世界的了解极其肤浅，这对他本人毫无益处，对别人更没有好处了"⑤。对普鲁登提乌斯的评价也不高："特鲁瓦的主教普鲁登提乌斯，原名加林多，出身西班牙，起初是一个非常博学的人。……但是，后来因为一些痛苦事情的刺激，他坚定地维护（哥特沙克）的异端思想，反对主教。他到死都在胡编乱造一些明显违背真理的事情。"⑥ 可以说，兴克马尔对时代人物臧否评判，体现了极强的自我中心与道德意识。所以，纳尔逊教授认为，兴克马尔性格中最为重要的特点是喜欢评判别人的行为，证明自身行为的合理性，即便他是从"官方"材料中大段引用，也是为了证明自身行为的合理性。⑦ 其年代记"必须被解读为他本人对于自己亲自参与的同时代政治事件的一系列主观看法，是他对那些政治事件某种程度上即刻的认知和反应，他或多或少直接参与了这些事件"。⑧

《圣伯丁年代记》编写地点从宫廷转移到地方教会，作者们远离统治中心，又夹杂着宗教观点、政治立场以及个人利益及情感的因素，使他们的写作完成了从宫廷著史到私家作品的转变。

---

① J. L. Nelson (Trans. And Annotate), *The Annals of St-Bertin: Ninth-Century Histories*, p. 80.
② J. L. Nelson (Trans. And Annotate), *The Annals of St-Bertin: Ninth-Century Histories*, p. 82.
③ J. L. Nelson (Trans. And Annotate), *The Annals of St-Bertin: Ninth-Century Histories*, p. 105.
④ J. L. Nelson (Trans. And Annotate), *The Annals of St-Bertin: Ninth-Century Histories*, p. 106.
⑤ J. L. Nelson (Trans. And Annotate), *The Annals of St-Bertin: Ninth-Century Histories*, p. 103.
⑥ J. L. Nelson (Trans. And Annotate), *The Annals of St-Bertin: Ninth-Century Histories*, p. 94.
⑦ J. L. Nelson, "the Annals of St. Bertin", in *Politics and Ritual in Early Medieval Europe*, p. 186.
⑧ J. L. Nelson, "the Annals of St. Bertin", in *Politics and Ritual in Early Medieval Europe*, p. 190.

2. 兼具教会著史与私人著史的性质

年代记字面意思是“一年一年的记录”，来源于复活节表，作者多为教士，是中世纪早期修道院文化的特殊产物。《圣伯丁年代记》的作者都是教士出身，故年代记受到教会史学的影响。就兴克马尔来说，在9世纪20年代，他是圣丹尼斯社区的一名年轻教士，经常陪同希尔杜因出入宫廷，虽说当时希尔杜因并非年代记的执笔者，但是编修年代记是其职责所在。续写《圣伯丁年代记》可能是兴克马尔缅怀故人的一种方式。在他看来，神学和历史是相互联系的，错误的神学观念会导致对历史的误读。作为法兰克高级教会贵族，他有责任和义务，也有自觉，维护基督教正统。所以，他借阅了普鲁登提乌斯的年代记，希望借此了解普鲁登提乌斯指控尼古拉斯教皇的原因，以及他对这段历史的描述。可见，兴克马尔的写作并不官方，其观点也不代表官方，甚至统治者都非其潜在读者。私人意志在兴克马尔那里得到了充分体现。

所以，《圣伯丁年代记》是一部兼具教会著史与私人著述的历史文献。“其作者的观点是宫廷教士和主教的，而非普通僧侣的，关注的中心是世俗统治者和大主教的事迹。然而，尽管关注公共事件，但主要代表的仍是个人的观点。该年代记并非受任何统治者之命而作，并不是‘官方历史’，也不具备官方宣传性”。①

三　从《圣伯丁年代记》看加洛林年代记的特点

1. 史家著史意识日益凸显

有论者认为：“年代记是历史著作的原始形态，是中世纪史学发展的早期阶段。这是因为，年代记是按照年代顺序进行的简单编排和罗列，并没有试图完整地表述一个故事，而只是将时间、地点、人物、事件以最简单的文字记录下来。”②

诚然，中世纪早期年代记作者常将大事小情混杂在一起，进行简单描述，缺乏轻重、详略之分。包括古老的《圣阿曼德年代记》在内的早期年代记，形式更像年表，语言简洁，内容随意，少有作者主观意识的体现。后世史家常据此批判年代记缺乏历史意识。其实，重视记述，而缺乏阐

---

① J. L. Nelson, “Introduction of The Annals of St-Bertin”, p. 2.

② 张广智：《西方史学史》，复旦大学出版社，2000，第78页。

释，恰恰是早期年代记的基本特点。“年代记作者常常仅仅满足于描绘那个世界，而拒绝接受这样的观点，即平凡的现象经过他们的挑选，也会产生意义，出现解释和发展的意识。”[①] 但是，在加洛林年代记发展过程中，受分裂社会背景的影响，史家的著史意识日益凸显。

考察《圣伯丁年代记》的写作就会发现，史家著史意识不断提升，尤以普鲁登提乌斯和兴克马尔突出。在其写作后期，普鲁登提乌斯逐渐加入了个人观点。在840~843年加洛林家族三兄弟的纷争中，普鲁登提乌斯选择支持秃头查理，因此在写作中将洛塔尔描写成挑起内战的元凶和祸首，而将秃头查理和日耳曼路易两人描写成和平爱好者，只是在兄长洛塔尔的步步紧逼下，他们才不得不卷入战争。840年的年代记条目写道：

> 洛塔尔在听到父亲去世的消息后，立即打破成例，离开了意大利，冲进高卢。他对皇帝的头衔垂涎已久，因此纠结了手下大部队，反对日耳曼路易和秃头查理两位皇弟，先后对他们发动战争，但是都未曾取得成功。无论他多么虚荣自负，曾经多么无情，事态终究暂时朝好的一面发展了。然而，洛塔尔并未停止对兄弟们的阴谋诡计。由于他贪婪与残忍的本性，他依然时刻准备谋害他们。[②]

这一记述与同属秃头查理阵营的尼特哈德《历史》中的记载不谋而合，[③] 与同一时期《福尔达年代记》的记录则大相径庭：

> 洛塔尔从意大利姗姗来迟，法兰克人推选他为统帅，继任皇位。法兰克人都说：已故皇帝弥留之际，指定洛塔尔为统辖王国之人，并将象征君主的权杖和皇冠也授予了他。但是洛塔尔的兄弟并不认可这一安排，他们筹划发动了对洛塔尔的叛乱。首先发难的是日耳曼路易，他率领强大的东法兰克军队，前来夺取莱茵河以东的王国领土。[④]

---

① Ernest Breisach, *Historiography: Ancient, Medieval & Modern* 2nd, the University of Chicago Press, 1994, p. 102.

② J. L. Nelson (Trans. And Annotate), *The Annals of St-Bertin: Ninth-Century Histories*, p. 49.

③ 关于该书的特点，参见拙作《尼特哈德〈历史〉中的古典史学传统》，《淮北师范大学学报》2016年第6期。

④ T. Reuter (Trans. And Annotate), *The Annals of Fulda: Ninth-Century Histories*, Manchester: The Manchester University Press, 1992, p. 18.

对于这一历史事件的记载，并行的两部年代记有着两种截然不同的说法，体现出年代记作者的政治立场的差异。《圣伯丁年代记》的作者支持西法兰克王国和秃头查理，其写作必然站在西法兰克王国的立场之上。同时，教职的变化、与宫廷生活的疏离、与兴克马尔在教会地产方面的矛盾、对异教徒的同情以及与秃头查理政见的不同，都使普鲁登提乌斯在年代记的写作中表现出不同的个人情感倾向与个人观点。858 年，西法兰克王国贵族森斯的维尼洛、布鲁瓦伯爵，密谋邀请东法兰克王国的国王日耳曼路易取代秃头查理入主西法兰克王国时，作为其中一员，普鲁登提乌斯在记录此事时，却未提及涉事贵族的名字。[①] 纳尔逊教授评价：“毫无疑问，普鲁登乌斯编撰年代记的方式由其个人的政治忠诚和关系决定，而非由抽象原则决定。”[②]

作为秃头查理倚重的大臣之一，兴克马尔更是凭借崇高的政治地位及其与君主秃头查理的亲密关系，对材料任意剪裁。因此，其写作无法做到真正地“秉笔直书”。其记载中的前后矛盾，恰是其个人立场的反映。例如，当洛塔尔二世试图跟原配妻子离婚，立情妇为后时，兴克马尔坚持基督教关于婚姻不可解除的教义，坚决反对；[③] 而当秃头查理本人希望儿子结巴路易离婚另娶时，兴克马尔却选择避而不谈。

由于神学观点和个人立场的不同，兴克马尔甚至篡改了前一个作者普鲁登提乌斯的作品。849 年的年代记条目强烈谴责哥特沙克，说他“因为学识而自我膨胀，沉溺于错误的信条”，“在虔诚的动机掩盖下，远赴意大利，却在羞辱中被驱逐”，[④] 这些说法既不同于普鲁登提乌斯的写作风格，也与其对哥特沙克的同情相违背；行文还赞许地提到此次谴责哥特沙克的宗教会议是由“受人尊敬的兰斯大主教兴克马尔主持的”。[⑤] 结合普鲁登提乌斯与兴克马尔之间的矛盾，有理由推测，兴克马尔对普鲁登提乌斯的原文做了篡改，使其更加符合自己的意思。“指控他人伪造的人，本身就是一名伪造者。”[⑥] 兴克马尔甚至还“经常冗长地引用官方文件。当他这么做时，它们（指官方文件——引者注）就会被当作他在特定情景下的立场或

---

① J. L. Nelson (Trans. And Annotate), *The Annals of St-Bertin: Ninth-Century Histories*, p. 88.

② J. L. Nelson, “the Annals of St-Bertin”, in *Politics and Ritual in Early Medieval Europe*, p. 182.

③ J. L. Nelson (Trans. And Annotate), *The Annals of St-Bertin: Ninth-Century Histories*, p. 106.

④ J. L. Nelson (Trans. And Annotate), *The Annals of St-Bertin: Ninth-Century Histories*, p. 67.

⑤ J. L. Nelson (Trans. And Annotate), *The Annals of St-Bertin: Ninth-Century Histories*, p. 67.

⑥ J. L. Nelson, “The Annals of St. Bertin”, in *Politics and Ritual in Early Medieval Europe*, p. 190.

者行为的辩护词”。[①]

某种程度上，篡改恰恰是著史意识的体现。在评价兴克马尔的写作时，纳尔逊如此写道：“虽然查理曼支持写作，但是宫廷教士们更是为自己写作当代史。正如时人所言，‘任何有学识的人都不会怀疑，将做过的或者已发生的事情写在年代记中，供后人学习，是一种最古老的习俗，这种习俗一直流传至今’。这里强调的是‘有识之士的著史意识，而不是国王的价值。’”[②]“我们阅读兴克马尔的年代记时，不能将其当作一个坏的历史作品来读。它是对当时的政治事件的一系列主观或者瞬间的感知与反应，兴克马尔本人或多或少地直接参与了这些事件。”[③]

其他的同类作品也表明，加洛林年代记并非原生态，而是经过作者谋篇布局的历史著作，表达了强烈的著史意识。《法兰克王室年代记》的756年条目写道：“为什么德西德里乌斯（Desiderius）能够登上王位，他又是如何登上王位的，关于这些话题，我们在后文中再做交代。”作者的谋篇布局在行文中显而易见。在759年的条目中，作者记载了丕平的儿子丕平（与父亲同名）的出生，又写其“三岁的时候就死掉了”。同一年的条目写了两三年后发生的事情，可见，这部年代记经过了剪裁加工。《福尔达年代记》详细地描述858年日耳曼路易受邀侵入西法兰克王国这一事件，在882~887年的条目中，表现出对东法兰克王国的胖子查理及其宠臣力乌特沃德（Liutward）的不满情绪。这些都表达了作者强烈的著史意识，其写作并不只是记录已经发生的事件。西蒙·麦克林说：“从严格的意义上说，这部作品并不是对于‘宫廷’或‘官方’的记载；相反，它主要反应的是那位大主教个人的观点。”[④] 蒂姆·罗伊特也认为，以年代为框架组织起来的事件内容，不再仅仅是备忘录，已经演化为一种复合型的历史叙述，它们记载各类事件，对其进行评价，甚至试图对其加以解释。[⑤]

2. 年代记书写受到政治的强烈影响

正如麦基特里克教授所言，“如果对700~900年的认识完全依赖于这

---

① J. L. Nelson, “The Annals of St. Bertin”, in *Politics and Ritual in Early Medieval Europe*, p. 186.

② J. L. Nelson, “The Annals of St. Bertin”, in *Politics and Ritual in Early Medieval Europe*, p. 174.

③ J. L. Nelson, “The Annals of St. Bertin”, in *Politics and Ritual in Early Medieval Europe*, p. 190.

④ Simon Maclean, *Kingship and Politics in the Late Ninth Century: Charles the Fat and the End of the Carolingian Empire*, the Cambridge University Press, 2004, p. 24.

⑤ T. Reuter, “Introduction for The Annals of Fulda”, in Reuter T. (Trans and Annotate) *The Annals of Fulda*, Manchester: Manchester University Press, 1992, p. 1.

个时期产生的史书，我们必须接受将对法兰克人的夸耀和赞美作为 8 世纪和 9 世纪研究的关注点。他们极力标榜加洛林社会统治精英的自信与伟大，赞扬其在学术思想和文化艺术中的活力”。[①] 加洛林时期是撰写年代记的高峰，数量增多、内容丰富、主题范围广泛，书写明显受到了政治影响。

虽然纳尔逊教授强调《圣伯丁年代记》的“非官方性”，认为它“并非在君主要求下产生，其作为政治宣传的功用很小。其关注的是公共事件，它主要代表的是个人对事件的反应”。[②] 但是，作为加洛林时代历史书写的主要形式之一，年代记反映出政治兴衰、统治的延续和中断，其写作势必受到政治形势的影响。

830 年，洛塔尔一世发动叛乱，希尔杜因支持叛乱集团，从而中断了年代记的写作。在富尔克续写年代记初期，他遵循《法兰克王室年代记》传统，按年份顺序记载每一年发生的事件。但是，832～833 年，他却一反传统，集中叙述了虔诚者路易与诸子之间的纷争，忽视其他事件的记载。究其原因，在于 833 年加洛林帝国爆发了反对虔诚者路易的叛乱，国内形势紧张，国王虔诚者路易与诸子之争成为重要的政治问题。在 834 年的条目中，作者表达出同情虔诚者路易的政治立场：

> 这位皇帝一直被囚禁在亚琛，他始终没有得到丝毫人道主义对待。相反，他们正变本加厉地、残暴地对待他，妄想通过昼夜不停的身心折磨，摧垮皇帝坚强的意志，迫使皇帝遁入修道院。但是皇帝反复重申：即使身不由己，也绝不会遁入修道院。[③]

7 个月后，叛乱被镇压。833～834 年的年代记恢复了连续性。虔诚者路易恢复统治后，836～839 年的年代记则相对完整，更多关注宫廷，体现了此时王室统治的稳定。

840 年，虔诚者路易去世，加洛林三位王子展开权力之争。一时之间，政局动荡，《圣伯丁年代记》的写作反映出这种形势：几乎没有从虔诚者

---

① R. McKitterick, “Introduction: Sources and Interpretation”, in R. McKitterick (ed.), *The New Cambridge Medieval History*, *Volume II c. 700 - 900*, Cambridge: Cambridge University Press, 1995, p. 3.

② J. L. Nelson, “Introduction for the Annals of St. Bertiin”, in *The Annals of St-Bertin*, p. 2.

③ J. L. Nelson (Trans. And Annotate), *The Annals of St-Bertin*: *Ninth-Century Histories*, p. 28.

路易去世到丰特努瓦战役爆发之前的这段历史的相关记载。[①] 究其原因，可能是丰特努瓦战役之前，在与长兄洛塔尔一世的对峙中，秃头查理与日耳曼路易处于劣势。在动荡不安的时局中，普鲁登提乌斯无法获得稳定的写作环境。当丰特努瓦战役胜败已分，在相对稳定的环境下，《圣伯丁年代记》的写作才得以继续。

统治者的鼓励是加洛林年代记迅速发展的原因，也是王室宫廷一度成为年代记主要编写阵地的原因。因此，加洛林年代记的很多内容都与王室政治决策和计划相关，有着维护王朝统治权益、美化统治者的政治目的。《梅斯年代记》的编纂目的是荣耀加洛林家族，解释加洛林家族取代墨洛温王朝、掌握政权的合理性，对于加洛林家族极尽歌颂，而对墨洛温王朝则极尽贬低。《法兰克王国年代记》"以基督教信仰为叙事架构，以加洛林君主为颂扬对象，进而构建出一个强盛的法兰克国家形象"。[②] 其中包含一些对矮子丕平篡夺王位的虚构和不实的记载，目的也在于证明其篡位是军事成功、教皇支持和法兰克人选举的结果，进而证明 751 年加洛林王权确立具有合法性。[③] 9 世纪 70 年代后，东法兰克王国对意大利王国的政治野心逐渐上升，这在《福尔达年代记》的写作中亦有所体现。

法兰克帝国分裂后，年代记写作传统受到影响，其写作不再以整个加洛林王朝为对象，而是相对集中于加洛林世界的某一个部分，843 年之后的《圣伯丁年代记》和《圣瓦斯特年代记》关注的西法兰克王国；《福尔达年代记》则关注东法兰克王国。

3. 体现出宗教服务于世俗政治的功用

中世纪的年代记是在基督教历史和基督教神学背景下形成的。[④] 加洛林年代记的兴起最初是由于统治者希望复兴拉丁文化，但是年代记的写作更多是由于教士阶层的兴趣，而非皇室的热情。[⑤] 大多数年代记撰写者是神职人员，基督教信仰决定了其写作中必然包含大量有关基督教的内容，体现出宗教服务于世俗政治的功用。在 863 年的条目中，兴克马尔详细记

---

① 关于这一时段的历史，主要史料是加洛林时代历史学家尼特哈德的《历史》。

② 陈文海译注《法兰克王家年代记》，人民出版社，2019，第 85 页。

③ R. McKitterick, "the Illusion of Royal Power in the Carolingian Annals", *the English Historical Review*, 115 (2000), p. 4.

④ McKitterickR (ed.), *Carolingian Culture: Emulation and Innovation*, Cambridge: Cambridge University Press, 1994, p. 199.

⑤ J. L. Nelson, "the Annals of St-Bertin", in *Politics and Ritual in Early Medieval Europe*, p. 191.

述了自己与教皇尼古拉斯一世就洛塔尔二世离婚案的往来信件，目的是希望借助罗马教会对洛塔尔二世及其支持者施加压力，从而为秃头查理夺取政治利益。此外，他还记载了很多其他的教会文件。如 864 年科隆大主教冈瑟尔（Gunther）和特里尔大主教修特古德（Theutguad）向罗马教廷递交的自我辩护宣言的清单；867 年，教皇哈德良二世（Hadrian Ⅱ）讨伐阿纳斯塔西乌斯的檄文；[①] 869 年，洛塔尔二世去世，秃头查理趁机占领其王国，与当地主教相互致辞的文告；878 年，教皇约翰八世所颁布的对抢占教产之人进行绝罚的文告。这些记载基本都与世俗政治相关联，目的都是为世俗政治服务。

在同时代其他年代记中，这一特点也多有体现。最显著的体现是，从《法兰克王室年代记》开始，加洛林年代记开始系统运用基督纪年法，并频繁记载重要的基督教节日如复活节、圣诞节以及各类宗教活动。《法兰克王室年代记》从 759 年到 808 年，几乎每年都记载统治者庆祝复活节和圣诞节的地方以及方式。陈文海认为，这是“以显性的方式将加洛林法兰克历史置于基督信仰的框架之中……将加洛林法兰克的发展历程与基督诞生后的线性时间链条捆绑在一起，也就意味着加洛林法兰克是基督家族的组成部分，支持加洛林君主、匡扶法兰克国家也就成了上帝的分内之事”。[②] 这一评论，精辟地道出了年代记作者借宗教为世俗政治服务的本质。

《法兰克王室年代记》《圣伯丁年代记》《福尔达年代记》等多次记载加洛林君主的涂油加冕礼，目的在于凸显加洛林王朝的神圣性，为加洛林王权寻求合理性。即使是年代记中常用的奇迹也是为了政治服务。年代记作者们努力将加洛林统治者塑造成理想中基督教君主的形象，认为法兰克人作为罗马帝国的后继者，是上帝的选民。他们一再强调，上帝是法兰克王国的庇佑者，多次显示奇迹襄助了法兰克人，从而使加洛林王朝的篡权具有宗教上的合法性。麦基特里克教授认为，“法兰克年代记明确地将法兰克的现在与整个基督教历史和基督的生活联系在一起”。[③]

可以说，加洛林时代绝大多数年代记作者的神职身份并未减弱他们对于世俗统治者的依赖与支持力度。早期的基督教史家曾反对史学写作依附于世俗政权并为世俗政权服务的倾向。优西比厄斯就曾经说过：“我将以

---

① The Annals of St-Bertin, pp. 145–150.

② 陈文海译注《法兰克王家年代记》，第 64~65 页。

③ Rosamond Mckitterick, *History and Memory in the Carolingian World*, Cambridge University Press, 2004, p. 99.

不可磨灭的文字，记录那些为灵魂安宁所进行的最为和平之战，并教导人们勇敢地为真理而不是国家政权而奋斗。”① 但是，梳理加洛林年代记就会发现，神职出身的加洛林史家们并未遵从早期基督教教父们的教诲，反而将自己的著述建立在为世俗统治者服务的目的之上。究其原因，在于9世纪中期，加洛林世界内忧外患，在这一时代背景下，出身教会的加洛林贵族心忧天下，一方面，他们努力通过教会与神意，为加洛林王权的合法性寻找证据；另一方面，他们以基督教的理想化君主为楷模，希望为加洛林君主们树立榜样，为其提供借鉴，使其更好地履行保护教会和人民之责。与“政教之争”高潮时期不同，加洛林时期出身教会的年代记作者并不主张“教权至上”、教会可以废黜君主。因为这一时段，世俗君主牢牢控制着教会的各个方面，大主教、主教、修道院长的选任以及调迁都掌握在世俗君主手中，基督教会的权力较为弱小。在社会现实压力下，史学家们不得不以所服务的政治派别为判断标准，其史学写作和评论也都受到政治现实的影响，从而使得加洛林时期的史学具有强烈的世俗性，其写作注定无法脱离政治环境的影响而独立存在。

---

① 绍特维尔：《西洋史学史》，何炳松等译，商务印书馆，1929，第312页。

《在中国发现历史》中的洞见与遮蔽

——评柯文的史学方法论*

蒋成浩　黄继刚

（南京大学 中国新文学研究中心 江苏南京　210023；
陕西师范大学 文学院 陕西西安　710062）

摘　要：“中国中心观”是柯文在20世纪70年代对美国中国近代史研究批判反思的结果，长期以来，“西方中心观”并没有随着学科建制的完善、学术理性的弘扬而销声匿迹，而是披着“理性”的外衣隐藏于美国学者的中国近代史研究中。柯文提炼出西方存在的三种“西方中心观”研究模式，即“西方冲击—中国回应”“传统与近代”“帝国主义”。为矫正“西方中心观”，柯文提出“中国中心观”，并建构起行之有效的操演方式：以“移情”的方法观照近代中国，追求历史研究的精细化，将近代中国社会分为三个层带，并呼吁多学科的共同参与。柯文“中国中心观”的提出，为美国的中国近代史研究开拓了新的局面。

关键词：中国中心观　西方视角　帝国主义　中国近代史

研究历史是一件“危险”的事，因为它必须以“公正客观”的面孔示人，而史学家都十分清楚，历史只不过是另一种叙事的方式，从材料的刷选、阐释，到自成体系，无不烙印着史学家个人的痕迹，因此历史意识与客观叙述之间存在永恒的悖论。“只有历史没有达到绝对的（体系的）解

* 本文是国家社科重大招标项目“生态美学的中国话语形态研究”（18ZDA024）的阶段性成果。

释，没有达到绝对的特殊性，只有当历史的意义被混淆和混同的时候，历史才是历史，历史实际上是不精确事物的领域。”① 历史无法用体系罗列、归纳，而这又恰巧是史学家孜孜以求的事，历史的含混性使历史充满魅力与陷阱。无数历史事件消失在时间的洪流中，想要在历时与共时的尺度中寻找历史真相，就势必要穿透权力、话语、阶级设置的层层阻碍，在迷雾森林中抓住材料，找到方法，直击“真相”。对于中国近代史而言，尽管当下距离历史现场时间较短，但是“重返”的路途依旧迷雾重重。

“历史是一个共同回忆，其组成有一个系谱学之线索可寻，这个系谱是一连串的叙事，而叙事往往是含混语。”② 书写历史是一种叙事行为，“叙事不仅仅是一种可以用来也可以不用来再现在发展过程方面的真实事件的中性推论形式，而且更重要的是，它包含具有鲜明意识形态甚至特殊政治意蕴的本体论和认识论选择”。③ 历史需要被叙述才成其为历史，因此在某种程度上，历史是观念史。历史总是伴随着叙述者对材料的把握、解读、主导而呈现出多重的面孔，同一历史时期，在指不同历史观念的史家笔下，有可能呈现出截然不同的面孔。中国近代波谲云诡，既是中国数千年未有之大变局，又承上启下，开启了中国现代化的征程，各种政治、文化、经济力量交织其间。西方学者眼中的中国近代史与中国人自己写的近代史，都存在迷思和偏见。

一 “西方中心观”的话语形态

如果以“第一次鸦片战争”作为中国近代史开端的话，那么中国“近代”将近 110 年，先后经历晚清、民国时期。近百年来，海外汉学兴起，海外汉学家对中国近代史的研究成果影响了中国学者的研究思路与方法，国内学者往往要借助汉学家的研究成果来拓宽自己的学术视野。柯文的《在中国发现历史：中国中心观在美国的兴起》（以下简称《从中国发现历史》）成书于 1984 年，甫一出版就备受瞩目，这本书显示了他作为史学家的批判精神与洞见。柯文师承费正清，其中国近代史研究延续了他一贯的理路，一直在进行批判性的超越。在这本书中，柯文批判了美国的中国

① 〔法〕保罗・利科：《历史与真理》，上海译文出版社，2004，第 63 页。

② 孙隆基：《历史学家的经线》，中信出版社，2015，第 22 页。

③ 〔美〕海登・怀特：《内容的形式 叙事话语与历史再现》，董立河译，文津出版社，2005，第 2 页。

近代史研究长期以来形成的三种研究模式，即“西方冲击—中国回应”“传统与近代”“帝国主义”。柯文认为，美国这三种中国近代史研究模式在汉学界影响广泛，但存在巨大的缺陷，是典型的“西方中心观”。因此，在该书第四章，柯文提出美国的中国近代史研究应该树立“中国中心观”，并提出具体的操演形式。

史学家对历史材料的解读与阐释，亦是其自我意识、知识结构、思考与洞见的投射。柯文试图破旧立新，在美国建构新的中国近代史研究观念，其背后既反映了新的学术动向，又体现了时代氛围的感召与推动。柯文的中国近代史研究成熟于20世纪六七十年代，当时整个世界似乎都深陷癫狂之中。20世纪六七十年代的美国，形成了批判与反思的社会风气，解构主义横扫之处，或是颓败，或是重现生机。

西方有比较深厚的“东方学”研究基础，但在萨义德看来，“如果不将东方学作为一种话语来考察的话，我们就不可能很好地理解这一具有庞大体系的科学，而在后期启蒙时代，欧洲文化正是通过这一学科以政治的、社会学的、军事的、意识形态的、科学的以及想象的方式来处理——甚至创造——东方的”。[①] 这种“西方”想象“东方”的“科学”传统一直延续到20世纪60年代，《在中国发现历史》批判传统的“西方中心观”，呼应了当时美国史学界逐渐精细化的历史研究思路，既对以往美国的中国近代史研究臧否得失，又试图建构起新的研究范式。柯文旗帜鲜明地反对美国中国近代史研究中的“西方中心观”，历史叙述是话语权力的体现，在强与弱的对峙中往往只能由强者掌握话语权。当整个“近代”的观念都是西方的独有发明时，当“坚船利炮”象征着自17世纪以来的文明之时，当地理大发现后，欧洲人纵横驰骋，在全球建立殖民地，把世界大部分地区纳入资本体系中时，“被征服”者如何发声？被征服者只能凭借征服者的叙述来表达自己。因此，“西方中心观”既是历史的产物，又是现实的产物，它是以资本、工业化程度作为话语权的体现。在这种历史境遇下，正如萨义德所言，整个东方不是东方人的东方，而是西方人的东方，那些充满异国情调的意淫与想象，那些关于东方的刻板印象，无形中作为潜意识的认知代代相传。进入20世纪，经过第一次世界大战，人们以为通过战争的教训可以更好地推行理性，使理性之光遍洒人间，奈何第一

① 〔美〕爱德华·萨义德：《东方学》，王宇根译，生活·读书·新知三联书店，2007，第4~5页。

次世界大战带来的不是普遍的理性，而是更惨烈的丧失理性的第二次世界大战。二战以后，美国的中国近代史研究出现小高峰，但“西方中心观”并没有随着对理性的普遍追求而消失，西方对东方的刻板印象变得更加隐晦而不易被察觉。柯文的《在中国发现历史》一书中所批判的三种美国的中国近代史研究模式，就是“西方中心观”的隐秘呈现。

柯文在书中首先批判的是传统美国的中国近代史研究中广为学者接受的“西方冲击—中国回应”模式，提出这一模式并操演之的学者就是美国著名史学家费正清。在费正清等学者看来，自晚清鸦片战争以降，中国被纳入西方主导的资本主义体系当中，中国进入近代社会。自鸦片战争以后，清政府不得不直面西方，随着西方冲击的加剧，清政府的一系列政治举措都可视为对西方冲击的回应。“要理解近代中国，必须将其置于中西接触的大背景下。”① “西方冲击—中国回应”模式看起来合情合理，鸦片战争后的太平天国运动、洋务运动、甲午战争、晚清立宪，无不是对西方冲击所做出的回应。对美国的中国近代史研究者而言，“西方冲击—中国回应”模式提炼出了中国近代史的核心叙事线索，在实际操演中屡试不爽，解决了中国近代史叙事中复杂难解的问题。

然而柯文一针见血地指出，“西方冲击—中国回应”模式实质上是“西方中心观”的体现，很大程度上遮蔽了更加复杂的中国近代史细节。这一模式将复杂的历史情境简约化，多种历史合力所形成的历史事件被“冲击与回应”笼统地概括。此外，这一模式无形中夸大了西方冲击给中国近代带来的影响与变化，认为整个中国近代史自始至终都是西方在起主导作用。这样的隐含话语，无疑影响了美国的中国近代史研究者对历史材料的判断，在历史材料的选择、阐释的过程中造成了双重的遮蔽，并不能恰切地解释中国近代史深层的历史样貌。反驳需要实证，柯文为批判“西方冲击—中国回应”模式，列举了中国近代以来重要的历史时刻，如具有西方宗教背景的太平天国运动、以期自强的洋务运动、以“扶清灭洋”为宗旨的义和团运动，他通过对这些中国近代史中的重要历史事件的精细化分析，说明“西方冲击—中国回应”模式的苍白无力。以太平天国运动为例，在以往美国的中国近代史研究者看来，洪秀全领导的太平天国运动披着西方宗教的外衣，运动伊始就创“拜上帝教”，势必受到西方宗教的影

---

① 〔美〕费正清、邓嗣禹：《冲击与回应：从历史文献看近代中国》，民主与建设出版社，2019，第5页。

响。此外，在太平天国运动的整个过程中，都有西方势力的参与，太平天国运动无疑是西方对清政府造成冲击后中国民间的一种曲折回应方式。柯文则指出，由于“西方冲击—中国回应”模式的影响，导致研究者先入为主地认为西方在中国近代史中扮演着重要角色，中国近代以来发生的重要事件无不与此模式相关。实则在这一模式的笼罩下，研究者忽略了更丰富的历史细节，而这些历史细节才是理解中国近代史的关键所在。太平天国运动在性质上是宗教化了的农民起义运动，“太平天国领导集团的宗派思想是相当严重的”。[①] 太平天国运动之所以能从两广地区发展到占据清朝半壁江山，是各种因素交织的结果。柯文通过史料发现，由于清政府加强集权与盘剥力度损害了士绅的利益，故作为社会重要力量的士绅阶层一开始对太平天国持观望的态度，并非一心效忠清政府。但随着太平军攻城略地后残酷的军事统治与对儒家传统的大破坏，士绅阶层迅速地站到了太平军的对立面，转而以“道义”为武器，为清政府摇旗呐喊。对于太平天国运动的宗教因素，柯文认为，洪秀全起义后，在中国的西方传教士都对太平军避之唯恐不及，神秘的宗教成为太平军追求政治目的的手段，而非信仰。柯文运用历史材料，更加细致地解释了太平天国运动的另一面，淡化了西方冲击对中国近代史的影响程度，而这些丰富的历史细节都被先入为主的“西方冲击—中国回应”模式所遮蔽。柯文指出，当一种研究方式成为模式，研究者在史料的探寻、选择、阐释的过程中会有意无意地有所忽略。太平天国运动深刻地反映了清朝统治者内部的政治危机，远非对西方冲击的回应所能解释。他分别从叛乱、改革、抗外等重要的中国近代史具体事件来佐证自己的观点。

“理解任何历史时期的关键，在于找出决定该时期形态的主要动力。”[②] 此语是历史学家的共识。当史家过于关注“主要动力”，倚重某一种研究模式时，他的聚焦与选材无疑会受到研究范式的束缚和制约。在很长一段时间中，“西方冲击—中国回应”被美国的中国近代史研究者视为行之有效的研究模式，如果我们对这一模式的建构追根溯源，不难发现它其实是“西方中心观”的隐性变体。有时，西方中心观又“借对中国的种种设想

① 林增平：《中国近代史》，湖南师范大学出版社，2018，第 199 页。

② 〔美〕徐中约：《中国近代史 1600-2000 中国的奋斗》，计秋枫等译，世界图书北京出版公司，2013，第 5 页。

以为负面参照系，用来反思本身文化”。[①] 西方中心观是以西方为本位的一整套观察、判断、评价的稳定的价值体系，在“观”的背后隐藏着不均衡的话语权力。首先，“西方冲击—中国回应”模式区分了主体与受体，西方毋庸置疑是强势的一方，看上去这是历史事实，似乎并无反驳的必要，但重要的是，通过这一模式得出的结论——近代中国所有的关键历史时刻都是对西方冲击的回应——隐含着“没有西方冲击，中国仍旧是一潭死水，无法走向近代化”的另一层意思。尽管很少有美国的中国近代史研究者明面上拥护这一潜台词，“西方冲击—中国回应”模式依旧得到了众多美国学者的青睐。其次，这一二元对立的理论模式删繁就简，时常给人削足适履之感。任何一段历史都是纷繁复杂的，那些历史中的重要事件，那些导致王朝兴废的关键时刻，无一不是诸多因素合力的结果，这些因素有显现的，也有隐显的。史学家如果仅仅追求历史事件表面的真实，势必会得出肤浅的或扭曲的历史结论。历史不仅要注重事件的真实，更要关注文化与心灵的真实，这也是亚里士多德在论述诗与历史的关系时说“诗比历史更真实”[②] 的缘故。A 杀死了 B，这件事一旦发生，就成了真实的历史。有些史学家将其作为史料，仅此而已。有些史学家不仅关注杀人的 A 和被杀的 B，还关注二者的交友范围和历史情境，从史料中多方面多角度地挖掘出 A 杀 B 的精神动因，为我们呈现出更有温度、更具人性的历史真实。我们通过这个例子，正是要说明，“西方冲击—中国回应”的固定模式在很大程度上拘束了美国的中国近代史研究者的思考与思维方式，使他们在材料选择、焦点关注、阐释表述时有所偏废，忽略了历史所应有丰富性与可能性。

“模式”并非学术研究中的洪水猛兽，它是学术研究中不得不为之的对知识体系的提炼与概括，如果没有模式，学术研究将陷入“现象”的“苦海”中无法自拔。现实往往充满悖论，当模式“模式化”，思维与思考就会陷入模式中而变得狭隘，历史鲜活的现场被毫无察觉地忽视，本应充

① 〔德〕马汉茂、汉雅娜、张西平等主编《德国汉学：历史、发展、人物与视角》，大象出版社，2005，第 105 页。

② 亚里士多德在《诗学》第九章中主要论述了诗与历史的关系，主要有三点：一是历史记载已发生的事实，而诗描述可能发生的事情；二是历史记载具体的、个别的事实，而诗则表现发生事件的普遍性；三是历史记载一个时期或多个时期内发生的所有事情，而诗却侧重摹仿完整的行动。亚里士多德由此认为诗比历史更具有价值，这其实是亚里士多德对现实真实的深层理解，相比历史事实，他更看重事实背后无法被呈现的心理真实。心理真实无法被描述、被定型，因此有无限的可能性，而诗更恰切的接近了心理真实。

满质感的历史细节在史家的叙述中变得麻木、冰冷。在美国中国近代史学者的研究中，以富国图强为目的的洋务运动是“西方冲击—中国回应”模式最生动典型的例子，以李鸿章、张之洞为首的洋务大臣，本身就深谙中西之道，针对西方列强对清王朝虎视眈眈的环伺，张之洞提出“中学为体，西学为用”。长期以来，无论是美国中国近代史学者还是我国的史学家，都本然地认为洋务运动是清王朝受到西方持续影响与冲击后进行的革新运动，这一认知模式固然正确，然而该认知过于“本然”，忽略了很多历史细节。柯文在《在中国发现历史》一书中指出，“在看待20世纪前期这段历史时，如果通过整个西方文化对中国产生冲击的概念来分析问题，也将是荒谬可笑的，尽管在这个时期几乎每个西方思想流派都先后在中国的知识界找到鼓吹者。甚至当中国人谈到‘全盘西化’时，在他们心目中实际上也并不是用西方的社会与文化来机械地代替中国的社会与文化，而是按照经过精选的，他们心目中的西方形象来改造中国”。[①] 在柯文看来，传统的“西方冲击—中国回应”模式夸大了西方冲击的影响力，实质上在中国大部分地区，个体与社会肌体受到西方冲击的影响微乎其微，而这部分较小受到西方冲击影响的历史现实，被美国的中国史研究者无意识地忽略了。

在分析了这一模式的弊端后，柯文提出了一个更加细致的框架，他将近代中国社会分为三个层带——外层带、中层带、内层带，在这三个层带中，中国遭受西方冲击的强度与作出的回应依次减弱。所谓外层带，在柯文看来，就是中国对西方入侵作出的一系列现实回应，比如设立通商口岸、“洋务运动”兴建现代工厂与船坞、新兴的报刊传媒、东南沿海的传教士，以及政府为与西方交涉设立的总理衙门。中国外层带为应对西方冲击所采取的种种措施在多大程度上影响了晚清时期的中国，将近代中国整体历史进程都视作对西方冲击的回应究竟遮蔽了哪些更丰富的历史细节，这些都是柯文对“西方冲击—中国回应”模式所作的批判性思考。对于中层带，他提出，“它所包括的历史侧面不是西方的直接产物，而是经由西方催化或赋予某种形式与方向的事物。太平天国运动、同治中兴、某些自强措施、宫廷和官僚政治、排外主义和中国城乡之间的社会，经济矛盾等

① 〔美〕柯文：《在中国发现历史：中国中心观在美国的兴起》，第119页。

现象都可以包括在内”。[①] 在这一层带内，中国的历史性变动、叛乱及内乱，变革与改革最重要的驱动力不是西方冲击，而是源自清政府内部。晚清中国始终没有沦为完全的殖民地社会，清政府的集权体制并未随着西方冲击而有所松动，与之相反，为应对逐渐臃肿的官僚机构和支付数额庞大的战争赔款，清政府加强了集权的力度，士绅权利受到进一步的剥削，如此种种，近代史呈现了更加丰富的历史肌理。对于长期占据话语权的中国遭受西方冲击后被迫作出回应的历史判断，有必要从更细致多元的角度做更深入的探索。

笔者感兴趣的是柯文在书中为矫正“西方冲击—中国回应”模式而提出的中国社会“内层带”的说法：

> 它所包括的晚清文化与社会的侧面，则不仅不是西方入侵的产物，而且在最漫长的时间内最少受到西方入侵的影响。在这个层带中我们可发现，除了变化缓慢的文化属性，诸如语言和书法外，还有本土的思想，宗教与审美的表现形式；中国农村的生活方式与风格；以及古老的社会，经济和政治的风俗习惯与制度。[②]

柯文对内层带的阐释，其实说明了一个颇有常识意味的历史事实，那便是无论西方、外界势力如何冲击，对被冲击国家内部生态起决定性作用的是该国本身的文化，以及由文化而形成的外力无法轻易改变的民族性格。即使在全球化成为历史趋势的当今社会，许多国家也呈现了“越开放，越传统”的局面，社会最易改变的是技术与物质，最难改变的是文化、性格与人心，“江山易改，本性难移”是说个人，亦是说民族国家。20世纪70年代以来，新的美国中国近代史学者的研究朝精细化的方向发展，他们从不同的横切面进入中国，从不同的社会组织、社会阶层来观察中国，越是精细化，越能发现近代中国外在的“变”与内里的“不变”。中国社会的内层带有没有受到西方的冲击？有没有作出回应？作出了多大程度的回应？这些问题涉及对底层社会历史形态的辨析与思考。其实关于历史的“常”与“变”，中国现代作家沈从文倒是先许多史学家一步，更

① 〔美〕柯文：《在中国发现历史：中国中心观在美国的兴起》，社会科学文献出版社，2017，第158页。

② 〔美〕柯文：《在中国发现历史：中国中心观在美国的兴起》，第158页。

深入地对两者进行了形而上的哲学思考。1934 年，在北京已经闯出名堂的沈从文重返湘西，河两岸沉寂无言的街道、乡民，引发了他关于历史的思考。

> 百年前或百年后皆仿佛同目前一样。他们那么忠实庄严的生活，担负了自己那份命运，为自己，为儿女，继续在这世界中活下去。不问所过的是如何贫贱艰难的日子，却从不逃避为了求生存而应有的一切努力。在他们生活、爱憎、得失里，也依然摊派了哭、笑、吃、喝。对于寒暑的来临，他们比其他世界上人感到四时交替的严肃。历史对于他们俨然毫无意义，然而提到他们这点千年不变无可记载的历史，却使人引起无言的哀戚。[①]

沈从文以一位文学家的眼光，看穿了芸芸众生生活的真相，而这些真相正处于近代中国社会的内层带中，它们所遭受的西方冲击微乎其微，绝不应该继续被“现代化”了的史学家忽视，也不应该被简单的分析模式遮蔽。

以往美国中国近代史学者过于看重“西方冲击—中国回应”的分析模式，实际上西方的冲击在不同的层带所带来的“影响”是不同的，况且外力与内力总是相互交织，很难说西方施加的外力在中国近代史进程中始终扮演着主要角色。因此，柯文关于中国近代社会三个层带的论述很好地弥补了“西方冲击—中国回应”模式的不足。三个层带之间也不是隔绝不动，而是时刻流动交融，这就需要史学家通过历史材料作出辨析与判断。“对于上世纪中西接触的学者来说，从这种角度观察历史，最关键的问题是把这种接触放在中国文化、社会变化这一比较广阔的情境中，这样就可以确定并分析与西方有关联的变化和无关联的变化之间的相互联系。‘西方冲击’的概念，可以恰当的表达‘首次碰撞’的含义，但它对于相撞所引起的一系列复杂效果却很少探究。”[②] 柯文对这一模式的批判性再造，其实就是想指出，在研究中国近代史的过程中，西方冲击与中国回应是难解难分的，在这一模式涵盖的历史图景背后，还有更加复杂缠绕、丰富立体的历史真相等待着美国中国近代史学者去探索、开掘。

---

① 沈从文：《一九四九年一月八日》，选自《沈从文选集》，四川人民出版社，1983，第 161 页。

② 〔美〕柯文：《在中国发现历史：中国中心观在美国的兴起》，第 159 页。

二　传统、近代与帝国主义

“西方中心论”在学术上具有影响力的另一论述是有关传统与近代的理论，这一理论的建构伴随着西方主导的现代时间观念在全世界范围内的流播。近代中国史，是一部与时间赛跑的历史，时间观念前所未有地受到重视，不独中国，西方自工业革命以来，时间观念亦发生了翻天覆地的变化。可以说，时间观念成为隐性的哲学问题，对时间的认识与理解，伴随着近代历史发展的始终。大体而言，近代以来，原来的循环的时间观念逐渐被线性时间观念所取代。“时不我待”“只争朝夕”不仅反映了时间的紧迫感，更体现了对过去世界陈腐黑暗、未来世界必然美好的认知。时间区分了旧与新、传统与近代，并赋予相应的意识形态内涵，但随着历史与现实的不断演绎，史学家越来越能够看清近代以来人们对线性时间观迷恋的真相。在线性时间观念切割下的“传统”与“近代”，其有效性与局限性也被重新审视，柯文的《在中国发现历史》对此做了独到的分析。

以时间区分新旧，并赋予意识形态的内涵，这种方法在美国中国近代史研究中颇为普遍，“传统”与“近代”的区分是西方主导的历史时间观念与权力话语的体现。西方从漫长的中世纪走向文艺复兴，再走向启蒙运动与工业革命，时间给予他们最丰硕的回报，地理大发现与殖民地的建立，极大地改变了西方对时间的认识，今胜于夕成为毋庸置疑的共识。“我们每个人都继承了某种文化，而文化有一部分是由根深蒂固的知识所构成。”[①]“传统”本是一个中性的名词，但当西方将资本的触角伸向东方时，东方呈现在西方眼中的是昏睡无力的形象，东方无法言说自己，于是“传统”与“近代”自然象征着“落后”与“先进”。近代化是一个复杂的概念，此类著作汗牛充栋。“近代化理论作为分析社会的一整套学说，是二战后几年中开始定型的。当时冷战爆发，这种理论应运而生。它适应了西方的，主要是美国社会科学家意识形态上的需要，被用以对付马克思列宁主义对‘落后’和‘未发达’现象的解释。同时它也提供一套完整的说法来解释‘传统’社会如何演变为‘近代’社会。”[②] 由此可见，“传统”与“近代”本身就隐含着极强的意识形态特征，它无形中受到权力话

① 〔美〕艾尔·巴比：《社会研究方法》，邱泽奇译，华夏出版社，2018，第7页。

② 〔美〕柯文：《在中国发现历史：中国中心观在美国的兴起》，第169页。

语的宰制。以近代中国为例，19 世纪西方对中国的评价很少是正面的，在西方“观察者”看来，中国是一个静止不变的社会，一个永远宁静的社会。中国的五千年文明在他们看来是不思进取的典型表现，他们甚至认为中国没有历史，是一片无言的历史空白。然而在 18 世纪之前，西方尚未大规模“歇斯底里”地开辟海外殖民地时，一些启蒙哲学家将中国视为理想的国家，孟德斯鸠、伏尔泰等哲人欣羡中国文化与历史的传承性、稳定性。短短百年，这种欣羡与憧憬随着西方工业化与殖民地开拓的狂飙突进而发生戏剧性地转变。在西方思想家看来，正是生机勃勃的变动，使得西方各国发展成实力雄厚、称霸全球的帝国，在此种情形下，“不变”自然代表了落后。

在柯文看来，“传统”与“近代”的分析模式之所以有弊端，正在于它割裂了历史发展的独特性。按照这种分析模式，中国昏昏欲睡、停滞不前，一直在等待西方的到来，只有在西方给予猛烈的冲击后，中国才能从昏睡中醒来。“西方”在这一分析模式中扮演着引导者、救世主的形象。这种模式在柯文看来可以分解成以下几个观点。

> 第一，中国只有通过外来的强烈刺激才能从沉睡中惊醒；第二，近代西方，而且只有近代西方，才能发出这一强刺激；第三，这一震击过程已经开始，其结局必然是按照西方形象改造中国文化。①

这一模式传达的潜台词是“控制中国近代发展的主要力量来自外部，而不是中国及中国文化本身，因为中国的停滞、昏睡，无法带来近代化的变革”。“传统”与“近代”的模式看上去无甚过失，实则与“西方冲击—中国回应”模式异曲同工，将中国近代史等同于中国近代化的历史，除此之外，寥无其他。在《在中国发现历史》一书中，柯文以美国的中国近代史研究专家列文森为例，在列文森看来，西方对中国的改造“体现为西方文化的近代社会，通过两种途径同时作用于中国文化：一种是作为溶剂，中国的旧文化对之无力防卫；另一种是作为楷模，中国的新文化对之亦步亦趋”。② 柯文指出列文森的中国近代史研究服膺于传统与现代的模式，是狭隘“西方中心观”煞有介事的一种变体。西方究竟在中国近代化

① 〔美〕柯文：《在中国发现历史：中国中心观在美国的兴起》，第 178 页。
② 〔美〕柯文：《在中国发现历史：中国中心观在美国的兴起》，第 190 页。

过程中扮演着什么样的角色，如果没有西方的介入，中国沿着既有的历史发展轨迹，有没有可能生成属于中国特色的近代化模式，抑或说中国的近代化是否本身就独具特色，而非顺着西方设定的近代化轨道亦步亦趋。

西方的冲击给中国的变革带来动力，西方有关近代化观念的论述也深刻影响着中国对近代化的追求，然而应该看到的是，在这一历史过程中，“传统”与“近代”不是对立的两极，而是时常处于转换、纠缠的状态。此外，针对“传统”与“近代”这两个词所指称的价值范围，史家有必要进行具体的辨析，在使用的时候结合具体的历史情境做出恰切的说明。回顾近代中国史，无论是洋务运动、维新变法还是晚近的思想启蒙，在貌似亦步亦趋追求西方近代化的道路上，“传统”与“近代”之间都不是剑拔弩张的关系，而是形成了独具中国特征的“传统近代性”。一般而言，集权与专政往往是社会近代化的阻碍，但在蒋廷黻看来，“中、日、俄、土四国中，近代化是自上而下，并且常违反民意，改革的推动不能不依赖政权的集中，从这四国近代化的路程，我们可以得着一个共同结论：政权愈集中的国家，其推行近代化的成绩越好”。[①] 封建传统与近代化并非水火不容，而是形成了一个吊诡的局面。柯文在书中分析了儒家传统之于近代中国产生的作用，按照美国的中国近代史学家流行的“传统与近代”模式，儒家文化在近代成为阻碍中国变革的主要力量，史学家一般对其予以负面的评价。然而需要清楚的是，中国儒家传统早已凝结为民族性格的一部分，并在近代中国为应对“西方冲击”做出相应的调整，以期重构社会的稳定。抛却中国“传统”的中国近代化是不可想象的，也是虚妄的，因此中国的近代化必然是传统的近代化，西方的近代化标准只成为一个模糊的价值尺度，对中国产生实质影响的，还是传统提供的变革动力。即使到了新文化运动时期，陈独秀、钱玄同、鲁迅等人以激进的姿态要破旧立新，反对“旧文化”“旧道德”，然而这些只是外放的姿态与斗争的策略，在内里，他们依旧保持着传统文人的底色，“全盘西化”的口号隐藏着“必然中化”的实质。近代化给生活带来了最直接的影响，剪发剃辫，改装衣服，传统看似遁形，实则只是转化了形式，继续潜伏在中国人文化心理的深处，经过百年巨变后，中国依然是中国，近代化与传统并行不悖，呈现出“传统近代化”的多元面貌。

柯文在《在中国发现历史》中提出了在20世纪70年代兴起的美国中

---

① 蒋廷黻：《中国近代史》，群言出版社，2015，第272页。

国近代史研究中的“帝国主义”模式，“帝国主义”是继“西方冲击—中国回应”“传统与近代”模式后形成的新的理论风向。与前两个研究模式不同的是，“西方冲击—中国回应”“传统与近代”模式都认为西方在中国近代发展过程中发挥了积极因素，认为是西方主导了近代中国的发展。帝国主义研究模式却与之相反，它主要是从经济发展的角度指出西方虽然为中国带来了近代化的火种，但是以自身的经济利益为目的的，对半殖民地的中国极尽压榨；当中国决心进行变革，走近代化道路时，西方又想尽一切办法阻碍中国的近代化，不允许中国民族工业的“自由”发展。如果说前两种研究模式聚焦的是西方冲击对中国近代化之路的催化、推动作用，潜在的叙述话语是“没有西方，就没有近代中国”，那么帝国主义研究模式则在某种程度上戳穿了“西方中心观”对“西方”历史价值的过度迷恋，揭示了西方帝国主义行径的本来面目。西方始终以攫取经济利益、政治利益为目的，对于东方国家而言，“近代化”只是“附属品”，有时甚至是“毒品”。

20 世纪 70 年代，以年轻学者佩克为主的美国中国近代史学者，提出了“帝国主义”研究模式，颇具批判的锋芒。当时西方苦心建构的近代化理论被现实击溃：近代化为后发国家勾画了美好的世界蓝图，其中西方扮演着导师的形象，然而到了 20 世纪 70 年代，美国陷入“越南战争”的泥潭无法自拔，其国内反战情绪高涨，知识分子开始反思近代化理论在现实境遇中的有效性。“在美国国内，特别是年轻人中，自我批评普遍流行。美国以自由与荣誉的名义在东南亚做出的恐怖行径开始使许多人深感不安。越南不只是美国亚洲专家的悲剧，而且成了整个美国的悲剧。”① 在这样的自我反思的氛围中，佩克等人以激进的“帝国主义”理论脱颖而出，认为“近代化理论并不只是一种根据不足然而无害的理论架构，而且是美国主要中国问题专家用来为美国战后在亚洲的政治、军事、经济干涉进行辩解的意识形态构架”。②

“帝国主义”研究模式是美国中国近代史研究者自我反思的结果，它主要以经济分析为基础，指出西方入侵对近代中国发展所造成的种种阻碍，以及西方对中国经济侵略的实质。“帝国主义”的经济侵略一直持续至今，即使在全球大多数国家已经进入“近代化”的当下，其“后遗症”

① 〔美〕柯文：《在中国发现历史：中国中心观在美国的兴起》，第 229 页。
② 〔美〕柯文：《在中国发现历史：中国中心观在美国的兴起》，第 260 页。

依然令人触目惊心。帝国主义研究模式也存在许多理论的缺陷，费正清曾指出，佩克激进的批判态度给人以“为了反美而反美”的情绪化感觉，似乎患上了“美国羞愧病”。柯文则在学理上分析，认为“帝国主义”研究模式过于侧重宏观的经济分析，而忽略了其他层面的历史细节，在西方冲击与阻碍中国经济发展之间，缺少令人信服的论证。柯文认为，西方的帝国主义行径固然侵犯了中国的国家主权，削弱了中国政府在本国的领导作用，但问题的关键不是要论述西方的入侵造成了中国经济的崩溃，而是要论述中国经济是如何崩溃的，政治、经济、文化在其中扮演着怎样的角色。

三 “中国中心观”的操作性与去蔽性

针对美国中国近代史学界影响最大的“西方冲击—中国回应”“传统与现代”“帝国主义”三种研究模式，柯文提出“中国中心观”，这无疑需要洞见与勇气。柯文认为传统的三种研究模式“带有浓厚的西方中心性质，这种性质剥夺了中国历史的自主性，使它最后沦为西方思想的附属物”。[①] 传统的研究模式过于看重近代以来西方对中国的冲击，把中国人普遍的思想与行动错误地理解为是对西方冲击所做出的回应，这样的研究思路往往一厢情愿，与真实的历史相差甚远。针对“西方冲击—中国回应”模式，柯文创造性地提出了近代中国社会三个层带的划分，外层带、中层带、内层带所遭受的西方冲击依次减弱，但三个层带又并不是割裂的，而是交织在一起。对于“传统与近代”的研究模式，柯文辨析了传统与近代的互融与互渗，认为二者并非对立的两极，“传统”与“近代”在中国交融碰撞，产生了复杂的变体。而“帝国主义”模式，虽然从新的角度对西方做了批判性的检阅，但为了达到自我批判的目的，美国中国近代史学者过于侧重对近代中国经济的分析，而忽略了与之相关的其他有机组成部分。针对以上三种研究模式的缺陷，柯文提出备受关注的“中国中心观”，深刻影响了此后美国学者对近代中国史的研究思路。

如果不限定语境，“中国中心观”会让人误以为世界秩序要以中国为中心，类似“大中华主义”，从而激起狭隘的民族自豪感。实则“鉴别这种取向的主要特征，是从置于中国历史环境中的中国问题着手研究。这些问题有的可能受西方的影响，甚至是由西方造成的；有的则和西方毫无关

---

① 〔美〕柯文：《在中国发现历史：中国中心观在美国的兴起》，第285页。

系。但是不管怎样，它们都是中国的问题。说它们是中国的问题有两重含义：第一，这些问题都是中国人在中国经历的；第二，衡量这些问题之历史的重要性的准绳也是中国的，而不是西方的”。[①] 柯文这一说法看似老生常谈，但在近代中国史研究中却是最容易被忽略的。一言以蔽之，“中国中心观”是要以“移情”的方式感同身受地体会中国历史的发展。以往的“西方中心观”通常把中国近代历史的起点置放在西方，是西方触发了中国近代化的机关，并毫无察觉地以西方的价值观念作为评价中国近代史的标准。在中国人看来是侵略行为的鸦片战争，在英国人看来却是为自由贸易而战，并为中国指引了近代化的道路。这种经验与认知的错位使美国学者的中国近代史研究风景迥异，在一定程度上阻碍了研究的精细化。柯文的“中国中心观”就是要将中国近代史的叙述线索转移到“中国”。

柯文在文中举了很多具体的事例，说明从“中国中心观”的视角来观察近代中国，会得到更丰富饱满的历史细节，也更能打破西方中心论狭隘的历史结论。“西方冲击—中国回应”“传统与近代”的模式认为西方触发了中国近代化的机关，在西方的刺激下，中国采取的一系列政治经济措施都是对西方的回应；认为中国与西方相比，是停滞不前的、传统的。这种结论遮蔽了中国社会发展的复杂性，忽视了对中国内部传统变革的聚焦。柯文举例说，龚自珍在19世纪初期就隐隐察觉到西方对大清王朝的威胁，但他更关注的问题是国家政治的动荡与社会中的儒教衰微、世风日下，西方远非他忧虑的对象。龚自珍的好友魏源，常被看作中国“睁眼看世界”的第一人，他在《海国图志》中提出著名的“师夷长技以制夷”，但在魏源心目中，西方只是他借以抒怀的对象。“魏源与以后单纯讲求学习西方‘船坚炮利’的洋务派也不一样。他和龚自珍一样，都非常着重内政的改革。”[②] 内政始终是中国士大夫关注的重点，西方的冲击赋予了他们“内忧”的新内容，而这些内忧的形式与细节，往往被忽视。柯文借此想说明，中国并不是停滞不前的，也并非重要的举动都是对西方的回应。近代中国无论从上层到知识分子，都在积极思考中国自身所面对的棘手问题，试图解决不断出现的矛盾，恢复以儒家传统为伦理基根的太平盛世，只不过中国社会并没有沿着西方所认知的近代化轨迹前进，因此西方狭隘地认为中国社会死气沉沉，停滞不前。

---

① 〔美〕柯文：《在中国发现历史：中国中心观在美国的兴起》，第286页。

② 李泽厚：《中国近代思想史论》，安徽文艺出版社，1994，第43页。

“中国中心观”在美国中国近代史研究中不仅是一种价值观念，柯文还为它设计了一套具体的操演方法。第一是提出评价标准，研究中国近代史，要以中国为出发点，深入中国的历史情境中去，尽量采取内部的而不是外部的视角来进行价值判断。柯文特别强调，所谓用“移情”的方法按照中国人的体验感受历史，并不意味着史学家就要丢掉自身的价值认知，而对中国人的行为与价值观予以认同。第二是将历史研究精细化，柯文提出将中国按照地域、省份、州县进行划分，以此做聚焦式的历史考察，生活史、习俗史、文化史都是近代中国最丰富的历史细节，将区域研究综合起来就能窥见近代中国历史真实的面貌。第三是把中国社会视为层次与性质不同的若干层次，再在空间上做横向与纵向的划分，并对社会底层以及民间社会予以应有的关注。第四是跨学科的探索，柯文呼吁用不同的学科方法从不同的视野对近代中国史探幽发微。

对于美国中国近代史研究者而言，中国中心观“适宜于从历史而不是从文化的角度来构想中国的过去，是因为它进行比较的重点不在于一个文化和另一个文化的不同，而在于一个文化内部前后情况的不同”。[①] 在柯文看来，研究“不同、差异”不是目的，研究对象自身所呈现的流变，以及这种流变是如何形成的才是目的。

“中国中心观”的提出是以批判“西方中心论”为前提的，任何概念的提出，背后都是观念在起主导作用。柯文的这一观念贯穿他近代中国史研究的全过程，从《在传统与现代性之间——王韬与晚清改革》到《历史三调：作为事件、经历和神话的义和团》，从《与历史对话：20 世纪中国对越王勾践的叙述》到《历史与大众记忆：故事在危机时刻的影响力》，对历史材料的精细化处理，是柯文中国近代史研究的特点，以“移情”的方式带领读者穿透历史的迷雾，既以局内人的视角与历史人物同呼吸共命运，又能够跳脱出来对研究对象做整体的概括。“中国中心观”并非只针对持“西方中心观”的美国中国近代史研究者，一些中国学者越来越背离“中国中心观”或生成一种狭隘的“中国中心观”。“中国中心观”对中国的近代史研究者是一种新的启发，中国学者在处理历史材料时历来习惯宏观的概括而缺乏微观的分析。历史研究的精细化不仅是学术的热点，也的确是史学研究应该具备质素，它与宏观分析互相引证，能够呈现更加丰富的历史样貌。

---

① 〔美〕柯文：《在中国发现历史：中国中心观在美国的兴起》，第 321 页。

四 余论

任何一种概念，如果成为一种模式，最终都会走到原初概念设计的对立面。对于美国中国近代史研究中存在的“西方中心观”现象，“中国中心观”无疑起到了矫正的作用，具有洞见。但没有任何一种理念是普遍适用的，“中国中心观”强调历史研究的精细化，要用移情的方法将情感投注到研究对象中去，要从“局内人”的视角关照近代的中国历史。柯文所提出的这一观念也具有与生俱来的缺陷。首先，即使对历史材料做精细化的处理，并不见得将所有的近代中国局部研究加在一起，就能呈现出近代中国完整的面貌，很可能是更加驳杂的历史形态。“中国中心观”的一系列研究都缺乏对整体的关注，如何从局部到整体，柯文语焉不详。其次，“移情”是必要的研究方法，“移情的方法并非单凭想象灵感一蹴而就的，而是要建立在对历史现实与当事人的周密调查基础上的。迫使史家尽量消除自己时代与阶级的偏见，从当时的史境出发，体察当事人的动机意向，从而有助于缩小史家与历史现实的距离”。[1] 但对于美国的中国近代史研究学者而言，研究者如何成为“局内人”是一个问题；当研究者成为“局内人”时，多少会损害其作为“局外人”的独特经验，此外，“局内人”的经验往往是多元化、碎片化的，如何将芜杂的“局内人”经验整合成史家观照全局的经验，也是重要的待解决的问题之一。其实，人是独特且复杂的个体，在大多数情况下，学者很难区分“局内”与“局外”，重要的是学者自身的思想修为与治史能力，在日新又新的时代，不停止求知的脚步，时时寻找活水，锤炼思考的能力，才是研究一切学术唯一不变的“模式”。

---

① 〔美〕柯文：《在中国发现历史：中国中心观在美国的兴起》，第 33 页。

J. W. 戴维森与太平洋岛屿史研究*

王作成　赵少峰
（聊城大学太平洋岛国研究中心、聊城大学历史文化
与旅游学院，山东聊城　252003）

摘　要： 新西兰历史学家 J. W. 戴维森是学科意义上太平洋岛屿史的开创者。二战后，非殖民化浪潮波及太平洋岛屿地区，既有的帝国史学范式已不合时宜。戴维森倡导书写以岛屿为导向的历史，主张扩大史料范围，以跨学科方法、参与史学的方式重构太平洋岛屿史。他在整理太平洋岛屿史史料、创办专业期刊、助推非殖民化运动、开创学派方面做出了突出贡献，促进了太平洋岛屿史研究专业化发展，留下丰厚的史学遗产。

关键词： J. W. 戴维森　太平洋岛屿史　堪培拉学派　非殖民化

第二次世界大战后，世界非殖民化进程加速，逐渐波及偏远的太平洋岛屿地区。长期以来被西方学者视为“无历史”的太平洋岛屿地区也逐渐进入史学家关注的视野，新西兰历史学家詹姆斯·怀特曼·戴维森（James Wightman Davidson，1915~1973，简称“戴维森”）在太平洋岛屿史研究中做出了开创性贡献。美国太平洋史学者马特·松田曾言，比较正式的、学科意义上的太平洋史，“通常要追溯至 1954 年澳大利亚国立大学的詹姆

* 本文系国家社科基金一般项目“太平洋岛国非殖民化研究”（19BSS044）的阶段性成果。

斯·戴维森就任首位太平洋史教授之时”。[①] 澳大利亚国立大学太平洋史教授布里杰·拉尔也认为，“与历史学中其他大多数研究领域不同的是，太平洋史的学术谱系是明确的且并被广泛接受的。该学科的创始者为詹姆斯·怀特曼·戴维森，其圣地就是位于堪培拉的澳大利亚国立大学太平洋研究学院太平洋历史系”。[②] “太平洋史之父”戴维森所倡导的太平洋史，实际上是内视视角下的太平洋岛屿史，称戴维森为“太平洋岛屿史之父”更为确切。

近年来，国内太平洋岛屿研究与太平洋史研究渐趋升温，不过对太平洋史学史关注较少。对于戴维森这一在太平洋史学术谱系中里程碑式的学者，仅王华教授在《太平洋史：一个研究领域的发展与转向》[③]《国内外学界的夏威夷历史研究述评》[④] 等文中有所提及。国外对于戴维森有一定的研究，最主要的研究者为戴维森的学生道格·芒罗（Doug Munro）。芒罗的代表性著作有《戴维森对新西兰史学的贡献》[⑤]《象牙塔内外：太平洋的参与史学家们》[⑥] 等。另外，为庆祝太平洋史学科诞生 40 周年，澳大利亚国立大学在 1991 年举办了一个国际性的工作坊，对戴维森开创的太平洋史进行了总结、反思与展望，布里杰·拉尔将会议论文编辑成册，并以《太平洋岛屿史：历程与转折》[⑦] 命名出版，部分论及戴维森的史学思想。本文力图对戴维森在太平洋岛屿史研究中的史学主张、贡献及局限做初步探究。

一 戴维森生平

戴维森 1915 年 10 月 1 日生于新西兰惠灵顿。其父乔治·怀特曼·戴

① Matt K. Matsuda, “The Pacific”, *The American Historical Review*, Vol. 111, Issue 3, June 2006, p. 764.

② Brij V. Lal, “Pacific History Matters”, *Journal de la Société des Océanistes*, Vol. 125, Issue 2, July 2007, p. 193.

③ 王华：《太平洋史：一个研究领域的发展与转向》，《世界历史》2019 年第 3 期，第 115~130 页。

④ 王华：《国内外学界的夏威夷历史研究述评》，《苏州科技大学学报》2018 年第 6 期，第 97~106 页。

⑤ Doug Munro, *J. W. Davidson's Contribution to New Zealand Historiography*, Wellington, New Zealand: Treaty of Waitangi Research Unit, Stout Research Centre, Victoria University, 2009.

⑥ Doug Munro, *The Ivory Tower and Beyond: Participant Historians of the Pacific*, Newcastle Upon Tyne, England, U. K.: Cambridge Scholars, 2012.

⑦ Brij V. Lal, *Pacific Islands History: Journeys and Transformations*, Canberra: The Journal of Pacific History, 1992.

维森是澳大利亚出生的商业旅行者，其母伊迪丝·梅布尔·布朗早年曾游历过太平洋岛屿地区且对该地区有着颇佳印象，这对戴维森致力于太平洋岛屿研究产生了潜移默化的影响。

戴维森最初在新西兰接受教育，先后就读于怀塔克男子高中、维多利亚大学学院。维多利亚大学学院是新西兰历史最为悠久的大学之一，名师汇集。在维多利亚大学学院读书期间，对戴维森影响较大的教师有两位：一位是德里克·劳埃德·威特菲尔德·伍德（Frederick Lloyd Whitfield Wood），一位是 J. C. 比格霍尔（J. C. Beaglehole）。伍德教授为澳大利亚反战联盟的创始者、悉尼大学首位历史学教授乔治·阿诺德之子，其所创作的《世界中的新西兰》《了解新西兰》《战争中的新西兰人》等作品广受欢迎。与其父亲一样，伍德积极投身于社会公共事务，这对戴维森日后的治学风格产生了一定影响。比格霍尔是研究英国探险家詹姆斯·库克船长的权威，整理出版了库克船长的航海日记，撰写了《太平洋探险》等著作，被戴维森视为对其“影响最大的老师”[①]。比格霍尔教授殖民史，所开设的必读书目包括列宁和霍布森关于帝国主义的论著、美国鲁滨逊新史学派学者帕克·托马斯·穆恩的《帝国主义与世界政治》等，加深了戴维森对帝国史与殖民主义的认识。作为戴维森的硕士论文指导教师，比格霍尔否定了戴维森最初选定的毛利战争的硕士论文选题，认为其应该选一个凸显新西兰历史发展中非英国性因素的题目，在其指导下，戴维森顺利完成了硕士毕业论文《新西兰的斯堪的纳维亚人》[②]。

1938 年，戴维森获得斯特拉思科奖学金赴英国剑桥大学圣约翰学院攻读博士学位，师从著名英帝国史研究专家、剑桥大学维尔·哈莫史华慈帝国与海洋史讲席教授埃里克·A. 沃克（Eric A. Walker）。1942 年，戴维森完成毕业论文《欧洲对南太平洋的渗透（1779—1842）》[③]，获得博士学位。戴维森的好友 H. E. 莫德评价说：“虽然这不是有关南太平洋史的第一篇博士学位论文，但其新颖的内容和方法使该篇论文成为太平洋研究的新

① J. W. Davidson, “The New Zealand Scholar: A Note on J. C. Beaglehole, 1901 - 1971”, *The Journal of Pacific History*, Vol. 7, Issue 1, 1972, p. 153.

② J. W. Davidson, *The Scandinavians in New Zealand*, MA Thesis, University of New Zealand (Victoria University of Wellington), 1936.

③ J. W. Davidson, *European Penetration of the South Pacific, 1779-1842*, PhD thesis, Cambridge University, 1942.

里程碑，并为戴维森自己注定要发展的未来事业指明了方向。”[①] 在攻读博士学位期间，戴维森加入了牛津大学玛杰里·佩勒姆教授牵头的非洲殖民地立法机构研究团队，从事北罗得西亚立法委员会问题的研究，研究成果《北罗得西亚立法议会》[②] 于1948年出版。1942年至1944年，戴维森被英国海军情报部招募，协助在情报部任职的伦敦经济学院人类学教授雷蒙德·弗斯完成了四卷本的《太平洋岛屿》地理手册的编写工作。英籍新西兰人类学家雷蒙德·弗斯为功能学派创始人之一马林诺夫斯基的高足，致力于对毛利人、所罗门群岛蒂科皮亚人的实地考察与研究，著有《我们，蒂科皮亚人》《人文类型》等经典著作，在太平洋人类学领域享有盛誉。戴维森与弗斯长期保持着亦师亦友的关系，其人类学研究路径和方法对戴维森产生了一定影响。之后，戴维森返回剑桥大学圣约翰学院担任研究员。1947年，戴维森被聘为剑桥大学历史学讲师，从事殖民研究，讲授《欧洲与太平洋》等课程。

二战后，太平洋岛屿受到非殖民化浪潮的冲击，戴维森不仅致力于太平洋岛屿非殖民化历史的研究，而且积极投身于该地区非殖民化运动。1946年，澳大利亚国立大学成立，二战使澳大利亚充分意识到太平洋岛屿与亚洲对澳大利亚的重要，同时也使得澳大利亚意识到对该地区研究的严重缺乏。因而，太平洋研究院成为澳大利亚国立大学建校之初设立的四个学院之一，太平洋研究院下设人类学（社会学）、人口学、经济学、地理学、太平洋历史、政治学（国际关系）6个系部。在澳大利亚大学临时委员会顾问雷蒙德·弗斯的大力举荐下，太平洋研究院聘请戴维森为该校历史上首位太平洋史教授，也是世界上首位太平洋史教授，同时担任首任太平洋历史系主任。在澳大利亚国立大学期间，戴维森撰写了《萨摩亚人的萨摩亚：西萨摩亚独立国的诞生》[③]《万尼科罗群岛的彼得·狄龙：南海的骑士》[④] 等著作，积极倡导太平洋岛屿本位视角，提出太平洋史应摆脱帝国史研究桎梏，被视为太平洋史研究的奠基者。另外，戴维森积极投身于

① H. E. Maude, "James Wightman Davidson", *The Journal of Pacific History*, Vol. 8, 1973, p. 5.

② J. W. Davidson, *The Northern Rhodesian Legislative Council* (*Studies in Colonial Legislatures*, Vol. 3), Lon-Don: Faber & Faber under the Auspices of Nuffield College, 1948.

③ J. W. Davidson, *Samoa mo Samoa*: *The Emergence of the Independent State of Western Samoa*, Melbourne, Oxford University Press, 1967.

④ J. W. Davidson, *Peter Dillon of Vanikoro*: *Chevalier of the South Seas*, ed. by O. H. K. Spate, Melbourne, Oxford University Press, 1975.

太平洋岛屿非殖民化斗争。1947 年，戴维森从英国返回新西兰休假，正值联合国托管理事会向西萨摩亚派遣特别使团，调查该地区领导人和代表要求自治的请愿书，在新西兰总理公署常任署长麦金托什举荐下，戴维森被新西兰总理彼得·弗雷泽任命为西萨摩亚政治事务顾问，被派往西萨摩亚，实地调研西萨摩亚政治局势及自治前景，并向新西兰政府提交报告。1949 年戴维森担任西萨摩亚公共服务及立法议会成员，并于 1954 年再度赴西萨摩亚实地工作。1959 年至 1961 年，戴维森担任西萨摩亚制宪顾问。此外，戴维森还先后参与库克群岛和瑙鲁的制宪工作，并担任密克罗尼西亚联邦议会与巴布亚新几内亚宪法规划委员会制宪顾问。这些政治活动，为他的史学研究奠定了田野数据基础。1973 年 4 月 8 日，戴维森因心脏病突发病逝于巴布亚新几内亚莫尔斯比港。

二 戴维森的史学思想

1954 年，戴维森在澳大利亚国立大学就任太平洋史教授的演说中对其史学研究主张进行了规划。之后，在其著作、论文以及学术实践活动中得以落实，大致归纳如下。

（一）批判西方的帝国史研究模式，倡导岛屿本土视角的史学范式

在戴维森之前，西方历史学者关于太平洋岛屿的记载总体上属于帝国史研究范畴。尽管尼尔·贡森把这些研究具体划分为四类，即致力于帝国主义问题的历史学家主要研究围绕太平洋岛屿的殖民主义、欧洲政策和国际竞逐；历史地理学家将该地区视为与澳大利亚相关联之区域，聚焦于环太平洋的大陆国家研究；澳大利亚历史学家尤其是关注经济研究的学者，则主要研究澳大利亚在西南太平洋区域的利益；具有跨学科的学者研究关注点置于太平洋岛屿的居民。[①] 戴维森认为，“太平洋历史直接起源于帝国史之中。……它是特定帝国的历史，是葡萄牙、法兰西、荷兰和英国的历史”。[②] 帝国史书写范式主要以宗主国为中心，强调政治与军事层面的活

① Niel Gunson, “An Introduction to Pacific History, Brij V. Lal, *Pacific Islands History: Journeys and Transformations*”, *The Journal of Pacific History*, Vol. 27, Issue 2, 1992.

② J. W. Davidson, “Problems of Pacific History”, *The Journal of Pacific History*, Vol. 1, Issue 1, 1966, p. 5.

动，而未能展现出殖民各方参与者及其活动领域的多样性和复杂性，“在经济和社会领域，帝国这一概念的用途变得更加有限”①，在这一模式中，太平洋岛屿及岛民位于边缘、被动与附属的地位。这一时期较为突出的成果，涉及列强对太平洋岛屿争夺与统治政策的，如盖伊·H. 斯科菲尔德的《太平洋的过去与未来》②，乔治·赫伯特·赖登的《美国对萨摩亚的外交政策》③，西尔维娅·马斯特曼的《萨摩亚国际竞争的起源（1845—1884）》④，约瑟夫·W. 埃里森的《1880 年前外国利益集团对萨摩亚的进入和渗透》⑤，吉恩·英格拉姆·布鲁克斯《太平洋岛屿上的国际角逐》⑥，约翰·M. 沃德的《1776—1893 年英国对南太平洋的政策》⑦，保罗·H. 克莱德的《日本的太平洋委任统治》⑧，E. 贾科姆的《法国和英国在新赫布里底》⑨；涉及太平洋探险的，如 J. C. 比格霍尔的《太平洋探险》⑩，J. 戴金的《捕鲸冒险家：澳大利亚水域和其他南部海域捕鲸的故事》⑪ 等。

对西方学者的帝国史弊端，J. W. 戴维森早在撰写硕士论文、博士论文时就已经意识到帝国史框架的狭隘性并予以纠正。二战结束后，随着世界民族独立运动的风起云涌及殖民帝国的趋于崩溃，帝国史渐成明日黄花，对第三世界研究与区域研究开始兴起。1946 年，对于已出版的《剑桥英帝国史》前七卷，戴维森敏锐地指出其缺陷：“一些编撰者过于关注欧

① J. W. Davidson, "Problems of Pacific History", *The Journal of Pacific History*, Vol. 1, Issue 1, 1966, p. 7.

② Guy H. Scholefiel, *The Pacific, Its Past and Future, and the Policy of the Great Powers from the Eighteenth century*, Murray, London, United Kingdom, 1919.

③ George Herbert Ryden, *The Foreign Policy of the United States in Relation to Samoa*, New Haven: Yale University Press. 1933.

④ Sylvia Masterman, *Origins of International Rivalry in Samoa, 1845 - 1884*, London: Allen & Unwin, 1934.

⑤ Joseph W. Ellison, *Opening and Penetration of Foreign Interests in Samoa to 1880*, Corvallis: Oregon State College, 1938.

⑥ Jean Ingram Brookes, *International Rivalry in the Pacific Islands, 1800 - 1875*, Berkeley: University of California Press, 1941.

⑦ John M. Ward, *British Policy in the South Pacific 1786 - 1893*, Sydney: Austrlian Publishing Company, 1948.

⑧ Paul H. Clyde, *Japan's Pacific Mandate*, New York: Macmillan Co., 1935.

⑨ E. Jacomb, *France and England in the New Hebrides*, Melbourne: George Robertson, 1914.

⑩ J. C. Beaglehole, *The Exploration of the Pacific*, London: A. & C. Black, Ltd., 1934.

⑪ J. Dakin, Whalemen, *Adventurers: The Story of Whaling in Australian Waters and Other Southern Seas*, Sydney, 1934.

洲的事件，而没有密切地将他们的材料与帝国发展的主题联系起来。”“涉及非欧洲人占主体的殖民地的章节，有时没有考虑到社会结构的特殊性。”① 后来在其就职演说中同样也提到，帝国史书写在涉及政治政策的制定方面，只是基于西方殖民宗主国自己的实践和传统，来指导其殖民地政策的制定，而无视殖民地一方的情况。戴维森说：“历史学家们也必须考虑其他的一些因素。殖民政策的实施必须考虑殖民地的实际情况，而这些情况则主要取决于殖民地内部的社会结构，而不是出于与宗主国的政治联系。”② 他对此进一步阐述，“真正能起作用找到解决殖民地问题方法的政治力量，必须由殖民地特定的社会结构来决定。而这种社会结构，反过来，也只能通过那些与帝国关系不大的因素来决定，譬如殖民地的土著传统、内部经济结构、宗教和经济联系等”。③ 他认为帝国史学范式所导致的后果显而易见，“当帝国史所有的材料都建立在帝国因素的基础上，一味地研究欧洲的扩张历史的时候，那么，它实际上就已经站在了真正历史研究的对立面”。④

因此，在对帝国史批判的基础上，戴维森明确提出，“为了理解太平洋殖民政府的历史，有必要将研究兴趣中心从宗主国转移到岛屿本身。”⑤ 强调摈弃旧的以西方宗主国为中心的帝国史模式，立足于岛屿本位视角书写太平洋岛屿史。戴维森观察到，“太平洋的土著文化就像岛屿，外来者可以渗入其沿海地区，但他们永远无法征服其腹地。太平洋地区的人民虽采用了西方形式的政治制度与基督教的信条和仪式，并且从事经济种植和实行雇佣劳动制度，但他们以自己的方式来评价和认识这些变革”，⑥ “大多数萨摩亚人仍然认为殖民行政当局是他们国家的一个外来存在，而不是

---

① J. W. Davidson, “The History of Empire”, *The Economic History Review*, Vol. 16, Issue 1, 1946, p. 68.

② J. W. Davidson, “Problems of Pacific History”, *The Journal of Pacific History*, Vol. 1, Issue 1, 1966, pp. 6-7.

③ J. W. Davidson, “Problems of Pacific History”, *The Journal of Pacific History*, Vol. 1, Issue 1, 1966, pp. 7-8.

④ J. W. Davidson, “Problems of Pacific History”, *The Journal of Pacific History*, Vol. 1, Issue 1, 1966, p. 8.

⑤ J. W. Davidson, “Problems of Pacific History”, *The Journal of Pacific History*, Vol. 1, Issue 1, 1966, p. 14.

⑥ J. W. Davidson, “Lauaki Namulau'ulu Mamoe: A Traditionalist in Samoan Politics”, in James Wightman Davidson and Deryck Antony Scarr, eds., *Pacific Island Portraits*, Australian National University Press, 1970, p. 267.

代表整个社区在共同关心的问题上采取行动的一个主权当局。”[①] 因此，岛屿导向的书写模式强调“多元文化情境”，主张采用一种双向的视角，一反帝国史单向度、狭隘性的做法。在澳大利亚国立大学太平洋历史系早期的规划中，戴维森及其同事“关注的是非西方民族与西方民族文化接触的历史研究，它的兴趣也包括当代的情况，以及更为传统的意义上所认为的历史学家所研究的题材”。[②] 在书写欧洲势力对岛屿的冲击和影响的同时，也将岛屿本土文化的影响置于同等地位进行叙事。相应的，岛屿导向的历史研究的内容也由政治史扩充到经济和社会的变迁、移民与社区、宗教活动、太平洋岛民对欧洲思想和表达的反应等。

（二）主张与人类学、考古学、语言学等学科联手，扩大史料范围，以跨学科方法重构太平洋岛屿史

从帝国史向岛屿导向范式的转变对太平洋岛屿史研究者提出了新的要求。原有的太平洋岛屿史研究严重依赖西方的航海家记录、传教士档案以及殖民官员档案等文献。相对于世界其他地区的研究，太平洋岛屿史研究最为常见的问题是书面文献资料匮乏。在西方殖民者进入之前，该地区书写文化极不发达，文字资料严重匮乏，几乎没有书面文字记录。在此情况下，一些历史学家对太平洋岛屿史的构建提出质疑，如新西兰史学家彼得·蒙兹认为，“在一个没有书面的历史记载或记载的事实呈现为另一种思维方式的社会里，我们通常意义上所说的历史是不可能的”。[③] 蒙兹断言，“如果非欧洲历史研究不是仅为欧洲史研究的一种附属品，而是取代欧洲史的研究，那么就如同船底被抽掉，这艘航船迟早会沉没”。[④]

戴维森意识到，以岛屿为导向书写新的太平洋岛屿史仅依靠西方传统

---

① J. W. Davidson, “Lauaki Namulau'ulu Mamoe: A Traditionalist in Samoan Politics”, in James Wightman Davidson and Deryck Antony Scarr, eds., *Pacific Island Portraits*, Australian National University Press, 1970, p. 299.

② J. W. Davidson, “Pacific Islands Research of the Research School of Pacific Studies in the Australian National University”, *The Journal of the Polynesian Society*, Vol. 69, Issue 2, 1960, p. 154.

③ Peter Munz, “The Purity of Historical Method: Some Sceptical Reflections on the Current Enthusiasm for the History of Non-European Societies”, *New Zealand Journal of History*, Vol. 5, Issue 1, 1971, p. 17.

④ Peter Munz, “The Purity of Historical Method: Some Sceptical Reflections on the Current Enthusiasm for the History of Non-European Societies”, *New Zealand Journal of History*, Vol. 5, Issue 1, 1971, p. 17.

的档案文献远远不够，需要与人类学等其他学科结合来挖掘岛屿本土的历史。他提出，“研究多元文化的历史学家必须学会采用新的证据形式，来让自己融入其他文化当中，从而避免用自己文化的模式来解释其他文化的行为方式”。① “历史学家很少是哲学家。他倾向于接受自己习以为常的、现成的主要概念，如主权、财产、家庭、国家等。优秀的历史学家知道，这总是会威胁到他分析的准确性。如果他所关注的主题不是按照西方文化模式组织的经验，他的危险就会大大增加。如果他想做真正令人满意的工作，他必须准备澄清或重新思考他的社会哲学，并与人类学家一起去学习。”② 戴维森批驳了蒙兹的观点，他认为“如果他是一个有能力的学者，他会把考古学家和语言学家的工作拿来为他服务，甚至在适当谨慎的情况下，还会把社会学家和人类学家的工作拿来为他服务”。③ 戴维森对约翰·M. 沃德《1776—1893 年英国对南太平洋的政策》一书提出批评，“更为严重的是，沃德先生拒绝进入他认为属于人类学家的领域，这使得他无法对欧洲人和当地统治者之间的谈判给予充分的评价”。④ 同时，他指出，“社会科学文献，尤其是人类学的文献，开始被纳入研究范围；新的原始文献——特别是口述资料和岛屿方言记录的资料也已经开始使用”。⑤ 尤其对于太平洋岛屿地区的宗教活动的研究课题，“历史学家将在很大程度上依赖当地语言的记录；还有一些相当有趣的问题只能从当地语言记录的材料中研究”。⑥ 戴维森积极鼓励研究者借鉴人类学等其他相关学科的方法，扩大史料搜求范围，通过田野考察广泛搜集鲜活的本土资料，在此基础上撰写岛屿导向的历史。戴维森反对传统的画地为牢的学科界限，称自己为澳大利亚国立大学太平洋研究院的历史学教授，而非仅为太平洋历史系的

---

① J. W. Davidson, “Problems of Pacific History”, *The Journal of Pacific History*, Vol. 1, Issue 1, 1966, p. 10.

② J. W. Davidson, “British Policy in the South Pacific”, *Pacific Affairs*, Vol. 21, Issue 4, 1948, pp. 410.

③ J. W. Davidson, “History, Art or Game? A Comment on ‘the Purity of Historical Method’ ”, *New Zealand Journal of History*, Vol. 5, Issue 2, 1971, p. 116.

④ J. W. Davidson, “British Policy in the South Pacific”, *Pacific Affairs*, Vol. 21, Issue 4, Dec., 1948, pp. 409.

⑤ J. W. Davidson, “Problems of Pacific History”, *The Journal of Pacific History*, Vol. 1, Issue 1, 1966, p. 10.

⑥ J. W. Davidson, “Problems of Pacific History”, *The Journal of Pacific History*, Vol. 1, Issue 1, 1966, p. 20.

历史学教授。[①]

（三）倡导参与史学，主张历史研究者要有强烈的参与意识，参与历史的创造

对参与史学的推崇是戴维森史学思想的一个重要内容。戴维森反对学者躲入象牙塔，鼓励历史学者积极参与公共事务，参与历史的创造，书写更好的历史，以回应时代的召唤。在澳大利亚国立大学期间，他要求太平洋历史系教师与学生深入岛屿进行长期的田野考察，或与其一样直接参与岛屿事务。对招聘的教师与招收的研究生也要求熟知岛屿事务，如罗恩·克尔科姆、莫德等均曾担任过岛屿的殖民当局官员。实际上，不只是太平洋历史系，强调田野调查也是整个太平洋研究院的特色。“研究院几乎所有的教职员和学生都要从事研究所必需的某种形式的田野工作；自建院起从经费中留出足够的资金以确保田野调查工作无疑已成为研究院坚持的一大原则。”[②] 对此，从太平洋历史系走出的学生克里·豪多年后仍印象深刻，“在戴维森对我的诸多思想影响中，有一点是他强调地方经历对历史学家的重要性。如果你正在研究太平洋某些地区或其他地方，你需要到那里居住一段时间”。[③] 戴维森认为，“对近现代史研究的最初动力往往源于学者自己对社会的参与”。[④] “书写有效的历史需要的不仅是技能训练，还需要通过思维活动达成一种充分的理解。历史学家必须了解整个社会思想和行动的方式。”“历史学家的训练既来自对人的理解，也来自对书本的理解。”[⑤] 在戴维森看来，历史上做出突出贡献的一流史学家都是积极投身于时代洪流，具有强烈的现实关怀。他举例说：“最杰出的历史学家，比如麦考利、德·托克维尔、亨利·亚当斯或者阿克顿，在其静下心来认真研

---

① H. E. Maude, “James Wightman Davidson”, *The Journal of Pacific History*, Vol. 8, Issue 1, 1973, p. 7.

② J. W. Davidson, “Pacific Islands Research of the Research School of Pacific Studies in the Australian National University”, *The Journal of the Polynesian Society*, Vol. 69, Issue 2, 1960, p. 156.

③ Kerry Howe, “Recalling the Coombs—Pacific History 1970 – 73”, Brij V. Lal, Allison Ley, eds., *The Coombs: A House of Memories*, Canberra: ANU Press, p. 271.

④ J. W. Davidson, “Understanding Pacific History: The Participant as a Historian”, Peter Munz, ed., *The Feel of Truth: Essays in New Zealand and Pacific History*, Wellington, 1969, p. 34.

⑤ J. W. Davidson, “New Zealand, 1820 – 1870: An Essay in Re-interpretation”, *Historical Studies: Australia and New Zealand*, Vol. 5, Issue 20, 1953, p. 360.

究历史之前，几乎都有投身于公共生活的经历。”①

对于其倡导的参与史学，戴维森一生身体力行，以身作则。他强调，“如果我要继续写有关太平洋事务的文章，那么现在就充分了解太平洋事务是明智的。……在任何情况下，我认为从事学术工作的人都应该尽其所能，努力接触实际事务”。② “就我自己而言，如果对当代社会结构不感兴趣，我就无法令人满意地研究过去；如果研究当代政治脱离其历史背景，我也不会感到高兴。”③ 戴维森的参与史学思想经历了一个逐步完善的过程。在维多利亚大学学院时期，其硕士论文的完成得益于“能够步行走过50年前来自斯堪的纳维亚半岛的定居者们在新西兰七十英里森林披荆斩棘开辟出来的农场，并与最初移民的少数健在者进行交谈”。④ 在剑桥大学求学期间，他跟随玛杰里·佩勒姆从事非洲殖民主义研究，佩勒姆深入非洲进行实地考察的做法也影响到戴维森。另外，戴蒙德·弗斯人类学研究路径与方法也对戴维森产生了潜移默化的影响。之后，戴维森的代表作《萨摩亚人的萨摩亚：西萨摩亚独立国的诞生》的完成，也是基于其亲身经历，他直接参与了萨摩亚宪法的制定并见证了西萨摩亚非殖民化进程中的各方的态度与行动。他关于太平洋诸岛非殖民化的系列文章与其身兼各岛国制宪顾问的经历密切相关。

三　戴维森的史学贡献

戴维森在太平洋岛屿史研究、历史教学、人才培养、创办期刊、发挥历史功用方面均做出了开拓性的贡献。

① J. W. Davidson, “New Zealand, 1820 - 1870: An Essay in Re-interpretation”, *Historical Studies: Australia and New Zealand*, Vol. 5, Issue 20, 1953, p. 360.

② Doug Munro, “J. W. Davidsion—The Making of a Participant Historian”, Brij V. Lal and Peter Hempenstall, eds., *Pacific Lives, Pacific Places: Bursting Boundaries in Pacific History*, Canberra: The Journal of Pacific History, 2001, p. 106

③ Doug Munro, “J. W Davidsion and Western Samoa: University Politics and the Travails of a Constitutional Adviser”, *The Journal of Pacific History*, Vol. 35, No. 2, 2000, p. 199.

④ Doug Munro, “J. W Davidsion-the Making of a Participant Historian”, Brij V. Lal and Peter Hempenstall eds., *Pacific Lives, Pacific Places: Bursting Boundaries in Pacific History*, Canberra: The Journal of Pacific History, 2001, p. 102.

（一）开展了系统的太平洋岛屿史史料的收集、保存与整理工作，为深化太平洋岛屿史研究奠定了基础

以岛屿为导向的史学在挑战传统帝国史范式的同时，也发现了史料方面存在的问题。太平洋岛屿地区书面文献资料匮乏，且殖民者留下的档案文献多散落于各原宗主国，长期以来形式多样的本土资料搜集遭到忽视。戴维森在就任澳大利亚国立大学太平洋历史系主任之初，意识到这一问题的迫切性。他指出："在太平洋岛屿，由于保存条件差、工作人员不足，加之气候炎热，档案丢失、失传，或已损坏到无法使用等情况司空见惯。幸运的是，这一问题目前开始让政府和历史学家深感忧虑。无论从管理抑或研究的角度看，所有对此感兴趣的人都应携手努力，在进一步的损失发生之前，将岛屿上的档案进行有序整理。"① 因此，戴维森与莫德等澳大利亚国立大学的教师将大部分精力和资金用于搜集档案资料。②

对于史料搜集，戴维森坚持四个原则。一是搜集分散于各国的未发表的涉及太平洋岛屿的殖民档案、传教士记录及商业公司的记录。1951 年底，戴维森任命多萝西·克罗泽为研究助理，负责调查、搜集西太平洋高级委员会 1920 年以前的档案。1953 年，经戴维森的协商，克罗泽被任命为斐济第一位政府档案管理员，其薪水由澳国立大学与西太平洋高级委员会分担，克罗泽不仅整理了斐济档案，对汤加的部分档案也进行了调查整理。太平洋研究学院的一些学者也在英国和欧洲搜集太平洋岛屿档案。在戴维森领导下，许多研究助理人员参与了剪报、卡片索引和微缩胶片的制作。二是倡导实地调查，注重发掘和利用本国语言资料以及使用口头史料。三是制定相关的制度。他规定每个档案室安排一名职员监督管理，并建议工作人员每年拿出三分之一的时间搜集与研究文献和数据。在戴维森领导下，许多研究助理人员参与了剪报、卡片索引和微缩胶片的制作。他在《太平洋历史杂志》设置常规手稿栏目，报道新发现文献的新闻，出版对旧文献的检查清单和评论。四是推动收藏机构建立联盟。澳大利亚国立大学的太平洋手稿局的设立也与戴维森的支持密不可分，现收藏有大量的关于太平洋岛屿的档案资料，享誉学界。在戴维森与新南威尔士州立图书

---

① J. W. Davidson, *The Study of Pacific History: An Inaugural Lecture Delivered at Canberra on 25 November 1954*, The Australian National University, 1955, p. 23.

② Donald Denoon, "Pacific Island History at the Australian National University: The Place and the People", *The Journal of Pacific History*, Vol. 31, Issue 2, 1996, p. 208.

馆管理员戈登·理查德森鼓励下，莫德于1967年起草了《太平洋研究的文献基础》报告，建议以各图书馆合作的方式，保存和共享太平洋岛屿文献，建立一个交换中心，以记录、复制和储存（原始或缩微胶片形式）与这些岛屿有关的重要未发表材料。1968年，太平洋手稿局成立，手稿局仿照1946年实施的澳大利亚联合复制项目，由太平洋研究专业图书馆财团资助，最初由澳大利亚国家图书馆、米切尔图书馆、维多利亚国家图书馆、亚历山大·特恩布尔图书馆和夏威夷大学图书馆组成。后来，维多利亚州立图书馆退出了该联盟，美国加州大学圣地亚哥分校图书馆加入了这一联盟。

（二）创办《太平洋历史杂志》，为太平洋岛屿史研究搭建重要学术交流平台

1966年，戴维森与莫德创办了《太平洋历史杂志》。《太平洋历史杂志》的创刊具有开创性意义，为专业太平洋岛屿史学者提供了一个高端学术平台，推动了太平洋史专业化研究的发展，作为筹划者和创刊者及联合主编的戴维森功不可没。

在任职于剑桥大学圣约翰学院之时，戴维森就深刻意识到太平洋岛屿史研究之薄弱、专业期刊之缺乏。他说："太平洋史学家，至少到目前，尚缺乏足够的期刊以尽快地发表自己的研究成果，专业性论文不多且很分散。"[①] "太平洋岛屿的相对不受重视在出版物方面也暴露无遗。例如，太平洋关系研究所的出版物极少主要（详细）讨论大洋洲，且普遍缺乏综合性的研究；没有令人满意的太平洋岛屿史纲，没有关于太平洋岛屿地区的体质人类学、社会人类学抑或土著语言的全面调查，也没有对政府组织的比较研究。"[②] 尽管也有部分涉及太平洋岛屿的期刊，如1932年美国历史协会太平洋海岸分会创办的《太平洋历史评论》（*The Pacific Historical Review*）也零星刊载太平洋岛屿史相关论文，其他还有《夏威夷历史学会：年度报告》（*Hawaiian Historical Society*：*Annual Report*）、《澳大利亚皇家历史学会学报》（*The Royal Australian Historical Society*，*Journal and Proceedings*）、《历史研究：澳大利亚和新西兰》（*Historical Studies*：*Australia and New Zealand*）、《波利

① J. W. Davidson, "The Literature of the Pacific Islands", *Australian Outlook*, Vol. 1, Issue 1, p. 67.

② J. W. Davidson, "The Literature of the Pacific Islands", *Australian Outlook*, Vol. 1, Issue 1, p. 64.

尼西亚学会杂志》(*The Journal of the Polynesian Society*)、《海洋学会杂志》(*Journal de la Société des Océanistes*) 等，但这些期刊均不把太平洋岛屿研究视为重点。

戴维森赴澳大利亚国立大学就任太平洋史系教授之后，便着手创办专业学术期刊。在此期间，他将莫德招募进太平洋历史系，与其一同筹划创办杂志。据戴维森回忆，“1959 年，哈里·莫德和我开始讨论创办一本有关太平洋岛屿史期刊的问题。我们在‘太平洋历史’一词含义及共同承担编辑的正式职责方面达成共识”。[①] 戴维森一开始就雄心勃勃，在其规划的蓝图中，《太平洋历史杂志》绝不能沦为澳大利亚国立大学太平洋研究院的部门出版物，而是成为一份能够代表整个太平洋史学界且名列前茅的国际知名学术期刊，并希望全世界的太平洋史学者“把《太平洋历史杂志》视为一个信息交换中心，在这里他们可以获取有关纪录和其他可用来源的信息，了解哪些学者在他们感兴趣的特定领域从事什么工作，并讨论他们自己的工作和问题”。他还提出，“《太平洋历史杂志》是一份关注太平洋岛屿的历史和当前问题的刊物。因此，它的目的是填补与该区域有关的期刊文献中的一个重大空白”。[②] 对于该杂志的内容，戴维森与莫德也进行了详细规划，“《太平洋历史杂志》的读者范围将比一般的学术期刊更广。历史是一门非常接近日常生活的学科，不容易被人为的制度所限制，我们对它范围的定义要足够广泛，包括考古学和史前的贡献；民族历史与传统历史；有关文化动力问题的人类学研究；殖民、宪法和政治历史；经济、商业、宗教和文化历史；当代历史与现代政治发展”。[③] 因而，《太平洋历史杂志》要海纳百川，“对于所有积极从事历史研究的人，无论他们自称为历史学家、史前史学家、民族历史学家、人类学家、地理学家、政治学家或经济学家（或其他任何名称），《太平洋历史杂志》都可提供一个合适的发表渠道。对于研究太平洋事务的学生来说，除了这些原始研究之外，它还提供在其他地方发表过的、最近发现的手稿和获得的档案的相关信息”。[④] 戴维森为《太平洋历史杂志》的创办倾注了大量心血，他将自己担

---

① J. W. Davidson, “Retirement of Mr H. E. Maude”, *The Journal of Pacific History*, Vol. 7, Issue 1, p. 4.

② “Editorial”, *The Journal of Pacific History*, Vol. 1, Issue 1, 1966, pp. 3-4.

③ Doug Munro & Geoffrey Gray, “We Haven't Abandoned the Project”, *The Journal of Pacific History*, Vol. 48, Issue 1, 2013, p. 66.

④ “Editorial”, *The Journal of Pacific History*, Vol. 1, Issue 1, 1966, p. 3.

任太平洋诸岛宪法顾问的报酬尽数捐献给学术事业，主要是其最为关心的《太平洋历史杂志》。[①]《太平洋历史杂志》促进了世界太平洋岛屿研究界的联系，深化了太平洋岛屿史专业化研究的发展。20 世纪 70 年代中期之后，有关太平洋研究的期刊开始增多，如 1975 年，南太平洋大学推出《太平洋研究》（*Journal of Pacific Studies*），杨百翰大学夏威夷分校 1977 年创办《太平洋研究杂志》（*The Pacific Studies Journal*）。20 世纪 80 年代末，《太平洋评论》（*The Pacific Review*）、《太平洋》（*Pacifica*）、《当代太平洋》（*The Contemporary Pacific*）等三个期刊分别在英国、美国阿拉斯加、美国夏威夷创刊。尽管如此，在澳大利亚国立大学建校 50 周年之际，《剑桥太平洋岛民史》主编、时任澳大利亚国立大学太平洋史系主任的唐纳德·狄侬曾撰文评价，“一门学科的发展离不开一份权威的学术期刊。从 1966 年开始，第一代学者创办《太平洋历史杂志》，助推了太平洋历史研究，发表了大量文章、文件和资料来源调查。20 世纪 80 年代期刊数量的激增虽然改变了《太平洋历史杂志》的角色，但丝毫未削弱它的权威性”。[②]

（三）学术研究与现实参与兼顾，推进了太平洋岛屿地区非殖民化运动的发展

戴维森清醒地认识到殖民主义统治时代落幕，太平洋岛屿非殖民化运动开展及独立成为时代主题。他说：“如今，欧洲时代已经结束；在已出现的世界秩序中，所有国家的人民都要求在法律权利和人的尊严方面得到平等承认。对于太平洋史学家——这一生活方式因西方世界的影响而发生改变的地区的学者来说，这种改变具有根本性的重要意义。”[③] 自 1962 年西萨摩亚独立开始，继而库克群岛 1965 年自治，瑙鲁 1968 年独立，太平洋岛屿地区非殖民化逐渐步入一个高潮期，20 世纪 70 年代，斐济、汤加、巴布亚新几内亚、所罗门群岛、图瓦卢、基里巴斯相继建国。作为宪法顾问，戴维森为西萨摩亚、瑙鲁、库克群岛、密克罗尼西亚联邦、巴布亚新几内亚等地提供宪法改革方面的建议，促进了太平洋岛屿国家的诞生。这

① H. E. Maude, “James Wightman Davidson”, *The Journal of Pacific History*, Vol. 8, Issue 1, 1973, p. 7.

② Donald Denoon, “Pacific Island History at the Australian National University: The Place and the People”, *The Journal of Pacific History*, Vol. 31, Issue 2, 1996, pp. 202-214.

③ J. W. Davidson, “Problems of Pacific History”, *The Journal of Pacific History*, Vol. 1, Issue 1, 1966, p. 10.

一时期，戴维森相继推出《萨摩亚人的萨摩亚：西萨摩亚独立国的诞生》《大洋洲的非殖民化》《从依附到独立》《斐济的宪法变革》等著作及论文。学界一般认为，戴维森在这一时期的太平洋岛屿非殖民化研究中起到了引领作用。有学者指出："起到引领潮流作用的是 J. W. 戴维森，他以非凡的努力把历史研究和宪法书写结合在一起，以塑造反映太平洋文化而非帝国主义文化的国家。他于 1973 年在巴布亚新几内亚英年早逝之前所发表的最后几篇关于非殖民化的论文阐明了南太平洋政治变动在国际、国家和地区层面的意义，以及美拉尼西亚诸岛建立新的国家形式的可能性。"① 戴维森不仅以新的视野书写了太平洋岛屿史，提升了太平洋岛民的民族自豪感和自信心，宣扬了反殖民思想，而且以实际行动参与现实，创造历史，助推了太平洋岛屿非殖民化运动。

（四）打造太平洋岛屿史研究的国际学术重镇，开创了引领风气之先的"堪培拉学派"

戴维森倡导以岛屿为导向，跳出帝国史学范畴；倡导参与史学和跨学科研究，在一定程度上完成了对传统史学研究方法的更新。基于其学术理念，戴维森规划并一手创立了澳大利亚国立大学太平洋历史系，将之打造为太平洋岛屿史研究的学术大本营，成为时代引领者。莫德评论道："澳大利亚国立大学太平洋历史系吸引了当今世界上任何历史系都不可比拟的最多元化的员工和学生。来自其他大学对殖民研究感兴趣的历史学家，探究文化动力的人类学家，来自不同学科研究各种专门问题的太平洋问题专家，最受欢迎的趋势是，来自这些太平洋岛屿本身的学生越来越多。"② 戴维森领导下的澳大利亚国立大学太平洋历史系所取得的学术成果颇为可观，据 1973 年的统计，"澳大利亚国立大学太平洋史系的学者出版了 20 多部有关太平洋历史的书籍和专著，发表了几百篇研究论文，比其他所有有关太平洋历史的成果加起来还要多"。③ 另外，澳大利亚国立大学太平洋历史系一度成为太平洋岛屿史人才培养的基地，所培养的学生在澳大利亚、新

① Helen Gardner, "Christopher Waters, Decolonisation in Melanesia", *The Journal of Pacific History*, 2013, Vol. 48, Issue 2, p. 115.

② H. E. Maude, "Pacific History-Past, Present and Future", *The Journal of Pacific History*, Vol. Issue 1, 1971, p. 16.

③ H. E. Maude, "Pacific History-Past, Present and Future", *The Journal of Pacific History*, Vol. Issue 1, 1971, p. 16.

西兰、美国夏威夷及太平洋岛国的高校、研究机构及政府部门开枝散叶。

正如澳大利亚国立大学太平洋史教授拉尔所说，“太平洋史研究中的堪培拉学派是一种信仰，它有一个圣殿——澳大利亚国立大学太平洋历史系所在的库姆斯大楼，一个先知——J. W. 戴维森，以及一种以岛屿为导向的神学思想”。[①] 在戴维森的带领下，澳大利亚国立大学太平洋历史系成为太平洋岛屿史研究的学术重镇，也形成了一个学派——“堪培拉学派”或者被称为“戴维森学派”，戴维森在太平洋历史研究方面开创了一个新时代。

四 结语

戴维森虽开一代风气之先，但“以岛屿为导向的史学所产生的问题和其所解决的问题一样多”。[②] 戴维森学派诞生于20世纪50年代，70年代步入辉煌期，之后渐趋衰落，其间围绕戴维森史学思想的争议一直不断。

戴维森的史学范式遭人诟病之处主要体现在两个方面。一是选题狭窄，视野封闭，导致碎片化倾向明显。太平洋岛屿从地理范围上看，“与马来西亚和太平洋大陆海岸的国家相比，大洋岛屿是微不足道的，它们只是太平洋世界的一小部分”。[③] 但是，在历史上，没有一个太平洋岛屿能够脱离广袤而内涵丰富的太平洋区域而存在，忽略太平洋区域中以及区域和全球间的互动与联系而研究太平洋岛屿会不可避免地出现只见树木、不见森林的现象。戴维森虽倡导采用双向视角书写历史，但在实践过程中，“视角上也从一个极端走向另一个极端，双向性视角并不清晰”。[④] 戴维森及其追随者们过度沉迷于对太平洋岛屿地区民族国家或单个岛屿的个案研究，在展现岛屿多元性的同时，缺乏视野宏阔的综合研究。汤加学者豪欧法等意识到这一点，将视角由岛屿转向海洋，强调海洋的纽带作用，主张

① Brij V. Lal, “Pacific History Matters”, *Journal de la Société des Océanistes*, Vol. 125, Issue 2, 2007, pp. 193-194.

② Brij V. Lal, “Pacific History Matters”, *Journal de la Société des Océanistes*, Vol. 125, Issue 2, 2007, pp. 193-194.

③ J. W. Davidson, “The Literature of the Pacific Islands”, *Australian Outlook*, Volume 1, Issue 1, p. 64.

④ 王华：《太平洋史：一个研究领域的发展与转向》，《世界历史》2019年第3期。

太平洋岛屿史应围绕海洋进行重新挖掘。[①] 当前，大卫·阿米蒂奇和马特·松田等新一代学者则主张将太平洋世界置于全球史、跨国史视野下进行审视，为太平洋岛屿史研究提供了更广阔的视角。

二是戴维森并未真正完成太平洋岛屿史的去殖民化。戴维森倡导的以岛屿为导向主要是把岛屿视为西方与太平洋岛民文化接触的舞台，而并非是以岛民为中心，其书写的历史往往未真正挖掘出太平洋土著岛民的观点和经验。戴维森过于关注殖民势力进入后的历史，而割断了其与前殖民时期的历史以及西方殖民势力撤出后的岛屿历史之间的关联。他开创的史学范型“仍然严重依赖外来形式和标准来处理历史，以更具自由倾向的历史来取代公开的帝国或殖民历史，仍然是殖民主义的思考”。[②] 从方法论上看，戴维森强调注重源自欧洲的正规的史学训练，侧重于证据和档案，体现出浓厚的实证主义和经验主义色彩，其所倡导的史学范型“西方中心论”的印迹依旧明显。20 世纪 80 年代以来，大部分太平洋岛国虽完成了政治上的独立，但不少岛国又陷入长期的政局动荡与发展困境。此外，再加上后现代主义与后殖民主义思潮的冲击，戴维森所开创的堪培拉学派的缺陷与理论上的贫乏日益凸显。

尽管戴维森史学招致诸多非议，但其拓荒之功不容抹杀，如多萝西·珊伯格所说，“尽管澳大利亚国立大学的太平洋史学派别遭受到诸多的批评，但它实际上搜集了大量的有关太平洋的资料，从世界各地搜集相关的手稿并使之应用于研究，这一点却从来没有得到它应得的赞誉”。[③] 戴维森所倡导的包容性极强的多元文化情境、接地气的参与史学等理念等至今仍然具有一定生命力。在 21 世纪“海上丝绸之路”的倡议下，中国史学界对太平洋和太平洋岛国的研究热情渐浓，但我国在此领域起步晚，底子薄。他山之石，可以攻玉，戴维森等人的史学思想值得借鉴，为我所用。

---

① Epeli Hau'ofa, "Our Sea of Islands", *The Contemporary Pacific*, Vol. 6, Issue 1, 1994, pp. 148–161.

② David Hanlon, "Beyond 'the English Method of Tattooing': Decentering the Practice of History in Oceania", *The Contemporary Pacific*, Vol. 15, Issue 1, 2003, p. 23.

③ Dorothy Shineberg, "The Early Years of Pacific History", *The Journal of Pacific Studies*, Volume 20, 1996, p. 12.

西方史学理论研究动态

2020～2021西方史学理论研究年度盘点

——以《历史与理论》《重思历史》《历史哲学杂志》为中心

李　理　刘　洋

（北京师范大学历史学院、史学理论与史学史研究中心，北京　100875）

摘　要：近两年来，西方史学理论研究在继承过往学术成果的同时，也基于自身的时代背景开展了许多创新性的学术讨论：首先，伴随着人类全新的生存状况，史学理论家构建了一种视野宏阔的“人类世”历史哲学；其次，思想史家尝试调和极端的语境主义，使书写长时段的思想史重获可能；再次，知识史、事件史与后殖民史学分别诞生了一些新方法与新路径；最后，“内部”与“外部”正在成为历史知识自我反思的两个特殊视角。本文主要围绕《历史与理论》（*History and Theory*）、《重思历史》（*Rethinking History*）和《历史哲学杂志》（*Journal of the Philosophy of History*）三份史学理论核心刊物，对上述学术动态进行简要的梳理与盘点，并在注释中对国内研究相对薄弱的领域进行适度补充，以期为学界同仁带来有益的帮助。

关键词：史学理论　人类世　思想史　知识史　事件史　后殖民史学　“内部”与“外部”

前言

近两年来，西方史学理论研究在继承过往学术成果[①]的同时，也基于自身的时代背景开展了许多创新性的学术讨论。本文将围绕《历史与理论》（*History and Theory*）、《重思历史》（*Rethinking History*）和《历史哲学杂志》（*Journal of the Philosophy of History*）三份史学理论核心刊物，对西方史学理论的前沿动态进行简要的梳理与盘点，并在注释中对国内研究相对薄弱的领域进行适度补充，以期为学界同仁带来有益的帮助。

一 “人类世”历史哲学

2000年，荷兰大气化学家保罗·克鲁岑（Paul J. Crutzen）和美国生物学家尤金·施特默（Eugene F. Stoermer）共同设想了一个全新的地质分期——“人类世”（Anthropocene）。他们注意到，自工业革命以来，人类活动的足迹已深刻改变了地球的生态、资源与气候，而人类自身也在这些行动中成长为一股决定性地质力量。因此有必要启用“人类世”这一术语替代传统的地质分期（“全新世”[②]），以凸显人类在现代地球系统的中心地位。[③] 虽然“人类世”概念的提出与地质学和地球系统科学（the Earth system science，ESS）[④] 密不可分，但其“科学性”却一直饱受质疑，甚至

① 国内学者近期总结了2019年西方史学理论的学术动态，可参见冉博文、董立河《2019年西方史学理论研究年度盘点——以〈历史与理论〉、〈重思历史〉和〈历史哲学杂志〉为中心》，《史学理论与史学史学刊》2020年第2期，第250~274页。

② “全新世”（Holocene）是描述当前时代的正式地质术语。该概念于1833年由查尔斯·莱尔爵士（Sir Charles Lyell）首次提出，并在博洛尼亚国际地质大会上被批准使用。通常认为，全新世开始于11650yrBP，并一直延续至今。

③ Paul J. Crutzen & Eugene F. Stoermer, “The ‘Anthropocene’”, *IGBP Newsletter*, Vol. 41, No. 2, 2000, pp. 17-18. 关于人类世概念最初的定义另可参见 Paul J. Crutzen, “Geology of mankind”, *Nature*, Vol. 415, Issue 6867, 2002, p. 23; Paul J. Crutzen, “The ‘Anthropocene’”, *Journal de Physique IV*, Vol. 12, No. 10, 2002。

④ 地球系统科学的产生与20世纪50~60年代系统生态学的兴起、“大科学”战略的提出以及遥感和计算机模型技术的创新等要素密切相关。它的雏形可以追溯至詹姆斯·洛夫洛克（James Lovelock）和琳·马古利斯（Lynn Margulis）1974年提出的“盖亚假说”（Gaia hypothesis），并通过国际地圈-生物圈计划（International Geosphere-Biosphere Programme, IGBP）得以制度化。（Jamie Lorimer, “The Anthropo-scene: A Guide for the Perplexed?”, Social Studies of Science, Vol. 47, No. 1, 2017, p. 119）

科学界至今尚未承认该概念的合法性。① 然而，“人类世”却意外地收获了人文研究者的青睐，许多学者察觉到“人类世”背后隐含的哲学、历史与社会文化潜力，它被逐渐褪去科学的外衣，转变为泛化的时代精神。② 对多数人文学者而言，“人类世”实质预示着一种“全新人类生存状况”的出现，它将引领传统思维模式的变革，敦促人文科学构建新型的“知识经济”(knowledge economy)③，并警醒人们肩负起自身应承担的道德责任。④ 2011年，著名社会学周报《经济学人》(*Economist*) 在其头版中使用了“欢迎来到人类世”的标语，它向读者们呼吁：人类的行动已然改变了世界的运行轨迹，现在，我们思考世界的方式也需要彻底更新！⑤ 随后，“人类世”概念越来越多地出现在各类人文论著之中，并在跨学科的学术交流中不断创新。⑥

---

① 学界对“人类世”是否需要正式化一直存在分歧。“第四纪地层学分会”(Subcommission on Quaternary Stratigraphy) 下属的“人类世工作小组”(The Anthropocene Working Group, 成立于 2009 年) 致力于为“人类世”寻找科学依据，以推进其获得地质学官方的认可。2016 年 8 月，在开普敦召开的国际地质学大会 (IGC) 上进行了一次非正式投票，大多数科学家同意将“人类世”概念的正式化提上议程。“人类世工作小组”则在 2019 年 5 月进行了一次符合程序的投票，多数学者赞同“人类世”成为正式的地质时间单位，并拟定“人类世”开始于 20 世纪中叶（“大加速”时期）。当前，该小组正努力从 10 个候选的“金钉子”(GSSP) 中标钉“人类世”的时间范畴，他们计划向国际地层学委员会提交正式申请，但截至笔者完稿时，这项提议尚未获得正式批准（可参考 Meera Subramanian, “Anthropocene Now: Influential Panel Votes to Recognize Earth's New Epoch”, *Nature*, Vol. 569, Issue 7758, pp. 604-605；亦可参见人类世工作小组的官网信息，http://quaternary.stratigraphy.org/working-groups/anthropocene/)。但另有学者主张非正式地使用“人类世”。这意味着“人类世”成为一个“小写的”概念 (anthropocene)，它没有确定的起止日期，就如同历史学中“文艺复兴”这类事件一样，可以被相对化、自由化地引用。(Yadvinder Malhi, “The Concept of the Anthropocene”, *Annual Review of Environment and Resources*, Vol. 42, No. 1, 2017, p. 89)

② Jamie Lorimer, “The Anthropo-scene: A Guide for the Perplexed?”, pp. 121-123.

③ Jürgen Renn, “Anthropocene and the History of Science”, in Gabriele Dürbeck & Philip Hüpkes, eds., *The Anthropocenic Turn: The Interplay between Disciplinary and Interdisciplinary Responses to a New Age*, New York & London: Routledge, 2020, p. 45.

④ Marek Tamm and Zoltan Boldizsar Simon, “Historical Thinking and the Human: Introduction”, Journal of the Philosophy of History, Vol. 14, No. 3, 2020, p. 289.

⑤ Eva Horn & Hannes Bergthaller, *The Anthropocene: Key Issues in Environment and Sustainability*, New York & London: Routledge, 2020, pp. 3-4.

⑥ “人类世”在传播的过程中产生了许多变体。例如，大卫·鲁奇奥 (David Ruccio) 和杰森·摩尔 (Jason W. Moore) 围绕经济的全球化运行，主张用“资本世”(Capitalocene) 替代“人类世”；一些女权主义者则从男性霸权的角度主张将“人类世”改称为“男性世”(Manthropocene)；还有一些学者则从后殖民批判的视角出发将“人类世”转称为“盎格鲁世”(Anglocene) 或“种植世”(Plantationocene)。此外，还有学者 （转下页注）

正如当前一些学者所宣称的，一场“人类世转向”（Anthropocenic Turn）俨然在文化领域拉开帷幕。①

历史哲学领域同样受到这场转向的波及。近年来，在查克拉巴蒂（Dipesh Chakrabarty）、佐尔坦·西蒙（Zoltán Boldizsár Simon）、马雷克·塔姆（Marek Tamm）、埃娃·多曼斯卡（Ewa Domanska）等学者的大力引介下，“人类世”已成为西方史学理论中最受瞩目的议题。三大史学理论刊物先后出版了与“人类世”相关的特刊或专栏。《历史哲学杂志》在2020年末推出了“历史性思考与人类”（Historical Thinking and the Human）特刊；随后《历史与理论》在2021年初创立了一个计划为期两年的专栏：“迭代：历史性的未来”（Iterations：Historical Futures）；《重思历史》也于同年发布了“人类世时代的历史”（History during the Anthropocene）特刊。虽然它们在论述中各有侧重，但都聚焦于“人类世”所引发的历史反思，因此本文将它们统称为“人类世”历史哲学。下文笔者将围绕这些内容，简要介绍“人类世”历史哲学的背景依据、理论主张和后续影响。

本质上，特殊的时代环境是“人类世”历史哲学得以提出的直接前提。借用西蒙的隐喻：人类正经历着一场“史无前例的变局”（unprecedented change）。这种“史无前例性”主要体现在两个方面：（1）生态危机已刻不容缓。随着人类活动所引发的气候变暖、海平面上涨、雨林冰川锐减、物种多样性消失等问题的日益凸显，人类的生存空间正面临自然的反噬，人们与自然的关系也需要被彻底重估。（2）技术革新的速度超乎人类的想象。智能AI、人造生命、纳米工程、外太空宇航等新兴技术相继出现，加速推进着世界向“技术奇点”（technological singularity）② 迈进，使得未来越发

（接上页注⑥）提出了诸如“克苏鲁世”（Chthulucene）、“技术世”（Technocene）、“人类未见世”（Anthro-Not-Seen）等称谓，它们都极大地促进了跨学科交流的深入。（Jamie Lorimer，“The Anthropo-scene：A Guide for the Perplexed?”，p. 124）

① Gabriele Dürbeck and Philip Hüpkes，“Anthropocenic Turn-An Introduction”，in Gabriele Dürbeck & Philip Hüpkes，eds.，*The Anthropocenic Turn：The Interplay between Disciplinary and Interdisciplinary Responses to a New Age*，p. 2.

② “技术奇点”（technological singularity）是美国科幻作家弗诺·文奇（Vernor Steffen Vinge）设想的概念，它通常用来表示在未来某个特殊的时间节点中，机器的智能将会在短时间内呈现爆炸性的增长态势（intelligence explosion），并最终超出人类能够控制的范围，引发不可预知的后果。（可参见 Vernor Steffen Vinge，“The Coming Technological Singularity：How to Survive in the Post-human Era”，in G. A. Landis，ed.，*Vision-21：Interdisciplinary Science and Engineering in the Era of Cyberspace*，NASA Conference Publication，1993，pp. 11-22）

脱离人们的掌控范围。[①] 与此同时，2020 年暴发的新冠肺炎疫情亦破坏了人类习以为常的生活方式，从侧面加深了这场变局的影响力。在上述现实背景下，人类逐渐体验到一种新奇的"历史感"（historical sensibility）——历史曾被赋予的意义与方法，如今却变得如此陌生，以至于没有任何既有的史学经验可供借鉴。因此，敏锐的理论家们意识到需要塑造一种全新的历史性思维以适应时代的形势。[②]

针对"人类世"历史哲学的讨论主要围绕"历史时间"、"历史空间"和"历史主体"三个维度展开。首先在历史时间维度上，学者们尝试构建一种以"未来"为主导的时间哲学。在线性史观的框架中，过去、现在与未来三者以连续一致的姿态呈现，这导致对未来的设想依赖于对过去的理解，从而使未来丧失了自主性。然而随着时代变局的深入，未来开始逐渐与当下和过去"失联"（disconnective），并独立地决定着人类的历史认知。为此西蒙和塔姆提出了"历史性未来"（historical futures）这一概念，以尝试阐明过去和未来之间全新的互动关系。[③] 具体而言，"历史性未来"论证了三个基本原则。第一，未来获得了独立的历史性，一切历史思维与认知都将在未来的指引下发生变动。[④] 第二，关注未来不仅需要考察其在历时进程中的承接关系，而且需要分析它在共时维度下呈现的时间形态。[⑤] 虽然"历史性未来"借鉴了科泽勒克（Reinhart Koselleck）的"经验空间-期待视域"框架和阿赫多戈（François Hartog）的"历史性体制"（regimes of historicity）理论，[⑥] 但它的视域却远远超出了两者。在抽象的时间性思

---

① Marek Tamm and Zoltan Boldizsar Simon，"Historical Thinking and the Human：Introduction"，pp. 288-297.

② Zoltan Boldizsar Simon，*History in Times of Unprecedented Change：A Theory for the 21st Century*，London & New York：Bloomsbury Academic，2019，pp. 1-7.

③ Marek Tamm and Zoltan Boldizsar Simon，"Historical Futures"，History and Theory，Vol. 60，No. 1，2021，p. 5.

④ Marek Tamm and Zoltan Boldizsar Simon，"Historical Futures"，p. 7.

⑤ Marek Tamm and Zoltan Boldizsar Simon，"Historical Futures"，p. 12.

⑥ 关于二人的理论，可分别参考 Reinhart Koselleck，"'Space of Experience' and 'Horizon of Expectation'：Two Historical Categories"，in Reinhart Koselleck，*Futures Past：On the Semantics of Historical Time*，trans. by Keith Tribe，New York：Columbia University Press，2004，pp. 255-275；弗朗索瓦·阿赫托戈著，黄艳红译：《历史性的体制——当下主义与时间经验》，北京：中信出版集团 2020 年版。此外，"历史性未来"的提出也与近期挪威学者赫尔格·约德海姆（Helge Jordheim）"多重时间"理论相关，可参考 Helge Jordheim，"Introduction：Multiple Times and the Work of Synchronization"，*History and Theory*，Vol. 53，No. 3，2014，pp. 498-518。

考之外，“历史性未来”更追求深入平行的社会文化环境中发掘过去、当下和未来的关系图式。[①] 自然地，这引申出“历史性未来”的第三个原则，即未来是一个复数概念。这就是说，未来获得了多元的可能性，每一个不同的文化环境，每一种不同的社会实践，都可能产生出一幅崭新的未来图景。例如泰兰迪尔（Apolline Taillandier）就从科技视角指出，人体冷冻、纳米技术和人工智能会分别引发“普罗米修斯式未来”（The Promethean Future）、“自发性未来”（The Spontaneous Future）和“标量未来”（The Scalar Future）三类平行的未来前景，它们共存于人类发展的进程中，成为构成社会的必要因素。[②] 同样地，相似的情况也可能出现在金融、社会、政治等各个领域之中。

那么如何有效地探究“历史性未来”呢？一些史学理论家建议激活历史知识的预见性（anticipatory）功能。[③] 在这一理论语境中，“预见”并非等同于启蒙式的历史预言，也不是线性史观下预设好的固定结局。实际上，未来如何发生并不取决于人类的主观意愿，我们期望的未来仅仅是众多未来可能中的一部分。[④] 或者借用安克斯密特的论断：历史（History）本质是人类有意行动所引发的意外后果。[⑤] 因此，“预见”并非试图掌控未来，而是鼓励人们接受未来的能动性、多元性与意外性，接受它们对历史性思维的潜在主导，甚至将之视为认知历史的必要证据。西蒙为探究预见性知识提供了三个视角：（1）考察描述过去和未来之间关系的各类过渡性概念（kinds of transitions）；（2）考察不同研究领域内带有预见性的具体实践（kinds of anticipatory practices）；（3）构建阐释“历史性未来”的多元语域（kinds of registers）。[⑥] 虽然这些设想并不成熟，但它们无疑切中了“人类世”未来的核心议题，为学者们的后续研究开辟了道路。

在历史空间维度上，“人类世”历史哲学主张将历史知识的范围拓

---

① Marek Tamm and Zoltan Boldizsar Simon, “Historical Futures”, p. 13.

② Apolline Taillandier, “‘Staring into the Singularity’ and Other Posthuman Tales: Transhumanist Stories of Future Change”, *History and Theory*, Vol. 60, No. 2, 2021, pp. 215-233.

③ Zoltan Boldizsar Simon, Marek Tamm & Ewa Domańska, “Anthropocenic Historical Knowledge: Promises and Pitfalls”, *Rethinking History*, Vol. 25, No. 4, 2021, p. 424.

④ Zoltan Boldizsar Simon, Marek Tamm & Ewa Domańska, “Anthropocenic Historical Knowledge: Promises and Pitfalls”, *Rethinking History*, Vol. 25, No. 4, 2021, p. 428.

⑤ Frank Ankersmit, “The Thorn of History: Unintended Consequences and Speculative Philosophy of History”, *History and Theory*, Vol. 60, No. 2, 2021, p. 198.

⑥ Marek Tamm and Zoltan Boldizsar Simon, “Historical Futures”, pp. 14-22.

展到整个“行星”（planetary）。通常而言，现代历史学主要探究人类在地球表层的活动足迹，将“世界”（world）、“地球”（earth）或“全球”（globe）设想为其空间尺度的极限。然而法国哲学家拉图尔（Bruno Latour）注意到，人类设想的生存空间与其实际生存空间并不一致。事实上，人类生存的地球是一颗立体的行星，但一条地质岩层组成的“临界带”（critical zone）① 分隔了地球的外部与内部，导致人类的视野只能局限于星球的表层。随着人类对地质影响的深化，我们已逐渐感知到这条“临界带”的存在，并试图突破它的束缚与深层的地质空间邂逅。在此背景下，查克拉巴蒂建议历史学家实践一种行星性的历史学，它要求我们摒弃人类中心主义的观念，承认人类活动空间的有限性，在一切生命与非生命形式价值平等的前提下，思考行星中事物和谐共存的可能性。②

为了具体说明“行星”视角下历史运行的模式，拉图尔与查克拉巴蒂共创了一套行星性的历史体系。与传统的历史哲学不同，这套体系并非依据历时性的原则，将历史进程按时间划分为不同阶段，而是从多元共存的视角出发构建了八颗特征各异的“行星体”（planetary bodies）：“蒙德斯”（Mundus，拉丁语“世界”的含义）、“当代性”（Contemporaneity）、“文明”（Civilization）、“全球化”（Globalization）、“出口”（Exit）、“安全”（Security）、“陆地性”（Terrestrial）、“解放”（Emancipation）。这些“行星体”彼此独立又相互牵引，共同塑造着自然、政治、文化、科技的历史演进，指引人类未来的发展道路。③

最后，在历史主体的维度中，“人类世”历史哲学呼吁拓展历史主体

---

① “临界带”（critical zone）是美国国家研究委员会（US National Research Council）在2001年创造的一个术语。该术语最初用来形容地表和近地表的环境，它的范围大致是从植被冠层的顶部一直延伸至地下水层，主要为陆地生命提供生存空间。对“临界带”的研究是一个跨学科项目，包括地质学、土壤学、生物学、生态学、地球化学、水文学、地貌学、大气科学等多门学科都参与其中。当前在生态危机的推动下，临界带与人类活动的关系日益密切，它被拉图尔等人引介到人文研究之中。可参见 Bruno Latour & Peter Weibel, eds., *Critical Zones: The Science and Politics of Landing on Earth*, Cambridge: MIT Press, 2020。

② Dipesh Chakrabarty, “The Planet: An Emergent Humanist Category”, *Critical Inquiry*, Vol. 46, No. 1, 2019, pp. 1-31.

③ Dipesh Chakrabarty, “Emancipatory Histories, a Troubled but Living Legacy—Response to Latour”, in Bruno Latour and Dipesh Chakrabarty, “Conflicts of Planetary Proportion—A Conversation”, *Journal of the Philosophy of History*, Vol. 14, No. 3, 2020, pp. 436-453.

的多样性。这意味着历史主体将“不止于人”（more-than-human）[①]，地球上的一切动物、微生物、有机物、无机物都与人类一样，应被平等地视作历史的主人公。近期史学界对动物的关注最能反映上述诉求，以多曼斯卡为代表的一批学者从动物与人类的互动关系出发，深入思考了动物塑造历史的能动性。[②] 与此同时，多元的历史主体也推动人类自身固有的属性发生转变。西蒙和塔姆强调当下人类被赋予了三种全新历史属性。第一，人类成为流动生成的主体。这意味着“人之所以为人”不再拥有固定的答案，人的特性将随时间、环境及技术的变动不断更新。第二，动态的主体性使人类能够与地球上其他生命形式产生联系，并在相互合作的过程中“共生”（co-becoming）地融合在一起。第三，人类主体的称谓不再是单数的“我”（I），而转变为复数的“我们”（we）；并且组成“我们”的形式将是多元的，例如，它既可以是人性背后隐藏的兽性，也可以是生物学意义上与“我”身体共存的160多种微生物菌群等。[③]

随着“人类世”理念的深入，历史认知的原则被彻底更新，并影响着史学实践的具体方案。首先，“人类世”打破了历史学中自然与文化的二元对立。在传统史观下，历史学通常被假设为一项完全属于人类社会的事业，[④] 自然没有独立的历史，它不过是历史叙述中缄默的背景。正如柯林武德所论断的，我们只能将生物或地质的进程视为编年记（chronology），但绝非历史（history）。[⑤] 然而随着人与自然的重新融合，自然与历史合作的必要性已越发凸显。当前，环境史研究已成为史学实践中的一个主流分支，与此同时，许多学者也将《自然》（*Nature*）、《美国国家科学院院刊》

---

① Marek Tamm and Zoltan Boldizsar Simon, “Historical Thinking and the Human: Introduction”, p. 302.

② 例如，Ewa Domańska, “Beyond Anthropocentrism in Historical Studies”, *Historein*, Vol. 10, No. 1, 2010, pp. 118 – 126; Ewa Domańska, “Unbinding from Humanity: Nandipha Mntambo’s Europa and the Limits of History and Identity”, *Journal of the Philosophy of History*, Vol. 14, No. 3, 2020, pp. 310 – 336; Susan Nance, eds., *The Historical Animal*, Syracuse: Syracuse University Press, 2015。

③ Marek Tamm and Zoltan Boldizsar Simon, “Historical Thinking and the Human: Introduction”, p. 302.

④ Dipesh Chakrabarty, “Emancipatory Histories, a Troubled but Living Legacy—Response to Latour”, in Bruno Latour and Dipesh Chakrabarty, “Conflicts of Planetary Proportion—A Conversation”, *Journal of the Philosophy of History*, Vol. 14, No. 3, 2020, p. 443.

⑤ Dipesh Chakrabarty, “Emancipatory Histories, a Troubled but Living Legacy—Response to Latour”, p. 446.

（*PNAS*）或《科学》（*Science*）等科学杂志视为历史研究的必读物，[①] 促进着史学思维模式的转变。

其次，“人类世”引领了历史研究的跨学科互动，并推动历史知识的多元化进程。借用多曼斯卡的说法：“人类世”时代的历史呈现“丰富化”（enrichmentd）的特征，[②] 它与科学、艺术、政治和哲学密切地关联在一起。这种情况在近两年的文章中十分常见，例如，希拉·贾萨诺夫（Sheila Jasanoff）借用了一些环境案例，讨论了历史学与科学技术合作的可能性；[③] 哈瓦·蒂罗什-萨缪尔森（Hava Tirosh-Samuelson）分析了宗教对人类繁荣未来的建构作用；[④] 多曼斯卡通过鉴赏真人雕塑艺术，[⑤] 呼吁一种“兽性”和“泛灵化”历史知识的回归；[⑥] 尼赞·莱博维奇（Nitzan Lebovic）则从政治学的视角出发，讨论了“共谋”（complicity）这一大众政治行为与“历史性未来”的关系。[⑦] 这些研究都极大超越了传统史学的范畴，拓展了历史学的知识边界。

再次，“人类世”帮助史学研究超越西方中心主义的视角，转向关注那些被压抑或边缘化的历史知识。很多学者注意到，在西方中心主义压迫下，历史学正逐渐堕落为一项隐性的殖民活动，它助长了暴力与剥削的合法化，并在文明或民族的相互理解间设置界限。[⑧] 与此同时，它还营造了一种盲目乐观的普世心态，使人类为一个幻想的终极目标奔波，从而丧失

---

① Zoltan Boldizsar Simon, Marek Tamm & Ewa Domańska, “Anthropocenic Historical Knowledge: Promises and Pitfalls”, pp. 421-422.

② Zoltan Boldizsar Simon, Marek Tamm & Ewa Domańska, “Anthropocenic Historical Knowledge: Promises and Pitfalls”, p. 411.

③ Sheila Jasanoff, “Ours is the Earth: Science and Human History in the Anthropocene”, *Journal of the Philosophy of History*, Vol. 14, No. 3, 2020, pp. 337-358.

④ Hava Tirosh-Samuelson, “Human Flourishing and History: A Religious Imaginary for the Anthropocene”, *Journal of the Philosophy of History*, Vol. 14, No. 3, 2020, pp. 382-418.

⑤ 这里指非裔女艺术家南迪法·曼坦博（Nandipha Mntambo）的雕塑艺术。曼坦博艺术具有强烈的先锋性，她用牛皮和化学染料装饰自己，使自身成为一件雕塑作品。关于她的传记与作品，可参看：https://www.stevenson.info/artist/nandipha-mntambo/biography。

⑥ Ewa Domańska, “Unbinding from Humanity: Nandipha Mntambo's Europa and the Limits of History and Identity”, pp. 310-336.

⑦ Nitzan Lebovic, “Homo complexus: The ‘Historical Future’ of Complicity”, *History and Theory*, Vol. 60, No. 3, 2021, pp. 409-424.

⑧ Ewa Domańska, “Unbinding from Humanity: Nandipha Mntambo's Europa and the Limits of History and Identity”, p. 316.

历史反思的根基。[1] 查克拉巴蒂指出，“人类世”否定了现代文明的普遍性原则（negative universal），并极大地促进历史学挣脱普世史观念的束缚。[2] 在当前“人类世”的相关研究中，已有学者开始关注到那些“后发展”（post-development）国家的历史，并通过借鉴它们独特的历史思维拓展史学的实践可能。[3]

最后，“人类世”丰富了史学理论研究的路径。一些既有史学理论重新获得了活力，譬如，安克斯密特在讨论人类历史中那些超越预期的后果（unintended consequence）时，便重申了思辨历史哲学的价值；[4] 多曼斯卡则将波兰史学理论家耶日·托波尔斯基（Jerzy Topolski）作品中蕴含的马克思式人道主义（Marxist anthropocentrism）与“人类世”引发的现实问题结合在一起。她强调，适当的人道主义有助于抵制当下消极的反人类主义思潮；[5] 与此同时，“人类世”历史哲学对人类生存状况的反思也与后语言学转向时代的史学理论相契合，[6] 这使得当前许多优秀的史学理论成果能够被“人类世”研究有效吸纳，并在相互融合的过程中不断创新。

总结而言，“人类世”历史哲学是一场真正意义上的知识革命，它从根本上摧毁了现代性的知识大厦，并彻底改变了一切人类惯常的思维模式。但需要注意到，这场革命刚刚开始，它的许多理论诉求目前尚存争议，而其所追求的目标亦远未真正实现。因此，多曼斯卡提醒我们，要防止“人类世”成为一个转瞬即逝的流行概念。[7] 这意味着，“人类世”历史哲学不能仅仅满足于书本中的知识，而应在广泛实践下构建期望的愿

---

① Dipesh Chakrabarty, “Emancipatory Histories, a Troubled but Living Legacy—Response to Latour”, pp. 422-427.

② Dipesh Chakrabarty, “The Climate of History: Four Theses”, *Critical Inquiry*, Vol. 35, No. 2, 2009, p. 220.

③ Jonathan Coope, “How might Indigenous Decolonization Agendas Inform Anthropocene Historiography?”, *Rethinking History*, Vol. 25, No. 4, 2021, pp. 508-533.

④ Frank Ankersmit, “The Thorn of History: Unintended Consequences and Speculative Philosophy of History”, pp. 187-214.

⑤ Ewa Domańska, “Jerzy Topolski's Marxist Anthropocentrism”, *Journal of the Philosophy of History*, Vol. 15, No. 3, 2020, pp. 361-377.

⑥ 安克斯密特指出，在过去的一段时间里，历史哲学的范式正悄然地发生转变，思考人与过去如何构建互动关系的“存在论”（existentialist）问题逐渐成为理论家倾心的焦点。（Frank Ankersmit, “Forum Debate on Jouni-Matti Kuukkanen's *Postnarrativist Philosophy of Historiography*: Introduction”, *Journal of the Philosophy of History*, Vol. 11, No. 1, 2017, p. 2）

⑦ Ewa Domańska, “Unbinding from Humanity: Nandipha Mntambo's Europa and the Limits of History and Identity”, p. 311.

景。也许在不久的将来，一个真正多元、开放、包容的世界终会实现，人类也将走出时代危机，更宜居地生存在这颗星球之中。

二 思想史[①]研究的新动态

受到弗雷格（Friedrich Frege）和洛夫乔伊（Arthur O. Lovejoy）概念哲学的影响，早期思想史研究倾向于从经典文本中提炼出一些普遍且恒久的“观念单元”（unit ideas），而思想史家的任务就是追踪这些“观念单元”的历时演变，并将之按一定逻辑排列组合为不同的“学说”（doctrines）。[②] 然而随着语言哲学和结构主义的兴起，“观念单元”的合理性受到了广泛质疑，许多学者注意到，思想、概念或观念间并不存在永恒不变的主题，相反，它们受制于不同时代的社会秩序与特定的话语机制，呈现出差异化的特质。因而，以斯金纳、福柯为代表的一批学者主张放弃书写以观念为核心的连贯思想史，转而聚焦于一种断裂性、语境化的新思想史。[③]

但仍有学者坚持维护“单元”的合法性。2020年，《历史哲学杂志》推出了一期主题为“思想史的哲学和概念演变”（The Philosophy of Intellectual History and Conceptual Change）特刊。[④] 该刊中的五篇文章深入探讨了“概

① 本章中，所有涉及思想和观念的研究都被广义地视为思想史，例如英国“观念史”、德国“概念史”、剑桥学派“语境主义”思想史、科学史、哲学史等。正如科里尼（Stefan Collini）强调的那样，思想史没有确切的“身份”（identity），它在跨学科的互动中呈现多元动态性（Stefan Collini, “The Identity of Intellectual History”, in Richard Whatmore and Stefan Collini, eds., *A Companion to Intellectual History*, Chichester: John Wiley & Sons Ltd., 2016, pp. 7-18）。因而笔者在此无意区分不同的思想史类型，而是开放地接纳它们的各类实践。

② 昆汀·斯金纳：《观念史中的意涵与理解》，载丁耘主编《什么是思想史》，上海人民出版社，2006，第95~107页。

③ 无论是托马斯·库恩的“范式”、福柯的“知识型”还是伽达默尔的“效果史”，本质上都与斯金纳倡导的“语境主义”一样，颠覆了传统的思想史写作方式。关于这类新型的思想史写作，没有人比福柯的思考更为深刻，对此读者可参读福柯《论历史书写的方式》，载米歇尔·福柯著，汪民安编《福柯文选2：什么是批判》，北京大学出版社，2015，第3~30页。

④ 这期特刊的前身可追溯到赫尔辛基大学2016年举行的主题为“历史中的概念演变”（Conceptual Change in History）的研讨会（Jouni-Matti Kuukkanen, “Editorial: The Philosophy of Intellectual History and Conceptual Change”, *Journal of the Philosophy of History*, Vol. 14, No. 2, 2020, p. 144）。关于这次研讨会的具体信息，可参见 https://blogs.helsinki.fi/found-law/events-and-activities/helsinki-2016/。

念”这一思想史“单元”的哲学属性，并尝试发掘其在思想史（特别是科学思想史学）书写中发挥的积极价值。

反思斯金纳“语境主义”理论的消极影响，是本期特刊的重要议题。斯金纳认为，思想史不存在“恒久主题”，任何言说必然是特定时刻、特定意图和特定语境的反映，而任何试图超越这种语境的做法都必然是天真的。[①] 因此思想史家的任务不是为概念演变的历史进行排序，而是广泛考察不同时代的语境，发掘作者隐藏在文字背后真正的意图与行动。借用斯金纳本人的话：唯一要写的观念史就是这些观念在论证中形形色色地运用的历史。[②] 某种程度上，“语境主义”赋予了思想史研究动态的可能性，但它同时也破坏了概念的固有价值，使书写连续性的思想史成为奢望。因此，特刊中的文章对斯金纳的学说进行了不同程度的反驳与修正。

贾里·考库（Jari Kaukua）与维利·莱特恩梅基（Vili Lähteenmäki）认为，追踪概念的变化需要特定的参照标准，它不只依赖于作为背景的“文本”或“语境”，还需求助一些“非文本”（non-textual）因素。思想史家通过假定自己与被研究者共享相似的感觉（sense）和经验（experience），可以有效弥补“语境主义”引发的概念割裂，从而更合理地描述思想的变迁。[③] 本杰明·斯特劳曼（Benjamin Straumann）则点明了斯金纳理论中的逻辑悖论。他认为，虽然斯金纳强调概念在不同语境中的非连续性与差异性，但跨语境的比较仍需要以概念的长期稳定性为前提。譬如，斯金纳在区分“信仰”一词的含义在13世纪与启蒙时期的差别时，他至少需要承认“信仰”这一概念是贯穿始终的，不然他将不会得出任何后续的结论。因此斯特劳曼认为，斯金纳的理论不但未能挑战经典概念论，反而证实了书写以概念为核心的长期思想史是可能的。[④] 阿德里安·布劳（Adrian Blau）则指出，思想史研究不只关注思想家写作的主观意图，还需从哲学的逻辑出

① 昆汀·斯金纳：《观念史中的意涵与理解》，第133页。

② 昆汀·斯金纳：《观念史中的意涵与理解》，第131页。

③ Jari Kaukua and Vili Lähteenmäki, "On the Standards of Conceptual Change", *Journal of the Philosophy of History*, Vol. 14, No. 2, 2020, pp. 186-187, p. 193.

④ Benjamin Straumann, "The Energy of Concepts: The Role of Concepts in Long-Term Intellectual History and Social Reality", *Journal of the Philosophy of History*, Vol. 14, No. 2, 2020, pp. 163-166.

发，分析文本意图之外的“外延意义”（extended meaning）。[①] 布劳将“外延意义”定义为：若 P 意味着 Q，等同于 P 在逻辑上必然指向 Q。[②] 例如，当我们说：所有人都是凡人，苏格拉底是一个人，那么这句话隐含着一层必然的“外延逻辑”：苏格拉底是一个凡人。“外延意义”的价值就在于，它表达了一种纯粹的逻辑后果，这种后果超越了任何主观思维或特殊语境的限制，并能为思想史研究提供有益的补充。斯金纳虽然在方法论上忽视“外延意义”，但他往往在研究中不经意地使用它们，这也从侧面反映出“语境主义”的局限性。[③]

与此同时，学者们还试图重塑“概念”的属性，以调和思想史书写中“连续性”和“断裂性”之间的矛盾。尤尼-马蒂·库卡宁（Jouni-Matti Kuukkanen）在他的论文中指出，概念实则是由“核心”（core）和“边缘”（margin）两个部分组成的有机体，其中“边缘”是一个开放空间，它使思想的动态演变得以可能，而“核心”则是相对稳定部分，它保障概念能够适用于长期的思想史书写。[④] 库卡宁的理论具有鲜明的折中性，它一方面保证了“概念”自身的稳定，同时又赋予其动态的活力，这也为特刊中一些学者重塑“概念”的价值提供了有益思路。例如，斯特劳曼尝试将“概念”的变动比喻为能量的消长，他指出，当某个“概念”未正式登上历史舞台前，通常是以“潜能”的姿态暂时休眠，而一旦它遇到合适的历史契机，存储的“潜能”就会转化为爆发的“动能”，引发思想史家广泛的关注与研究，而随着研究的深入，“概念”逐渐耗尽了自身的“动能”，又重新回归到休眠的状态中。[⑤] 该理论有效地保留了传统概念哲学的主张，同时也使概念避免了被极端语境化和具象化的命运；美国女学者科琳娜（Corinne L. Bloch-Mullins）则从科学哲学的角度，指出“概念”在结构上呈现的有限开放性。这就是说，针对某一“概念”的分类

① 布劳的观点在2019年的盘点中也有提及，参见冉博文、董立河《2019年西方史学理论研究年度盘点——以（历史与理论）（重思历史）和（历史哲学杂志）为中心》，第261页。此处笔者将 extended meaning 改译为“外延意义”，以凸显其抽象的非主观性。

② Adrian Blau，“Meanings and Understandings in the History of Ideas”，*Journal of the Philosophy of History*，Vol. 14，No. 2，2020，p. 240.

③ Adrian Blau，“Meanings and Understandings in the History of Ideas”，pp. 248-253.

④ Jouni-Matti Kuukkanen，“Making Sense of Conceptual Change”，*History and Theory*，Vol. 47，No. 3，2008，pp. 351-372.

⑤ Benjamin Straumann，“The Energy of Concepts：The Role of Concepts in Long-Term Intellectual History and Social Reality”，pp. 174-182.

（classification）不会一成不变，而是能够在差异的对照中不断补充新内容。因此，“概念”在某种程度上拥有动态的“前瞻”（forward-looking）能力，它能启发学者在实践中提出关于“如何”和“为什么”的问题，使那些尚未被证实的想法在追问中被有效预设，从而推动科学知识持续地进步。[①]

除上述特刊之外，近两年其他的思想史动态也值得学界关注。第一，科泽勒克成为思想史研究的焦点人物，许多学者对其理论进行了创新性的解读。例如，尤汉·海勒玛（Juhan Hellerma）指出科泽勒克的“时间层次”（layers of time）理论与“现代性”概念之间并不存在矛盾性。事实上，“时间层次”是“现代性”概念生成的必要前提，它为历史认知提供了一个多维化、批判性的框架，从而使“现代性”在历史经验中被呈现；[②]蒂莫·潘卡科斯基（Timo Pankakoski）考察了科泽勒克理论不为人知的思想源流。他认为，科泽勒克经常使用的诸如“鞍形期”“时间层次”等概念借鉴了德国社会学家汉斯·弗莱尔（Hans Freyer）早年的设想；[③]安娜·弗里伯格（Anna Friberg）从政治学的视域入手，讨论科泽勒克的“期待视域”与乌托邦构想间的联系；[④]摩尔（Alison M. Downham Moore）则考察了科泽勒克理论对“长时段”医疗史写作的价值。[⑤]当然，科泽勒克理论远远超出了思想史的范畴，它的观点在当下各类史学探讨中都有被涉及。[⑥]此外，福柯、库恩、弗莱克（Ludwik Fleck）[⑦]等思想史家的理论

---

① Corinne L. Bloch-Mullins, “Scientific Concepts as Forward-Looking: How Taxonomic Structure Facilitates Conceptual Development”, *Journal of the Philosophy of History*, Vol. 14, No. 2, 2020, pp. 218-231.

② Juhan Hellerma, “Koselleck on Modernity, Historik, and Layers of Time”, *History and Theory*, Vol. 59, No. 2, 2020, pp. 188-209.

③ Timo Pankakoski, “From Historical Structures to Temporal Layers: Hans Freyer and Conceptual History”, *History and Theory*, Vol. 59, No. 1, 2020, pp. 61-91.

④ Anna Friberg, “Temporal Layering in the Long Conceptual History of Sexual Medicine: Reading Koselleck with Foucault”, *Rethinking History*, Vol. 25, No. 3, 2021, pp. 263-280.

⑤ Alison M. Downham Moore, “Venturing beyond Koselleck's Erwartungshorizont: On the Category of the Utopian”, *Journal of the Philosophy of History*, Vol. 15, No. 1, 2021, pp. 5-27.

⑥ 科泽勒克的时间哲学也被广泛应用于近两年的史学理论研究中，读者可参见后文对“事件史”和“外部性”问题的介绍。

⑦ 科学史家路德维克·弗莱克（Ludwik Fleck）提出的“思维集体”（Denkkollektiv）和“思维风格”（Denkstil）概念通常被视为库恩“范式”理论的原型。同时，他的理论也为知识史研究提供了灵感（Johan Östling, David Larsson Heidenblad, Erling Sandmo, Anna Nilsson Hammar & Kari H. Nordberg, eds., *Circulation of Knowledge Explorations in the History of Knowledge*, Falun: Nordic Academic Press, 2018, p. 5）。国内史学界对这位（转下页注）

也在近年的研究中多次出现，它们同样为思想史实践提供了新颖的视角。

第二，已故理论家的思想世界得到关注。譬如，一些学者重新阐发了海登·怀特的思想[①]：吕森（Jörn Rüsen）将怀特引领的“修辞学转向”与现代性和前现代性思维关联在一起；[②] 维兹涅夫斯基（Tomasz Wiśniewski）则选择从“后世俗”（postsecular）的视角出发解读怀特的理论诉求。[③] 还有学者关注了与怀特同年辞世的史学理论家阿伦·蒙斯洛（Alun Munslow），目前国内外对他的研究尚不充分。《重思历史》在2020年专门为蒙斯洛推出了一篇合作纪念集，[④] 又于2021年发布了其早年的受访文稿，[⑤] 这些文本都为深入理解蒙斯洛的思想提供了有益参照。

第三，一些经典的思想史议题被重新解读。例如，罗伯特·弗莱德（Robert Fredona）和索菲斯·雷纳特（Sophus A. Reinert）比较了政治学中的两个经典隐喻——“利维坦”（Leviathan）与“克拉肯”（Kraken）。[⑥]他们指出，在当前世界跨国界化与全球化的背景下，“克拉肯式”的“政治-经济”行动者已经取代了传统政治理念中“利维坦式”的主权国家，成为推进世界运行的核心标志；[⑦] 詹姆斯·亚历山大（James Alexander）的文章则分析了一个更为古老的话题：何为启蒙运动。他指出，启蒙运动的意

（接上页注⑦）理论家的了解尚不够充分，他的理论在 Erika Harlitz-Kern, “The Puzzle of the Banquet Hall of the Dukes: The Professionalization of Swedish Historical Research Studied through Ludwik Fleck's Thought Collective and Thought Style”, *History and Theory*, Vol. 59, No. 1, 2020, pp. 3-21 中被翔实地介绍。若进一步了解，可参考 Ludwik Fleck, *Genesis and Development of a Scientific Fact*, Chicago: University of Chicago Press, 1981。

① 关于史学理论界对怀特辞世的反应，可以参读冉博文、董立河《2019年西方史学理论研究年度盘点——以（历史与理论）（重思历史）和（历史哲学杂志）为中心》，第252～253页。

② Jörn Rüsen, “A Turning Point in Theory of History: The Place of Hayden White in the History of Metahistory”, *History and Theory*, Vol. 59, No. 1, 2020, pp. 92-102.

③ Tomasz Wiśniewski, “Hayden White: A Postsecular Perspective”, *Rethinking History*, Vol. 24, No. 3-4, 2020, pp. 388-416.

④ Kalle Pihlainen, ed., “Remembering Alun Munslow”, *Rethinking History*, Vol. 24, No. 3-4, 2020, pp. 265-290.

⑤ Vilmos Erős, “‘I Place Form before Content’—An Interview in 2009 with Alun Munslow”, *Rethinking History*, Vol. 25, No. 3, 2021, pp. 372-385.

⑥ 克拉肯（Kraken）是北欧神话一种形似章鱼的怪物。在西方的政治经济学理论中，通常将垄断性的经济活动或大型商企与海洋、章鱼的触手和墨水等一系列意象联系在一起。

⑦ Robert Fredona and Sophus A. Reinert, “Leviathan and Kraken: States, Corporations, and Political Economy”, *History and Theory*, Vol. 59, No. 2, 2020, pp. 167-187.

义是多元且矛盾的，它既包含激进主义的色彩，也兼具怀疑主义和自由主义性质。因此，学者有必要重新接纳启蒙运动所呈现的多样性，深入反思其真正的核心价值。[①]

总结而言，思想史研究当前呈现百花齐放的态势，正如布莱恩·杨（Brian Young）所强调的，一门以思想史为主题的学科只能是多元化的。[②] 然而，多元并非意味着失去秩序，如何能在创新自身的同时，兼顾思想史研究的稳定性、准确性与连贯性是值得每一位史学理论工作者深思的议题。在上述介绍中，已经看到部分学者在这一问题上的努力，相信随着未来理论与实践合作的进一步深化，思想史的各类问题都将被有效地解决。

三　史学实践的新趋向

1980 年，法国历史学家皮埃尔·诺拉（Pierre Nora）创办了一份题为《争鸣》（*Le Débat*）的杂志，他试图传达这样一种呼吁：历史学不应自满于过去的成就，而应持续不断地思考新问题与新路径。[③] 近十几年来，史学研究呈现的态势似乎迎合了诺拉期待的愿景，越来越多的历史学家开始拓展学术视野，推进多元化的史学革新。[④] 鉴于这一背景，本节主要关注三份期刊中涉及的一些创新性史学实践，梳理它们各自的理论诉求，以期为相关研究者提供有益参考。

1. 新知识史写作

作为一门新兴学科，“知识史”（history of knowledge）直到 21 世纪初才被正式提出。[⑤] 当前，“知识史”研究包含五种倾向：（1）“百科全书式”知识史；（2）以科学技术为主题的知识史；（3）以人文为主题的知识

---

① James Alexander, “Radical, Sceptical and Liberal Enlightenment”, *Journal of the Philosophy of History*, Vol. 14, No. 2, 2020, pp. 257-283.

② Brian Young, “Introduction”, in Richard Whatmore and Stefan Collini, eds., *A Companion to Intellectual History*, Chichester: John Wiley & Sons Ltd., 2016, pp. 1-4.

③ Marek Tamm and Peter Burke, *Debating New Approaches to History*, New York: Bloomsbury Academic, 2019, p. 14.

④ 关于过往史学实践的创新，可回顾冉博文、董立河《2019 年西方史学理论研究年度盘点——以〈历史与理论〉〈重思历史〉和〈历史哲学杂志〉为中心》，第 251 页注释 1。

⑤ Johan Östling, David Larsson Heidenblad, Erling Sandmo, Anna Nilsson Hammar & Kari H. Nordberg, “The History of Knowledge and the Circulation of Knowledge: An Introduction”, in Johan Östling, David Larsson Heidenblad, Erling Sandmo, Anna Nilsson Hammar & Kari H. Nordberg, eds., *Circulation of Knowledge Explorations in the History of Knowledge*, p. 3.

史；（4）超越传统知识的认知模式，考察被压抑的知识形式；（5）追踪知识在社会中生产与流通的过程。[①] 虽然知识史研究已诞生出许多优秀的学术成果，但知识自身的属性却始终未能得到阐明。事实上，伴随着科技、社会与文化的剧烈变动，知识被赋予了不可估量的意义和价值。因而，当前一批知识史家[②]呼吁人类意识到自身所处的特殊“知识时刻”（knowledge moment），并积极革新知识史实践的方案。2020 年，在赫尔格·约德海姆（Helge Jordheim）和大卫·肖（David Gary Shaw）的主持下，《历史与理论》推出了一期“知识史”特刊，该刊从理论与实践两个层面响应了知识研究的时代诉求，为新知识史的构建提供了参照。

重塑知识的性质是新知识史写作的前提。在传统视野中，知识是被动的客体，它的塑造依赖于特定的社会秩序或规范，并保持着长期的稳固性。然而，伴随着哲学界对主客体二元分立原则的批判，[③] 知识与外部世界割裂的弊病日益凸显，这也促使知识史家开始反思知识被压抑的特性。新知识史力图将知识塑造为一个能动的主体，这就是说，知识可以主动参与到社会生产的各个流程之中，并与生产者和生产环境建立密切的联系。随之，知识便从静止的“物”转变为动态的力量，它获得了独立的时间属

① Johan Östling, “Circulation, Arenas, and the Quest for Public Knowledge: Historiographical Currents and Analytical Frameworks”, *History and Theory*, Vol. 59, No. 4, 2020, pp. 112-115.

② 比较有代表性的是北欧知识史家群体，他们引领了当前新知识史的研究风尚，并在 2020 年 3 月于瑞典建立了“隆恩知识史研究中心”（the Lund Centre for the History of Knowledge），同年该机构创办了独立刊物《知识史杂志》（*Journal for the History of Knowledge* 可参见其官网 https://journalhistoryknowledge.org/）。下文中涉及的新知识史理论与他们的主张基本一致，亦可参考 Johan Östling, David Larsson Heidenblad, Erling Sandmo, Anna Nilsson Hammar & Kari H. Nordberg, eds., *Circulation of Knowledge Explorations in the History of Knowledge*, Falun: Nordic Academic Press, 2018; Dupré, Sven, and Geert Somsen, “Forum: What is the History of Knowledge?”, *Journal for the History of Knowledge*, Vol. 1, No. 1, 2020, pp. 1-2。

③ 当代哲学对该问题的讨论汗牛充栋，这里仅以拉图尔这位近期史学研究中“热门”哲学家为例。拉图尔对主客体拟态关系的解读和其创建性的“行动者-网络”理论（Actor-network theory）已成为当前西方史学理论与实践中的流行概念，无论是上文中的“人类世”历史哲学还是本章中的知识史研究，学者们都时常会应用他的论述或观点说明历史学对自然与文化的融合。此处笔者列举一些其与本文研究相关的论著以供读者参考：Bruno Latour, *Reassembling the Social: An Introduction to Actor-Network-Theory*, Oxford: Oxford University Press, 2005; Bruno Latour, *Down to Earth: Politics in the New Climatic Regime*, Malden: Polity Press, 2018; Bruno Latour, *An Inquiry into Modes of Existence: An Anthropology of the Moderns*, Massachusetts: Harvard University Press, 2013; Bruno Latour, *We Have Never Been Modern*, Massachusetts: Harvard University Press, 1993。

性和历史属性。与此同时，它的内涵与外延也在广泛的关联中得到极大的拓展。而这些变化最终指向了一个共性的结论：知识不具有永恒性，它唯一不变的属性便是它总处在不断的运动中。

知识全新的特性使知识史研究的内容得到改观。目前，知识史的任务从定义知识转变为考察知识的“流通”（circulation）[①]。这意味着，知识史接纳了知识的能动性与多元性，并赋予了知识生产中各个环节同等的权力。[②] 知识史家的兴趣不再是阐释那些经典的、被概念化的一般知识，而是专注于追踪知识在空间、物质、社会和文化环境中的传播、交流与演变，并分析这些动态的过程背后的生成、塑造和延续机制。[③] 以特刊中的一些实践为例：丽莎·吉特曼（Lisa Gitelman）关注了一种西方古典机械运动观——“大众运动学”（popular kinematics），但她的兴趣并不在于阐释何谓“大众运动学”，而是试图剖析这一过时理论如何能被巧妙地保存，并在科学主义大行其道的 19 世纪中仍占有一席之地；[④] 薇拉·凯勒（Vera Keller）的文章则借用 17 世纪弗吉尼亚殖民地养蚕业失败的案例，讨论了“无知”（ignorance）的经验状态对知识生产与传播的影响。她指出，殖民者构建的养蚕知识并非都依据科学和理性，相反，许多养蚕知识的塑造与理性的社会精神和文化风气密不可分，它们与真正的知识生产融为一体，但往往被研究者忽视；[⑤] 沙迪·巴兹奇（Shadi Bartsch）比较了东西方对“理性”概念的不同定义，他认为“理性”不是西方独有的事物，阐释者自身不同的历史背景、意识形态和政治立场都会改变他们对“理性”的判断；[⑥] 苏珊·

① 该概念首创于詹姆斯·A. 塞科德（James A. Secord）2004 年发表的《转移中的知识》（Knowledge in Transfer）一文。他在文中主张科学史应该将关注的重心转向运动中的知识，并像考察科学实验一样严格地考察知识的受众、读者和媒介。（Johan Östling, “Circulation, Arenas, and the Quest for Public Knowledge: Historiographical Currents and Analytical Frameworks”, p. 115）

② Johan Östling, “Circulation, Arenas, and the Quest for Public Knowledge: Historiographical Currents and Analytical Frameworks”, p. 119.

③ Johan Östling, “Circulation, Arenas, and the Quest for Public Knowledge: Historiographical Currents and Analytical Frameworks”, p. 115.

④ Lisa Gitelman, “Popular Kinematics: Technical Knowing in the Age of Machines”, *History and Theory*, Vol. 59, No. 4, 2020, pp. 67-85.

⑤ Vera Keller, “Into the Unknown: Clues, Hints, and Projects in the History of Knowledge”, *History and Theory*, Vol. 59, No. 4, 2020, pp. 86-110.

⑥ Shadi Bartsch, “The Rationality Wars: The Ancient Greeks and the Counter-Enlightenment in Contemporary China”, *History and Theory*, Vol. 59, No. 4, 2020.

马尔尚（Suzanne Marchand）则结合蒙森个人的经历讨论了他的历史写作与德国19世纪社会文化环境间的联系。[①] 某种程度上，这些研究并未提供任何“确切的”知识，它们仅仅描绘了许多复杂的知识生产关系，但也正因此，知识才真正挣脱了秩序的牢笼，重新焕发出自身的价值与活力。

与此同时，对知识“流通”考察也衍生出一些积极的史学影响。首先，知识在“流通”中呈现的多元性有助于打破欧洲中心主义的历史观念。对新知识史家而言，不只有科学和理性一种视角下的知识，也不只有进步主义一种立场下的知识史。费德里克·马尔康（Federico Marcon）在他的文章中指出，科技史书写不能将一些传统知识强行纳入现代科学的体系之中，那样反而蒙蔽知识自身的特质。例如，为了论证日本近代化的先发性，日本科学史家通常将江户时期的草药研究协会“嘗百社”（Shōhyakusha）解读为传播西方科学的先驱，但这一结论实则扭曲了“嘗百社”维护《本草纲目》正统地位的本意。[②] 其次，对“流通”过程的考察推动了知识“媒介”（media）地位的提升。无论是报纸、期刊、书籍等传媒媒介，还是望远镜、培养皿、显微镜等科学媒介，它们都在知识生产的流程中发挥着举足轻重的作用，甚至融为知识自身价值的一部分。例如，法国生物学家巴斯德（Louis Pasteur）在1885年试验成功了一种新型狂犬病疫苗，在报纸的宣传下，这件科学小事意外地成为影响公众生活的大知识。同年，美国新泽西州4名被狗咬伤的孩子竟不远万里跨过大西洋前往巴黎治疗。[③] 最后，“流通”的动态性使“比较”（comparison）成为知识分析的重要手段。“比较”有助于颠覆那些既定的观念，保持史学的开放性与思辨性，推进对特殊历史事实的发掘。[④] 同时，它也为其他领域的比较史学研究提供了可借鉴的范例。

值得注意的是，对知识“流通”的考察是一项带有危险性的尝试，如果不加限制地随意应用，可能会导致知识的相对化、模糊化甚至扭曲化，最终

① Suzanne Marchand, “Weighing Context and Practices: Theodor Mommsen and the Many Dimensions of Nineteenth-Century Humanistic Knowledge”, *History and Theory*, Vol. 59, No. 4, 2020, pp. 144-167.

② Federico Marcon, “The Critical Promises of the History of Knowledge: Perspectives from East Asian Studies”, *History and Theory*, Vol. 59, No. 4, 2020, pp. 32-36.

③ Jeremy A. Greene, “Knowledge in Medias Res: Toward a Media History of Science”, *History and Theory*, Vol. 59, No. 4, 2020, pp. 53-54.

④ Helge Jordheim and David Gary Shaw, “Opening Doors: A Turn to Knowledge”, *History and Theory*, Vol. 59, No. 4, 2020, p. 14.

使“流通”概念本身成为一个无意义的口号。[①] 因此，对知识史家而言如何有效地在理论与实践间达成平衡，将是他们未来需要进一步思考的课题。

2. 事件史的回归

长期以来，西方传统的历史写作主要围绕着各类政治或军事事件（events）展开。历史学家们致力于从史料中提取可供阐释的事件，并将它们依据特定的逻辑排列。但随着年鉴学派的兴起，事件史的地位受到了猛烈的冲击，越来越多的学者开始关注长时段的历史结构或局势，将事件抛在历史学的身后。[②] 布罗代尔指出，“事件的历史”只是流于表面的躁动，即使是惊天动地的事件也只不过是一些更大命运的表征。[③] 这样的论断对后世的史学实践产生了极大的影响，历史学家们逐渐转向分析结构性的社会文化关系，而不再将描述事件视为历史写作中不可或缺的要素。

然而，事件史在当下展露出复兴的迹象。首先，社会史家正逐步淡化事件与结构间的对立，尝试将事件作为关键的连接点纳入整体结构之中；其次，事件已成为一个重要的哲学话题，德勒兹、福柯、德里达、南希、齐泽克等当代哲学家都将事件置于其思想的中心，他们从不同角度赋予了事件颠覆性的创造力，这为事件史的回归提供了理论基础；[④] 再次，近期历史哲学领域对时间性问题与叙事问题的讨论，也为事件史研究提供了新的灵感；[⑤] 最后，在现代传媒的引导下，事件自身超越了固定的时空经验，呈现出跨国性与全球性的新特征。[⑥] 在上述背景下，《历史与理论》于2021年推出了“事件的时间”（Times of the Event）论坛，该论坛广泛吸纳了学界对事件史的最新思考，并围绕事件与时间性的关联，为事件史塑造共性的理论框架。

西奥·荣格（Theo Jung）和安娜·卡拉（Anna Karla）在论坛的导言

---

① Johan Östling, “Circulation, Arenas, and the Quest for Public Knowledge: Historiographical Currents and Analytical Frameworks”, pp. 119-120.

② 斯凡特·约尔丹主编《历史科学概念词典》，孟钟捷译，北京大学出版社，2012，第53页。

③ 布罗代尔：《菲利普二世时代的地中海及地中海世界：前言》，载布罗代尔《论历史》，刘北成、周立红译，北京大学出版社，2008，第4页。

④ Theo Jung, “Events Getting Ahead of Themselves: Rethinking the Temporality of Expectations”, *History and Theory*, Vol. 60, No. 1, 2021, p. 126.

⑤ Fernando Esposito, “Despite Singularity: The Event and Its Manifold Structures of Repetition”, *History and Theory*, Vol. 60, No. 1, 2021, p. 91.

⑥ Theo Jung and Anna Karla, “Times of the Event: An Introduction”, *History and Theory*, Vol. 60, No. 1, 2021, pp. 76-82.

中指出，事件应被视为一个“时间性的焦点”（temporal focal point），它不仅是组成时间进程的一部分，更是时间自我呈现的一种特殊方式。换言之，事件是自发性的时间现象，它既蕴含着独特的时间机制，又与外部世界的时间运行产生交集。这使得事件不只在发生的刹那拥有价值，也能在时间延展中为历史认知提供预言与后见之明。因此，史学家的任务也不再是笨拙地描摹事件的原貌，而应透析构成事件背后的社会文化动机，并思考事件在传播的过程中如何被有效地接纳与认可。[①]

从上述原则出发，论坛中主要关涉了三个议题。第一，考察事件内部隐藏的时间结构及展开方式。费尔南多·埃斯波西托（Fernando Esposito）借鉴科泽勒克的理论指出，在普遍性的人类生存原则制约下，事件生成了一些重复性的“元结构”，它们与事件在线性时间中的“独一性”（singularity）相对，牵引着它们以相似的方式向当下复归。[②] 安娜·卡拉（Anna Karla）指出，事件的结构是由核心和边缘两个部分组成。与库卡宁对概念的定义相似，事件的核心主要负责维护自身的稳定性，而边缘则赋予了事件灵活的时间框架。这使得事件从时间线中一个固定的点转变为一种弹性的范畴，它的边界获得了极强的可塑性，并能在持续的争议中焕发历史叙事的活力。[③]

第二，讨论事件与外部世界联系的过程中产生的现实影响。西奥·荣格（Theo Jung）基于伽达默尔的理论构建了一种“未来事件”（future event）的类型学。他指出“未来事件”以三种方式构建：（1）对常规事件的假设，如预言太阳将在明天东升西落；（2）基于经验对未来可能的预期，如对经济或政治局势的判断；（3）颠覆过往经验的激进预言，它为人类提供了一个全新的历史认知（这与上文介绍的“历史性未来”极为相似）。荣格认为，对“未来事件”的思考可以与当下的人类危机联系在一起，它将帮助我们理解现实问题背后的矛盾与争议，并为具体的社会实践提供启示。[④]

---

① Theo Jung and Anna Karla, “Times of the Event: An Introduction”, p. 82.

② Fernando Esposito, “Despite Singularity: The Event and Its Manifold Structures of Repetition”, pp. 86-101.

③ Anna Karla, “Controversial Chronologies: The Temporal Demarcation of Historic Events”, *History and Theory*, Vol. 60, No. 1, 2021, pp. 134-149.

④ Theo Jung, “Events Getting ahead of Themselves: Rethinking the Temporality of Expectations”, *History and Theory*, Vol. 60, No. 1, 2021, pp. 117-133.

第三，思考现代传媒在塑造事件时间性中发挥的作用。比较有代表性的是布列塔·霍赫基辛（Britta Hochkirchen）的文章，他考察了图像与事件在时间层面的联系。霍赫基辛认为，图像不仅仅是描绘事件的外部工具，它也基于自身特性塑造了事件多层次的时间维度。剖析图像内部的时间逻辑，将唤起人们对事件时间形态的直接关注，并为历史认知提供更深层次的视角。[①]

3. 后殖民史学的发展

近40年来，后殖民主义对西方文化霸权的批判已逐步渗透到人文学科的各个领域之中。作为其中一个分支，后殖民史学（postcolonial history）主要关注了传统历史研究所忽视的边缘文化、底层话语和本土知识，推进着现代史学思维的革新。[②] 在近两年的研究实践中，后殖民史学在继承前人优秀成果的同时，也提出了许多新颖的理论主张。

塔米娅·R. 扎曼（Taymiya R. Zaman）和马南·艾哈迈德·阿西夫（Manan Ahmed Asif）主张实践一种跨文化、跨区域的比较殖民历史学（comparative colonial historiography）。这两位印度史学者基于自身在墨西哥的研究经历，尝试在阿兹特克殖民史与印度斯坦殖民史之间建立起有机的“南南联系”（South-South connections）。塔米娅指出，墨西哥这片土地与印度一样，都承载着一些无法被完全征服的元素。殖民者带来的语言、文化和宗教并未彻底消除被殖民者的记忆，相反它们与本土文化共同融入这片土地之中，塑造了新旧纠葛的历史体验，并以特殊的形式激起人们对殖民历史的记忆。[③] 阿西夫则比较了两位17世纪本土史家的历史写作：墨西哥史学家奇马尔帕因（Chimalpahin）的纳瓦族（Nahua）史与波斯史学家菲里斯塔（Muḥammad Qāsim Firishta）的《印度通史》（*Tarikh-i-Firishtah*）。两部作品的预设截然相反：菲里斯塔的作品记录了殖民者到来前的世界，表达着对未来前景的担忧；奇马尔帕因的作品则试图在被征服的土地上重述一个已经消失的世界。然而两部作品却蕴含着强烈的共鸣，

---

① Britta Hochkirchen, “Beyond Representation: Pictorial Temporality and the Relational Time of the Event”, *History and Theory*, Vol. 60, No. 4, 2021, pp. 102-116.

② 关于后殖民史学的概况，可参考本杰明·扎卡利亚《后殖民理论与历史》，南希·帕特纳/萨拉·富特主编《史学理论手册》，余伟、何立民译，格致出版社，2017，第524~543页。

③ Taymiya R. Zaman, “Chasing India in Mexico City”, *History and Theory*, Vol. 60, No. 3, 2021, pp. 534-540.

一方面，它们都被殖民者扭曲地利用，成为证明本土文化野蛮性的工具；另一方面，它们独特的写作方式捕捉了现代史学忽视的历史经验，鲜活地呈现殖民活动引发的暴力、惊恐与创伤，为挑战西方中心主义提供可能。① 拉美史学家卡米拉·汤森（Camilla Townsend）肯定了上述两位学者的实践，他认为学习南亚后殖民研究的方法与思路能为拉美学者提供全新的学术视角，同时，南亚学者对拉美本土史家的兴趣也为他们自身的研究提供灵感。②

阿西夫在文章的结尾指出，（后殖民）不是走向一个想象或美化的过去，而是走向一个去殖民的未来。③ 这点明了当下后殖民史学的另一个路径——向激进的“去殖民”（decolonial）实践迈进。2020 年，《历史与理论》专门推出了一期讨论集：“理论与实践中的去殖民史学”，④ 该集中 9 篇论文从不同视角探讨了去殖民史学的可能性。本质上，“去殖民”是对后殖民研究的批判超越，它不满于后殖民理论对殖民暴力的温和化处理，要求学者们抛弃与殖民者和解的幻想，不再为殖民活动的清白性辩护，并拒绝使用现实史学工具规训土著的生存世界，帮助曾被殖民的土地获得真正的自由与解放。⑤ 同时，不同于一般的后殖民研究，“去殖民”史学具有极强的实践属性，许多研究者切实地扎根到原住民生活的土地中，倾听他们被压抑的声音，并诉诸司法手段为他们的权益斗争。⑥ 对这些历史学家而言，“去殖民”的真正胜利是使那些原住民特有的历史、文化和生活获得认可。一个美好的世界并非由强者和他们的仆人组成，而是能使所有人平等生存的宜居之所。⑦ 鉴于国内已有学者对这期特刊的内容进行了详尽

---

① Manan Ahmed Asif, “Reading across Firishta and Chimalpahin”, *History and Theory*, Vol. 60, No. 3, 2021, pp. 541-547.

② Camilla Townsend, “Responses from Latin America: Thoughts of a Contemporary Scholar and of the Seventeenth-Century Indigenous Historian Chimalpahin”, *History and Theory*, Vol. 60, No. 3, 2021, pp. 548-557.

③ Manan Ahmed Asif, “Reading across Firishta and Chimalpahin”, p. 547.

④ 这期讨论集缘起于 2019 年 4 月沃里克·安德森（Wawick Anderson）和加布里埃拉·索托·拉韦加（Gabriela Soto Laveaga）在哈佛大学主持召开了一场关于去殖民问题的会议。（Warwick Anderson, “Decolonizing Histories in Theory and Practice: An Introduction”, *History and Theory*, Vol. 59, No. 3, 2020, p. 371.）。

⑤ Warwick Anderson, “Finding Decolonial Metaphors in Postcolonial Histories”, *History and Theory*, Vol. 59, No. 3, 2020, p. 433.

⑥ 例如有学者在德尔加穆克族原住民土地诉讼案（Delgamuukw' and Gisday' wa v. The Queen）中出庭辩护，也有学者在印第安保留地中建立环境数据实验室。

⑦ Gabriela Soto Laveaga, “Moving From, and Beyond, Invented Categories: Afterwords”, *History and Theory*, Vol. 59, No. 3, 2020, p. 445.

的介绍，不再赘言。[①] 需要注意的是，这项新兴研究的积极意义与其激进的危险性并存，因此它的价值需要在一段时间后才可得到校验。

与此同时，一些学者创新了后殖民史学的研究方法。日裔学者达伦·青木（Darren J. Aoki）将记忆问题视为后殖民研究的重点。他通过搜集和分析加拿大日裔人群在特定历史环境下的“记忆时刻”（memory moments），揭示了殖民文化如何微观地侵入个体的日常生活之中；[②] 妮可·伊姆勒（Nicole L. Immler）和斯蒂夫·斯卡廖拉（Stef Scagliola）的文章呼吁了一种“跨殖民主义”（trans-colonialism）的历史书写，它要求在处理殖民主义的历史遗留问题时拒绝国家主导的话语模式，转而构建一个跨越代际、跨越国界的时空。在这个空间中，受害者的记忆和殖民者的记忆被纠葛在一起，从而使后殖民历史叙事更具包容性；[③] 印度裔女学者瓦尼塔·塞特（Vanita Seth）则从斯金纳的思想史理论入手，期望借助语境分析指导学者识别种族史研究中的各类陷阱。[④]

奥德丽·洛德（Audre Lorde）曾质询道：“主人的工具能够摧毁主人的房子吗?”[⑤] 她的疑惑反映了后殖民史学的瓶颈：虽然后殖民史学标榜自身对西方中心主义的批判性，但它们在实践中总会不经意地应用到现代史学的方法、逻辑和思维模式，从而无法引发本质性的变革。因此对当下的后殖民史家而言，如何能不再拿起主人的工具成为首要的难题。某种程度上，前述大多数研究都可被视为对这一议题的积极回应，或许在不久的将来，后殖民的思维方式将会潜移默化地改变史学家的行动，届时那座主人的房子也将被真正地摧毁。

---

① 参见夏玉丽《理论与实践中的去殖民化史学》，《国际社会科学研究（中文版）》2021年第3期，第149~166页。

② Darren J. Aoki, “Remembering ‘The English’ in Four ‘Memory Moment’ Portraits: Navigating Anti-Japanese Discrimination and Postcolonial Ambiguity in Mid-twentieth Century Alberta, Canada”, *Rethinking History*, Vol. 24, No. 1, 2020, pp. 29-55.

③ Nicole L. Immler & Stef Scagliola, “Seeking Justice for the Mass Execution in Rawagede/ Probing the Concept of ‘Entangled History’ in a Postcolonial Setting”, *Rethinking History*, Vol. 24, No. 1, 2020, pp. 1-28.

④ Vanita Seth, “The Origins of Racism: A Critique of the History of Ideas”, *History and Theory*, Vol. 59, No. 3, 2020, pp. 343-368.

⑤ Audre Lorde, “The Master's Tools will Never Dismantle the Master's House”, in *Sister Outsider: Essays and Speeches*, New York: Crossing Press, 1984, pp. 110-113.

四 内部与外部——历史知识的两种反思路径

赫尔曼·保罗（Herman Paul）近期批评了史学理论研究中存在的一种“后缀化冲动”（posterizing impulse）。他指出，历史哲学家倾心于将“后”（post/after）或“超越”（beyond/transcend）等词缀附着在既有的概念中［例如，后叙事主义、（后）后现代、后人类主义、超越海登·怀特等］，以表示与过往理论的彻底决裂，从而凸显自身研究的独特性与超越性。[①] 在这个过程中，很多优秀的史学理论作品被迅速遗忘，淹没在不断诞生的新主张中。保罗强调，那些在“后缀化”浪潮中被视为“过时”的理论仍能与当下的史学实践建立联系，并且对经典史学理论作品的重读亦可激发出新颖的历史思考。为此，保罗邀请了9位知名学者共同撰写了一期“历史哲学中被遗忘的经典之作：新解与重读”特刊，特刊中的每位学者都重读了一本看似“陈旧”的历史哲学作品，并尝试回答以下两类问题：（1）这本书最初的创作目的为何，作者的抱负、担忧或指导性问题是什么，（2）重读此书可以如何启发21世纪的读者，它与当今哪些历史哲学趋势保持一致，或是暴露了它们怎样的局限性。[②]

被重读的九部经典既包括哲学家和历史学家的论著，也包括文学作品。这些风格迥异的著作最初并未受到学界的重视，但通过研究者的重读，它们的价值被逐渐发掘。受限于篇幅，在此仅选取三类作品（文学、历史学和哲学）中各一部简要说明。汉斯·凯尔纳（Hans Kellner）关注了文学家列夫·托尔斯泰的名著《战争与和平》，托尔斯泰在这部作品中表达了强烈的反历史哲学倾向。他认为历史不存在任何先决力量，即使是伟大的英雄也不过是历史进程偶然的产物。因而历史研究无法规划历史发展的方向，也不能真正说明历史事件的动因和意义。凯尔纳指出，这一思

---

① “后缀化冲动”（posterizing impulse）并非保罗首创的概念，它最初由种族理论家保罗·泰勒（Paul Taylor）提出。泰特将该概念定义为一种随时间推移不可阻挡的否定性、怀疑性且开放的力量。可参见 Paul C. Taylor，“Taking Postracialism Seriously”，*Du Bois Review*，Vol. 11，No. 1，2014，pp. 9-25。

② Herman Paul and Larissa Schulte Nordholt，“Introduction：The Posterizing Impulse in Philosophy of History”，*Journal of the Philosophy of History*，Vol. 15，No. 3，2021，pp. 267-271. 关于“后缀化”概念的深入阐释，亦可参见保罗本人主编的丛书：Herman Paul and Adriaan van Veldhuizen，eds.，*Post-everything：An Intellectual History of Post-concepts*，Manchester：Manchester University Press，2021。

维与怀特晚年提出的“实践的过去”（the practical past）[1] 遥相呼应，它有利于专业历史学放弃自身的傲慢，转向从文学作品出发挖掘人类的情感、经验与生活，以使历史认知重获自由[2]。

菲利普·卡拉德（Philippe Carrard）重读保罗·拉孔布（Paul Lacombe）撰写的《作为科学的历史学》（*De l'histoire considérée comme science*）。这位年鉴学派的先驱不满于历史研究对搜集个别事实的沉溺，要求历史学家更全面地探寻事件背后的“制度”（institutions）、“问题”或“规律”，以实现历史学的科学化（scientific history）。卡拉德认为，拉孔布在探寻历史规律时预设的一些科学原则时至今日仍值得借鉴，并且他对女性地位问题的关注也为当前“性别史”（gender history）研究提供了有益的参考。[3]

安克斯密特探讨了哲学家彼得·蒙茨（Peter Munz）撰写的一部冷门著作——《时间的形态》（*The Shapes of Time*）。蒙茨的作品主要讨论了历史学是如何通过一些普遍性规律将按自然时间排列的事件转换为有意义的叙事构造物（Sinngebild）。为了说明这一主题，蒙茨挖掘了事件间深层的结构关系，系统阐明了历史“解释”与“阐释”间的差异与联系，并构建了一套全新的覆盖率原则。安克斯密特称赞了蒙茨的贡献，认为他是一位比丹图（Arthur Danto）更好的历史学家，比海登·怀特更好的历史学家和哲学家，而他的叙事理论比戈斯坦（Leon J. Goldstein）更有效地平衡了现实主义和理想主义的矛盾，他的批判思维比吕森和明克（Louis Mink）更加广博，他的时间哲学比科泽勒克更为敏锐。[4]

---

① “实践的过去”是怀特晚年提出的重要概念，它与专业历史学在论文和专著中构建的“历史的过去”（the historical past）相对，表示一种个体和群体在生活中体验和经历的过去。这种过去混合着被压抑的记忆、梦想、虚构和欲望，是富于创造性的活的过去，可以真正为实际问题提供解决策略。（Hayden White, *The Practical Past*, Evanston: Northwestern University Press, 2014, pp. 9-10.）

② Hans Kellner, “Tolstoy's War and Peace: Philosophy of History Defamiliarized”, *Journal of the Philosophy of History*, Vol. 15, No. 3, 2021, pp. 272-286.

③ Philippe Carrard, “History and/as Science: Rereading Paul Lacombe”, *Journal of the Philosophy of History*, Vol. 15, No. 3, 2021, pp. 287-304.

④ Frank Ankersmit, “Peter Munz and Historical Thought”, *Journal of the Philosophy of History*, Vol. 15, No. 3, 2021, pp. 378-394. 安克斯密特此处提及的理论家（包括蒙茨）本质上都是叙事主义者（Narrativist），这与他最近的研究兴趣相关。在同年的另一篇评论文章中，安克斯密特专门讨论了这些学者的贡献，并提倡史学理论回归到一种前海登·怀特的叙事主义语境中。可参见 Frank Ankersmit, “A Narrativist Revival?”, *Journal of the Philosophy of History*, Vol. 15, No. 2, 2021, pp. 215-239。

此外，特刊中的其他文章还关注了克罗齐、库恩、马尔库塞、大卫·哈兰（David Harlan）、基特施泰纳（Heinz-Dieter Kittsteiner）等学者的著作，并将他们的思想与“当下主义”、“人类世”、时间哲学、历史伦理等前沿问题有机地联系在一起。

但值得反思的是，被奉为经典的历史著作大多是欧洲中心主义视角下的产物，它们以现代性思维作为历史认知的内核，将其他非中心的历史知识排斥在外。因此，史学理论研究如果过度地关注自身，将最终导致其囿于封闭的话语体系之中，从而丧失沟通外部世界与自我批判的动力。为了避免这种情况的发生，近期一些学者主张重视历史学理论与实践的“外部”参照，他们尝试回答这些问题：在现代知识体系之外是否还存在其他历史认知的可能性，这些外部的历史认知是否可以等同于边缘和他者，它们蕴含着怎样的哲学原则和实践价值，又会对原有的历史理论产生哪些影响。①

一些学者从理论出发，辨析了“内部”与“外部”间的张力。阿根廷学者帕尔蒂（Elías J. Palti）讨论了福柯思想中的三个重要维度：知识（knowledge）、权力（power）与主体化（subjectivation）之间的拓扑（topology）关系。对福柯而言，知识由于不协调的内部关系，导致其无法实现自我阐释，需要借助权力作为外部参照，而权力也由于自身缺乏稳定的形式，同样需要与外部的主体化活动关联在一起。帕尔蒂指出这一理论重构了知识的认知论模式，并为哲学反思提供了超越性的视角。② 安克斯密特和吕森（Jörn Rüsen）都借鉴了科泽勒克的理论，但二者侧重各有不同。安克斯密特讨论了科泽勒克时间哲学中的矛盾性。一方面，“多层时间”的概念为历史向非欧洲文化开放提供了本体论的可能，但他对“鞍形期”（Sattelzeit）概念的应用却流露出西方中心主义的认识论立场，为此我们需要对科泽勒克的理论做出适当的取舍；③ 吕森借用科泽勒克对现代历史思维的描述指出，全球视野下的现代性是多元化的，因此必须超越科泽勒克的时间哲学，构建一种更具普遍性价值的历史人类学。④ 菲奥娜·詹

① Ulrich Timme Kragh, “The Possibility of an Outside: Theoretical Preamble”, *History and Theory*, Vol. 60, No. 4, 2021, pp. 3-5.

② Elías J. Palti, “Deleuze's Foucault: On the Possibility of an Outside of Knowledge/Power”, *History and Theory*, Vol. 60, No. 4, 2021, pp. 20-35.

③ Frank R. Ankersmit, “Koselleck on ‘Histories’ versus ‘History’; or, Historical Ontology versus Historical Epistemology”, *History and Theory*, Vol. 60, No. 4, 2021, pp. 36-58.

④ Jörn Rüsen, “The Horizon of History Moved by Modernity: After and Beyond Koselleck”, *History and Theory*, Vol. 60, No. 4, 2021, pp. 74-81.

金斯（Fiona Jenkins）则辨析了三个文化批评理论：瓦尔特·米尼奥罗（Walter Mignolo）的“边界思维”（border thinking）、阿丽拉·阿苏蕾（Ariella Azoulay）的“潜在历史”（potential history）以及朱迪斯·巴特勒（Judith Butler）的“流放状态”（the exilic condition）对边缘与他者的接纳，它们都反映出当代理论家向外部世界拓展的努力。①

另一些学者则从实践的角度思考接纳“外部”的方案。例如，米拉·阿什尔（Meera Ashar）考察了古吉拉特语作家南达卡（Nandśaṅkar Tuḷjāśaṅkar Mehtā）的传记作品。她认为，南达卡的作品将事实与虚构的知识混合在一起，反映了本地史学（vernacular history）独特的文学化特征，这与怀特所呼吁的“实践的过去”（the practical past）相互契合，并为超越传统历史书写提供有益的借鉴。② 乌尔里希·蒂姆·克拉格（Ulrich Timme Kragh）探讨了应用怀特的叙事理论分析非西方史学文本的可能，为此他主张构建一种“非西方转义学”（non-Western tropology）。与怀特对西方前现代思想的借鉴相似，非西方的转义也要汲取自身文化传统中独特的思维模式和隐喻机制，从而能有效地挖掘本土史学话语背后蕴含的形式结构。③ 多曼斯卡则试图超越当前主导的历史思维方式，构建一种面向未来并可以解决实际问题的“预示性人文科学”（Prefigurative Humanities）。为此她鼓励人文研究肩负起自身的伦理责任，广泛借鉴后殖民、政治学、文化艺术等领域的研究成果，向一个多元共存、合作友善的乌托邦迈进。④

本质上，“内部”与“外部”之间的关系并非截然对立的，“内部”的客观性需要在“外部”视角的参照中构建，而“外部”的活力需要在与“内部”的联络中得以保持。如果他者与边缘彻底将主体与中心排斥在外，那么它们将迅速丧失初衷，甚至堕落为一个同样封闭的“内部”。因此有必要将“内部”与“外部”视为一个有机的整体，“外部”在“内部”的感知极限中呈现，而“内部”则承载着“外部”的普遍性。⑤ 因此，本章两类看似相悖的历史反思实则蕴含着惊人一致性：无论是回归经典还是探

① Fiona Jenkins, “Whoever are Histories for? Pluralization, Border Thinking, and Potential Histories”, *History and Theory*, Vol. 60, No. 4, 2021, pp. 100-117.

② Meera Ashar, “Thriving on the Margins of History: Engaging with the Past in the Vernacular”, *History and Theory*, Vol. 60, No. 4, 2021, pp. 59-73.

③ Ulrich Timme Kragh, “The Refraction of White: The Primary Colors of Hayden White's Tropological Theory of Discourse”, Vol. 60, No. 4, 2021, pp. 82-99.

④ Ewa Domańska, “Prefigurative Humanities”, Vol. 60, No. 4, 2021, pp. 141-158.

⑤ Ulrich Timme Kragh, “The Possibility of an Outside: Theoretical Preamble”, p. 18.

寻他者与边缘，它们都需要协调“内部”与“外部”之间的对立，避免向任意一方过度倾斜。更重要的是，它们都展现出历史自我批判的勇气，这为也史学多元未来的构建提供了积极的活力。

五 结语

如果说2020年至今发生的哪一历史事件最值得被铭记，那无疑是全球性的新冠肺炎疫情。受到疫情的影响，我们更多地选择居家隔离，这导致生产消费大幅度缩减，能源排放日渐降低，交通出行跌至谷底。世界仿佛被按下了“暂停键”，使人类进入了一个特殊的暂停时刻（anthropause）。[①]然而，关于历史的思考却一刻未曾停止。通过上文冗繁的回顾，我们可以直观地感受到来自不同领域的学者在这个特殊时期迸发出的惊人创造力。同时，史学理论自身的属性似乎也在发生转变，它开始逐渐走出抽象的高塔，与具体的史学实践结合在一起，更加真切地关注人类的生活、情感与未来。这种良性的互动正像尤姆·奥雷尔（Jaume Aurell）所呼吁的：优秀的历史学不会拒绝理论在外部照亮它的机会，而真正的历史理论同样会致力于史学实践的改善。[②] 或许在不久的将来，引发无数灾祸的疫情终将结束，但理论与实践的智慧将会不断更新自身，给予人们认知世界的无限可能。

---

① Christian Rutz, Matthias-Claudio Loretto, Amanda E. Bates et al., “COVID - 19 Lockdown Allows Researchers to Quantify the Effects of Human Activity on Wildlife”, *Nature Ecology and Evolution*, Vol. 4, Issue 8, 2020, pp. 1156-1159.

② Jaume Aurell, “Practicing Theory and Theorizing Practice”, *Rethinking History*, Vol. 24, No. 2, 2020, pp. 247-249.

他山之石

按语：

“他山之石，可以为错。”尽管我国的文化史研究成果十分丰富，但关于文化史的理论和方法之探究则比较薄弱。引进和借鉴海外学界的相关成果，是提高我们研究水平的有效途径之一。奈良本辰也的《文化史学的形成与意义》，系作者在日本国历史研究会所办的“日本历史讲座”的演讲稿，该文对日本的文化史学从理论和史学史层面作了较为系统的总结和反思；米丽·鲁宾的《如今，什么是文化史?》原是为纪念 E. H. 卡尔《历史是什么?》发表 40 年而作，讨论的也是文化史的理论问题。林翔、蒋凌楠将它们译成中文，以方便我国学者参考。期望这两篇译文对我国文化史学的理论建设能够起到推动的作用。(张昭军)

文化史学的形成与意义*

——日本战后关于文化史学的反思

〔日〕奈良本辰也 著

林　翔译

(北京师范大学历史学院，北京　100875)

摘　要： 长期以来，实证主义史学在日本占据主导地位，文化史学未受到应有的重视。文化史并非从异于政治和经济领域的文化事象中汲取而来，它不只是一种特殊史。文化史学是一种相对于历史的观念。西田直二郎是现代日本文化史学最具代表性的人物。西田提倡通过意义性来把握时间，从而消解了历史与历史哲学的对立，由此建立了历史事件与全体时代及全体人类之关

---

* 奈良本辰也（1913—2001），日本历史学家，日本中世纪和近代史专家，历任日本立命馆大学教授、部落问题研究所所长等，代表作有《日本经济史》《明治维新论》《日本近世的思想与文化》等。原文标题为《文化史学》，系作者的演讲稿，收入奈良本辰也『日本近世の思想と文化』，東京：岩波書店，1978。

联。通过这种方式，实现了世界史和国别史的统一，亦引起学界关于审视历史的立场的反省。虽然文化史学因具有精神史的构造，被追究战争责任，且存在淡化历史学自身的主体性、弱化历史的实践性等缺点，但是其优点亦十分显著。文化史学以哲学性的考察为本，呈现观念论史学的最高阶段，它强调现实关怀、倡导综合性，恰好可以弥补实证主义史学之不足。鉴于日本历史学界对文化事象研究薄弱的现状，回顾文化史学尤为必要。

关键词： 文化史学　西田直二郎　《日本文化史序说》　实证主义史学　精神史

一　作为实证主义史学批判的文化史学

如今，在审视我国历史学界之时，就文化史学所占据的位置，人们不一定看得到它的重要作用吧。不，不仅如此，对它在战争高潮阶段所起的翼赞的作用，也许现在还是从痛苦不堪的回忆说起。我也在一些论文中读到过对文化史学的批判。于是，人们尝试着将文化史学作为构不成问题的不严密的思想，对此弃之不理。在我看来，这种态度也并非不能理解。

但是，文化史学真的是如此微不足道的陈旧的思想吗？或者是必须背负大部分战争责任的荒唐的、谬误的产物吗？如若深入思考，实证史学、社会经济史学等都有严重的问题。战争的责任不能仅追究一种史观，这个国家的所有学问的存在方式都难辞其咎。而且这也是有良心的知识分子，以及深究学问至此的进步性集团在政治指导中着实关注的问题。提及战争责任之类的问题，便一举将文化史学埋葬于彼岸，对于这种做法，我无法完全举手赞同。不仅如此，一种想法强烈地支配着我，使我想要深入探究在还未完全成熟之际迎来战争又被现在的课题所遗弃的文化史学。

现在在我国根深蒂固的是实证主义史学。对于实证主义史学，对它的有效性，马克思主义业已有所借鉴。我知道现在的实证主义是在兰克史学的基础上形成的，发展至今，它经历了十足的历练。诚然，为了巩固历史学作为科学的基础地位，必须采用实证主义的坚实的方法。纵使历史之中存在法则，也不允许这种法则在认知事实中有丝毫差错。哪怕事实的认知仅有略微的失常，由此抽象而成的法则便不能作为正确的法则，无法得以通用，此认知本身也毫无意义。实证主义所考证的，正是历史学的形成基础。在如今，实证主义史学得到广泛的支持，深深地植根于历史学界，这并非没有理由。

但是，关于全然信赖这种实证主义的做法，我们还是持踌躇的态度。实证主义的历史学不是明确地与过去的史实相关，倒不如说，它面对的是历史的根本。那么，到底实证主义想证明什么呢？过去的严密的时间的考证、场所的确认、一人或多数人的政治性日常性的生活的精细观察，这些对所谓的历史而言，究竟遗失了哪些内容呢？倘若这些事实及事实的堆积是历史的全部，历史归根到底就是以探求事实为始终，只具备洞察过去未知之事实的含义。只是如此便可以了吗？进而言之，既然实证主义历史学切断了过去与现实关怀之间的联系，使所有的历史事实完全地客观化，成了存在自身的历史。但是，历史仅有存在本身这一层含义吗？三木清曾将历史分为作为存在的历史和作为事实的历史两部分，即 Sein 的历史和 Logos 的历史。我认为历史确实存在那样的构造。若是如此，将作为事实的历史全部变成舍象，仅执着于存在的历史学，真的可谓达到了对历史的本质性的理解了吗？

换言之，历史作为被制造的东西，以无法改变的姿态存在于我们的过去，但是我们却持有推动历史的未来的立场。我们在思索未来之时，应该认识到人类的意志对此发挥着一定的作用。对将要到来的未来，展望一些可能性，这是人类被允许的特权。此外，在这些可能性之中自由地选择一个，也是人类很大的特权。自然之中没有自由发挥的余地，但是社会之中却残存着能动性空间。这样的话，作为考察历史的立场，我们所持的立场、意志的自由，理所当然地必须具备重要的意义。于是，考察历史必须事先附加在现在的立场之上。

对于实证主义，如果现在再对它施加一个批判的话，那就是批判它如何考证历史事实。实证主义将被实证的过去的存在，全部作为历史事实去把握，仅此而已。它无法清楚地认识历史性的事件。因此，即使持有确凿的证据，实证主义也会将全部的事实作为叙述的对象，此即它的性质。但是，以这种形式将过去的事象面面俱到地拼凑在一起，这样的历史叙述真的可以吗？时间，分秒之间，会有难以计数的事象产生。纵使作为史料保留下来的事物数量很少，那也总归是被遗忘的记录。并且，在哪里也找不到这种证据：只有被保留的记录是历史性的，被遗忘的记录是非历史性的。更进一步地说，那些记录保留与否，全部由偶然性支配。这样看来，就产生了一种结果：对于实证主义所依据、所使用的，作为实证线索的事物，已经必须多加考虑了。

我认为，基于实证主义存在上述缺陷，而且现在仍处于支配性地位，故而文化史学的存在大有必要，我们也必须充分考虑文化史学的意义。为何这么说呢？因为文化史学正是对这样的实证主义史学，抑或是对文献主义史学最适当的批判者。换言之，实证主义史学最缺乏现实关怀，而文化史恰好强调现实关怀；或者说，实证主义史学存在没有历史综合性的弱点，与此相对，文化史学最强烈地讴歌综合性。进而言之，当实证主义史学仅停留于表面现象之时，文化史学的考察的刀锋却深入了潜藏在现象深处的事物。我认为如今对文化史学的轻视，反倒助长了那种实证主义的浮于表面性的理解，如果存在这种倾向，便必须像伏尔泰一样，主张“历史应该全部由哲学家书写”。

二 作为方法的文化史学的形成

格奥尔格·冯·贝洛在《德意志史》中写道：“我们将伏尔泰称作对后世影响最大的文化史的创始人。”冯·贝洛所言之意与现在的文化史学是否直接相关将稍后再做讨论，暂且尝试略论被称为一般性的文化史是如何形成的。也许伏尔泰的观点确实是正确的。借用克罗齐的言论，那是“被僧侣的虚伪与廷臣的阴谋所充斥而成的历史的轮廓，贤明的君主所策划与实施的完善的设施，终归由于外部的恶意以及人民无知的反抗而化为乌有，而且被赞叹和感谢的对象通常是有限的有识之士，此即历史的轮廓”（羽仁五郎译，克罗齐《历史学的理论与实际》）。即使那里存在的不只是由中世的史学家们恣意与独断摆布的，全都不明来历的叙述；那些将历史的丰富的内容作为舍象的，只剩下不可思议的形骸的历史叙述，也不值得一提。

伏尔泰明确地表示，完全不相信这种理解历史的方式。他将理性作为对待过去的事象的唯一的武器。通过理性得以明确的是，至今单方面地被认作善的东西也存在恶的阴影，也就是说，被完全称赞的对象，在他的背后，也潜藏着不可称信之处。通过理性，历史的事实更加接近真实，这一点毋庸置疑。但是与此同时，理性也将存在于历史运动之底部的一切人性之事物捆绑在一起。

诚如贝洛所言，伏尔泰从每个人的熟虑、意志、狡智、愚钝出发，阐明了一切的历史事件。不言而喻的是，他不仅从文学的兴趣出发构筑历史，而且已经在“对从查理曼大帝到路易十三世的各种国民精神与道德以及对历史上的主要事实的试论”中，发现欧洲人和亚洲人的共通性，思索在此演绎人类历史的法则，对于人类的历史——或言之对于人类精神——提出了作为界定的三个条件，即气候、统治形式和宗教。这不只是说明的叙述，表明了伏尔泰欲将这种方式提升到学问的方法的强烈的意志。

总之，视伏尔泰为文化史的始祖，是用批判性态度对待过去关于历史的形式性的理解，也是将历史作为人类精神之展开的思考方式，还是以法则性、综合性等来把握问题的思考方式。同时，文化史具备的这些基本态度，使得它具有开创未来生命的性质。因此，伏尔泰说道：“编纂者可以一而再、再而三地描绘马拉松和萨拉米斯战役。而我着手于不同的对象。”不得不说这是极富暗示性的话语。军事史、外交史或者是政治史等，至今历史学的存在方式，从始至终只是事实与关系的罗列，脱离了这些则别无他法。而伏尔泰提倡开拓新的领域，提出了将政治史等涵盖在内的研究历史的新方法。这是伟大的宣言。

在历史叙述的领域之中，不是关于战争和政变的事物，而皆是不同人类的习俗、道德，以及对语言和文字的产生方面施加考察，这便是伏尔泰所考虑的历史的叙述。讨论文化史的历史的考察方法与其他的历史考察方法时，被认为是“对象之问题”的一个理由也是由此而来的吧。作为与政治史、经济史等相对的文化史并非不存在，我在此专门提及与它的方法相关的问题。

总之，相关的文化史的研究方法，包含了从掀起法国启蒙时期的历史学的大型风潮的让·博丹到孔德塞，取得了巨大的发展。

但是，将文化史的研究作为文化史学形成之阶梯的下一个阶段，这无疑是基佐带来的观点。伏尔泰等人将囊括东西世界之诸民族的广泛的事实作为考察对象，在此窥探人类精神的展开与进步；与此相对，基佐则追究一国国民的内部问题。诚然，亚洲的民族也好，欧洲的民族也罢，都是同等的人类伙伴。但是，如果视为精神发达程度相同，扩大对象，反而只会使内容变得贫乏。西田直二郎博士的《日本文化史序说》写道：“换言之，舍弃广泛而不精确，以被限定范围的精细知识取而代之；舍弃粗放，以集约取而代之。舍弃通过全体考察部分，以由部分窥探全体取而代之。”正是这种“由部分窥探全体”的观点，可以视为将文化史学作为文化史学的，另外的可以炫耀的新的方法的形成。

形成作为一国国民之历史的文化史学，是“舍弃广泛而不精确，以被限定范围的精细知识取而代之”，从而使实证主义、文献史学的考虑实现周全。实际上，这种使其他历史观具备十足的准备的态势存在于文化史学之中。因此，截至托马斯·巴克尔被推崇，文化史观都维持着支配地位。巴克尔在文化史的研究方法方面强烈地提倡法则性。毋庸置疑的是，在巴克尔的观点中，气候、风土等地理性要因占据着重要的地位，他所呈现的综合性的把握，也实现了自伏尔泰以来的文化史研究的大型集约化。

但是，到此为止的文化史的叙述包含了著有不朽的名作《文艺复兴时期的意大利文化》的布尔克哈特，个人史的色彩浓厚。无论罗马废墟中的咏叹如何触及杰出文化之暗流，也终须通过特定的个人，由他的心的状态来表达。纵使文化史强烈地以一般性为志向，表明一般性的证据也不能像自然科学一样完全地展示。但是文化史终归必须是科学。而且，应与自然科学一样，受到同等程度的信赖。

这种与科学性的接近，最初来自兰普勒希特。兰普勒希特将个人的历史与集团的历史置换了位置，他最注重考察以同种方式重复的事物。他在同样的事实、同一性质的重复之中求解一个类型。正是这一类型，于他而言发挥了破解历史各项关系之法则的作用。这种方法就犹如在自然科学的繁杂的各种自然现象中，观察同样的事象与性质的重复的样态，从中抽象出自然法则。

兰普勒希特的这种方法，理所当然地备受批判。与冯·贝洛一样，他也对史学史全然无知，甚至可以说是在已经失败的地方，再一次重复了愚钝。这些批判全部在于，对历史学来说，自然科学的方法完全是歪门邪道。

三　作为文化史学的代表的西田史学

但是，兰普勒希特的尝试为文化史学的发展带来了很大的进步。这体现在对类型性的把握方面。因为树立了这种方法，至今为止的个人性的、讲故事性的历史叙述才能呈现综合性和更为科学性的叙述的形态。但是，那种科学性是什么呢？对此并非没有出现过大规模的反省。李凯尔特所指出的自然科学的方法和文化科学的方法的区分，便是对科学性的反省；狄尔泰的作为精神科学的历史叙述之特殊性的观点，也是对科学性的反省。

对李凯尔特也好、对狄尔泰也罢，都有很多的批判。但是，李凯尔特将历史的认知与一次性产生之事物联系起来，将个别作为个别并赋予其内涵，这的确是深刻的反省。这种个别性的事物因为与文化价值的普遍性有关而进入了历史叙述之中，这暂且不论，更为重要的是，李凯尔特给予历史学以认识论的基础，并将其作为逻辑性的构成，这种努力对文化史学今后的发展发挥了极其重要的作用。

不过，与此相比，狄尔泰以把握丰富的人性作为中心课题，这在文化史学的形成中，添加了更多的东西。借用狄尔泰的话，"现在关于人类存在的分析是，我们的所有，即生命的无常、阴暗冲动的力量、面对黑暗与幻影的苦恼，以及源于生命的共同生活之最高产物……这些作为生命的一切，都使我们痛感难以逃脱有限性等"（《历史理性批判》）。[①] 因此，仅从理性的立场出发来审视人类的历史，也难免招致片面的诽谤。有鉴于此，必须从人类生命的一切出发，将这些矛盾全部涵盖在内地理解所有的历史事实。故而，狄尔泰所讨论的历史事实，自然与作为存在的历史不同。以存在的历史为历史事实，这种思考方式是将历史事实从人类的意识中独立出来。现在狄尔泰认为，历史的事实只是人类参与的事实，仅存在于生命的共感之中。因此，即便生命存在矛盾，过去的诸如"无法理解作为生命的客观化的历史事实"之类的理由也是不成立的。遵循体验、表现、理解这一阶段顺序，生命不断地衍生出丰富的人类文化。回顾过去的文化的同时，也是对自身的理解。这是充实自己的历史认知的方法，而且，文化史学也理应指引出对历史的敏锐的省察。

在李凯尔特的认识论的定位与狄尔泰的对丰富的人性的把握都遭到批判的同时，作为新的文化史学成立的，是前面提到的西田直二郎博士。因此，西田博士认为，文化史学的传统存在于我国的《愚管抄》《神皇正统记》，新井白石的《读史余论》，田口卯吉的《日本开化小史》等，这种历史叙述的形态之中；而绝非存在于所谓以文化史的名目、从异于政治和经济领域的文化事象中汲取的，被称为"某某文化史"之类的记叙之中。

针对那些仅将文化史作为特殊史的人，不，对那种只能处理叙述的方式，西田博士说道，"将与宗教、艺术、教育等相关的所谓的精神事象，以年代的顺序编成编年史，分类记入史料集成或具有相同精神的事项，这就产生了具有极其机械性形态的、类似于文化史年表的东西"，"与其说相关的形态使被叙述的精神事象作为人类精神的活动、本身具备使自己反省

① "生命"一词，原文写作"生"，译者统一译为"生命"。需要指出的是，狄尔泰所使用的"生命"一词，指人类生活的整个范围。——译者注

的含义，倒不如说将这些事象作为对立的对象的世界，具有思考的倾向。客观的世界是精细详密的，故而与自己的世界的关联更加遥远，更加淡薄。处理精神事象，与自己的精神逐渐疏远，以至于过去的时代越发脱离现代。克罗齐将相关形态称为文献学的历史形态。如果相关形态之中有文化史存在，那么，应该也可以命名为‘文献学的文化史’”。的确，本文所讨论的文化史学是一种相对于历史的观念，它和文献学的文化史完全不同质。我也不准备将文化史学视为如同形成特殊文化史一般。正因此，这种文化史学的现代最具代表性的人物，首推我国的西田直二郎博士。

因为西田博士的文化史继承的是内田银藏博士的学统，所以或许有必要陈述一下内田银藏博士的观点，但是这与其他研究有重复之处，有鉴于此，仅直接切入西田博士文化史学的相关主张。考察历史分为具体性的考察方式和一般性的考察方式。例如，考察一个时代，可以尽可能详尽地考察这个时代所发生的每一个事实，巨细不漏地记载；也可以不拘泥于一个一个的事实，而运用贯通全体的精神或法则，有重点地进行考察。如何将这两种相反的考察方式相结合，这对于历史学来说是重要的问题。西田博士将此称作“历史和历史哲学”的对立。只要是历史学家，便应该考虑过如何解决这二者的对立。总之，历史学家之态度，应该不会脱离结合史料、进行具体性考察。既然将历史作为科学，便不能舍弃综合。而且，将希罗多德的探求与奥古斯丁的摄理相结合毫无裨益，陈旧的历史学即是如此。重视一方面，就会轻视另一方面，举例而言，兰普勒希特就是很好的典范。兰普勒希特因为不仅采用自然科学的方法，连其所论述之事实也遭到了贝洛等人的批判。

为了化解这种矛盾和对立，文化史应运而生，这一点已经显而易见。但是它化解得并不充分，这一点亦毋庸置疑。西田博士的文化史学——以下简称西田史学——是如何破解这个难题的呢？鉴于应该可以由此阐明西田史学乃至最新的文化史学的主张，故而首先提取这一问题。

首先，西田史学认为，历史与历史哲学的对立是时间上的对立。“通常对于历史，时间关系发挥着重要的作用。由于历史仅与过去的事件有关，时间和年代便不可或缺。历史学家的作用，是将与人相关的诸事件，按照年代和时间的顺序排列，这看起来似乎很容易实现。与此相对，于历史哲学，抑或于对历史做哲学性考察的‘历史的哲学性考察’而言，年代关系并不是最为主要的。”（《日本文化史序说》）如此说来，于历史之中考虑时间的关系，但是根本找不到二者相统一的根据吧。西田史学在如此设问的同时，指出："历史不是过去事实的真实写照，过去于现在而言具有意义，因此，如果形成历史，这里所说的时间关系不过是其中的第一层意义。"（同上[①]）

如果时间关系只是第一层的意义，那便很难找出与其他各项意义相比、必须特别重视时间性之意义的理由。而且，历史叙述不是列举按时间发生的所有事象。选择的原理应该在此发挥着作用。西田史学就此提到李凯尔特的文化价值。无限多的过去之事象，通过与价值的联系，形成历史事实。即使历史之中具有个性的事物只发生一次，哪怕不是表现为繁多的事物，只要与文化价值有关，便理所当然地也与普遍性有关。因此，"不是所谓的因为历史事实与其他很多的历史事实同形，才有了作为类型的普遍性，而是由于事实与人性有关，在此基础上才有了同形"（同上）。这种言论随之被提出，于是将文化价值导入人性的做法流行开来。

认为文化价值与人性之全体相关，这一观点也可以定义为，历史事实是"人性全体之上的某种有意义的存在"（同上）。若要引用《日本文化史序说》中的表述，即是"因此，每一个个体都与全体相关，即使不改变个体，其与全体的相关性依然成立。这一意义虽然处于时间之中，但是时间关系不会对其造成丝毫损伤，故而便可以通过将事实视作与全体性相关联的方式来理解历史事实"。总之，通过意义性把握时间的文化史学，消解了历史与历史哲学的对立。于是形成了这种局面，"单个的事件被时间、场所制约，与广泛的全体时代相关联，不仅要理解它和全体国民、民族的相关性，还要考虑它与全体人类之关联"（同上）。

四　文化史学的功绩与向精神史的倾斜

实证主义和文献史学，虽然迄今为止具备了大量的材料，但是仍然顾忌在阐释史料之外作论断。一个事件是一个事件，这并非不能描绘其间的人类的智愚与巧拙以及成败的轨迹的追踪，但是无法追溯到人类本质的思考。西田史学式的理论，也许是打碎作为存在的时间的权威性。然而，现在文化史学将时间作为意义来把握，将历史的事实视为具有人性全体意义的事实，以此充分理解历史的事实，这是逼近历史的深奥之处的研究手段。

比如，即使是关于做庭园的历史事实，陈旧的历史学始终探求记录性

---

① 参考文献同上，即《日本文化史序说》。

的东西，为探究作者、年代、形式消耗了大部分的注意力，并没有追溯它的精神构造。也就是说，在陈旧的历史学中，室町时代的庭园与镰仓时代的庭园只有形式和作者不同。因此，即使明确作者的意图，考虑问题也难以涵盖所有的时代精神。但是，考察一个作品，越深入地考察，越会发现，作品与人性联系密切。这样才会具备时代的一般性倾向。因此，如果不能如此充分地理解一个作品，那是研究方法有问题，此方法脱离了人性。反而言之，如果按照正确的方法推进，理所当然地可以看到个别之中时代人性之全体以及历史流经之普遍性。

因此，由各个事象可以窥探全体，这一思想必然创造出世界史和国别史的统一。如果一个事实可以成为窥探全体的线索，一国民众的历史也可成为认知世界全体的有力的线索，这种观点基于将国别史和世界史视作本质相同。兰普勒希特对日本历史的关注，也是基于此。同时，这也使人们发现，普通人在历史之中发挥着重要的作用。历史的真实是，即使是有名的政治家和军事家，与他们的个人行为相比，平凡的大众和多数的庶民集团的表现却更加耐人寻味。相较于个人心理学，社会心理学才是探索历史本质的有力的武器。

文化史学具有的另一个进步，是带来了审视历史的立场的反省。文化史出现之前的历史学，没有充分反省撰写历史的立场。诸如兰克，想要排除历史主观主义的要素，他说道，“我为了认清事物的纯粹而试图消除自我”。撰写历史的终究是作为个人的我，这个我，或许从属于一个党派，或许与一个学界有瓜葛，不能避免带有某种偏见。而且，至此为止的历史叙述，还不能充分地认识到，各种感情和利害难以真实地反映事物。兰克的反省是对这些事态的反省，但是兰克的这种反省的着力点是原封不动地、纯粹地反映事物。我们无论多努力，应该也无法纯粹地脱离我们的立场。要而言之，那是一种道德性的反省，不具备由此迅速产生学问之方法的性质。实际上，与兰克的反省相比，不如肯定本原状态的自我。常言道：蛇之道，蛇知晓。[①] 认知过去不纯粹的自我，唯有通过现在的、与过去不纯粹的自我紧密相连的我之自我。

西田史学——文化史学，以自我作为最重要的历史体验者，通过“丰富的自我”的形式，把握作为现在的自我。这些当然出自狄尔泰提出的体验、表现、理解的逻辑，因为这些对自我的设定，过去的事实在现在更加

① 奸臣识佞臣，好汉识英雄。比喻同类者相互知道内情。

生动地苏醒。《日本文化史序说》指出："历史学家不是通过史料窥探过去的事实，而是厘清事实关系。较之事件的直接参与者，历史学家更容易理解这一事件与其他事件之间的关系，这并非不可思议。他们能够把握事件的进程与全体时代之关联，亦可以考察事件的进程与全部历史进程之关系。比起当事人与当代人，他们能够更进一步地理解事件与全体人类、全体文化发展的关系。关于这种理解，即使时代与事件发生之时相隔很远，对于整体性的理解却反而更为容易，这种说法并非特别荒谬。这一层面反倒才是作为历史学家的意义。"

于是，文化史学一方面考虑认识论的问题，另一方面，批判其他以对象之特征来区分"文化史"的见解。对此已做阐述，此处不再讨论。但是，西田博士的文化史不是所谓"某某文化史"，关于这一论断，再次强调应该也不为过。

那么，西田史学的文化史是如何具体化的呢？那只有参见《日本文化史序说》第四讲《古代文化的概观》之后的内容。该著作结合日本文化所展开之样态，规模宏大地、相继地罗列了《王朝文化的基础事实》《镰仓时代与武家文化》《室町时代的心灵倾向》《德川时代与近世社会》《明治的文化》等条目。由此所呈现的，正是人类精神的展开。在该著作中，有的时代以艺术为代表论述，有的时代将学术思潮作为主要潮流、以此把握时代的精神。因此，所有论述人类精神形象的事物，都可以作为历史素材、自由自在地论述；看似极其琐碎的事物之中也被倾注着无限的意义，呈现在读者的面前。这便是西田文化史学的状况。

于是，考察日本文化就是考察世界历史的请求，是充分意识到这一点而做出的叙述的尝试。可以说，这里出现的一些尝试，即个人的自觉、罗马式和哥特式的对比，或者是文艺复兴的存在形态、计量精细或者是重商主义的范畴的设定，都足以证明日本文化与世界文化处于同一块地基。诚然，正是西田文化史学，打破了国粹性的国史学的外壳，对考证丰富的人性的发展发挥了巨大的作用。

但是，无论文化史学自身有何种意图，终究必须对决日本的法西斯主义。法西斯主义的要求，无法容忍文化史学的非实践性的理解。文化史的观照是在严酷的现实之间挖掘出一道沟壑。而且，文化史学具备精神史的构造，使其最终成为最具政治意图的精神史。根据大类伸博士的说法，"从文化到政治，进而再到精神。这种发展是具有意义的、充分的发展。政治与文化相比，现实性显著。政治虽然在行动方面充满积极的意愿，但是也可能存在片面的偏执的倾向。取而代之的是精神。精神具有一切人类生活根源的力量，那种综合性的机能脱颖而出。同时，精神不像文化那样消极，并非游离于现实。精神与生活现实层面相互协作、并排前行，具有意欲与能力之源泉般的力量，它的提出是理所当然的。作为与人类的生命联系更为深刻且广泛的历史观，则出现了比政治史更高级别的精神史”（昭和十七年，《现代史学》）。

这种精神史确实是根据狄尔泰的精神科学形成的，但是，已经不像狄尔泰一样关心文化。与之前的政治相比，它以更具实践性的政治为志向，将人类所具有的激烈的冲动定义为精神，理直气壮地进行自由的捏造。关于这种精神史的战争责任，现在应该没有频频诉说的必要。

五　文化史学现在的意义

诚然，文化史在其形成的过程中，被作为精神史追究责任。但是，文化史学还有其他的面相。文化史学以哲学性的考察为本，故而在思想史领域展示出特别杰出的见解，展现出观念论史学所到达的最高阶段。也就是说，到此为止的思想史是它的外延的汇集。思想只是单纯地收集语言的边角料，文化史学不仅停留于此，还进而追究它们的内在性。由此，思想的内在之联系被阐明，其内在性被掌握。

但是，文化史学也存在不少缺点。例如，于文化史学而言，把握历史的主体是丰富的自己，在丰富自己的过程中，推动出历史学的新的发展。按照这样的界定方法，历史学自身的主体性变得非常稀薄。这种想法被认作完全陷入相对主义也别无他法。或者说，为了将历史看作与意义相关，从此便没有了实践性出现的契机。似乎还没有出现像撰写历史一样，充分地撰写文化史的著述。这与历史发展问题有关，也与时代划分问题有关。

对待历史，仅考虑书写的立场是不充分的，仅考虑被书写的立场也是不充分的，因为只偏重于一方，便无法实现历史的飞跃式发展，时代划分会呈现出非常恣意的样态。西田史学指出：“在实际总观历史之时可见，人类兼有近世史和古代史。历史之中时代区分之表象的根本性事物在此。”但是我们也知道，在考虑时代划分问题的时候，比起上述划分方式，不如以更基本的事实来划分，这种坚实的方法对于理解历史更为有效。对于丰富自己而言亦是如此。

西田博士写道：“如今的唯物史观，已经不是对过去的历史事实做细节性的整理，而是通过对过去经济生活的历史性的阐明，如同在历史之中提示一贯性的事物一般。它所关注的是与生存相关的现实问题，以及与生活相关的现代、现时的事实。甚至不如说，现代生活本身即具有重要性。”（同上）实际情况确实如此。那么，过去的精密的分析没有必要了吗？我们现在生活在 1957 年，每天的历史层出不穷。日本孕育了我们，我们创造历史亦不能脱离日本的历史。而且，日本在明治维新以后成为资本主义国家，被认为具有特殊的形态。脱离日本国的历史性，我们的实践和历史也无法存在。若是如此，对于现在我们所面临的问题，自然需要结合明治以来的历史来破解。正是唯物史观的立场，具备了作为学问的正当性。它与不考虑现在、只追求过去的精密性的实证主义史学相比，已经向前迈进了一步，这一点亦毋庸置疑。

我们在实际操作中也会面对极为不当的历史解释。文化史学的这种性质，强烈地反映了撰写历史之人的主观性，他们未曾考虑便做出解释。但是即使如此，文化史学所呈现的历史的哲学性的方法，使仅埋头于史料、忘记接近时代本质的人们得到充分的反省。我们考虑到唯物史观也要趋近实证史学、文献史学的现状之后，便丝毫不会想要将文化史学弃如敝屣。不，我甚至认为，克服历史学对于现在的文化事象研究薄弱的方法，意外的收获正是产生于对文化史学的回顾之中。

（译文初稿曾在北京大学唐立国老师的研究生课上讨论，特此表示感谢）

如今，什么是文化史？*

〔美〕米丽·鲁宾 著
蒋凌楠 等译
（上海社会科学院历史研究所，上海　200235）

摘　要： 如今，社会史、新文化史的影响已遍及全球历史学界，我们该如何理解“文化史”？从传统的思想史、艺术史领域，到当下新文化史视角下包罗万象的“文化史”又有哪些特征与方法可循？伦敦大学欧洲史教授米丽·鲁宾此文给出了21世纪的答案。该文原发表于文集《如今，什么是历史学?》，意在回应40年前E. H. 卡尔的经典提问“什么是历史学”。鲁宾认为，从20世纪的法国年鉴学派到福柯，再到人类学的研究实践，历史学家的研究对象和方法视野不断扩展。“文化转向”后的历史学，关注人们的交流方式、不同观念与实践的传播与流通以及个体在其中的作用，并且留心概念、修辞与程序、社会模式所构成的系统。

关键词： 新文化史　文化转向　人类学

亚当·库珀（Adam Kuper）在其著作《文化：人类学者的解释》一书中建议我们一起避免使用“文化”这一“过度相关”的词语。[①] 它已经表

---

* 作者米丽·鲁宾（Mirik Rubin），伦敦大学（Queen Mary University of London）历史学院教授，研究方向为中世纪和早期现代欧洲史，尤其是社会关系与宗教文化研究。Mirik Rubin，“What is Cultural History Now?”，in D. Cannadine（ed）.，*What is History Now*?，London：Palgrave Macmillan，2002.

① Cambridge，MA：Harvard University Press，2000，p. x. On the term see William H. Sewell，‘The Concept（s）of Culture’，in Victoria E. Bonnell and Lynn Hunt（eds.），*Beyond* （转下页注）

达了太多，以至于意义太少。“文化史”一词的使用也是同样的。“文化史”既可以涵盖艺术史、思想史这样的传统史学领域，也可包含所谓“新文化史”。[①] 曾经，毫不起眼的政治史家、固执严肃的人口统计史家、难以接近的外交史家以及饱经风霜的帝国史家，在20世纪七八十年代一度被排除于所有优秀史学聚会名单之外；但现在他们回来了，作为研究政治仪式、冷战文化和文化碰撞的专家重获邀请。同样地，20世纪六七十年代第一波“新”史学潮流中相对边缘的医药史、科学史、法律史等领域，现在被视为令人激动的新史学，因为它们的“文化”都可以再探究。

一

如果说“文化转型”现已影响到所有史学类别，也不是平均分布在各时期的。正如18、19世纪史学家最欢迎社会史，他们受民众行为或道德经济学的著作影响，首先突出了阶级，继而是性别。文化转向已成为中世纪晚期和近代早期的历史学作品中最显著的特点，这一历史时期如今早已不再如E. H. 卡尔所说的“不可知、不相关”了。在这段时期出现的看似如此不相同的文化作品中，有着强调拉丁语/本地语、僧侣/平民、基督徒/异教徒的二分法的强大的信仰文化，我们有足够的理由将这些文化作品的形成过程放在显微镜之下。正是在这里，梅诺乔（Menocchio）的自我教育是一种特权的象征，在这里，我们可以得知暴政下仪式如何被创造，通过“本土流变学”[②] 如何削弱对通俗信仰崇拜——即便对象是一只狗[③]——的流变学，有关荣与辱的复杂仪式如何进行，对图像如何被使用及滥用。我们很容易得出结论，在那个低识字率的时代，文本信息恐怕是最不简明、

（接上页注①）*the Cultural Turn: New Directions in the Study of Society and Culture* (Berkeley, CA: University of California Press, 1999), pp. 35-61.

① Lynn Hunt (ed.), *The New Cultural History* (Berkeley, CA: University of California Press, 1989); Bonnell and Hunt, *Beyond the Cultural Turn.*

② Nicholas Watson, 'The Politics of Middle English Writing', in Jocelyn Wogan-Browne, Nicholas Watson, Andrew Taylor and Ruth Evans (eds.), *The Idea of the Vernacular: An Anthology of Middle English Literary Theory, 1280-1520* (University Park, PA: Penn State Press, 1999), pp. 331-52.

③ Jean-Claude Schmitt, *The Holy Greyhound: Guinefort, Healer of Children since the Thirteenth Century*, trans. Martin Thom (Cambridge: Cambridge University Press, 1982) [Le saint lévrier: Guinefort, guérisseur d'enfants depuis le XIIIe siècle (Paris: Flammarion, 1979)].

不直接的，而信仰文化包含了书中的宗教意义。

历史学家是一个未经魅化世界的产物，他们与信仰文化一经相遇，立即发现不可能找到对等或类比，这类努力只能去别处寻找。“别处”一词常见于人类学的研究，他们会将属于不同分类和不同问题的丰富成果、文本铺排在一起：如祈祷者和祭坛装饰品，加冕礼上的鞋和皇家法律，社区及其环境。他们常从这里得到了经验教训和新的任务，然后将其应用于别处。[①] 因而“文化转向”很自然地传播开，因为它强调的是，交流的前提条件、代表的术语、结构意义之间的互动，即叙述和话语，以及个体与群体运用这些话语来表达自己的方式。“文化转向”还将这些课题当作人类互动的基础。

正如所有优秀思想的基本出发点都是简单的。文化转向不仅提问“某事物究竟怎样”，更关注“他/她/他们眼中的某事物是什么样的”。敢于问出这样的问题并提供答案，还要合乎 E. H. 卡尔的“重要性标准”，这当然是一种挑战。如果我们认可，历史学注定要反映我们历史上重要时刻和生命的历程，和 E. H. 卡尔一样，那么达到他的标准便会容易得多。这样，历史学家修养的形成，不仅要在档案卷宗的灰尘中经历涂油礼，还要调动你见多识广的主观能动性，用智力去分门别类、建构系统以及移情。由此去追踪过往的愿望、痛苦、希望和欲求，现已被公认为人类反思和了解过去的一部分，有用且必要。一种新型的史学撰述法——自我反思与对话——已然成型，对长久以来处于失语状态事物的探研也随之开展。

所有这些都看似专注于文化的奇特后果，在 20 世纪绝大部分时间里最应归功于法语史学书写的贡献。法国人对于社会的反思，是出了名的去人格化；很多作品旨在建构系统，分析中有很强的结构主义性，偏爱抽象，沉醉在汇集各种模型和眼光敏锐的长期趋势中。二战后由国家指派去高等研究实践学院（École Pratique des Hautes Études）第六专业的历史学家们创造了欧洲的新历史。这一新视角很大程度上应归功于前一代历史学家，像马克·布洛赫（Marc Bloch）和吕西安·费弗尔（Lucien Febvre）。他们

① 中世纪史家和早期现代史家有过理论反省，比较有影响力的如 Gabrielle M. Spiegel, *The Past as Text: The Theory and Practice of Medieval Historiography* (Baltimore, MD: Johns Hopkins University Press, 1997); Brian Stock, *Listening for the Texts: On the Uses of the Past* (Baltimore, MD: Johns Hopkins University Press, 1990); 近来还有 Paul Strohm, *Theory and the Pre-modern Text* (Minneapolis, MN: University of Minnesota Press, 2000)。关于精神分析的运用见 Lyndal Roper, *Oedipus and the Devil: Witchcraft, Sexuality and Religion in Early Modern Europe* (London: Routledge, 1994)。

在一战劫后受到了美国研究视角影响，并接受了美国资助，试图创建一种全新的史学类型，关于民众，关于生活的节奏、工作、死亡，一种集体的历史，可以在历史学家的工作坊、国际会议上完成，而昔日敌人可以作为专业上的朋友再相会。尽管费弗尔和布洛赫没能动员到欧洲史学界前辈——比利时人亨利·皮雷纳（Henri Pirenne），他们还是在巴黎开启了法国的业务——《经济社会史年鉴》（*Annales d'histoire économique et sociale*）。《经济社会史年鉴》在1945年之后扩展至世界，带着热情和一套重启的目标，而布洛赫则在二战中勉强幸存。①

他们构想的历史学不要沦为民族主义者、军国主义者、分裂势力或种族主义者的牺牲品，而要揭示长时段、缓慢发展的深层构造，不是法国、德国或意大利哪一国的，而是整个欧洲的。他们的历史触及大多数民众而非精英，包含科学工具如经济学、人口统计学和广受尊崇的法式地理学。在各个方面都表现出从大事件转向结构，从短叙事转向历时性问题。② 这样一种历史学依然无缝地展开；布罗代尔把它视为总体史，不同领域行为总是相互连接，不可分割。只有会意的历史学家才能在一篇文章中讲一个完整的叙述，暗示一般既增长见闻又不失精准的。通过一系列长时段的统计数据来致力于重建历史体系，即系列史（l'histoire sérielle），③ 关于贸易和人口，关于食物生产、繁殖、童年、工作至死。④

---

① 关于《年鉴》的版本与制度背景，参见 Carole Fink, *Marc Bloch: A Life in History*（Cambridge: Cambridge University Press, 1989）, pp. 128-165；又见 Peter Schöttler（ed.）, *Marc Bloch: Historiker und Widerstand-Kämpfer*（Frankfurt and New York: Campus, 1999）。

② 这并不是说，前人没有寻求过这样的转向，参见 Lord Acton 在1895年6月的就职演说，名为“Study Problems in Preference to Periods”, John Edward Emerich Acton, 'The Study of History', in John Neville Figgis and Reginald Vere Laurence（eds.）, *Lectures on Modern History*（London: Macmillan, 1906）, p. 24。

③ 最具雄心的是 Emmanuel Le Roy Ladurie, *The Peasants of Languedoc*, trans. John Day（Urbana, IL: University of Illinois Press, 1976）［Les Paysans de Languedoc, 2 vols（Paris: SEVPEN, 1966）］；书评参见 Jean-YvesGrenier, in Bernard Lepetit（ed.）, *Les Formes de l'experience: une autre histoiresociale*（Paris: Albin Michel, 1995）, pp. 227-228; for a comment on this reevaluation sce G. Stedman Jones, 'Une autre histoire sociale?（note critique）', *Annales HSS*, vol. LIII（1998）, pp. 383-394。

④ Philippe Carrard, *Poetics of the New History: French Historical Discourse from Braudel to Chartier*（Baltimore, MD: Johns Hopkins University Press, 1992）; Trajan Stoianovich, *French Historical Method: The Annales Paradigm*（Ithaca, NY, and London: Cornell University Press, 1976）; Peter Burke, *The French Historical Revolution: The Annales School 1929-1989*（Cambridge: Polity Press, 1990）. 历史学者对于《年鉴》的评论参见 *Les* （转下页注）

他们很快领会到和人口规律、农耕模式同样重要的观念。什么样的心理结构与这些农业、亲缘关系相对应？什么是巩固着贵族权的代表和仪式？这些也存在于缓慢发展着的、整个欧洲共享的地域之上，超越了战争、侵略和征服的短时段。这些是心态上的，集体性的，关于死亡、童年、性欲、亲缘、炼狱和来世。[①] 从1968年开始，年鉴学派更多参与了欧洲历史上思想谱系的挖掘。他们在人文科学研究院的邻居，有人类学家如克劳德·列维-斯特劳斯（Claude Lévi-Strauss）及其弟子，社会语言学家像艾米莉·本维尼斯特（Emile Benveniste），还有日后成为哲学家的雅克·德里达（Jacques Derrida）、社会理论家皮埃尔·布迪厄（Pierre Bourdieu）。尽管多数年鉴史家都否认自己是马克思主义者，他们仍然受惠于马克思的文化视角，从社会关系、生产关系出发如何推动或延缓了“现代化”进程。法国学者写出的阅读史、革命史、炼狱史或家族史等著作，很快被译成英文、意大利文、西班牙文。20世纪70年代后，这些法国学者受邀前往美国的大学中授课和交流。将物质和思想融合的做法，令人兴奋，还有另一种声音将加入，来自特立独行的、永远令人不安且难以捉摸的哲学家、历史学家、考古学家，福柯（Michael Foucault）。

二

福柯留给历史学家的是一个具象化的历史。他使我们打开眼界，去发现“医院里、诊所里、精神病院和监狱中的”一些身体具象，[②] 甚至去发现生命存在的具象化状态，即身体作为痛苦与欢乐的载体。对福柯来说，这些身体，被其所在的社会认为是边缘的、异常的，这其实是一种力量的标志。这种力量作用于一切，通过恐惧，通过控制，形塑知识，通过代表自然的习俗，通过混淆虚构与本质的方式。这种控制用于所有人，不仅是

（接上页注①）*formes de l'experience*。关于《年鉴》史学理论方法的接受，参见Vauchez, Oexle, Little, Simons, Rucquoi, Klaniczay and Gurevich等人的文章，收入Miri Rubin (ed.), *The Work of Jacques Le Goff and the Challenges of Medieval History* (Woodbridge: Boydell, 1997), pp. 71-141, 223-248。

① 关于心态的系谱学及其相关概念，参见Peter Burke, ‘Strengths and Weaknesses of the History of Mentalities’, in *Varieties of Cultural History* (Cambridge: Polity Press, 1997), pp. 162-182; Stoianovich, *French Historical Method*, pp. 120-121。

② Patricia O'Brien, ‘Michel Foucault's history of culture’, in Lynn Hunt (ed.), *The New Cultural History* (Berkeley, CA: University of California Press, 1989), p. 34.

那些走上绞刑架或监狱中的人。福柯的巨大影响，不仅在于他所谓隐含的权力的历史之中，还有对于身体的关注。了解丰富资料的历史学家，占据了这种具象化的实现过程，发现了身体具象在戏剧里，在仪式里，在祈祷中，在工作中，在痛苦中。[①]

有了福柯以后，体系的建立、构造、纪念走向了终结，剩下的几乎无法修复。因为模式的建立，福柯式的话语建构，难道不是权力运作的本质，难道不是知识分子和活动家必须努力揭露和阐明的主体吗？福柯留下的不是一套理论，而是洞察力和一种“有活力的系谱学”方法。对历史学家来说，这意味着一番并不陌生的搜索，去寻找影响力、汇集及邻近。虽然结果差距巨大，但是产生了解开神话与反映“制造常识”的实践。我们难道没有学过，夺取女奴的初夜权是专横的大男子主义的封建特权吗？然而，现在我们知道那种“权力”（droit de cuissage）始于 16 世纪法学家的一个玩笑，并且在 19 世纪被辩论家重塑为一种反对教会权利的幻想。[②] 食人的行为，难道不是一种用来界定非欧洲的、他者的习俗吗？它仅仅从哥伦布发明开始才在 16、17 世纪获得了神圣的论证法上的深意。[③]

换言之，与我们讨论特别相关的是，伴随着语言的发展，语义常由预先存在的词汇创造出来。历史学家必须追踪这些语义的痕迹，从而带领我们找到权力发生作用的模式，使用语言的习惯及其变化过程的轨迹。当我们在 14 世纪早期的欧洲发现圣餐的宴会——基督圣体节（Corpus Christi）时，当时君主的专用语言就附属于法国关于基督身体（Christ's body）的相关仪式，这启发我们注意到了游行仪式使用皇家肖像的元素。在游行仪式中，圣餐表示国王，圣餐的游行队伍象征皇家的入口。当它在 16 世纪传入秘鲁时，被理解为太阳神的意象，游行队伍计划要在日出时到达一座山

---

① 关于身体及其作为精神状态的隐喻，参见 Piroska Nagy, *Le Don des larmes au moyen âge* (Paris: Albin Michel, 2000); Jean-Claude Schmitt, *La Raison des gestes* (Paris: Gallimard, 1990); Alain Boureau, *Le simple corps du roi: l'impossible sacralité des souverains français XVe-XVIIIe* (Paris: Editions de Paris, 1988); Laura Kendrick, *Animating the Letter: the Figurative Embodiment of Writing from Late Antiquity to the Renaissance* (Columbus, OH: Ohio State University Press, 1999)。

② Alain Boureau, *The Lord's First Night: The Myth of the Droit de Cuissage*, trans. Lydia G. Cochrane (Chicago, IL: University of Chicago Press 1998) [*Le Droit de cuissage: la fabrication d'un mythe XIIe-XXe* (Paris: Albin Michel, 1995)].

③ Frank Lestrignant, *Cannibalism: The Discovery and Representation of the Cannibal from Columbus to Jules Verne*, trans. Rosemary Morris (Cambridge: Polity Press, 1997); *Une saint horreur; ou le voyage en eucharistie, XVIe-XVIII siècles* (Paris: Presses Universitaires de France, 1996).

顶，以此作为仪式的高潮。[①] 通过追寻不同文本中的符号象征，自然出现了对比的可能性，在不同的宇宙观、空间观念和神圣观念问题上都可比较。[②]

福柯式的时刻，相对智识上的受害者而言，是强调了权力的运作；它不断回响在1970年代、1980年代的解放运动和自我表达中：女权主义、民权运动、同性恋解放运动、环境运动、反殖民活动等。争取权利的政治运动，都需要历史学的参与，提供一种压迫的系谱学：女权主义者想要一个女性的历史，非裔美国人想要一部黑人的历史，反叛而新建成的国家与地区创写他们自己的历史。在几乎所有这些案例中，压迫的故事，都关联了生物性差异在文化层面的表现。女性被压迫是基于男女生理上的差异，非裔美国人被特殊对待与种族的刻板印象有关。而且，文化的包装使这些压迫持续了下来，通过国家的仪式或不同性别面向的节律。压迫的故事看起来是一部文化的历史，也许大多数都封进了与殖民主义的相遇中，在萨义德（Edward Said）《东方学》里可以找到。[③]

对于形成“文化转向”至关重要的是，女权主义的兴趣点与愿望所产生的广泛影响。女权主义历史学家们有着多种心境、不同代际、多方面差异，当然还有不同时期和不同研究地点的差别，仍主要是女性学者，已经增进了对“文化”的理解，正如她们在70年代扩大了对“社会”构成的理解一样。女权主义者探求的中心概念之一——性别，认为男女之间的差异，不是生来就有的，而是被人为制造的。那是由表述、规劝和榜样构成的网络制造出来的，在观念与实践之间，通过每一个具体的个人制造出来，也包含每个个体一起。有了这些网络，就有可能勾画出压迫、不平等、剥夺公民权、低期望值、教育途径受限等问题的结构性，但也可能辨识出抵抗、创造性与偷换语义。性别意识出现在所有文化作品中：乔叟（Chaucer）在早年就决定翻译中世纪最伟大的方言诗作——《玫瑰传奇》。

① Antoinette Molinié, ‘D’ un village de La Mancha à un glacier des Andes. Deux célébrations “sauvages” du Corps de Dieu’, in Antoinette Molinié (ed.), *Le Corps de Dieu en Fêtes* (Paris: Cerf, 1996), pp. 223-253.

② 一个相关的讨论是关于流行文化的。讨论之一参见 Lawrence W. Levine, ‘The Folklore of Industrial Society: Popular Culture and its Audiences’, *American Historical Review*, vol. XCVII (1992), pp. 1369-1399，相关评论见 Robin D. G. Kelley, Natalie Zemon Davis and T. J. Jackson Lears, ibid., pp. 1400-1430。

③ Edward W. Said, *Orientalism* (New York: Pantheon, 1978).

他做了大段删节，删去了那些在时人看来也是歧视女性的言论。[1] 很显然，法国读者反响很好的作品，不符合英国人的口味，也不适合商人及其妻女们。在欧洲社会或者欧洲语言社会，性别语言被有区别地用于表达不同的事物。

对性别研究的关注，已经使历史学家学会阅读意义丛中的符号，这些符号常在上下文中运用，在有意义丰富的实践案例中，通过多种类的文本和不同质地的物件表现出来。卡洛琳·拜纳姆（Caroline Bynum）通过考察宗教的女性的模式，探讨了核心的基督教符号的运用——受难、圣祭礼等，她认为这些充满表现力，且十分丰富。[2] 提起"女性"就会激起一连串相关含义。[3] 有人说，理查德二世在1399年非常柔软且女子气，就会引发对他的政策一系列批评，如批评他的统治没有效率，他好斗，质疑他的理智、道德和可靠性；还有人说，犹太人有女人一样的柔弱气质，这会消解他们阅读和阐释圣经的权威性，暗示他们读经是通过肉而非灵。这里的很多关联是由精神分析实践中得到的启发，从文化角度阅读一个文本，就好像梦的解析。我们可以对这一系列的结合有更多的了解。以文化的视角阅读文本就如同对梦进行解析。"从文化视角"阅读文本时，我们可以汇集所有相关的东西——视觉的、文本的、听觉的——并且将它们加以整合，好比透过棱镜可以得到一个清晰的焦点与视野一样。"从文化视角"阅读材料，我们能够去收集到整个系列，包括相关的图像、文本、音乐以及它们的叠加，好像多棱镜那样，获得一种新的焦点和视野。

与学习新语言一样，接触并学习使用不同方言和体裁的史料并不容易，但这扩大了我们的认知，并引导历史学家接触不同史料，如记录下来的、回忆中的、被刻下来的、被歌颂着的和被祈祷的——雕刻的资料以及祈祷的资料。一些历史学家甚至试图参与各种富有想象力策划的类似"观察行动"：金兹伯格（Carlo Ginzburg）重塑了四百余年前在弗瑞乌里村中梅诺乔（Menocchio）所居住的磨坊世界；娜塔莉. 戴维斯（Natalie Davis）

---

① 参见 David Wallace, 'Chaucer and the European Rose', *Studies in the Age of Chaucer*, vol. I (1984), pp. 61-67。

② Caroline W. Bynum, *Holy Feast and Holy Fast: The Religious Signifcance of Food to Medieval Women* (Berkeley, CA: University of California Press, 1987).

③ Joan Wallach Scott, *Gender and the Politics of History* (New York: Columbia University Press, 1988).

挑战去重建一个围绕 16 世纪马丁. 盖尔骗局事件的电影布景;[①] 就在最近，鲁斯. 哈里斯（Ruth Harris）更是使自己经受卢尔德朝圣的考验，忍受身心极限。[②]

三

为了理解富于象征意义的公众事件和集体经验，史学家转向了人类学。历史学和人类学的传奇滋养了“文化转向”。有此想法的历史学家会假装进入与过去人们的对话。正如人类学家做他们自己的田野工作，是通过探查和解释含义的不同体系，旨在将文化作为一种语言来研究，所以史学家试图去沿着历史学的痕迹，努力重建过去的世界。和人类学家一样，历史学家赋予了那些极具象征性的场合例如仪式以特别的重要性。在那些仪式中，社群不仅表演，而且重新制定了他们自己的神话起源、众神、统治者以及彼此之间的复杂亲缘关系。继列维-斯特劳斯的结构主义、玛丽·道格拉斯（Marry Douglas）和维克多·特纳（Victor Turner）发展的英语语系作品之后，[③] 历史学家期望找到有意义的二元划分法，用以划分神圣的和亵渎的、纯净的和污染的，但是二者最终还是会落入凌乱一团。他们之后开始探寻在仪式现场中对性别的描绘。[④]

最重要的是，在克利福德·格尔茨（Clifford Geertz）的影响下，仪式成了一个出发点去调查生活所有领域：工作、亲属、信仰和统治。虽然仪式不能总是得到解释，但它可以被阐释、小心地呈现出来，这种方法后来被称为“深描”（thick description）。格尔茨的方法在历史学者中可能已有

---

① 关于马丁·盖尔案子和她作品的争论，参见 Robert Findlay，‘The Refashioning of Martin Guerre’ and Natalie Z. Davis，‘“On the lame”’，*American Historical Review*，vol. XCIII（1988），pp. 553-571，572-603。

② Ruth Harris，*Lourdes：Body and Spirit in a Secular Age*（London：Penguin，1999）.

③ 关于玛丽·道格拉斯对文化研究的影响，参见 Sonya O. Rose，‘Cultural Analysis and Moral Discourses：Episodes，Continuities，and Transformations’，in Bonnell and Hunt（eds.），*Beyond the Cultural Turn*，pp. 217-238，at pp. 220-225。

④ A. Kuper，‘Culture，Identity and the Project of Cosmopolitan Anthropology’，in *Among the Anthropologists：History and Context in Anthropology*（London and New Brunswick，NJ：Athlone Press，1999），pp. 26-58，at p. 37.

了热心的使用者、尽心尽力的追随者；[①] 部分原因是它看似根本没有方法，但更像是一种温和的常识实践，优雅地书写，始终植根于广阔的历史背景——听起来非常像一种好的历史书写。

仪式浓缩了如何接近人类行为这个基本的解释难题，为了运作起来，它必须有规则约束，必须包含一个相当程度的共享的知识：然而，它是开放的，可以由每个仪式的执行者和观察者去重新排列、重新设计并解释。根据迪尔凯姆（Durkheim）提出的仪式运作方法，个人必须专注于它的意义和物质需求，以便带着那些汗水、舞蹈、诵唱和跪拜等项目去创作，那种感受的兴奋状态反过来产生这样的结果：更深也更便利地投入道德叙事和社会规范。

随着福柯式时刻的来临，女权主义批评揭露了社会秩序的运作，对主体地位及其社会关系不断增长的强调。在此背景下，仪式被构想为共享的事件、社会的黏合剂，有着清楚且有力的印记和含义，自然遭到了各种各样的批评。从罗马的狂欢节到诺丁山嘉年华，仪式充满了不确定性；它本质上是用来表述行为的，就像巴赫金（Mikhail Bakhtin，1895-1975）提示历史学者的那样。它经受住了失误、镇压甚至简单的遗忘等检验；有时甚至在雨中游行。[②] 显然，礼仪可以成为意想不到的转折，如 1579~1580 年礼仪在罗马壮观地转变为一场名流对工匠的大屠杀，戏剧性地重新定位了法国的宗教战争的态势。[③] 还有稍逊色的那场教区弥撒的骚乱、爱德华六世这样的婴儿加冕礼所产生的矛盾，还有更平凡的私人的事如 17 世纪法国天主教仪式中一个胡格诺派的圣餐保留。[④] 在 20 世纪早期的社会学家看

---

① 参见 Robert Darnton，'Workers Revolt：The Great Cat Massacre of Rue SaintSéverin'，in *The Great Cat Massacre and Other Episodes in French Cultural History*（London：Allen Lane，1984），pp. 75-104；Roger Chartier，'Texts，symbols，and Frenchness'，*Journal of Modern History*，vol. LVII（1985），pp. 682-695 以及 Dominick La Capra，'Chartier，Darnton，and the Great Symbol Massacre'，*Journal of Modern History*，vol. LX（1988），pp. 95-112。关于格尔茨贡献的最近评论参见 Sherry B. Ortner（ed.），*The Fate of 'Culture'：Geertz and Beyond*（Berkeley，CA：University of California Press，1999）。

② 关于“松散”仪式的以人种志理论参见 Caroline Humphrey and James Laidlaw，*The Archetypal Actions of Ritual：A Theory of Ritual Illustrated by the Jain Rite of Worship*（Oxford：Clarendon，1994）。

③ Emmanuel Le Roy Ladurie，*Carnival：A People's Uprising at Romans，1579-1580*，trans. Mary Feeney（London：Scolar Press，1980）.

④ 例如 Roger Mettam，'Dissemblers，Dissenters，Guerrillas：The Huguenots in France after 1685'，*Historical Research*（2002）（forthcoming）。

来，仪式的程序，作为一个用来加强既有社会道德秩序一致同意并再肯定的场合，可以从完全不同的角度去观察。由于仪式凝结着复杂的社会关系和观念——在空间和时间上——它可能提供扭曲的、难以接受的生活解读，更容易激起不满。

四

尽管1960年代以来，越来越多像凯思·托马斯（Keith Thomas）和娜塔莉·戴维斯（Natalie Davis）这样的历史学家涌现出来，但人类学家从80年代起就在经受着自身的危机，这可以从他们对目标的长远反思、对“人种志权威”的质疑中看出来。一些在这个学科中做出过伟大发现的学者，他们的作品被揭露为殖民事业的产物，或者是在那些富足社会里已祛魅群体的天真幻想。他们要去了解一个不同社会，相信只要有美好的愿望、有力的宪法与反疟疾药片就能经受住严峻考验，并哄骗人们把自己表露在人种志学者的注视下。正是这些观念、这种坚信被认为是可笑而且更坏的。1982年，詹姆斯·克利福德（James Clifford）和乔治·E. 马库斯（George E. Marcus）编辑了一本文集《书写的文化》，所论更甚。在一项把勒·华·拉杜里（Emmanuel Le Roy Ladurie'）《蒙塔尤》与埃文斯-普里查德（E. E. Evans-Pritchard）《努尔人》比较的分析中，罗萨多（Renato Rosaldo）把人种志学者比作审问者。人种志的研究文本被人种志学者同行们解构了，就像文森·克拉帕赞诺（Vincent Crapanzano）在文中所述，在那一册书中人种志分析的用词与分析模式是如何展现其说服力的。①

人种志与人类学，就这样吸取了后殖民主义、女权主义的批评，遭遇了后解构主义的挑战，尚未完成就被毁掉了。结果，人类学家部分地从殖民主义的过去这一领域中撤退，再加倍努力去理解西方社会的多样性与病态：这促生了一些作品，比如谭亚·鲁尔曼（Tanya Luhrmann）对美国精神病学的研究，雷·拉斐（Ray Raphael）对当代美国成年期的研究，以及

① Renato Rosaldo, ‘From the Door of his Tent: The Fieldworker and the Inqusitor’, and Vincent Crapanzano, ‘Hermes’ Dilemma: The Masking of Subversion in Ethnographic Description’, in James Clifford and George E. Marcus (eds.), *Writing Culture: The Poetics and Politics of Ethnography* (Berkeley, CA: University of California Press, 1982), pp. 77–97 and pp. 51–76, respectively. 又见 James Clifford, *The Predicament of Culture: Twentieth Century Ethnography, Literature, and Art* (Cambridge, MA: Harvard University Press, 1988)。

克劳汀·法布尔-瓦萨（Claudine Fabre-Vassas）关于当代法国西南部（这一地区显示出对反闪米特人的敏感程度的不同阶层）对猪在文化上用法的研究。[①] 历史学者一般不想去听这种生动的争论。但是他们应该去关注，因为关于交流的问题、关于理解其他文化及术语的问题，对于研究16世纪的历史学家，同对于研究拉丁美洲的人种志学者一样，都是非常重要的。我们都致力于通过众多相互关联的艺术品、说明、仪式、著述与谚语，从自我说明和各种痕迹中找出意义。我们的研究计划实际上如此相近。[②] 人种志的危机也会波及历史学家。[③]

像人种志学者一样，历史学者也很容易就接受了有一些人会是天真的信息提供者，很热心于跟友好的成年人一起探索他们游戏。有一个例子可以很好地说明：一个常被重复的故事讲述了清教徒肖约翰的经历，1644年他旅行到了威斯特摩兰郡，去寻找那些跟随圣经指引而进步的人们。他遇到并考察的人中，有一个老人对耶稣基督的了解很模糊：不就是那个他曾经在剧中见过的“在树上，流着血”的人吗？[④] 震惊，恐怖，那个清教徒关于无神论的幻想——这个人不仅无知，而且是从宗教剧中偶像崇拜场景来获知一点仅有知识的。但是我们应该把这个信息提供者当作一个自愿且清白的旁观者吗？被问到时，就回答出一个无污点的真相？也许他也不是一个说谎的人，而是一个浮夸的虚伪的暗中破坏者，或者牺牲对别处一无所知的人而开的一个玩笑？也许他不厌恶这个突然闯入的暗示——威斯特摩兰郡的人们在1644年还太无知以至于不知道他们的救世主？要使我们（人种志学者与历史学者都一样）的提问对象有效地回答，就要认识到他们的意图存在多种可能性，认识到需要长期的交流以及上下文交叉参考有

---

① Tanya M. Luhrmann, *Of Two Minds: The Growing Disorder in American Psychiatry* (New York: Alfred Knopf, 2000); Ray Raphael, *The Men from the Boys: Rites of Passage in Male America* (Lincoln, NB: University of Nebraska Press, 1988); Claudine Fabre-Vassas, *The Singular Beast: Jews, Christians, and the Pig*, trans. Carol Volk (New York: Columbia University Press, 1997) [*La bête singulière: les juifs, les chrétiens, et le cochon* (Paris: Gallimard, 1994)].

② 关于人种志实践（白人学者和黑人“提供消息者”），参见 Robin D. G. Kelley, *Yo' Mama's Disfunktional! Fighting the Cultural Wars in Urban America* (Boston, MA: Beacon Press, 1997), pp. 17-23。

③ 格尔茨对目前“田野工作”多样性的看法，参见 Clifford Geertz, *Available Light: Anthropological Reflections on Philosophical Topics* (Princeton, NJ: Princeton University Press, 2000), chapter V, pp. 89-142。

④ *Memoirs of the Life of Dr John Shaw*, Surtees Society, no. 65.

时才能确认和定位。①

也许对于现状最好的解释是，很难把一些人归为人类学家或者历史学家，比如马歇尔·萨林斯（Marshall Sahlins）。萨林斯曾经解释了一些文化相遇的影响深远的时刻，最著名的是库克船长在太平洋的航海和最终的死亡。他的研究关注挑战不同文化语境中的个体——也许可以称为，脱离空间的个人。在很多不大可能出现和地图上未知的自然情境之中，人类存在的一场戏剧被放大，而且确实是这样的。我们都是文化遗产的继承人——所谓文化，是指语言、习俗、起源的神话——然而我们也是这些遗产的特别和完全独立的例证者、使用者。正如库克船长所面临并呈现给夏威夷人的，是一个待解读的谜，所以我们在一生中或多或少地都曾被置于特殊的位置。作为反越战运动的教师积极分子，萨林斯曾观察过越南士兵和校园里的学生。当这些士兵和学生面临经济和政治所产生的道德困境，需要做出非常实际的个人行为决定时，他们每个人，都如同纳粹的 101 后备警察营的成员一样，要利用语言和叙事的传统来分辨善与恶，选择自己的道路。这就是萨林斯的历史解释方法：我们从习得传统遗赠（即文化）之时开始，就需要在生活创造的场景中做判断，去行动，以我们自己创造性的、独特的方式利用这些传统资源。这是个人的回归，一个被限定在传承意义的网络中的个人，但他（她）也是从中创造新的含义，开辟新的方式。② 而且，当谈及个人时，心智和感情也就处于危险状态。历史学家正在试探性地考虑一部感情的历史，带有某种程度的困惑的自我意识。③

---

① 关于如何处理文化和种族相遇的问题，参见 Robin G. D. Kelley, *Race Rebels: Culture, Poetics, and the Black Working Class* (New York: The Free Press, 1994), p. 22, 一个“提供消息者”对人种志盘问的看法是：“我认为这个人类学只是另一种方式叫我黑鬼”，见 John Langton Gwaltney, *Drylongso: A Self-Portrait of Black America* (New York: Random House, 1980), p. xix；关于历史主体的失语问题，参见 Jacques Rancière, *The Nights of Labour: The Workers' Dream in Nineteenth-Century France*, trans. John Drury (Philadelphia, PA: Temple University Press, 1989) [*La nuit des proletaires* (Paris: Hachette, 1981)].

② 参见 Marshall Sahlins, *Culture in Practice: Selected Essays* (New York: Zone Books, 2000); *How 'Natives' Think, about Captain Cook, for Example* (Chicago, IL, and London: University of Chicago Press, 1995); Gananath Obeyesekereh, *The Apotheosis of Captain Cook: European Mythmaking in the Pacific* (Princeton, NJ: Princeton University Press, 1992)。

③ 例如 Barbara H. Rosenwein (ed.), Anger's Past: The Social Histories of an Emotion in the Middle Ages (Ithaca, NY: Cornell University Press, 1998)。开创性的文集，参见 Hans Medick and David W. Sabean (eds.), *Interest and Emotion: Essays on the Study of Family and Kinship* (Cambridge: Cambridge University Press, 1984)。

五

过去二十年来，在语言的不同框架内搜寻声音，一直激发着来自各种方向的人文学科学者的研究兴趣。已有关于大事件的“非官方”脚本的探索，如在农民社会的研究[①]和印度次大陆历史学家的庶民研究[②]中发展起来，在女权主义历史学家的工作中，以及在工人阶级历史中则在寻找代理和声音。至于中世纪和早期近代的欧洲，通过对非标准文本和日常生活中物质踪迹的文本研究，新历史主义已经见证了历史学家和文学学者一起尝试去“感受真实”，通过对非经典文本的分析，同样重要的还有对日常生活中物质痕迹的分析。史蒂芬·格林布拉特（Stephen Greenblatt），像一位有经验的人种志学者那样，受到格尔茨运用世俗和“常识”的启发，已经展示了这样的眼光，像阅读文本那样分析人造用品，将不同类型的材料进行比较，如戏剧、布道和形象等。[③]

这一变化解放了历史学者，鼓励了文学学者：保罗·斯特罗姆（Paul Strohm）《英格兰的空宝座》就展现了这种文学批评的方法的有用性，去研究英国宪政史上的文件——编年史、议会的章程与法令，揭示了不同类别的工作、政治意图如何精心制作了合法性，留在记录里不同声音如此之像我们后来称为竞选班子的媒体顾问，所有都证实着亨利四世及其继任者是篡夺的王位。[④] 这样一种方法也说明，文本能告诉我们一些它们本不想告诉我们的东西；它们不仅会无视作者的努力去进行揭发，同样没有争议的是，它们也会透露出那些作者、制造者、绘画者从未意识到的东西。正如斯特罗姆所提示的，我们对于乔叟的了解，“比他对于自身的了解

---

① James C. Scott, *Domination and the Arts of Resistance: Hidden Transcripts* (New Haven, CT: Yale University Press, 1990); Sherry B. Ortner, 'Resistance and the Problem of Ethnographic Refusal', *Comparative Studies in Society and History*, vol. XXXVII (1995), pp. 173-193.

② Rosalind O' Hanlon (trans. and ed.), *A Comparison between Women and Men: Tarabai Shinde and the Critique of Gender Relations in Colonial India* (Madras: Oxford University Press, 1994).

③ Catherine Gallagher and Stephen Greenblatt (eds.), *Practicing New Historicism* (Chicago, IL: University of Chicago Press, 2000), Introduction on pp. 1-19；又见 Stephen Greenblatt, 'The Touch of the Real', in Ortner, *The Fate of Culture*, pp. 14-29。

④ Paul Strohm, *England's Empty Throne: Usurpation and the Language of Legitimation, 1399-1422* (New Haven, CN: Yale University Press, 1998).

还要多"[①]：他不能控制那些在文本中流露的自身无意识，不能得知其文本创作之时历史的发展进程，也无法完全预料读者对于自己作品的反应，以及随着时间推移评价所发生的变化。就他的作品，我们还能了解许多他自己所不知道的，但如果有可能的话，他一定也会相当有兴趣去了解的东西。

"文化转向"是由关键策略的交互作用形成的，这些策略阐明了人们交流的方式、思想与实践的传播以及个体在这传播流通中的作用，并总是留心事物的含义。最好要在研究实践中意识到其概念和程序在知识上的根源，警惕其修辞的迷惑。处理文化的问题，就成为如何看待不同范畴混合在一起的定义问题，因为它是一种含义的系统，它制定秩序，排列地位先后，并表明真实、被感知和被想象的事物之间必要的关系。面包既是一种好的食物，也可以作为不错的礼物送人，而当它被视为上帝的身体时就是件极好的东西了。看似同样的东西，在不同的使用语境下却会变成不同的事物；通过使用和实践，我们便能够进入一个有着我们未曾生活过的环境的含义的世界。[②] 这项工作的一部分可以是对含义之踪迹进行编年和描述，即历史人种志和系谱学。其另一部分则是去理解这些含义是为什么以及如何被附着在事物上，并用含义来对含义进行重新表达、质疑、揭露或再授予，又由此对事物进行褒贬的。这些问题牵涉到生活的各个领域，其中一些是为许多评论者所疏漏的。"文化转向"有助于解释和理解我们的研究工作、经济和政治。[③] 无论是个人的还是集体的，没有任何体验能够超出其运用范围。

（初稿由康蕙茹、董明志、朴炳周、李永进、叶冉娜、蒋凌楠、李圆圆、王萌翻译，根据张昭军教授建议，由蒋凌楠重译并通稿）

---

① Paul Strohm, 'Chaucer's Lollard Joke: History, and the Textual Unconscious', *Studies in the Age of Chaucer*, vol. XVII (1995), pp. 34-42.

② Roger Chartier, 'Culture as Appropriation: Popular Cultural Uses in Early Modern France', in S. L. Kaplan (ed.), *Understanding Popular Culture: Europe from the Middle Ages to the Nineteenth Century New Babylon: Studies in the Social Sciences* 40 (Berlin and New York: Mouton, 1984), pp. 229-253.

③ 这种可能性的暗示，参见 John Toews, 'Intellectual History after the Linguistic Turn: The Autonomy of Meaning and Irreducibility of Experience', *American Historical Review*, vol. XCII (1987), pp. 879-907, at pp. 882-883。

当代史学评论

多民族史学研究的新突破*

——读《中国古代史学批评史》第五卷《中国古代多民族史学发展与史学批评（辽夏金元时期）》

陈俊达[1]　武文君[2]

（1. 吉林大学文学院中国史系，吉林长春　130012；
2. 北京师范大学史学研究中心，广东珠海　519087）

瞿林东先生主编的七卷本《中国古代史学批评史》2020 年 7 月由湖南人民出版社出版。作为迄今为止第一部关于中国古代史学批评的通史著作，丛书着眼于中国古代多民族史学发展与史学批评思想。瞿林东先生在“总序”中指出：“中国是一个多民族国家，自秦汉起成为不断发展的统一的多民族国家。因地理条件、历史环境、文明进程的差别，各民族史学的发展迟速不一。由于文字的困难和文献的不足，我们对民族史学尚缺乏较深入的研究。”① 基于此，丛书第五卷，由吴凤霞、胡祥琴撰写的《中国古代多民族史学发展与史学批评（辽夏金元时期）》，“凭借汉文的有关记载，试图在民族史学与史学批评领域作初步的研究，俾使这时期（辽夏金元时期）的史学批评占有其特定的位置”。② 书中内容，以及对当下学术前沿的一些思考，令人对辽夏金元时期的史学思想、史学批评意识等问题有了深刻的了解与认识。笔者学识有限，尝试分享些许不成熟的心得与体会，望学界同

---

* 本文系 2021 年度国家民委民族研究青年项目“《高丽史》中的中华民族交往交流交融史料汇编”（2021-GMC-020）的阶段性成果。

① 瞿林东：《总序》，吴凤霞、胡祥琴：《中国古代多民族史学发展与史学批评（辽夏金元时期）》，湖南人民出版社，2020，第 13 页。

② 瞿林东：《总序》，吴凤霞、胡祥琴：《中国古代多民族史学发展与史学批评（辽夏金元时期）》，第 13 页。

仁批评指正。

一 体系完备，结构严整

《中国古代史学批评史》是多卷本学术通史，瞿林东先生在“总序”中对史学批评史的研究对象、研究角度、问题侧重、研究方法等方面，均提出了明确的指导意见，为各卷作者的具体研究指明了方向。[①] 作为多卷本中的一卷，《中国古代多民族史学发展与史学批评（辽夏金元时期）》的作者牢牢抓住瞿林东先生在“总序”中提出的指导思想，使得具体的研究与写作在贯彻落实丛书主编的写作意图、问题意识与研究宗旨的基础上展开。

首先，何为“中国古代史学批评史”？瞿林东先生在“总序”中指出，“是指在中国古代史学上，那些具有批评意识的史学家、思想家、政治家或其他学人，针对史学发展中出现的各种问题而提出自己的看法。这些看法中既包含相同或相近的意见，也存在分歧和异趣，甚至完全相反的观点。对这些意见、分歧、观点进行互相讨论、辩难的史学活动、史学现象，我们称之为史学批评”。[②]

基于此，该书作者紧紧围绕辽夏金元时期史学批评史的研究对象展开讨论，全书除前言与结语外分为六章，分别从“少数民族史学批评的开展”“史学名著的传播与史学批评”“党项西夏史学及史学批评”“元修三史反映的史体论”“史学批评观念的阐释”，以及“辽夏金元史学批评的特点及意义”六个方面进行研究，基本将辽夏金元时期民族史学的发展与史学批评的内容展现在读者面前。

其次，中国古代史学批评史作为“史学理论与史学史”这个二级学科之下的一个三级学科，其与史学史研究既有联系又有区别。瞿林东先生在“总序”中提出，中国史学史研究，是研究中国史学发展的面貌及其规律；中国史学批评史研究，是研究中国史学史上存在于其间的一个最活跃的内部动因，即批评与反思，包含批评的意识、批评的思想、批评的理论与方法及各方面成果（思想成果和著述成果）。瞿林东先生将史学批评史研究与史学史研究的区别细化为具有更为广泛的史料来源、是考察认识史学社

---

① 李振宏：《多卷本学术通史的典范——评瞿林东主编〈中国古代史学批评史〉》，《史学理论研究》2021 年第 4 期。

② 瞿林东：《总序》，吴凤霞、胡祥琴：《中国古代多民族史学发展与史学批评（辽夏金元时期）》，第 1 页。

会影响力的重要根据、促进史学概念内涵的深化和理论的生成、发展三点，力求使得各卷作者在写作中注意史学批评史研究的特殊角度，在写作侧重点上与各卷作者熟悉的史学史写法相区别。[①]

该书在写作过程中严格贯彻瞿林东先生要求，时刻注意史学批评史研究的特殊角度。围绕着史学批评主题，就各族史官、史家，少数民族皇帝、各族文臣武将及普通士人的具体有针对性的批评言论进行分析，力图比较全面地总结不同学养、不同社会地位的人的史学批评思想，加深对这一时期史学批评推进史学发展及社会文明进步的理解和认识。指出“史学批评的广泛开展，为辽夏金元史学的制度化、民族史撰述质量的提升，以及史学观念、理论的形成发挥了积极的作用”。[②]

再次，关于史学批评史写作中应关注的主要问题，瞿林东先生指出：其一，史学批评作为一种史学现象，它产生的原因何在；其二，怎样看待和分析史学批评主体提出问题的主要根源；其三，怎样看待史学批评的成果及其思想的社会意义、学术意义和理论意义；其四，怎样看待史学批评中出现的偏颇。[③] 这四个方面，是各卷都需要关注的共性问题，是史学批评史研究需要回答的基本问题，是全书能否具有一个统一的逻辑线索，能否构成完整的有机统一体的关键所在。

该卷在写作中很好地把握并回答了上述问题。在回答史学批评产生的原因、提出问题的根源、史学批评的意义时，作者在第二章“史学名著的传播与史学批评”中，以《贞观政要》为例，指出辽夏金元时期人们对《贞观政要》史学批评的出现，是为了使其成为帝王治国理政的“教科书”，希望借此对统治者的政治观念和施政方针产生积极影响，关于《贞观政要》的史学批评具有明显的政治意义与现实关怀。[④] 关于《资治通鉴》的史学批评亦立足于总结历史经验教训，具有十分明确的史鉴目的。在第四章“元修三史反映的史体论”中，作者指出，元朝史官在编纂辽、宋、金三史时，同样从史鉴的角度出发强调修三史的意义在于为后世经理天下者提供前车之鉴，彰往察来。强调修史对文化传承、国家治理经验的借

① 瞿林东：《总序》，吴凤霞、胡祥琴：《中国古代多民族史学发展与史学批评（辽夏金元时期）》，第 2~3 页。

② 吴凤霞、胡祥琴：《中国古代多民族史学发展与史学批评（辽夏金元时期）》，第 6 页。

③ 瞿林东：《总序》，吴凤霞、胡祥琴：《中国古代多民族史学发展与史学批评（辽夏金元时期）》，第 19~21 页。

④ 吴凤霞、胡祥琴：《中国古代多民族史学发展与史学批评（辽夏金元时期）》，第 71 页。

鉴、是非观念的树立等方面的重要意义。[①] 类似论述遍布于书中各章节，贯穿作者写作始终。

在回答如何看待史学批评中出现的偏颇问题时，作者坚持以辩证的观点看待问题，具体问题具体分析。如作者在论述梁寅在其所撰《史论》中指出，梁寅的史学批评“有得有失”。其“得”在于梁寅视野较为开阔，注重吸取前人研究成果，多有新见，较少受前人观点的束缚，能够毫无顾忌地直抒胸臆；其“失”在于梁寅的史学批评受程朱理学思想的约束，过分强调正闰观。因此，对于梁寅的史学批评成就，作者认为梁寅“所持的正统观念与史家崇尚的直书原则相冲突，基于正统的抉择而偏离史实，使其未能成为史学理论发展中一个有影响的人物，而只是推扬正统观念的儒家思想的代表人物之一，这一定程度上影响了他史学批评所达到的境界”。[②]

最后，瞿林东先生还给予各卷作者以方法论上的指导，提出史学批评史的研究方法包括：第一，把对历史的基本认识和所研究的问题置于一定的历史范围内予以考察；第二，借鉴古人提出来的有益的思想方法；第三，针对复杂的史学批评现象，要具体问题具体分析。[③]

瞿林东先生总结的史学批评史研究方法，与德国近代学者赫尔德、中国学者陈寅恪等先生提出的“了解之同情”方法论在思想内核上相一致。赫尔德指出，要理解一个民族的历史，光读懂一些词是不够的，要用感觉和灵魂去体会一个时代、一个民族，带着了解和同情，因为每个民族有其独特的性质、生活方式和习惯。[④] 该书作者将 10~14 世纪多民族的史学发展与史学批评置于时代背景下进行研究。作者指出，一个时代的史学是其时代历史的映照，这一时期辽夏金元政权的历史特征包括：辽夏金元四个政权的政治统治体系皆经历由简至繁渐趋完善的过程；北方经营和开发成就显著；各民族的广泛接触和交往，使民族间的重新组合及融合成为其时代又一重要特征。辽夏金元政权历史演进所呈现的上述特征是其史学的历史基础，也孕育了其史学的气象和风格。[⑤]

---

① 吴凤霞、胡祥琴：《中国古代多民族史学发展与史学批评（辽夏金元时期）》，第 161 页。

② 吴凤霞、胡祥琴：《中国古代多民族史学发展与史学批评（辽夏金元时期）》，第 108~109 页。

③ 瞿林东：《总序》，吴凤霞、胡祥琴：《中国古代多民族史学发展与史学批评（辽夏金元时期）》，第 23~28 页。

④ 陈怀宇：《在西方发现陈寅恪：中国近代人文学的东方学与西学背景》，北京师范大学出版社，2013，第 329 页。

⑤ 吴凤霞、胡祥琴：《中国古代多民族史学发展与史学批评（辽夏金元时期）》，第 1~3 页。

陈寅恪先生同样提出，“对于古人之学说，应具了解之同情，方可下笔”。“所谓真了解者，必神游冥想，与立说之古人，处于同一境界，而对于其持论所以不得不如是之苦心孤诣，表一种之同情，始能批评其学说之是非得失，而无隔阂肤廓之论。”[①] 该书作者正是基于对相关历史背景、人物生平经历的把握之上开展具体的史学批评思想研究。如作者指出，王若虚对于司马迁的批评、与司马迁在史书编纂体例等方面的分歧，恰恰反映了处于不同时代、有着不同经历的两位史家对于史学的不同认识和追求。社会存在决定社会意识，《史记》中《滑稽》《游侠》《刺客》《货殖》等《传》的设置，正是司马迁所处的时代在史书上的反映。该书作者并未一味赞同或否定王若虚对于前代史书的疑惑与批评，而是具体问题具体分析，一方面承认王若虚力求史书体例严谨而有规范的思想代表了传统史学发展过程中的一种倾向，另一方面也指出王若虚在讲求史例严整之时，难免过于拘于成例而无法理解前人编目之深意。[②]

此外，瞿林东先生在“总序”中还提出把“探索学科话语体系的构建”作为史学批评史研究的核心问题，以提升研究的理论层次。各卷作者也都将这个问题放在重要位置进行探讨，对史学批评史上提出的概念范畴进行系统研究和梳理。[③] 该书中，作者单独设立第五章“史学批评观念的阐释”，集中考察辽夏金元时期重要的史学批评概念，如采撰、史实、史例、史法、史意、良史等。

通览全书，可以清楚地看到，瞿林东先生在“总序”中提出的各项编纂要求在本书具体的研究中得到贯彻与落实，全书体系完备、结构严整，与其他各卷无论是在体例设置还是在问题意识、研究重点等方面皆保持了高度的一致性。

二　突出特色，多元一体

瞿林东先生指出，“（辽夏金元时期）的史学批评既受中原文化的影

① 陈寅恪：《冯友兰中国哲学史上册审查报告》，《金明馆丛稿二编》，生活·读书·新知三联书店，2009，第 279 页。

② 吴凤霞、胡祥琴：《中国古代多民族史学发展与史学批评（辽夏金元时期）》，第 226~227 页。

③ 李振宏：《多卷本学术通史的典范——评瞿林东主编〈中国古代史学批评史〉》，《史学理论研究》2021 年第 4 期。

响，也有各民族的文化基础。民族史学在史学思想、史学批评意识方面，或许在针对性和具体表述上存在一定的差异，但在本质上却是一致的。中国史学上的经典文献、著名史家以及史学观念和史学研究方法等，都是民族史学发展中的评论对象”。[①]

该书作者探讨了辽夏金元时期史学批评的特点，指出从史学批评主体的民族构成上看，辽、西夏两朝以汉族士人为主，契丹族人或党项族人中的部分人士亦加入批评者的行列；金代则包括汉人、女真人、契丹人、奚人、渤海人等多个民族；元代更是涵盖了汉族人、蒙古族人、色目诸族、女真族人和其他元朝境内的各民族有识之士。[②] 从辽夏金元时期史学批评主体的身份来看，史官、史家是其时史学批评的主力，史官之外，出于社会责任，各族文臣、士人也成为史学批评的主体，少数民族皇帝也发挥了重要作用。[③] 由于史学批评主体的民族构成与身份构成的复杂性，各民族间就史学问题有着更为广泛的沟通和交流，不仅是多民族国家历史发展的结果，也是其时民族史学发展的标志之一。[④] 认为辽夏金元时期史学批评的开展对于推进多民族史学规范发展、弘扬优秀的历史文化具有重要意义。[⑤]

具体到史学批评的主要概念和观念，该书设专章集中考察辽夏金元时期重要的史学批评概念，包括采撰原则、史实与信史、“理”与“人情”、史例、史法、史意、良史等。

例如何为史实，作者重点考察了元代史家刘将孙的观点。刘将孙强调，史实的认定不能完全以古圣人所言和古书记载为依据，还要有“证”，需依事理与人情明辨其言可取的程度。刘将孙对史笔所记之事实与真实之事实予以区分，并提出不能尽信书中所记。尽管求真是秉笔者的追求，但在历史编纂过程中，史家主观认识的加入会使史书所记的事实与真实的历

① 瞿林东：《总序》，吴凤霞、胡祥琴：《中国古代多民族史学发展与史学批评（辽夏金元时期）》，第 13 页。

② 吴凤霞、胡祥琴：《中国古代多民族史学发展与史学批评（辽夏金元时期）》，第 301～302 页。

③ 吴凤霞、胡祥琴：《中国古代多民族史学发展与史学批评（辽夏金元时期）》，第 266～267 页。

④ 吴凤霞、胡祥琴：《中国古代多民族史学发展与史学批评（辽夏金元时期）》，第 269 页。

⑤ 吴凤霞、胡祥琴：《中国古代多民族史学发展与史学批评（辽夏金元时期）》，第 295、298 页。

史事实有一定的出入。[①] 刘将孙的史学批评思想区别了“记载的历史”与“客观的历史”，意识到史书不仅不等于史事，而且史书不一定正确“代表”史事，与近代顾颉刚先生倡导的“古史辨”运动思想相合。同时刘将孙对证据的重视，又暗合胡适强调的“拿证据来”的科学实证原则，堪称辽夏金元时期自发的“实证主义”者。

又如何为良史，作者指出，辽夏金元时期遵循的标准仍以刘知幾“史才三长论”为主，即史才、史学、史识。[②] 元人冯福京曾指出：“作史者，必擅三者之长，曰学，曰识，曰才，而后能传信于天下。盖非学无以通古今之世变，非识无以明事理之精微，非才无以措褒贬之笔削。三者缺一，不敢登此职焉。”[③] 辽夏金元时期评价史官、史家主要考察他们的才、学、识，体现出民族史学对中原文化的继承。但在继承的同时，又有所发展与补充，其中最重要者，某过于“心术”标准的补充。元朝末年，揭傒斯为辽、宋、金三史总裁官，丞相问他：“修史以何为本?”揭傒斯回答道：“用人为本，有学问、文章而不知史事者，不可与；有学问、文章知史事而心术不正者，不可与。用人之道，又当以心术为本也。”[④] 心术之论，表明揭傒斯对于史家素养的认识较刘知幾已有所推进，不仅仅考虑才、学、识，更特别强调史家对待历史公正无私的态度和立场，这为清代章学诚将其升华为“史德”范畴奠定基础。[⑤]

类似的精彩论断书中比比皆是，由此可见，该书不仅对辽夏金元时期史学批评的整体特色有着宏观把握与分析，对具体的史学批评概念亦深入发掘，条分缕析，完成了瞿林东先生在“总序”中提出的“史学批评史研究要促进史学概念内涵的深化”的任务。不仅如此，该书对于深化“中华民族多元一体”理论同样有着重要价值与贡献。

一方面，作者通过论述辽夏金元时期的典籍传播与多民族文化交融，提出各民族在阅读经典与翻译经史的过程中，对于古今、治统逐渐产生较为一致的认识；相互间的交流、讨论、辩难，有助于形成共同的话语体

---

① 吴凤霞、胡祥琴：《中国古代多民族史学发展与史学批评（辽夏金元时期）》，第 211 页。

② 吴凤霞、胡祥琴：《中国古代多民族史学发展与史学批评（辽夏金元时期）》，第 264 页。

③ 冯福京：《昌国州图志前序》，李修生主编《全元文》卷 1028（第 32 册），凤凰出版社，2004，第 277 页。

④ 黄溍著，王颋点校《黄溍集》卷 31《翰林侍讲学士中奉大夫知制诰同修国史同知经筵事追封豫章郡公谥文安揭公神道碑》，浙江古籍出版社，2013，第 1139 页。

⑤ 吴凤霞、胡祥琴：《中国古代多民族史学发展与史学批评（辽夏金元时期）》，第 263、304 页。

系，缩小了少数民族与汉族之间在文化层面上的距离，有益于营造和谐的文化环境，增进多民族彼此之间的深入了解，使多民族一体的观念得以增强，价值观念也渐趋接近。这种认同使中国作为政治实体在多民族重新组合的辽夏金元时期得以延续和发展，多民族一体、一家、同为中华的观念和意识不断得到增强，最终使辽夏金元时期成为中国历史上多民族统一国家发展的重要阶段。[①]

另一方面，作者在书中敏锐地发掘出辽夏金元时期史学批评中的新思想倾向，即淡化华夷之辩。作者指出，辽人刘辉对于宋朝欧阳修将契丹置于《新五代史·四夷附录》的做法十分不满，在刘辉看来，正史编纂不仅关乎历史，还关乎现实，辽朝与宋朝世为“兄弟之国”，二者地位平等。[②]金朝海陵王完颜亮对前代史官的“尊夏轻夷”之举持有异议，不认同《晋书》的是非标准，不平于苻坚不入帝纪，更反感《鲁语》中有关“贵彼贱我”的夷夏观。[③]

最能够体现元人“多元一体”思想的莫过于元修辽、宋、金三史，书中专置第四章“元修三史反映的史体论”进行讨论。作者指出，关于辽宋金三史的编纂理念，起初分为两个阵营：其一是以宋朝为正统，认为辽、金、宋三史应仿照《晋书》体例，以辽、金二史为“载记”，附于《宋史》；其二是将宋朝与辽、金两朝看作实力相当的敌国，认为三史纂修应仿照《南史》《北史》体例，以北宋为《宋史》，南宋为《南史》，辽、金为《北史》。前者以杨维桢的《正统辨》为代表，赞同《晋书》处理多政权关系的做法，实质上却是仅承认宋朝为正统，将辽金皆视为割据政权；后者以修端的《辨辽宋金正统》为代表，认同李延寿南北分书的体例，将两宋与辽、金政权看作南北相对峙的政权。[④]

然而由于“辽立国先于宋五十年，宋南渡后常称臣于金”，[⑤]仅凸显汉族王朝的做法显然行不通，故元统二年（1334），虞集又在两种修史方案的基础上，提出“三家各为书，各尽其言而核实之，使其事不废可也；乃

---

① 吴凤霞、胡祥琴：《中国古代多民族史学发展与史学批评（辽夏金元时期）》，第31～32、300页。

② 吴凤霞、胡祥琴：《中国古代多民族史学发展与史学批评（辽夏金元时期）》，第99页。

③ 吴凤霞、胡祥琴：《中国古代多民族史学发展与史学批评（辽夏金元时期）》，第44页。

④ 吴凤霞、胡祥琴：《中国古代多民族史学发展与史学批评（辽夏金元时期）》，第169～170页。

⑤ 王圻：《续文献通考》卷176《经籍考·正史》，《续修四库全书》第765册，上海古籍出版社，2002，第421页。

若议论，则以俟来者”。[1] 提出三史分修的全新编纂方案。元末至正三年(1343)，右丞相脱脱再次请修三史，并最终确定“三国各与正统，各系其年号”，《辽史》《宋史》《金史》各自成书的修史方案。[2] 这个决断表明元代在三史义例之争中，主张以南北对峙的客观事实为依据的一派占据了上风，辽、宋、金政权被一视同仁地对待，体现出元朝对辽、宋、金三朝对中国历史发展做出的重要贡献的认同，显示出多民族大统一王朝的恢弘气度。

通览全书，该书不仅详细论述了辽夏金元时期中国多民族史学批评的特色与具体内容，同时从史学批评的视角出发，论述了辽、夏、金、元各政权对于“中国”的认同，以及契丹、党项、女真、蒙古各民族为“中华民族多元一体格局”的最终形成所做的历史贡献。

三　考订翔实，资料丰富

瞿林东先生在“总序”中指出：“我们希望在研究中能够发掘一些有关史学批评的新资料和以往较少涉及的知识领域，尤其希望在研究中提出一些新的问题。”[3] 该书将瞿林东先生提出的两新要求落到实处，不仅资料丰富翔实，同时发现新问题、解决新问题。

关于史学批评史研究的资料范围，瞿林东先生指出，“包括史学家、思想家、政治家及各方面学人对史学的批评，其涉及的文献亦不限于史部，经部、子部、集部也在考察范围之内”。[4] 该书贯彻落实瞿林东先生扩大研究资料范围的要求，据笔者统计，书后所列“参考文献”，包含政书、地志、文集、笔记、石刻墓志等近60种历史文献，且其中不乏《全元文》等大型历史文献。全书共计千余条注释，体现了作者扎实的史料功底。

以该书第二章第四节“富有个性的史书评论”为例，作者在论述“正史的是非评判”时，详细分析了王若虚、刘因、袁桷、朱右、杨维桢、梁寅等人对正史的批评与议论。如王若虚从历史编纂学的角度指出《史记》

---

① 虞集著，王颋点校《虞集全集·送墨庄刘叔熙远游序》，天津古籍出版社，2007，第549页。

② 权衡撰，任崇岳笺证《庚申外史笺证》卷上，中州古籍出版社，1991，第44页。

③ 瞿林东：《总序》，吴凤霞、胡祥琴：《中国古代多民族史学发展与史学批评（辽夏金元时期）》，第2页。

④ 瞿林东：《总序》，吴凤霞、胡祥琴：《中国古代多民族史学发展与史学批评（辽夏金元时期）》，第2页。

在采摭、取舍、议论、文势、载事、用语等方面存在的谬误或不当;[①] 刘因从史料来源、史体与史法、记事与文辞、议论等四个方面，对自司马迁创作《史记》以来按照纪传体撰写的正史一一进行评论。[②] 考订辽夏金元时期“别史、杂史的褒贬评议”时，涉及的书籍更是涵盖《春秋》《国语》《战国策》等几十种书目，包括评议者五十余人次，由此可见作者史料搜集范围之广，挖掘资料之细致。(详见表1)

表1 辽夏金元时期别史、杂史评议简表

书籍	评议者
《春秋》《国语》	黄仲元、郑玉、金履祥、徐之纲、杨维桢、朱善、戴良、赵汸、朱右、王若虚
《战国策》	吴师道、吴莱
《通典》《通志》《文献通考》	王义山、吴澄、吴绎、王寿衍
《困学纪闻》《汉书艺文志考证》《玉海》	牟应龙、袁桷、危素、胡助、李桓
《金石例》	柳贯、杨本、杨植翁、傅贵全、潘诩、王思明
地方志书	王利用、贾馘、林景熙、揭傒斯、李京、苏天爵、扬升云、燮理溥（普）化、张士坚、察罕、元明善、赵炑、刘必大、许善胜、许有壬、夏镇、黎崱、张翥、汪大渊、吴鉴、林希元
其他别史、杂史	元好问、吴澄、黄玠、李祁、许有壬、欧阳玄、王理、胡翰、朱思本

＊资料来源：本表据吴凤霞、胡祥琴《中国古代多民族史学发展与史学批评（辽夏金元时期）》(第109~126页）整理而成。

众所周知，辽金诸史的困窘与萧条，最根本的症结在于史料匮乏。[③] 但该书作者通过详细的钩沉史料、考订史实，同样挖掘出许多平时被人所忽视的问题以及贴近当下学术前沿、学术热点的问题。

---

① 吴凤霞、胡祥琴:《中国古代多民族史学发展与史学批评（辽夏金元时期）》，第99页。
② 吴凤霞、胡祥琴:《中国古代多民族史学发展与史学批评（辽夏金元时期）》，第101页。
③ 参见刘浦江《穷尽·旁通·预流：辽金史研究的困厄与出路》，《历史研究》2009年第6期。

其一，关于史学批评的时代特征。作者指出，元人未修西夏史，导致用以探索党项西夏史学及史学批评的资料较之辽金两朝亦更加不充足。但本书作者依据西夏翻译汉文著作相关史料，通过翔实的考证指出，西夏多遴选翻译有利于治国安邦的论著（尤其是史书），具有强烈的经世致用意识，试图借助中原历史知识的传播与学习，发挥历史学的社会功能，借以维护社会稳定与国家统治。①

其二，关于具体史书的史学批评。通鉴学作为中国史学史的一个重要分支，一直是学界研究的热点问题与前沿问题，本书从史学批评的角度对元代通鉴学展开研究。作者详尽分析了戴表元、梁寅、唐元、冯鲁山、许有壬、周伯琦、汪克宽、许谦、张绅、戴亮等人的观点或《通鉴》学作品，指出元人对《资治通鉴》及《通鉴》学相关成果的史学批评具有三个特点：(1) 与金人多称赞《资治通鉴》有异，元人亦指出《资治通鉴》中存在的问题；(2) 受程朱理学影响，贯彻正统观念成为时人的撰述重点；(3)《资治通鉴纲目》及其仿作大受追捧。②

作者在探讨马端临在《文献通考》"序""按"中的评点时，提出《文献通考》虽不是史学批评著作，但书中对通史体裁与典章制度史体例的认识使其在史学批评史上亦占有一席之地的重要观点。如马端临认为杜佑的《通典》存在分门别类不够"明备"与取舍之际"颇欠精审"等问题。郑樵的《通志》二十略中存在《天文》《地理》《器服》等略失之太简，《礼》《职官》《选举》《刑罚》《食货》五略沿袭《通典》而无所增续和发明等问题。③

其三，关于历史编纂学的史学批评。瞿林东先生指出："史学的进步与发展，或隐或显，总伴随着史学批评。"④ 史学批评的开展，意义之一便是促进历史编纂学的进步。作者通过考察元修辽、宋、金三史过程中伴随的史学批评，指出三史在体例上整体呈现出择善而从的特点，并有所创新：(1) 赞赏或肯定前代史书的史法，从而遵从其体例以承载相应的内容。此部分占三史大部分内容，如《辽史》的《地理志》《百官志》，《金

---

① 吴凤霞、胡祥琴：《中国古代多民族史学发展与史学批评（辽夏金元时期）》，第 157 页。

② 吴凤霞、胡祥琴：《中国古代多民族史学发展与史学批评（辽夏金元时期）》，第 81～89 页。

③ 吴凤霞、胡祥琴：《中国古代多民族史学发展与史学批评（辽夏金元时期）》，第 94、96 页。

④ 瞿林东：《史学与史学评论》，安徽教育出版社，1998，第 334 页。

史》的《天文志》《仪卫志》等。(2) 就前代史书体例中不合理或不妥当的地方，有针对性地予以批评，进而调整和修正，或直言受前代史书相关体例的启发而稍作改变。如《宋史》的《方技传》《外国传》等。(3) 基于对辽朝、金朝、宋朝历史发展特点的认识，创立新的体例。如《辽史》的《营卫志》《皇子表》《公主表》《游幸表》《部族表》《属国表》，《金史》的《世纪》《世纪补》《交聘表》，《宋史》的《道学传》等。①

又如作者考察王若虚关于《史记》《汉书》《后汉书》《南史》《北史》《旧唐书》《新唐书》等史书的史学批评，将王若虚的历史编纂学理念归纳总结为：(1) 正史诸体例的设立要有标准，取舍要遵从义理；(2) 纪传体正史中历史内容的排列分布要尽量合理，避免重复，同时也要注重内容与所写人物的关联性；(3) 史官立论要以褒贬劝惩为务；(4) 史文要“平淡纪实”。②

综上所述，吴凤霞、胡祥琴所著《中国古代史学批评史》第五卷《中国古代多民族史学发展与史学批评（辽夏金元时期）》在多民族史学研究方面取得了新突破。作者将辽夏金元作为一个独立的历史阶段进行研究，第一次为人们认识中国历史上少数民族史学批评问题提供了一个基础性的研究成果，堪称创新之作。③

当然，作为开拓性成果，该书仍有进一步深化与完善的空间。该书作者立足于汉文资料的有关记载，对辽夏金元史学批评相关问题进行研究，对少数民族语文资料甚少涉及。随着当下民族语文资料的不断涌现与解读，依据契丹文、女真文、西夏文、蒙古文等民族语文资料深化民族史学及民族史学批评研究，将成为完善、深化民族史学批评的未来方向。

我们期待作者进一步完善已有研究成果，构建更加完整、系统的理论体系，为中国历史上少数民族史学批评史研究再立新功。

---

① 吴凤霞、胡祥琴：《中国古代多民族史学发展与史学批评（辽夏金元时期）》，第181～193页。

② 吴凤霞、胡祥琴：《中国古代多民族史学发展与史学批评（辽夏金元时期）》，第288～291页。

③ 李振宏：《多卷本学术通史的典范——评瞿林东主编〈中国古代史学批评史〉》，《史学理论研究》2021年第4期。

会议综述

坚持唯物史观，研究重大问题，心系国家发展

——纪念何兹全先生诞辰110周年暨中国传统经济及其转型学术研讨会述要

陈　涛　王广通　史明阳

（北京师范大学历史学院、史学理论与史学史研究中心、铸牢中华民族共同体意识研究培育基地，北京　100875）

2021年11月20~21日，由北京师范大学历史学院中国古代史研究中心主办的纪念何兹全先生诞辰110周年暨中国传统经济及其转型学术研讨会以线上线下相结合的方式在北京师范大学召开，来自海内外高校、研究机构及新闻出版等单位的近90位专家学者与会。

开幕式由北京师范大学历史学院院长张皓教授主持，北京师范大学历史学院党委书记耿向东研究员、中国先秦史学会会长兼秘书长宫长为研究员、中国魏晋南北朝史学会会长楼劲研究员、中国社会科学杂志社副总编辑李红岩研究员、北京师范大学铸牢中华民族共同体意识研究培育基地主任郑师渠教授，首都师范大学历史学院院长、中国敦煌吐鲁番学会副会长刘屹教授，《光明日报》史学版主编户华为先生，北京师范大学历史学院中国古代史研究中心副主任、何先生弟子代表宁欣教授等在开幕式上致辞，北京师范大学资深教授刘家和先生、瞿林东先生、中国社会科学院古代史研究所梁满仓研究员、北京大学中国古代史研究中心主任陈苏镇教授、北京师范大学历史学院特聘教授严耀中先生等作了开幕式主题演讲。

何兹全先生（1911~2011）是我国著名历史学家、教育家，在中国社会史、汉唐佛教寺院经济、魏晋南北朝史、魏晋南北朝兵制史、中国文化

史等领域成就斐然，是国内最早提出并系统阐述、论证“魏晋封建说”的学者。与会专家学者从坚持唯物史观、重视中外比较、研究重大问题、探寻历史规律、饱含爱国情怀、心系国家发展等方面盛赞何兹全先生的为人、为学，认为其道德高尚，淡泊名利，爱生乐教，潜心治学，既继承中国史学优良传统，又坚持马克思主义唯物史观，形成“宏观、微观并重，理论、材料并重”的学术风格。现将会议发言内容择要概述如下，以飨读者。

一 坚持唯物史观，重视中外比较

与会众多学者都不约而同地指出，何先生生前一直强调治学要坚持唯物史观的指导，且身体力行，成就卓著。刘家和先生提到，1952 年工作之初，自己做世界中世纪史的助教。何先生就说，“你要做助教，就要了解西方的基督教。如果不了解基督教，西方中世纪史的大量的问题就没法解决”。何先生建议自己看考茨基的《基督教之基础》。自己最初还怀疑，考茨基是第二国际修正主义者，他的观念可靠吗？等自己读了以后，才感觉到这本书还是很好的。考茨基的说法，同恩格斯对基督教的论述基本是一致的。在考茨基的这本书里讲到了用唯物史观的观点看待历史的问题。瞿林东先生认为，何先生从事学术研究七十多年，始终在坚守和创新。坚守什么呢？坚守辩证唯物史观的理论指导。这是何先生几十年来，从来没有改变的。我们通常讲唯物史观，何先生一定要加上“辩证”两个字，即“辩证唯物史观”。何先生为什么要加这两个字呢？在何先生看来，唯物史观是辩证的，唯物史观看问题不是机械的，特别强调辩证的思想。陈其泰先生强调，何先生在老一辈学者中接受马克思主义信仰很早，早到什么时候呢？早到念高中的时候，十七八岁的少年，当时就接受了马克思主义，这是当时中国革命的形势所决定的。何先生读了几本讲马克思主义的书，从此就树立了唯物史观的信仰。马克思主义唯物史观是何先生做学问的根，从不动摇，从不怀疑，从来都是坚持用唯物史观指导科学研究，同时也愿意接受新的东西，所以何先生在老一辈历史学家中既是同样有很大贡献，又有其特殊性。郑师渠先生表示，何先生从接受马克思主义起，便始终坚持以唯物史观指导自己的学术研究不动摇，先生对马克思主义唯物史观的坚定信仰，令人钦佩。在何先生看来，“择善而固执之”与“不以所已藏害所将受”二者看似矛盾，实际上是一种辩证思维，坚持博大精深的马克思主义的指导，不是为了好看，也不在于它是否时兴，而在于它是真理，是有生命力的思想理论。同时，这也不影响我们接受新知，与时俱进。何先生的这种见解对于后辈学者，尤其是青年大学生有很好的启迪作用。宫长为先生以“观台高”寓意何兹全先生犹如一座高大观台、一座不朽丰碑，唯物史观，指点江山，并指出，如今我们已经走进新时代，站在实现第二个百年奋斗目标的征程中，我们深切地缅怀何兹全先生的遗教，努力地追寻何兹全先生的足迹，目睹百年沧桑巨变，书写中华文明乐章，以史为鉴，开创未来，更有其特殊意义。

何先生在史学研究中，既坚持辩证唯物史观，又格外强调中外历史的比较研究，认为研究中国史，要走出中国史，用世界史的眼光开拓和帮助中国史的研究。刘家和先生回忆自己在从事世界古代史研究之初，何先生就提出建议，“你做古代史，恐怕要注意的就是，你做的外国史，同时你就要考虑中国史”。刘先生表示，自己在世界古代史学界能够有立足之地，何先生对自己的这种教泽恩惠是不能忘记的。瞿林东先生指出，何先生强调我们需要包括中国史的世界史，并就推进中国史研究提出两点建议：一是全面地、系统地研究马克思主义的历史理论——辩证唯物主义、历史唯物主义；二是学习世界史，特别是要学习那些在世界上有重要地位的民族的古代史和中世纪史。何先生的这些见解，对引起史学工作者的思考、改进史学工作和教育工作，都大有裨益。

二　研究重大问题，探寻历史规律

何先生学术根基深厚、研究视野开阔。王和先生称，“史学三老”（指白寿彝、赵光贤、何兹全三位先生）既有广阔的宏观视野，又有精深的实证功夫。宫长为先生概括为“根基深、眼界大”，寓意何先生深厚的功力，扎实的学风，以小见大，由大识小，纵观百年，东西问学，上下求索，笔耕不辍，造诣精深，成果硕丰。瞿林东先生指出，何先生研究历史问题有一个通盘的考虑，这个通盘的考虑是一个宏观的架构，但又是从具体的研究入手。陈其泰先生谈到何先生“宏观、微观并重，理论、材料并重”的学术风格，认为这种风格的代表作就是《中国古代社会》，系统性、逻辑性正是何先生这部著作的特点，并引用了宁可先生的评价，强调何先生研究历史问题是“对这一阶段社会历史整体和其中重要的方面及其发展演化作全面系统的探索，从而对之有了一个清晰深入的贯通的看法”。石俊志先生强调，何先生的历史研究并不是局限于一点一点的历史考证，而是侧重于开放，思想的开放，能获得全方位的视角来研究问题。

何先生倡导，治学要把国家的需要和自己的学术研究联系起来。楼劲先生认为，作为20世纪80年代以来对中古史研究起着重要指导作用，直至21世纪最初十年仍活跃于史学界的前辈学者，何先生在历史学科建设、中古史研究规划和所涉中国古代政治与社会，文化、宗教与历史，以及中华民族发展的多个重大问题上，都提出过一系列值得开拓的领域与课题，发表过一系列值得重视的观点和看法。何先生对中古各大问题的深入研究，不仅当之无愧地构成了20世纪30年代以来中国史学的重要代表性成果，而且对今后中国史学尤其是中古史研究，具有不可估量的启迪和指导意义。宁欣先生强调，何先生治学一直关注有关国计民生的主流问题、重大问题、关键问题和核心问题。在叙事的过程中，何先生希望自己能做到司马迁的"论断寓于叙事中"。正如何先生自己所说："'上帝'赋给历史学、历史学家的使命有二：一是研究历史，总结历史认识和经验，提高对历史的认识，对社会的认识，对人类自我的认识；二是把总结历史得来的经验和认识普及化，使它成为全人类的文化财富，使人类逐步脱离野蛮，走向文明。"侯旭东先生表示，何先生一生关注、研究大问题，对整个中国历史发展的阶段性的特点有自己独到的见解，所强调的是要关注历史发展中的变与不变。何先生晚年写过一篇不长的文章，讲到要关注历史中的自然段。先生只是提出这样一种想法，还没有时间、精力去做具体的研究。对于学生辈来讲应该继承老师的这种思想，继续去探讨中国历史自身的脉络。

何先生一生不管经历何种风浪，总是能够保持学术定力，坚守自己的学术理念。刘玉峰先生指出，针对自20世纪80年代以后社会史研究日益细致化甚至碎片化的现象，何先生说社会史研究近些年大多侧重在社会生活、衣食住行、风俗习惯、宗教信仰等方面，这是完全应该的，但社会经济、生产方式、社会结构、社会形态才是社会史研究的中心内容、核心内容，这是研究人类社会总体发展规律的。掌握人类社会发展总规律，发展方向，知道人类社会向何处走，这是社会史研究的主导面。社会史研究可以涉及很多方面，但社会经济、生产方式、社会形态是主，方面可以广，主不能丢。何先生的看法对所谓现代化历史中，所有领域研究的现实，具有方向性的指导价值和意义。王素先生强调，何先生最可贵的地方在于两点：第一，何先生绝不硬套导师思想；第二，何先生绝不附和权威观点。

孙洪升、陈勇等先生表示，何先生给我们树立最大的榜样，就是坚持自己的学术理念，体现了一个学者真正的风骨。瞿林东先生认为，何先生治学具有创新精神，坚守理论的指导，并结合其具体研究领域的特点进行研究，而不是生搬硬套。这就是我们今天常说的，中国特色、中国风格、中国气派。这是何先生留给学术界的重要学术遗产。李红岩先生指出，何先生的理论和方法，正在长久地指导现今的学术研究，具有重要的现实意义。

三 饱含爱国情怀，心系国家发展

何先生具有高尚的道德情操、强烈的爱国主义精神和社会责任感。“爱国一书生”是先生对自己最贴切的诠释。晁福林先生认为，何先生是伟大的仁者。当然，伟大的仁者首先是对祖国，对党的事业的无限热爱和奉献。单从个人品格而言，何先生温润儒雅、虚怀若谷、学而不厌、诲人不倦，正是一代学人的优秀代表。耿向东先生指出，1950 年，何先生毅然放弃国外优厚的条件回到祖国，此后一直在北京师范大学任教。何先生对学生，除了学业上的指导和人格道德的培养，还关心他们的生活，对遇有困难的同学给予无私的资助。先生还把爱心奉献给了一些遭受灾害、遇到困难的人们。汶川地震发生后，何先生又带头交纳了一万元特殊党费。

何先生非常重视历史教育工作。瞿林东先生指出，何先生对史学工作的社会意义有许多深刻的阐释。何先生认为，历史是大有用处的，对祖国社会主义建设是大有用处的。可以这样说，学历史的最大用处在于鉴往知来，历史是有规律的，只有按规律办事，事情才能成功。何先生强调历史知识、历史规律、鉴往知来之间的联系，这是从根本上说明了历史学的社会价值。唯其如此，何先生不仅重视历史研究工作、历史教学工作，也以极大的热情重视历史知识的普及工作。陈其泰先生表示，何先生重视发挥历史教育的作用，彰显出可贵的学术担当精神。作为一个史学大家，何先生很重视普及历史知识，主编了多部大型的面向大众的历史读物，而且经常讲要重视历史教育的道理。何先生指出，我们研究历史要紧密地与国家社会进步相联系，要发挥历史学总结前代经验、探求社会规律、增进人的智慧、提高全民族素质的作用，帮助推动社会前进。先生不但讲道理，而且身体力行，写了一系列雅俗共赏的文章，文章篇幅不长，但深入浅出，通过讲历史故事阐述其中的历史价值和智慧，使人既有阅读的趣味又能获得有益的启示。

何先生关心政治，关心国家前途。李红岩先生指出，何先生坚信中国传统文化中的大同思想，天下为公的精神，与未来世界的文明精神相符合。何先生认为中国文化的主要精神，是和平、友爱，是中庸之道，是四海之内皆兄弟也，是天下为公，这和未来世界的发展趋势是合拍的，在未来世界必定会占有重要地位的，因此，中国文化是有生命力的，有光明前途的。

何兹全先生作为享誉中外的史学大家，一生坚持以马克思主义唯物史观为指导，秉持“择善而固执之”和“不以所已藏害所将受”的学术态度，学术贡献卓越，其史学思想对众多学者的治学产生深刻影响。何先生“一辈子作学问，一辈子不忘情国家”。我们当以何先生为学习楷模，传承先生的治学精神，弘扬先生的学术业绩，为加快构建中国特色历史学“三大体系”，进一步推动中国古代史学科的创新与发展，不忘初心，砥砺奋进。

中国文化史研究的新探索

——张昭军教授《中国文化史学的历史与理论》学术研讨会侧记

曲宁馨

（北京师范大学历史学院、史学理论与史学史研究中心，北京　100875）

“文化兴国运兴，文化强民族强。没有高度的文化自信，没有文化的繁荣兴盛，就没有中华民族伟大复兴。”中国丰沛的文化史资源，为中国文化的繁荣兴盛和中华民族的伟大复兴提供源源不断的滋养。

2022年4月22日，教育部重点研究基地北京师范大学史学理论与史学史研究中心组织召开学术研讨会，讨论张昭军教授的新著《中国文化史学的历史与理论》（人民出版社，2022）。会议由基地主任杨共乐教授主持，孙燕京教授、李志英教授、周文玖教授、林辉锋教授和湛晓白副教授等学者与会，历史学院30余名硕士、博士研究生参加了讨论会。

《中国文化史学的历史与理论》一书凡12章，40余万字，系统梳理了中国文化史学兴起、发展、沉寂、重兴的历史，分阶段剖析了文化史研究的特点及变化，并结合时代思潮，探讨了梁启超、章太炎、柳诒徵、钱穆等学者的学术成就、史学观念和理论方法，从史学理论层面回答了文化史学是什么、文化史研究的取向和发展道路等基本问题。

首先，张昭军教授简要地介绍了该书的选题缘起、基本思路和写作时遵循的指导原则。张老师表示，该书的问题意识来自读书、教学和研究过程中所遇到的一些困惑和难题，他在写作过程中，尽可能做到以问题为导向，论从史出，详人所略，切切实实地解决一些学术问题。

然后，与会学者讨论热烈，全面分析并肯定了《中国文化史学的历史与理论》一书所取得的成绩，并就今后中国的文化史研究、史学理论与史学史学科建设发表了意见。

孙燕京教授研究和讲授中国近代文化史近40年，见证了改革开放以来的“文化热”和文化史学的“复兴”。她分析认为，该书有三个优长。第一，它对一百多年来中国文化史学的产生和发展进行了系统的历史梳理和理论思考，因此该书在文化史、文化学科史、文化史学等方面起着发凡起例的作用。第二，该书能够在当前分散的、相对碎片化的诸多文化史研究成果中整理出学术体系，进而以整体的视野，纵横结合，建立起理论系统，对文化史研究予以总结和提升，实属不易。第三，该书是中国近代文化史研究和教学传统的标志性成果，在两个方面表现出了充分的自觉性，一是对于中国文化史研究的自觉，二是传承北师大文化史学术传统的自觉，对学科建设也颇具启迪之功。

孙老师还从历史建构与历史真实之间的张力出发，讨论了在史学史和文化史意义上，中国近代文化史应如何书写的问题。她认为，将历史研究视为一个建构的过程，具有相对的准确性。兰克学派于史料间排比甄别，进而寻找历史真实的研究品质，其实深受史料本身真实性的局限。历史研究固然有还原历史真相的一面，同时也受到史家自身思想、意识的影响。因此在求索历史真相之外，著史的关键还在于创新，历史研究者需要在充分把握史料的基础上，重视从新的角度对历史进行解读。孙老师希望张老师在这本文化史之史和此前出版的近代文化史教材等研究成果的基础上，写一部高质量的《中国近代文化史》专著，并给出了四点具体建议。

周文玖教授从史学史角度发表了意见。他结合自己治史学史之学科史的经历指出，文化史发展到一定阶段后，有从学科史的角度总结和反思中国文化史成果和理论的必要。《中国文化史学的历史与理论》的出版可以说满足了这种要求，恰逢其时。具体如何书写，可以关注文化史家对于学科史进展的贡献，并在学科史的框架下梳理学术谱系。他特别提到，作者应进一步挖掘龚书铎先生在学科建设方面所做出的突出贡献，为龚先生专设一章。周老师认为，对“文化史”、“文化史学”与“文化史学史”给出严格准确的界定并不是很容易。“中国文化史”这一概念包括客观、主观两重含义，应自觉区分中国文化的客观发展过程与对中国文化的客观发展过程进行认识和研究的这一主观认识成果，否则，就容易出现概念混乱。

李志英教授长期从事经济史研究，她结合自己的治学谈了对该书的看法。她说，作为中国文化史研究发展到一定阶段的总结性成果，该书有重要的学术贡献。历史研究须论从史出，而不能舍己从人，仅依傍外来的理论。该书研究和总结过去的文化史成绩，对提示下一步中国文化史应该怎样做，具有重要的意义。理论修养对于历史研究非常重要，历史学者应注重哲学思辨能力的养成。李老师认为该书之所以能够做出深刻的分析，一定程度上就在于它采取了历史与逻辑相结合的研究方法。李老师也提到了学术自觉的问题。她认为，该书部分篇章以学者为线索排布，一定程度上带有中国传统学术史的书写特点，反映出作者试图建立中国气派的文化史的深意。李老师表示，中国文化的伟大之处在于其连续性，从书中可以看出，作者具有这种延续意识，而该书的研究内容，亦是中国文化的重要方面。

李老师还针对文化史研究提了两条注意事项。其一，关于历史的建构性与实在性的关系问题。她认为史学的基础首先是实在发生的历史事实，其次才是建构的。历史书写之所以会有所变化，一是由于它有赖于史家从混沌的现实中选择和梳理，二是由于新材料的不断发现和史家认识的不断更新。其二，要正确认识文化与其他部门的关系。她以时间观念研究为例解释说，任何文化观念的变动都有一定的经济基础，因此史学研究既不能无视文化史的重要性，也不能以文化史涵盖一切。

林辉锋教授表示，《中国文化史学的历史与理论》一书的信息量很大，是研究和学习中国文化史的一部必读书。他从“精”与“全”两个方面概括了该书的优长，认为该书做到了四个方面的“结合”。第一，该书立足近代的同时，也关照了整个中国的文化史，做到了古今结合。第二，该书注意参照西方史学，又有专门与日本史学的比较，做到了中外结合。第三，该书择取了五位文化史大家做专题式的研究，同时注重从面上总结，做到了点面结合。第四，该书既有历史的梳理，也对文化史的内涵和取向做了精心研究，做到了史论结合。林老师建议今后修订时，可增设专门章节介绍国外学者的中国文化史研究，以满足国内学者教学和研究的需要。他也认为龚书铎先生在文化史研究和学科建设方面做出了突出成绩，可以专设一章，而该书将《龚书铎先生与中国近代文化史研究》一文放在附录，可能是出于对龚先生谦虚品格的尊重。

湛晓白副教授认为，《中国文化史学的历史与理论》不仅是一部标志性著作，而且是同行未来做研究和教学工作的重要参考书。她回顾自身的研究经历表示，过去中国学界在中国文化史理论的探讨方面，著作、文章都不多，前人研究有相当不足。中国近代的文化史研究已经进行了许多年，目前也确实到了一个需要综合的阶段。这一工作需要投入特别多的精力、作长期的追踪，因此十分不易。过去二十年，史学界出现政治史、社会史复兴的趋势，因而在当下讨论“文化史学”从何处来、向何处去的问题，对于我们重塑学科意识十分必要。她说，无论是系统回顾中国文化史学在20世纪八九十年代的发展，还是在西方文化史学发展脉络中观照中国文化史学，都展现出《中国文化史学的历史与理论》一书力求把握整体的学术品格，这与目前学界追求短平快，日益碎片化和同质化的研究大为不同。她进而指出，未来文化史研究如要继续向前拓展，必然要超越过去那种同质化的个案研究，回归文化史的综合特性。在当前阶段，我们固然要延续专门史的研究，但也要力求其大，努力实现张老师书中所说的“会通”。她赞同该书对新文化史学的看法，认为我们在谈新文化史学的时候，应当注意海外研究者所针对或批判的具体对象，不能就其理论生搬硬套，人云亦云。中国文化史的研究应当抓住那些国人在现实生活中普遍关注、在中国语境里有充分张力的问题而展开，否则会有无的放矢之嫌。

最后，杨共乐教授从新时代对于文化发展的要求和历史学科建设的高度做了总结。“文化是一个国家、一个民族的灵魂。”他指出，文化史学者应有长时段、全方位的眼光，更要有时代的和民族的关怀。“文化史学要有时代性，没有时代关怀的文化史是要被淘汰的。”要在树立中国文化传统、提炼中国文化核心精神的战略视野下，展开中国文化史学的研究。他以“文化史研究和史学史研究领域取得的新的阶段性成果”来定位该书的学术价值，并具体从三个方面肯定了该书的成绩。第一，“《中国文化史学的历史与理论》提出了中国‘文化史学’这一概念，是中国文化史学科走向成熟的重要标志”。杨老师强调，任何一个成熟的学科和学科体系，都必须有自己的监督力量，而学科史便起到对该学科的研究进行审视、批评的监督作用。学科史之所以能够出现并发挥作用，是因为随着研究的前进，后世学者具备了反思、评价前人研究的能力，从而能够看到前人的优长与局限。第二，“《中国文化史学的历史与理论》开辟了以文化为研究对象的文化学术史、文化史学史研究的新途径。这为以政治为对象的政治史学史、以经济为研究对象的经济史学史的展开，提供了借鉴”。第三，“《中国文化史学的历史与理论》拓展了史学史研究的新范式，扩大了史学史研究的新内容，是在史学史研究领域进行的新探索，有重要的创新价值”。

杨共乐教授建议作者以此书为基础加以提炼、深化，在若干年内写出一部压缩版的“中国文化史学理论”。杨老师结合西方史学，说明了文化史学所包含的理论层次。他表示，文化史学有深刻的西方理论背景，在西方语境里，各种各样的教化现象被提炼成概念和体系，这就是文化。部分学者对人类文化现象进行研究，这就是文化史。文化史亦需审视，于是便出现了文化史学，后者的主要内容是对文化史的文笔、取材、材料分析等加以评判。在这一基础上，一部分学者就文化史学的研究路径和相关结论等展开辨析、总结、反思，这就是文化史学的史学史。基于这种思考，杨老师认为，“《中国文化史学的历史与理论》尚是一个理论探讨的准备性成果，日后它还可以继续压缩整合，厘清文化、文化史、文化史学和文化史学之史的概念，进一步推动中国文化史学的条理化和体系化”。

为此，杨老师专门谈了对文化史学理论基本问题的看法。他认为：“文化史学是对文化史家以文化史为研究对象的作品、思潮等所进行的史学史或学术史研究。”文化史学写作的体例模式，需包含五个关键部分，分别是辨析文化史与文化史学之关系、探讨文化史研究的路径、梳理文化史的谱系并总结重要成就、讨论文化史学研究的特征以及关注文化史学研究中的北师大元素。杨老师认为有必要建立文化史研究的学派，并强调这是发扬光大北师大文化史学术传统的应有之义。

这是一次坦诚的、学术含金量极高的研讨会。“晓看红湿处，花重锦官城。”我们共同期待，新时代的中国文化史学在前辈学者基础上，结出新的硕果，谱写新的篇章，进而为实现中国文化的繁荣兴盛和中华民族的伟大复兴做出应有的贡献。

《史学理论与史学史学刊》稿约

《史学理论与史学史学刊》为教育部普通高等学校人文社会科学重点研究基地北京师范大学史学理论与史学史研究中心主办的研究论集，是国内外史学理论与史学史工作者发表研究成果的阵地，欢迎中外专家、学者惠赐稿件。

1. 本刊设有历史理论与史学理论、中国古代史学、中国近现代史学、外国史学、中外史学比较、史学批评、图书评论等栏目。

2. 来稿一般应在1.5万字以内，重大选题可适当放宽至2万字。稿件使用A4型纸张打印，并请将稿件的电子版通过电子邮件发给我们。限于经费原因，恕不退稿，作者如果在3个月内未接到刊用通知，可自行处理稿件。

3. 本刊实行匿名评审，请作者不要在来稿上署名，另纸附上作者姓名、性别、出生年月、职称、工作单位、通信地址、邮政编码、联系电话、电子信箱等相关信息。来稿避免使用有可能透露作者个人信息的表述，诸如参见拙文、拙作等。

4. 来稿应遵守学术规范，尊重前人研究成果。禁止剽窃、抄袭与一稿两投行为，凡发现有此类行为者，5年内不受理该作者的任何稿件。

5. 来稿请寄：北京市新街口外大街19号北京师范大学史学理论与史学史研究中心《史学理论与史学史学刊》编辑部。

邮编：100875

电子信箱：history1101@163.com

《史学理论与史学史学刊》编辑部

《史学理论与史学史学刊》匿名审稿实施办法

为保证本论集用稿的学术质量，进一步提高刊物的学术层次，给广大读者奉献高水平的研究成果，我们实行稿件匿名评审制度。具体实施办法如下。

1. 来稿请勿在稿件中出现署名和与作者有关的背景材料，作者简介请另附在一张纸上，内容包括姓名、性别、出生年月、工作单位、职称、通信地址、邮政编码、联系电话、电子信箱等。来稿避免使用有可能透露作者个人信息的表述，诸如参见拙文、拙作等。

2. 来稿请直接寄往或送达编辑部，勿寄个人或托人转交，以免造成延误。

3. 本编辑部收到稿件后，由编辑人员登记，然后将原稿匿名送交有关专家审阅，就稿件的写作质量和学术水平做出评定，提出初审意见。

4. 编委会根据专家初审意见，对来稿学术质量进行进一步讨论，就稿件是否具有新观点和学术价值诸问题形成一致意见。

5. 责任编辑根据上述意见初步提出是否采用的建议，初步决定采用的稿件送交主编，最后由主编终审，决定是否刊登。

《史学理论与史学史学刊》编辑部

图书在版编目（CIP）数据

史学理论与史学史学刊．2022 年．上卷 ：总第 26 卷 / 杨共乐主编．-- 北京 ：社会科学文献出版社，2022.8
ISBN 978-7-5228-0467-5

Ⅰ．①史… Ⅱ．①杨… Ⅲ．①史学理论-文集②史学史-文集 Ⅳ．①K0-53

中国版本图书馆 CIP 数据核字（2022）第 130246 号

史学理论与史学史学刊 2022 年上卷（总第 26 卷）

主　　编 / 杨共乐

出 版 人 / 王利民
责任编辑 / 袁卫华　罗卫平
责任印制 / 王京美

出　　版 / 社会科学文献出版社 · 人文分社（010）59367215
地址：北京市北三环中路甲 29 号院华龙大厦　邮编：100029
网址：www.ssap.com.cn
发　　行 / 社会科学文献出版社（010）59367028
印　　装 / 三河市东方印刷有限公司

规　　格 / 开 本：787mm × 1092mm　1/16
印 张：21.75　字 数：363 千字
版　　次 / 2022 年 8 月第 1 版　2022 年 8 月第 1 次印刷
书　　号 / ISBN 978-7-5228-0467-5
定　　价 / 128.00 元

读者服务电话：4008918866